전면개정판 **공영방송의 이해**

전면개정판 # 공영방송의 이해

Understanding
Public Service Broadcasting

KBS 공영미디어연구소 기획

윤석민·최영묵·유건식·최선욱·최용수·이태경
편집

최영묵·정용준·조항제·심석태·주창윤·배진아
최선욱·정영주·홍종윤·김성철·정준희·윤석민
지음

한울
아카데미

| 차례 |

[표 차례]

[그림 차례]

한국의 소프트파워가 세계를 사로잡고 있다. BTS, 〈기생충〉, 〈오징어 게임〉 등 한국 문화 콘텐츠가 세계 최정상에 오르면서 그 어느 때보다 전망이 밝아 보인다. 실제로 한국 콘텐츠 시장은 세계적 수준이다. 영화와 게임 산업은 세계 5위, 음악 산업은 6위, 단군 이래 최대 불황이라는 출판 산업 규모도 세계 7위다. 5000만 명 정도의 인구 수준을 감안해 볼 때 한국 문화 콘텐츠의 힘은 불가사의할 정도다. OECD 회원국 국민들 중에서 통근 시간이 가장 길고 수면 시간도 가장 적을 정도로 바쁜 한국인들은 엄청나게 많은 콘텐츠를 소비하고 있기도 하다. 콘텐츠 소비 폭증의 중심에 모바일과 인터넷이 있다. 유튜브는 국민 전체가 하루 한 시간 이상 이용하는 필수 미디어가 되었으며, 한발 더 나아가 정치·사회적 영향력도 갈수록 커지고 있다. 글로벌 OTT 플랫폼 넷플릭스는 2016년 서비스를 시작한 지 5년 만에 국내의 유료 가입자가 400만 명을 넘어섰다. 이제 한국은 잘나가는 글로벌 플랫폼 기업들이 절대로 놓칠 수 없는 콘텐츠 시장의 최전선에 서 있다.

조사 결과를 보면 『공영방송의 이해』 초판이 출간된 2012년 한국인은 일상생활에 필수적인 미디어로 스마트폰(24.3.%)보다 텔레비전(53.4%)을 더 선호했다. 8년이 지나 이 책의 전면개정판 출간을 앞둔 2021년 현재 필수적인 미디어로 스마트폰(67.2%)을 꼽는 사람들이 훨씬 많아졌다. 미디어 소비 지형이 완전히 바뀌었음을 알 수 있다. 모바일이 플랫폼의 대세가 되면서 매체 광고 비중도 변화했다. 2012년에서 2019년 사이에 TV는 35.9%에서 24.9%로 11% 감소했고, 모바일은 2.2%에서 29.2%로 27% 증가해 약 13배 성장했다. 미디어 생태계의 주도권이 방송에서 인터넷과 모바일로 급속히 넘어가고 있다. 미디어 생태계 변화 속도는 점점 가팔라지고 있으며 콘텐츠 산업 전체의 지각 변동이 머지않아 일어날 것으로 보인다. 초국적 플랫폼 기업들이 엄청난 투자와 기술을 투입하며 글로벌 콘텐츠 네트워크를 확장하고 있기 때문이다. 미디어 시장의 파괴적 변화는 한국 사회의 미디어 공공성을 급격히 위축시키고 있다. 특히 미디어 생태계의 공익적 가치를 수호해야 할 공영방송의 상황은 더욱 심각하다. 민주주의와 인권, 문화적 다양성을 보호해야 할 공영방송은 미디어 시장의 변화에 제대로 대응하지 못하고 있다.

『공영방송의 이해』 전면개정판 작업은 한국의 공영방송이 존립의 근거가 흔들리고 있음에도 불구하고 정체성을 확립하지 못하고 있다는 반성에서 시작되었다. 미디어 시장의 파괴적 변화를 직시하며 이제라도 공영방송의 존재 이유와 차별화된 가치를 찾아야 한다는 비판이 그 어느 때보다 와닿는다. 공영방송 제도가 만들어진 지 100년이 되어가는 지금, 한국뿐 아니라 전 세계 공영방송사들의 존립에 대한 위기감은 그 어느 때보다 높아졌다. 일본에서는 순전히 NHK 수신료 폐지만을 공약으로 내세워 의회에 진출하는 정당이 생겨났고, 독일에서는 구속을 감수하며 수신료 거부운동을 하는 극단적인 활동가들이 대중의 분노를 부추기고 있다. 영국의 자부심이자 세계 최고의 공영방송으로 알려진 BBC의 경우도 공정성 시비와 재정 압박이 끊이지 않고 있다. 영국 집권당 주무 장관이 "BBC의 미래를 더는 장담할 수 없다"라고 발언할 정도로 공영방송에 대한 근본적인 회의감이 공공연히 표출되고 있다. 이러한 공영방송에 대한 비판을 정치적 공세로만 볼 수는 없다. 디지털 기술과 플랫폼이 주도하는 미디어 환경에서 공영방송이 자신의 역할과 사회적 필요성을 제대로 입증하지 못하는 한 공영방송의 위기는 근본적으로 해소될 수 없기 때문이다.

KBS공영미디어연구소가 기획한 『(전면개정판) 공영방송의 이해』는 미디어 환경변화로 인해 불가피하게 발생하고 있는 공영방송 관련 쟁점들을 체계적이고 종합으로 분석하는 것을 목적으로 한다. 공영방송은 살아 숨 쉬는 유기체 같아서 몇 마디로 쉽게 규정할 수 없다. 이 책에서는 학술적 '공론' 속에서가 아니라 생생한 실제 상황에 대한 논의를 통해 공영방송의 위기를 극복할 수 있는 현실적 제안을 담으려 노력했다.

2021년 3월부터 KBS공영미디어연구소에서는 초판 편집위원 윤석민·최영묵 교수와 함께 새로운 책을 만들기 시작했다. 미디어의 변화와 새로운 이슈를 최대한 반영하기 위해 새로운 주제에 맞춰 필진을 구성했다. 공영방송 저널리즘과 콘텐츠 영역, 시청자 서비스 문제, 공영미디어로 진화하는 유럽 모델, 미래 비전 등에 관한 글을 추가했다.

전면개정판 작업을 하면서 우리는 다음과 같은 세 가지 편집 원칙을 마련했다.

첫째, 공영방송과 관련된 쟁점과 주장들을 가능한 한 빠뜨리지 않고 담아낸다. 이를 위해 공영방송의 역사와 정체성, 뉴스와 프로그램, 시청자 관계, 거버넌스와 책무, 재원과 미래 비전까지 한국 언론학의 성과를 집대성하고자 했다. 독자들이 이 책을 읽고 자연스럽게 공영방송 논의의 최전선에 다다르도록 하기 위해서다.

둘째, 이론적 논의에 그치지 않고 공영방송 현실에 대한 날카로운 비판과 대안 제시에 초점을 맞춘다. 왜 공영방송 저널리즘이 제 역할을 못하는지, 진정한 국민의 방송이 되기 위해서 공영방송이 해야 할 일은 무엇인지, 40년 동안 정체된 수신료 문제는 어떻게 해결할 것인지 등 공영방송이 직시해야 할 내용을 가감 없이 담고자 했다.

셋째, 공영방송의 미래를 위해 새로운 규범과 비전 재정립에 노력한다. 각 장마다 공영방송이 무엇을 해야 할지 구체적으로 제안했다. 특히 공영방송 종사자나 미래 저널리스트들에게 제대로 된 공영방송의 좌표를 제시하고자 했다. 공영방송에 대한 체계적 이해가 현장의 실천 규범이 되어 변화의 실마리가 되기를 기대한다.

편집 원칙에 따라 네 가지 대주제를 정해 부로 나누고, 각 부에 맞게 두세 개 장을 배치해 책을 구성했다.

제1부 '공영방송의 역사와 정체성'에서는 국내외 공영방송의 역사와 발전 과정을 정리했다. 공영방송이라는 제도가 어떻게 생겨났고 어떤 논의를 거쳐 변화했는지 살펴봄으로써 공영방송 본질을 보는 다양한 시각, 관련 쟁점 등에 대한 거시적 이해를 돕고자 했다. 정용준은 해외 주요 공영방송사의 역사를 공익주의와 시장주의 패러다임으로 설명함으로써 공영방송 제도의 거시적 이해를 돕고자 했다. 조항제는 한국방송의 역사를 구조적으로 분석하면서 한국 공영방송의 정체성 성립과 발전 과정을 체계적이고 깊이 있게 다뤘다.

제2부 '공영방송의 공공서비스'에서는 뉴스, 프로그램, 시청자 영역을 살펴보았다. 심석태는 공영방송 저널리즘의 차별적 가치를 진실에 두고 책임 윤리 강화와 탁월한 저널리즘 제도화를 제안했다. 공영방송 기자와 프로듀서뿐 아니라 미래 저널리스트들이 꼭 한번 숙독할 만한 글이다. 주창윤은 공영방송 프로그램 50년사를 '일상과 기억의 공동체'라는 차원에서 분석하면서 그 차별적 가치와 의미를 발굴했다. 배진아는 공영방송이 적극적으로 시청자와 소통하고 참여를 극대화하는 일이 새로운 미디어 환경에서 살아남기 위한 최선의 전략임을 강조하고 있다.

제3부 '공영방송의 제도와 거버넌스'에서 최선욱은 유럽 국제기구가 합의하여 운영하고 있는 공영방송의 원칙과 표준에 초점을 맞추었다. 유럽연합 47개국이 인권, 문화 다양성, 민주주의라는 공영방송의 사회적 가치를 실현하기 위해 공영방송 시스템을 끊임없이 발전시킨 모델을 소개했다. 한국 공영방송의 새로운 체계 정립에 큰 시사점이 있는 연구다. 정영주와 홍종윤은 기존 공영방송 거버넌스 논의의 한계를 극복하기 위해서 시민 참여의 강화, 차별화된 공적 책무 시스템 구축, 투명하고 개방적인 제도 운영 방안을 체계

적으로 제시하고 있다.

제4부 '공영방송의 재원과 미래'에서 김성철은 공영방송 재원의 특성과 조건을 검토하고, 세계 주요 공영방송의 재원 위기 대응과 함께 한국 수신료 제도의 현실을 비판적으로 분석하고 있다. 정준희는 OTT 시대에 공영방송이 추구할 미래 비전과 혁신 방안을 구체적으로 제시하고 있다. 초판과 마찬가지로 편집위원인 최영묵은 「여는 글」을 통해 공영방송 본질을 통시적으로 정리했고, 윤석민은 「2021 에필로그」에서 공영방송의 사회적 의미와 미래에 대해 논의했다. 이번 기획 전반을 관통하는 질문인 '공영방송의 위기에 어떻게 대응할 것인가'에 대한 고민을 엿볼 수 있다.

"공영방송의 위기는 제도 자체의 본질이다"라고 할 만큼 거의 대부분의 공영방송은 바람 잘 날이 없었다. 구조적 위기가 가속되고 있는 현시점에서 우리 사회가 공영방송을 어떻게 운영해 갈 것인지 결정하는 것은 대단히 어려운 문제임이 틀림없다. 과연 이 시대에 공영방송이 계속 필요한 것인지에 대해 질문을 던지는 것에서 시작해야 한다. 이 질문의 답을 구하는 일은 공영방송의 본질에 대한 탐구가 될 것이다. 『(전면개정판) 공영방송의 이해』가 그 여행의 나침반이 되었으면 한다.

2021년 12월

『(전면개정판) 공영방송의 이해』 편집기획위원회

윤석민·최영묵·유건식·최선욱·최용수·이태경

왜 다시 공영방송인가?

최영묵

'미디어 제국'과 공영방송

대다수의 사람들이 구글이나 넷플릭스 같은 글로벌 동영상 플랫폼의 개인 맞춤형 콘텐츠에 매료되는 '지구 미디어 시대'에 공영방송은 철 지난 잡지의 표지처럼 낡아 보인다. 과거에 비해 영향력이 현저하게 낮아졌고 신뢰도도 좀처럼 회복되지 않고 있다. 지속적으로 제작비를 줄여야 할 정도로 재정 상황은 어렵고 여전히 보도의 공정성 시비에서 자유롭지 못하다. 이러한 공영방송이 지금 한국 사회에 꼭 필요한 제도인지 의문을 표하는 사람들도 있다.

방송과 신문 같은 이른바 '레거시 미디어'라고 호명되는 대중매체는 언론인의 게이트키핑과 수용자의 선택적 소비를 축으로 움직인다. 언론 소비자 입장에서 편파적이거나 정파적인 내용을 비판하고 개선을 요구할 수 있는 체제이다.

구글과 페이스북 같은 빅데이터에 근거한 '알고리즘 미디어 체제'는 전통적인 대중매체의 생산자와 소비자를 동시에 무력화한다. 게이트키퍼는 알고리즘이 '선호'하는 콘텐츠를 생산하고 수용자는 '나의 취향을 나보다 더 잘 아는'

알고리즘이 추천하거나 구성해 주는 콘텐츠를 소비한다. 알고리즘이 언론인을 '고용'하여 소비자의 취향을 '저격'하는 상황이다.

인간의 가치와 판단이 대체로 알고리즘으로 넘어가고, 갈수록 사람들은 각자 자기만의 인터넷 공명실echo chamber에서 살아가도록 강요받고 있다. 정체와 출처를 알 수 없는 허위 조작 정보나 가짜 뉴스 혹은 댓글 알바에 의한 가공의 정보들만 넘치는 상황으로 가고 있다. 글로벌 플랫폼과 알고리즘 미디어의 확산은 한 국민국가에 왜 건강한 공영방송이 필요한지를 역설적으로 보여준다.

진실과 허위의 경계가 흐려지는 상황에서 사람들은 정치적 의도나 상업적 이해관계와 무관하게 생산되는 정보나 콘텐츠를 갈망할 수밖에 없다. 산업화 이후 그린벨트가 도시를 보호했고, 국립공원이 있어 국토의 난개발을 그나마 막을 수 있었다. 인공지능과 가상현실, 빅데이터와 알고리즘이 미디어 세상을 지배하는 시대에 공공서비스 미디어가 과거의 그린벨트와 같은 역할을 할 수 있을 것이다.

2020년 영국에서 나온 「공영방송 미래에 관한 보고서」를 보면 여전히 공영방송이 필요한 이유로 전국적 이슈에 대한 무료 보편 서비스 제공, 사회적으로 공유된 경험의 제공, 국내 콘텐츠 제작과 유통의 근거, 글로벌 시대 영국 고유의 문화정체성 보호 등을 꼽았다. 한국 공영방송의 존재 이유도 크게 다르지 않다. 게다가 한국의 경우 미디어 신뢰도가 세계 최하 수준이고 이로 인한 갈등 비용도 커지고 있다는 점에서 공영방송의 '국민 공론장'으로서의 적극적 역할이 더욱 절실하다.

이 글에서는 가능한 범위에서 과거 한국 공영방송 논의의 핵심 의제라 할 수 있는 제도적 의미와 사회적 책무, 거버넌스와 재원, 구조적 한계 그리고 미래와 관련하여 '글로벌한' 규범적 의미와 직면하고 있는 '한국적인' 현실에 관해 동시에 화두를 던져보고자 한다.

공영방송의 의미: 제도와 '철학' 사이

　공영방송[1]이란 일반적으로 공사公社와 같은 공적 조직에서 수신료와 같은 공적 자금을 지원받아 운영되는 비영리적이고 비상업적인 방송을 의미한다. 궁극적으로 시민에게 책임을 다하고 공공의 이익에 부합하는 프로그램을 내보내며 프로그램 편성에 이윤 논리를 적용하지 않는 것을 원칙으로 한다.

　공영방송은 1920년대 영국의 BBC 설립 이후 독일 등 유럽 지역과 일본, 한국 등에서 대의제 민주주의의 근간이 되는 제도로 발전했다. 보편적 서비스를 지향하고 공중의 이익에 봉사하며 상업적 경쟁에서 비교적 자유로운 가운데 콘텐츠는 강한 법적·사회적 규제를 받는다. 수신료나 교부금은 궁극적으로 국민들이 직접 지불하는 공적 재원이기 때문에 공영방송사는 시청자인 시민과 국가, 공동체를 위한 공익적 서비스를 제공해야 할 의무가 있다. 공영방송은 대의제적인 경영위원회나 이사회 구성을 통해 의사결정의 독립성을 확보해야 한다. 공영방송 조직을 위해서가 아니라 공공서비스를 위해 사업을 수행하라는 제도적 요구를 해소하기 위해서이기도 하다.

　공영방송사 public broadcaster의 존립 목적은 저널리즘의 독립성과 서비스의 차별성에 있다. 각국에서 공영방송 시스템을 구축해 온 이유는 방송 시장에서 실패할 경우 회복이 어려우므로 이를 보완하고, 정치권력으로부터 상대적 자율성을 확보하기 위해서다. 콘텐츠 측면에서 보자면 '자유 경쟁' 시장이 공급

---

[1]　지상파 방송이 도입되는 시점부터 영국 등 서유럽 국가들은 '공공서비스(public service)'의 이념에 따라 방송을 국가 혹은 공공조직이 독점 관리했기 때문에 초기의 방송은 모두 '공영방송(public broadcasting)'이었으며, 동시에 유일한 '공공서비스 방송(public service broadcasting)'이었다. 상업방송이 도입되면서, 공공 조직의 독점 운영을 의미하는 공영방송과 공공서비스의 이념을 구현하는 공공서비스 방송은 서로 다른 대상을 지칭하게 되었다. 공적 자원인 주파수를 이용하는 지상파 방송의 경우 민영방송도 '공공서비스 방송'으로서 공적 책무를 상당 부분 지기 때문이다.

할 수 없거나 시장의 실패로 공급이 불가능한 서비스를 시민에게 제공하기 위한 방송 시스템이다. 이렇듯 공영방송은 외형상 공공사업이고, 내용으로 보면 국영방송이나 상업방송과는 다른 프로그램을 공급하기 위한 제도라고 할 수 있다.

완전경쟁 시장이 존재하기 어려운 이상ideal type이듯이, 모든 권력으로부터 자유로운 공익 서비스로서의 공영방송도 어느 시점에서 완성할 수 있는 시스템이라기보다는 한 국가가 지속적으로 형성해 가는 '가치'나 '제도'로 보는 것이 합당하다. 공영방송은 언제나 사회적으로 논란을 불러일으켰고, 이를 해소하기 위해 지난한 사회적 논의와 그 결과를 바탕으로 이념적·사회적 위상을 새롭게 재정립하는 경우가 많았기 때문이다.

BBC의 경우 필요할 때마다 구성되는 '특별위원회'의 보고서와 10년마다 갱신되는 칙허장The Royal Charter을 통해서 의미가 재구성되었다. 1923년의 사이크스Sykes 위원회를 비롯해 1985년의 피콕Peacock 위원회에 이르기까지 특별위원회를 구성하여 공영방송 관련 주요 이슈, 책무에 관해 광범위한 여론을 수렴하여 공영방송 정책의 밑거름으로 삼았다. 독일 공영방송의 경우 연방헌법재판소의 판결을 통해서 공영방송의 성격과 위상이 결정된다. 권력의 성향이나 여타 사회적 조건에 따라 공영방송의 독립성이나 공공서비스의 성격이 약화·훼손될 수 있기 때문이다.

KBS는 1973년 별다른 사회적 논의도 없이 유신체제와 함께 '무늬만' 공영방송으로 출범했다. 공영방송에 대한 본격적인 논의는 1989년 공보처에서 구성한 한국방송제도연구위원회(이하 방제연)에서 처음 시작되었다고 볼 수 있다. 이후 1990년대에 공영방송발전연구회나 방송개혁위원회가 다양한 전문가 그룹 중심으로 구성되어 공영방송에 대한 논의를 이어가지만 실질적 영향력은 미미했다. 오히려 상업방송이나 위성방송과 같은 새로운 미디어 허가의 정당성 마련에 동원된 기구라는 비판만 받았을 뿐이다.

어떤 경로를 거쳐 오늘에 이르렀건 간에 세계의 모든 공영방송은 이제 스스로 변신하거나 아니면 변화를 강요당해야 하는 구조적 한계에 다다랐다. 그렇게 된 이유로 여러 요인을 들 수 있지만, 핵심은 미디어의 패러다임이 주파수 기반의 특정 국가 대중매체에서 알고리즘 기반의 글로벌 플랫폼으로 변했기 때문이다.

공영방송의 역사: '오래된 미래'

영국과 미국, 독일과 일본 등 세계 각국의 공영방송은 나름의 역사적 정체성을 형성해 왔다. 1920년 11월 미국의 KDKA가 라디오 정시 방송을 실시하고, 영국의 BBC는 1922년부터 라디오 방송을 시작한다. 미국의 경우 방송 장비를 제조하는 거대 기업을 정부가 통제하기 어려웠기 때문에 라디오 방송부터 상업적 시스템으로 구축되었다.[2] 1967년이 되어서야 비로소 공영방송공사 Public Broadcasting Corporation, 이하 PBC가 출범했지만, 미국의 공영방송 PBC의 경우 시장 실패에 대비한 부분적 보완 시스템이라 할 수 있다.

미국을 제외한 국가에서 방송의 공적 성격이 강조되었던 이유는 라디오 방송이 시작된 이래 전파 자원을 이용하여 수익 사업을 하려 하는 자본가의 요

---

2   미국의 경우 예외적으로 국영이나 공영의 단계 없이 바로 사기업 중심의 방송체제가 구축되었다고 볼 수 있다. 그렇다고 정부가 방송 관할권을 쉽게 포기하지도 않았다. 초기 라디오 방송은 사실상 국영체제였다. 라디오 방송을 해군 주도로 국유화하려 했으나 여의치 않자 군부가 좌지우지할 수 있는 민간기업 RCA(Radio Corporation of America)를 설립한 것이다. 1919년 출범한 RCA에는 정부의 입김으로 아메리칸 마르코니, AT&T와 같은 대기업이 참여하게 된다. RCA에 참여하지 못했던 웨스팅하우스는 독자적으로 라디오 기술을 개발하고 상용화한 후 RCA에 참여한다. 이후 제너럴 일렉트릭과 AT&T, 웨스팅하우스가 손을 잡고 라디오 수신기 대량 생산과 판매를 주도하게 된다. 1956년 한국에서 최초로 개국한 텔레비전 방송국 KORCAD(Korea RCA Distributer)는 'RCA 한국 지사'였다.

구가 강했고, 동시에 전파 미디어의 강력한 영향력을 권력 유지에 이용하고자 하는 권력의 욕망 역시 강했기 때문이다. 영국, 독일과 일본, 한국 등에서 공영방송 시스템이 등장한 역사를 보면 이를 잘 알 수 있다.

영국의 경우도 초기 방송의 주도권을 쥐고 있었던 것은 수신기 제조업자였다. 1922년 영국 정부는 라디오 수신기 제조업자 등과 방송 사업에 대해 논의를 시작했고, 그 결과 영국방송회사British Broadcasting Company가 등장한다. 초기의 BBC는 공사가 아니라 장비업자들이 모여서 세운 상업방송사였다. 크로퍼드Crawford 위원회(1926년 설립)는 사이크스 위원회(1923년 설립)의 방송사업독점론을 지지하면서 상업화된 BBC를 공영으로 전환하자고 제안했다. 공영방송을 통해 방송이 공익의 수탁자 역할을 해야 한다고 판단한 것이다. 그 결과 1927년 칙허장에 근거한 공영방송 BBC가 발족한다. 이로써 영국 방송은 수신료로 운영되는 공사의 독점사업이 되었다.

독일의 라디오와 텔레비전 방송은 나치스의 선전 도구로 기능하다가 제2차 세계대전 패전 이후 연합국에 의해 공영방송 독점체제로 재편된다. 독일의 공영방송 독점체제는 1983년 상업방송 도입 때까지 계속된다. 독일 공영방송의 두드러진 특성은 지방분권 시스템이라는 점이다. 독일 방송에서 지방분권이 주요한 가치로 자리 잡게 된 이유는 두 가지로 볼 수 있다. 제2차 세계대전 이후 서독 지역은 미국, 영국, 프랑스가 분할 통치했기 때문에 지역별로 상이한 시스템이 도입되었고, 연합군은 나치 정부의 선전·선동을 위한 중앙집권적 방송 조직을 철저히 와해하려 했다.

현재 독일 공영방송은 ARD와 ZDF를 주축으로 한다. ARD(제1TV)는 독일 공영방송사 연합 조직이다. 9개의 주 방송사들과 도이체벨레Deutsche Welle 등 10개의 공영방송사로 구성되며, 소속 방송사들도 각각의 법적·조직적 독립성을 유지한다. 전체를 아우르는 중앙 조직은 없고, 단지 프로그램 편성 등을 조율하는 단위만 있다. 전국을 대상으로 하는 종합 방송으로, 철저하게 연합체 방식으로 운영된다. ZDF(제2TV)는 16개의 주가 공동으로 설립한 단일 방송사이다. 중앙 본부와 조직, 기관과 시설들을 갖추고 있다. ARD는 지역성과 문화의 다양성을 중시하며, ZDF는 상대적으로 독일 전체를 정치적·사회적·문화적으로 통합하는 역할을 수행한다.

연합군 점령하에서 독일의 여러 주는 영국 공영방송인 BBC를 모델로 채택한다. 제2차 세계대전이 끝난 후 미국 정부는 점령 지역에 자유분방한 미국식 상업방송제도를 도입하고자 했다. 반면 프랑스 정부는 프랑스 본국에서처럼 중앙집중적인 국영방송제도를 채택하고자 했다. 결국 미국, 영국, 프랑스 정부는 독일 지역에는 영국식 공영방송제도가 적합하다는 데 합의하고 현재와 같은 공영방송 시스템을 구축하게 된다.

초창기 일본의 라디오 방송은 도쿄와 오사카, 나고야 세 개 지역에서 독립 공익법인으로 출발했지만, 1926년 관이 주도하는 '일본방송협회NHK'로 통합된다. 외형상 사단법인이었지만 실제로는 군사정권이 지배하는 형태였고, 1930년대 이후에는 파시즘 체제의 목소리를 전달하는 일방적 수단으로 전락한다. 제2차 세계대전 후 미군정은 일본의 방송을 기존의 관영 독점 체제에서 미국식 상업방송과 영국식 공영방송이 공존하는 공·민영 체제로 재편한다. 미군정은 관영방송이었던 NHK를 정부로부터 분리하여 '공공법인체적 특수법인'으로 재구성했다. 공영이 된 NHK는 자율적인 경영위원회에서 운영을 책임지도록 했고, 수신료 납부도 의무화했다. 미군정은 일본의 방송에 미국식의 시장자유주의 방송시스템을 이식하는 동시에 전시 파시즘 체제의 동원 수단으로 기능했던 '관영' NHK를 '공영' NHK로 바꿨다.

요약하자면 영국의 공영방송은 국가의 내적 필요에 따라 구성된 것인 반면, 독일과 일본의 공영방송은 제2차 세계대전 이후 연합국과 미국 주도로 시스템이 구축되었다. BBC의 경우 국민 이익의 수탁자로서 공영방송이 되었고, ARD와 ZDF, NHK의 경우 국가권력에 의한 언론 장악을 막고 공공서비스라는 사회적 역할을 수행하도록 하기 위해 외부의 힘에 의해 설립되었다고 볼 수 있다. 미국 공영방송은 상업방송 속의 그린벨트라는 의미로 등장했다.

한국의 공영방송3은 유신체제의 산물이다. 유신정권은 1972년 비상국무회의에서 「한국방송공사법」을 통과시켰다. 정부는 국영으로 인한 불합리성과 비효율성을 시정하고 더욱 우수한 프로그램을 제작함으로써 국민을 위한 공익방송으로서 시대적 사명과 문화 향상에 이바지하기 위해 KBS를 공사로 전환한다고 했다. 이러한 내용은 「방송공사법」의 목적4에도 그대로 반영되었지만, 정치적 독립성은 보장되지 않았다. KBS의 사장은 문화공보부 장관의 제청으로 대통령이, KBS 이사는 사장의 제청으로 문화공보부 장관이 임명하는 구조였다. 경영위원회와 같은 독립적 거버넌스를 인정하지 않았고, 그 구조는 지금도 크게 다르지 않다.

공영방송 KBS는 유신정권이 정치적 목적으로 출범시켰고 그 뼈대가 여전히 유지되고 있기 때문에 한계 또한 명확하다. 당시나 지금이나 외형상 자율적인 공영방송 제도를 표방하고 있지만, 국내 정치체제에 그것을 뒷받침할 자유주의적 역사와 전통이 부재하다는 것이 가장 큰 문제다. 1990년대 이후 사장이나 이사 선임 형식과 절차를 부분적으로 보완하는 수준에서 제도 개선 논의가 이어지고 있지만, 여전히 정치적 후견주의에서 벗어나지 못하고 있다. 공영방송의 가치와 윤리를 내면화한 방송인을 제대로 육성하지도 못했다. 결과적으로 KBS와 관련한 핵심 사회적 의제는 존폐의 위기 상황까지 온 지금도 이사와 사장 선임 절차, 저널리즘 영역에 대한 정치적 개입 문제에 머물고 있다.

물론 한국의 공영방송이 반드시 서유럽식 경로를 거쳐 일정한 목표 지점에

---

3   EBS와 MBC도 공영방송이다. 한때 KBS의 3채널이기도 했던 EBS는 지난 2000년 「한국교육방송공사법」 제정으로 독자적인 공영방송이 되었다. 1959년 민영방송으로 출범했던 MBC는 우여곡절을 겪은 후 1989년 「방송문화진흥회법」이 제정됨에 따라 '특별법에 의해 설립된 공익 재단이 소유하는 특수 공영방송'의 정체성을 갖게 된다. 이 글에서는 KBS를 중심으로 서술했다.

4   제1조(목적) 이 법은 한국방송공사(이하 "공사"라 한다)를 설립하여 국내외 방송을 효율적으로 실시하게 하고, 전국에 방송시청을 가능하게 함으로써 방송문화 발전과 공공복지 향상에 기여함을 목적으로 한다.

도달할 필요는 없을 것이다. 달리 보자면 1973년 공영방송이 출범했지만 조직 운영에서 상대적 자율성을 확보한 것은 1990년대 이후이다. 이후 10여 년간 한국방송 KBS는 독립성과 차별성을 바탕으로 압도적인 시청률과 영향력을 행사하며 전성기를 누렸다. 하지만 한국 공영방송의 '화려한 날'은 길지 않았다.

공영방송의 설명책임과 규범: 비정부적 공익

방송에서 사회적 설명책임accountability 문제를 처음 거론한 것은 1997년 영국의 애넌Annan 위원회에서였다. 1970년대 초 영국에서는 거대화한 공영방송 BBC에 대한 비판이 분출하고 있었다. 영국 정부는 1974년 애넌 경을 위원장으로 하는 한시적 방송조사위원회를 통해 방송제도 전반을 검토하게 한다. 애넌 위원회는 1977년 발표한 보고서[5]에서 BBC에 '어카운터빌리티accountability' 강화를 요구했다. 이후 '어카운터빌리티'는 BBC가 공영방송으로서 수행해야할 가장 중요한 임무로 자리매김했다. 애넌 위원회는 좋은 방송의 요건으로 유연성, 다양성, 독립성, 책임성을 들었다. 또한 방송의 공정성과 관련하여 다양한 견해의 수용, 견해의 비중에 대한 고려, 견해의 변화 반영 등이 필요하다고 보았다.

일본에서는 방송의 '어카운터빌리티'를 '설명책임'이라는 용어로 번역해 사용하고 있다. 2004년 일본 공영방송 NHK 직원들이 제작비를 부풀려 처리한 뒤 차액을 착복했다는 보도가 사실로 드러났다. 이듬해에는 유력 정치인의 압력으로 다큐멘터리 내용이 수정되었다는 의혹이 제기됐다. 이런 일련의 사건

---

5   애넌 위원회 보고서(일명 「방송의 미래에 관한 보고서」)에서는 BBC의 어카운터빌리티 이 외에
     도 제2의 영국 상업 텔레비전 방송으로서 제4채널 신설을 권고했으며, 방송 관련 규제 기구 단일
     화를 제안했다.

들은 시청자들의 수신료 납부 거부로 이어졌다. 이에 NHK는 2005년부터 설명책임을 이행하기 위한 구체적 방안 마련을 위해 지속적으로 노력하고 있다. NHK가 저지른 비리나 각종 의혹 그 자체도 심각하고 중대한 사건이라는 데 이론의 여지가 없지만, 비리가 발각된 후에도 은폐·축소, 자기변명으로 일관하자 비판과 불신의 목소리가 더더욱 높아졌다.

한국의 방송 관련법에서는 KBS의 공적 책임에 대해 광범위하게 규정하고 있다. 공정성과 공익성, 보편서비스, 민족문화 창달과 민족 동질성 확보 노력(「방송법」 제44조), 국제 친선 목적의 대외 방송과 외국 거주 한민족을 위한 사회교육방송의 실시(「방송법」 제54조), 자연재해와 재난 혹은 민방위와 안전관리 등을 위한 재난방송(「방송통신발전기본법」 제40조)이 대표적이다. 보편서비스와 민족문화 창달을 위한 방송 혹은 재난방송 등은 국가가 국민에게 제공해야 하는 기본 서비스라는 점에서 공영방송에 의한 국가 역할의 대행이라 할 수 있다. 이와 같이 공영방송에 '부과된 공익 업무'는 국고 지원이나 수신료 징수의 유력한 근거가 된다. 문제는 과도한 경쟁과 재원의 고갈로 공영방송에 '부과된 공익 업무'가 갈수록 약화되거나 여타 미디어와의 차별성을 상실한 데 있다.

2000년대 이후 미디어의 글로벌화는 돌이킬 수 없는 추세가 되었다. 미국의 글로벌 미디어 플랫폼이 전 세계를 수직계열화해 가는 형국이다. 글로벌 미디어 제국과 상업방송들은 각국 공영방송의 차별적 지위나 수신료와 같은 공적 지원에 대해 불공정 경쟁을 근거로 비판하고 있다. 공영방송에 대한 국제 규범 논의가 활성화되는 이유이다. 공영방송에 대한 대표적인 국제 규범으로 유네스코의 '지침', 유럽평의회Council of Europe와 유럽연합EU의 여러 관련 협약을 들 수 있다(제6장 참조).

유네스코는 공영방송을 "공적 재원을 통해 공공이 만들고 공적으로 통제하는 방송"으로 규정하고 정치적 통제나 상업적 압력에서 자유로워야 한다고 보았다. 유네스코에서 공영방송의 중요성을 강조하는 이유는 문화 다양성의 형성과 유지에 공영방송이 가장 중요한 제도적 수단이라고 보았기 때문이다. 유럽평의회와 유럽연합은 설립 목적이 서로 다르지만, BBC와 같이 공영방송을 강화하기 위해 가능한 범위에서 유럽 국가 간에 동일한 규범을 채택해 미디어 다원주의와 공영방송의 독립을 지키도록 독려하고 있다. 유럽연합은 공영방송이 회원국의 인권 보호, 문화 다양성, 건강한 여론 형성의 주요한 제도적 장치라고 본다. 또한 공영방송이 이러한 역할을 지속적으로 수행하기 위해서는 정치적 독립성, 안정적 재원구조의 유지, 새로운 미디어 기술의 적극적 활용이 필요하다고 강조한다.

공영방송의 거버넌스: 정파에서 시민으로

공영방송은 제반 사회세력으로부터 독립성을 확보하기 위해 공기업 혹은 공사, 특수 공공 조직인 영조물營造物 형태를 취하지만, 운영 방식은 천차만별이다. 대표적인 공영방송의 법적 형태로는 영국 BBC와 같은 '공기업 모델'과 독일식의 '영조물 모델'이 있다.

공기업이란 국가 또는 지방자치단체가 국민에게 공적 서비스를 제공하는 동시에 수익성을 추구하기 위해 설립·운영하는 법인체다. 공기업이라고 해서 정부 조직이나 국영 기업과 달리 정치권력으로부터 독립성이 보장되는 것은 아니다. 이 때문에 방송을 공기업 형태로 만들 경우, 조직 측면에서 제반 권력으로부터 독립성을 유지할 수 있는 특수 법인체를 지향해야 한다. 1927년 공사public corporation로 출범한 BBC의 법적 지위는 공기업 모델의 대표적인 사례이다. BBC를 '방송 조직에 관한 특별법'이나 '회사법' 등과 같은 법률이 아니라 국왕의 칙허장에 의해 설립한 것은 특수 법인체의 성격을 강조하기 위한 것으로 볼 수 있다. BBC는 칙허장에 의해 설치되는 경영위원회Board of Governors의 관리·감독을 받는데, 경영위원회 위원은 여왕의 동의를 거쳐 총리가 임명한다. 정부는 사장과 임원 등 방송 조직의 집행이사에 대한 임면권을 행사할 수 있다.

독일의 법에서 규정하는 영조물Anstalten des öffentlichen Rechts이란 공익 목적의 지속 실현을 위한 인적·물적 종합 시설물을 의미한다. 패전 후 독일은 영조물 조직이 경영상 수익과 무관하게 정신적·문화적 서비스를 제공해야 하는 공영방송에 적합하다고 보았다. 공사와 영조물의 가장 큰 차이는 분권화의 원리이다. 영조물 조직은 공기업 모델과 달리 정치권력의 간섭이 상대적으로 어렵다. 영조물 조직은 자치행정권이 보장되기 때문에 정치권력의 직접적인 지휘·감독을 받지 않고 한정된 범위에서 법률에 따른 감독을 받는다. 영조물 설립이 필요한 이유 중의 하나는 방송 스스로 책무를 내면화할 수 있다는 점과 관련이 있다.

공영방송은 정부, 정치 집단, 자본, 사회단체 등 사회의 여러 세력이 자신들의 이해를 극대화할 목적으로 만들어낸 상호작용의 산물이기도 하다. 이는 공영방송 규율 시스템(거버넌스)을 통해 구현된다. 공영방송 거버넌스는 일반적으로 다수당이 직접 영향력을 행사하는 정부 모델, 일정하게 자율성을 확보한 공영방송의 구성원들이 중심이 되는 전문직 모델, 국회 의석수에 따라 권한을 나누는 의회 모델, 다양한 사회집단이 사회조합주의 형태로 참여할 수 있는 시민참여 모델로 구분할 수 있다.

정부 모델은 정당성 측면에서 공격받을 개연성이 크다. 전문직 모델이나 의회 모델, 시민참여 모델은 모두 대의제적 성격을 포함하기 때문에 사회적인 상황에 따라 선택될 수 있다. 예를 들자면 영국의 경우 2007년부터 2017년까지 각계의 대표성을 띤 위원들로 구성된 BBC 트러스트BBC Trust(경영위원회)를 설립하여 운영하기도 했다. 사장 선임을 비롯해 BBC를 전반적으로 감독하고 규제하는 권한은 외부 위원회 성격의 BBC 트러스트에, 실질적인 경영은 BBC 내부의 집행이사회에 맡겼다. 정부로부터 독립된 위상을 가졌던 BBC 트러스트는 공영방송의 독립성과 민주적 통제를 구현할 수 있는 모델로 평가받기도 했지만 2017년 폐지되었다. 트러스트의 공사 감독과 규제 기능은 BBC 이사회와 담당 정부부처인 오프콤Ofcom으로 이관되었다. BBC의 공사로서의 독립성이 약화된 셈이다.

독일 ARD의 시청자평의회는 「방송법」에 규정된 77명의 정당, 사회단체, 직능단체, 종교, 문화, 예술, 교육 등 사회 각 분야의 대표들로 구성되어 있어서 충분한 내적 다원성을 확보하고 있는 기구다. 공영방송 대표를 선임하는 것도 중요한 문제다. 영국, 독일, 일본 공영방송 사장의 임명 절차를 보면 외형상 경영위원회에 의해 결정되지만, 정치권력의 '보이는 손'에 영향을 받는 경우가 많다. 이로 인해 공영방송사의 정체성과 독립성, 역할에 대한 사회적·정치적 논란은 끊이지 않고 있다. 정치적 간섭에 따른 '관제방송' 시비뿐만 아니라 공공서비스 방송사들의 서비스 중복, 비효율성도 비판의 대상이다.

한국 공영방송의 경우 이원적 거버넌스로서 방송사의 '운영 기능'과 '감독 기능'이 분리되어 있다. KBS, EBS의 경우 각 이사회와 사장이 구성하는 집행기구, MBC의 경우 방송문화진흥회 이사회와 주식회사 MBC 이사회(MBC 임원)로 분리되어 있다. 이러한 방식에서 일상적인 운영은 공영방송사 경영진에 위임하고 내부 감독기구가 이들의 활동을 감독하게 된다. 그 대신에 경영진이 내부 감독기구에 의해 임명됨으로써 내부 감독기구의 권한이 반영될 수 있으며, 공영방송사 경영진은 관리·감독을 받고 필요한 정보를 제공하기 위해 내부 감독기구에 출석하여 보고해야 할 의무가 있다.

현재 KBS 이사회와 방송문화진흥회 이사회 구성과 운영 방식은 상당한 문제를 안고 있다. KBS 이사회와 방송문화진흥회 이사회 구성 절차를 보면 국민 대표성을 띠는 국회와 대통령의 추천으로 대통령이 방송통신위원을 임명하고, 그들이 나름의 추천 절차를 거쳐 KBS 이사와 방송문화진흥회 이사를 추천(혹은 임명)하는 방식이다.

공영방송사 이사회와 사장 선임이 늘 문제가 된 이유는 대통령 선거에 참여했던 정치인들이 지지했던 후보가 집권할 경우 캠프 관계자가 직접 이사나 사장이 될 수 있는 구조였기 때문이다. 이를 차단하기 위해서는 국회와 대통령이 직접 이사나 사장을 추천할 수 없는 구조로 만들어야 한다는 것이 대안적 거버넌스 체제의 핵심이다. KBS 거버넌스의 근본 문제는 정치권이 재정과 운영 문제에 책임을 지지 않고, 보도에만 간섭하는 구조라는 점이다. 정치적 후견주의라고 하기도 어려울 만큼, 특정 정파가 장악하여 홍보 수단으로 쓰다가 버리는 구조에 가깝다는 것이 문제다.

이러한 공영방송의 지배구조(거버넌스) 개편을 위한 논의는 과거에도 간헐적으로 이루어졌고 19대 국회 이후 계속되고 있다. 19대 국회와 20대 국회에서는 KBS, EBS, 방송문화진흥회 이사회 및 사장 선임과 관련한 방송 지배구조에 관한 다수의 개정안이 발의된 바 있다.

2021년 초반, 국회에서 공영방송 거버넌스(이사와 사장 선임) 관련 논의가 활발히 이루어졌다. 더불어민주당은 공영방송 이사와 사장을 '국민추천위원회'를 통해 선임하는 것으로 가닥을 잡은 것으로 보인다. 원전 관련 공론화위원회나 국민참여재판의 배심원단 구성처럼 국민추천위원회는 시대정신에 부합하는 제도라고 볼 수 있다. 하지만 방송통신위원회에서 이사 추천 위원을 위촉하도록 하는 것은 논란의 소지가 있다. 사장 추천 위원의 경우 공모 형식을 통하지만, 결국은 이사회에서 위촉하는 방식을 벗어나기 어렵다. 이사 추천 위원과 사장 추천 위원 모두 공모 방식과 추첨 방식을 병행하여 공정성 논란 가능성을 차단할 필요가 있다.

사실 이사와 사장 선임권을 비롯해 공영방송 운영권 전체를 국민에게 돌려주는 것이 현재 상황에서 공영방송이 국민의 지지를 받을 수 있는 유일한 길일지도 모른다. 공영방송이 국민의 신뢰를 회복하지 못하는 한 미래는 없기 때문이다. 하지만 별다른 보완 장치(수신료위원회 등) 없이 정치적 후견주의를 청산하고 공영방송이 완전한 '정치적 독립성'을 확보(혹은 보장)하게 된다면 그것은 독립이 아니라 '고립'을 의미할 수도 있다.

공영방송의 재원: 수신료 넘어서기?

공영방송의 재원은 수신료와 광고, 정부 보조금 세 가지라고 할 수 있다. 미국이나 호주 등은 정부 보조금에 의존하기도 하지만, 수신료가 공영방송 재원의 핵심이다. 호주와 캐나다, 미국은 정부 보조금을 직접 받는 형태이고, BBC와 NHK, KBS의 경우 시청자로부터 수신료license fee를 받고 있다.

수신료의 장점은 정치권력의 변화, 경제적 여건 변화와 무관하게 재원이 안정된 상태에서 방송사를 운영할 수 있다는 점이다. 시청자들에게 직접 징수한다는 점에서 정치적 개입이나 광고주의 영향력으로부터 자유로울 수 있어 공영방송 독립성의 근간이 된다. 하지만 수신료 결정 과정 등에서 정치권력이 개입될 개연성이 크기 때문에 현재 한국의 공영방송처럼 수신료 액수가 장기적으로 고정될 수도 있다. 그럴 경우 방송사는 경영상의 어려움을 타개하기 위해 광고와 프로그램 판매 등 다양한 수익원을 창출해야 한다. 그 과정에서 공영방송의 정체성이 훼손될 수 있다.

한국의 TV 수신료는 조세와 차이가 있는 특별부담금이다. 조세는 국가가 국민으로부터 반대급부 없이 강제로 징수할 수 있기 때문에 확보가 용이하다. 조세 징수 방안으로는 공영방송을 위한 목적세를 징수하거나 소득세 등의 다른 조세에서 일부를 전용하거나 부가가치세의 일부를 공영방송의 재원으로 활용하는 것 등이 있다. 수신료에 비해 저항을 덜 받을 수 있기 때문에 더 효율적인 재원이라 할 수 있다. 하지만 TV 수신료가 합리적인 이유는 수상기 보유자에게만 부담을 지운다는 데 있다. 고속도로 통행료처럼 수혜자 부담 원칙을 적용하는 것이다.

한국 공영방송 수신료는 1981년 2500원으로 결정된 후 지금까지 이어지고 있다. KBS에서는 지난 40여 년간 주기적으로 수신료 인상을 시도해 왔지만 실패했다. 현재 KBS는 코로나19 팬데믹 상황이 2년째 계속되고 있고, 차기 대선을 앞둔 '최악의 조건'인데도 수신료 인상을 시도하고 있다.

상식적으로 보자면 수신료는 벌써 인상이 되었어야 한다. 통신 요금이나 물가 등 다른 모든 것은 몇 배씩 올랐는데 40년간 동결되었고, BBC나 NHK의 수신료에 비해 터무니없이 저렴하며, KBS 재원 중 수신료 비중이 낮은 것이 사실이기 때문이다. 더 큰 문제는 광고 축소에 따라 적자가 누적되면서 프로그램 제작 자체에 어려움을 겪고 있다는 점이다.

과거 국회에서 수신료 인상 논의가 번번이 실패했던 이유는 저널리즘 공정성 시비, 과다 인건비 등 조직 운영의 비효율성 문제와 관련이 있다. 공영미디어를 제외한 대다수 언론이 수신료 인상에 각각의 이유로 부정적이었고, 지금도 별반 다르지 않아 보인다. '야당'은 언제나 이런 주장을 바탕으로 수신료 인상을 무력화했다.

'40여 년 수신료 잔혹사'에서 인상에 가장 근접했던 때는 2011년 6월이다. 당시 여당인 한나라당과 야당인 민주당은 국회 문화체육관광방송통신위원회(문방위)에서 수신료 인상안을 국회 본회의에서 표결 처리하기로 합의한다. 하지만 민주당은 불과 하루도 지나지 않아 KBS의 공정성과 중립성 등 선결 조건을 내세워 합의를 파기했다. 그 이후 민주당은 고위정책회의 등을 통해 공정보도를 위한 제도적 장치 마련, 정치적 중립을 위한 지배구조 개선(「방송법」 개정)이 수신료 인상의 선결 조건이라고 선언했다.

KBS의 경영 상황은 매년 발간되는 경영평가 보고서를 보면 잘 드러난다. 2021년에 나온 「2020년 경영평가 보고서」에 따르면 2020년 KBS의 총수입은 1조 4342억 원으로 2018년 대비 416억 원이 감소했다. 수입의 구성을 보면 수신료 6790억 원(47%), 광고 2319억 원(16%), 기타 수익 5319억 원(37%)의 순이었다. 2018년에 KBS의 광고 수입은 3328억 원으로 전체 수입의 23%를 차지했으나 2020년에는 2319억 원으로 1000억 원 이상 감소하여 전체 수입에서 차지하는 비중이 16%로 축소됐다.

방송의 광고 매출은 2015년을 기점으로 인터넷과 모바일에 밀리기 시작했다. 2019년을 기점으로 레거시 미디어라 할 수 있는 지상파 방송, PP, SO, 위성방송 등의 광고 매출은 감소했고, 융합미디어인 IPTV의 광고 매출액은 늘었지만 그조차 크게 둔화하고 있다. 방송광고 매출의 감소는 모바일 중심의 온라인 광고 매출의 빠른 증가세에 따른 것이다.

공영방송의 위기: 날개 없는 추락

공영방송 위기론은 새삼스러운 이야기가 아니다. 1980년대 후반 이후 미디어 규제 완화 정책이 미국 중심으로 확산된 이후 BBC 등 각국 공영방송은 내적으로는 경영 효율성 문제가 제기되었고, 외적으로는 정치권력과 기업의 이익 추구에 노출되는 한계를 드러냈다.

공영방송은 고비용·저효율의 프로그램 제작 시스템이라는 태생적 한계가 있다. 게다가 불가피하게 관료주의의 유산도 상속받았다. 그런 점에서 모든 공영방송은 설립 이후 위기가 아닌 적이 없었다. 1990년대 이후 BBC는 엄청난 사회적 비판에 직면하는데, 핵심 내용은 무책임성, 비효율성, 무능, 정보 비공개 등이었다. 한국의 공영방송에 대한 비판도 주로 조직의 비대화, 과도한 인건비, 뉴스의 불공정성에 집중되는 경향이 있다.

영국을 비롯한 공영방송 중심 국가에서 전통적 위기의 핵심은 정치권력의 지배와 통제에 따른 정당성의 위기 문제였다. 한국의 공영방송사도 방송 영역의 자율성이 확대된 이후 정치적 후견주의에 따른 정당성legitimacy 위기, 수신료 동결과 광고 수익 하락에 따른 경영financial 위기에 직면한다. 이후 공영방송사는 생존을 위해 수익 창출에 몰입하게 되면서, 공공성 훼손이라는 정체성identity 위기를 자초한다. 정체성 위기는 곧 공영방송 제도의 존속 필요성에 대해 근본적인 질문을 야기한다.

국내 공영방송은 식민지 시절 일본 제국주의의 선전 수단으로 출발하여 해방 후 국영방송 독점 시대가 이어졌다. 1973년 타 상업방송에 비해 국영방송의 경쟁력이 현저히 떨어지자 '무늬만' 공영방송 체제로 전환한다. 1988년 올림픽 이후 국영방송 구성원들과 시민사회의 적극적 노력으로 공영방송의 공적 성격이 강화되었지만, 곧바로 상업방송과 케이블TV, 위성방송과 같은 다채널 방송이 등장하여 무한 경쟁이 시작된다. 2008년에는 IPTV까지 출범하여 융합미디어 시대가 되었고 공영방송의 영향력은 계속 하락할 수밖에 없었다.

다른 면에서 한국의 공공서비스 방송사들은 문민정부 이후 지속적으로 자율성을 확대해 왔다. 그 결과 KBS는 한때 국내 미디어 시장에서 신뢰도 1위와 영향력 1위를 동시에 차지하기도 한다. 하지만 이명박 정부 이후 제5공화국 시절과 같은 정당성 위기에다가 경영 위기까지 가속화되고 있다. 한국 공영방송은 짧은 전성기가 있었지만 대체로 정치적 후견주의와 복점체제 속에 안주한 면이 있다.

국내 공영방송의 위기 상황은 시기적으로 볼 때 크게 3단계로 구분해서 논의할 수 있다. 첫째는 1990년대 중반 이후 케이블TV와 위성방송 허가에 따른 다채널 방송의 도전 시기다. 위기의 징후 시기라 할 수 있다. 구조적으로 상업방송 SBS와 지역 민방이 허가되어 공영방송 독점체제가 붕괴된 상황에서 다채널 방송 케이블TV의 등장은 공영방송에 위기감을 조성하기에 충분했다. 하지만 공영방송은 자신들도 다채널 방송 사업자가 되어 새로운 프로그램 전송 창구를 마련하는 방식으로 다채널 위기에 대응했다. 새로 출범한 채널로 인력이 재배치되었고 부분적으로 수익도 창출됨으로써 첫 번째 위기는 오히려 기회가 된 면이 있다.

둘째는 2008년 IPTV 사업자와 2010년 종합편성채널(이하 종편)을 허가함으로써 거대 통신사업자와 여론시장 지배력이 높은 언론 재벌이 방송 산업에 진입한 시기를 들 수 있다. 위기의 전면화 단계였다. 2008년 이전까지 한국 공영방송사들이 위기 운운하는 것은 사실 '엄살'처럼 보였다. 상업방송과 제한적 경쟁을 하는 상황이기는 했지만 광고시장이 보장된 안락한 '복점체제'였기 때문이다. 하지만 2008년 이명박 정부 출범 이후 상황은 급격히 악화되었다. 케이블TV, 위성방송에다가 종편의 등장으로 시청자가 분산되었다. 온라인 광고 시장의 급속한 성장까지 겹치면서 광고 수입이 매년 수백억 원씩 빠지는 심각한 상황이 초래되었다. 결정적으로 이명박 정부는 집요하게 '낙하산 사장'을 통해 공영방송을 장악하려 했고, 이는 공영방송 내부에 심각한 갈등을 야기했으며, 이 과정에서 외적으로 시청자의 신뢰도도 급속히 하락한다.

셋째로 2015년을 전후해 넷플릭스가 국내로 들어왔고 이어 글로벌 동영상 플랫폼, 이른바 OTT 사업자의 시장 지배력이 가파르게 상승하는 시기를 들 수 있다. 공영방송 위기가 구조화되는 시기라 할 수 있다. 공영방송이 글로벌 미디어 플랫폼과 경쟁하는 것은 국내 거대 신문사의 종편이나 통신사의 IPTV와 경쟁하는 것과 전혀 다른 상황이라 할 수 있다. 방송 영역에서 수직적 통합구조의 거대 공영방송은 대체로 '기득권'을 누릴 수 있는 강자였다. 하지만 알고리즘과 이미 확보된 플랫폼 혹은 킬러 콘텐츠로 무장한 글로벌 미디어는 전혀 다른 차원의 사업자이다. 사실 유튜브나 넷플릭스와 같은 글로벌 동영상 OTT의 확장은 전 세계 차원에서 공영방송뿐만 아니라 모든 올드 미디어를 벼랑 끝으로 몰아가고 있다. 2020년 한 해만 해도 미국에서 600만 명 이상의 시청자가 유료 방송을 포기하고 OTT로 돌아선 상황이다.

정리하자면 국내 방송미디어 산업은 급속한 압축적 '성장'을 거듭해 왔다. 정권과 자본의 필요에 따라 케이블TV(1995), 지역 민방(1996), 위성방송(2002), 위성-지상파DMB(2005), IPTV(2008), 종편채널(2010)이 속속 등장했고, 웨이브·왓챠 등 방송법 밖의 사업자인 동영상 OTT도 속속 등장하여 방송미디어 시장을 잠식하고 있다. 새로운 방송 관련 미디어의 등장은 그 자체가 공영방송의 축소나 위축을 가져왔다. 위기의 징후에 대응하는 것까지는 큰 문제가 없었지만 이후 위기의 전면화·구조화 단계에 대응하는 데는 철저하게 실패했다고 볼 수 있다.

공영방송은 구조화된 위기에 대응하기 위해 가능한 한 여러 시도를 했지만 공영방송 자체를 경쟁력 있는 조직으로 바꾸는 데 실패했다. 어쩌면 불가능한 일이었을지도 모른다. 지금 '국민의 방송'은 망망대해 속에서 거친 파도를 홀로 감당하고 있는 '외딴섬'을 떠오르게 한다.

공영방송의 미래: 국민국가의 '기본미디어'

공영방송이 지금 꼭 필요한 제도인지에 대한 회의론이 만만치 않은 것이 사실이다. 하지만 국내외 미디어 환경 변화와 연계해 보면 공영방송의 역할이 더욱 절실해지고 있기도 하다. 여론의 다양성과 한국 사회의 통합이라는 측면에서도 공영방송의 역할은 지속적으로 확대할 필요가 있다. 소셜미디어나 1인 미디어 혹은 동영상 플랫폼들은 철저하게 파편화한 시장, 정파적인 시장 중심으로 재구성되고 있기 때문이다. 그럴 경우 공공서비스 방송은 사회통합, 시장 실패의 보완, 무료의 보편적 서비스를 통한 수용자 복지의 향상, 디지털 격차의 해소, 공론장 제공, 한국의 문화정체성 강화 등과 같은 임무 수행에 앞장서야 한다.

현재 공영방송의 근본적 위기 요인은 글로벌 미디어 플랫폼의 확장과 이에 따른 국민국가 미디어의 수직계열화에 대응할 능력이 전혀 없다는 점에 있다. 미디어 제국의 글로벌한 확장 추세는 당분간 이어질 것으로 보이지만 향후 글로벌 미디어 시장에서 누가 주도권을 잡고 갈 것인지에 대해서는 섣불리 판단하기 어렵다. 〈그림 0-1〉은 미국의 한 컨설팅 회사에서 제시한 향후 예상되는 글로벌 미디어 생태계의 미래 시나리오 중 하나다(Deloitte, 2018).

최종적으로 구글과 페이스북 같은 글로벌 플랫폼이나 넷플릭스나 디즈니플러스 같은 글로벌 OTT가 주도할 것인가, 아니면 다양한 글로벌 플랫폼과 로컬 플랫폼이 경합하는 시대가 올 것인가, 혹은 각국 지상파 방송이 다시 주도하는 시대가 돌아올 것인가? 플랫폼으로 보면 구글의 절대 강세가 예상되지만 킬러 콘텐츠로 무장한 넷플릭스와 애플플러스, 디즈니플러스의 시장 잠식도 만만

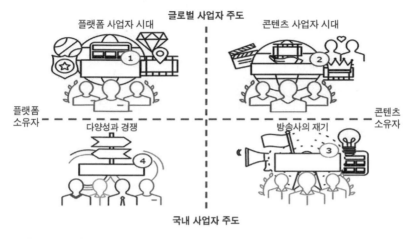

플랫폼 사업자 시대

글로벌 사업자 주도

콘텐츠 사업자 시대

플랫폼 소유자

콘텐츠 소유자

다양성과 경쟁

방송사의 재기

국내 사업자 주도

그림 0-1 글로벌 미디어 시장의 미래 예측

자료: Deloitte(2018).

치가 않다. 이러한 글로벌 미디어 제국들이 전략적 제휴 등을 통해 각국 미디어와 합종연횡하면서 상당 기간 공존할 가능성이 크다. 그럴 경우 기존 방송사에 '복수혈전'의 기회가 찾아올 수 있다. 문제는 공영방송을 비롯한 기존의 지상파 방송들이 기회가 올 경우 플랫폼과 알고리즘, 디바이스와 콘텐츠 등을 통해 미디어 생태계 가치사슬 속에서 합당한 경쟁력을 갖출 수 있느냐에 달려 있을 것이다.

영국 오프콤은 2020년 12월 인터넷 사이트에 영국 방송의 미래 수익 모델을 전망하고 분석한 보고서("Small Screen: Big Debate")를 공개했다. 이 보고서에서는 수신료에 거의 전적으로 의존하는 BBC를 향후 광고형 방송, 가입형 방송, 혼합형 방송으로 전환했을 때 어떤 상황이 발생할 것인지에 대해 논의하고 있다.

보고서에 따르면 BBC가 광고형으로 전환할 경우 현재 수신료 수입의 80% 정도의 수익을 창출할 수 있지만, 다른 미디어의 광고 수입이 크게 위축된다. 넷플릭스와 같은 구독형 방송으로 전환할 경우에도 광고할 경우와 비슷한 수입이 보장되지만, 공영방송으로서의 정체성은 사라지고 수익 부족을 구조조정을 통해 해결해야 한다. 끝으로 콘텐츠의 일부는 유료로 하고 일부는 무료로 하는 혼합형 방송을 할 경우 적정 수익을 창출할 가능성은 있지만, 무료 콘텐츠나 유료 콘텐츠 둘 다 시장에서 활성화되기는 어렵다고 보았다. 요컨대 무료가 각광을 받으면 유료가 죽고 유료가 각광을 받으면 무료가 죽을 수 있다는 것이다.

현재로서는 광고형이든 가입형이든 혼합형이든, 어떤 상업주의 모델도 BBC의 새로운 대안이 되기 어렵다는 이야기다. 그렇다면 부과된 공익과 보편 서비스, 공론장과 민족문화 창달이라는 공영방송 고유의 역할을 유지하면서 변화를 모색할 수밖에 없다. 현재 공영방송이 원하건 원하지 않건 간에 향후 추구할 수 있는 방향은 수도원 혹은 그린벨트 형태로의 축소, 경량화를 통한 재배치, 전면적 재발명 세 가지 중 하나라고 볼 수 있다(이 책 제9장 참조).

현재의 공영방송 위기에 대해 내적으로나 외적으로 특단의 조치를 취하지 않는다면 공영방송은 한정된 영역에서 시장이 제공하지 않는 서비스만 공급하는 공공사업자로 전락하게 될 가능성이 크다. 공영방송과 시민사회가 보다 적극적으로 움직일 경우 기존의 책무를 상당 부분 유지하면서 디지털 미디어로서의 새로운 역할을 부여받아, 다소 축소는 되겠지만, 대체로 현재 수준의 서비스를 유지할 수도 있다. 끝으로 전면적 재발명이란 기존의 콘텐츠 생산기지 역할을 유지하면서 동시에 전송망을 전면적으로 업그레이드하고 공공서비스 포털이나 독자적인 글로벌 OTT 플랫폼을 구축하는 것이다. 전면적 재발명 수준이 된다면 글로벌 미디어 제국과 경쟁이 가능하다. 국가와 시민사회의 전면적인 지지와 지원이 뒷받침되지 않는 한 '전면적 재발명'은 불가능하다.

물론 다른 가능성도 찾아볼 수 있다. 최근 대한민국의 주요 정책 담론 중 하나가 기본소득과 보편적 복지다. 기본소득은 대한민국의 모든 사람이 최소한으로 생존하기 위한 경제적 기본 조건을 보장하기 위한 것이다. 여기에 '기본 미디어'를 추가할 필요가 있다. 디지털 세상에는 신문, 잡지, 라디오, 텔레비전, 소셜미디어, 1인 미디어, 글로벌 OTT 등 볼 만한 미디어가 차고 넘친다. 하지만 민족적 가치와 지역적 가치, 시민사회의 관심사나 중요한 공공적 이슈를 다루는 공영방송은 갈수록 의미가 퇴색하고 있다. 공영방송과 지역방송, 시민미디어와 같은 '기본미디어'가 생존할 수 있어야 힘없고 돈도 없는 보통 사람들이 공론의 장에서 자신의 목소리를 낼 수 있다는 점에서, 국가 차원에서 가칭 '기본미디어특별법'을 제정하여 이들을 지원하는 방안을 모색해 볼 수도 있다.

공영방송의 위기의 근본 원인이 어디에 있건 간에 한국 사회는 서둘러 공영방송 위기 극복을 위한 비전을 만들 필요가 있다. 공영방송 종사자들뿐만 아니라 학계와 전문가 집단, 시청자와 시민사회, 정부와 국회 관계자들이 모여서 머리를 맞대고 '포스트 공영방송'의 밑그림을 그려야 한다.

윤석민. 2020. 『미디어 거버넌스』. 나남.

정영주·홍종윤. 2019. 「한국 공영방송 관련 법 개정 논의 과정의 특성과 정책적 함의: KBS 관련 개정법률안을 중심으로」. ≪방송문화연구≫, 31(2).

정용준. 2017. 『미디어 공론장과 BBC 100년의 신화』. 패러다임북.

정준희. 2018. 「시민사회의 확장을 통한 정치적 후견주의의 제어: 민주적 공고화 맥락에서의 한국 공영방송 거버넌스 개혁」. ≪언론정보연구≫, 55(1).

조항제. 2014. 『한국 공영방송의 정체성』. 컬처룩.

최선욱. 2020. 「유럽연합 기본법 내 공영방송의 역할과 공공서비스 소관 책임영역에 관한 국제비교 연구」. KBS 내부 보고서.

최세경·고민수. 2009. 「방송통신 통합법체계에서 공영방송의 법적 지위에 관한 연구」, 방송문화진흥회연구보고서.

최영묵. 2010. 『한국방송정책론』. 논형.

한국방송학회 엮음. 1992. 『세계방송의 역사』. 나남.

KBS 한국방송. 2021. 「KBS 2020 사업연도 경영평가 보고서」.

KBS공영미디어연구소. 2020. ≪해외방송정보≫, 12월 호.

Barnouw, Erik. 1982. *Tube of Plenty: The Evolution of American Television*. NY: Oxford Univ. Press.

Deloitte. 2018. *The Future of the TV and Video Landscope by 2030*. https://www2.deloitte.com/bd/en/pages/technology-media-and-telecommunications/articles/gx-future-of-tv-video.html(검색일: 2021.8.25).

Ofcom. 2004.7.15. *Ofcom Review of Public Service Television Broadcasting*.

_____. 2020. "Small Screen: Big Debate 2020". https://www.smallscreenbigdebate.co.uk/(검색일: 2021.8.25).

Williams, Raymond. 1990. *Television: Technology and Cultural Form*. London: Routledge.

제1부

공영방송의 역사와 정체성

01 공영방송의 발전 과정과 정체성

| 정용준

1. 20세기의 문화유산

공영방송은 높은 신뢰와 고품격의 프로그램을 제공했다. 1982년 영국과 아르헨티나가 포클랜드 전쟁Falkland Islands War 1을 하면서 BBC는 영국군을 아군이 아닌 '영국군'으로 불렀다. 이에 격노한 마거릿 대처Margaret Thatcher 총리는 "포클랜드로 아들을 보낸 영국 어머니의 눈물을 생각하라"라고 비난했고, BBC는 "아르헨티나의 어머니들도 눈물을 흘리고 있다"라고 응수했다. BBC는 제작자들이 외부의 간섭을 받지 않고 자율적으로 운영한다. 언론학자 제러미 턴스톨(Tunstall, 1993)은 BBC를 "프로듀서가 주도하는 방송producer self-service broadcasting"이라고 했다. 정부와 이사회가 주요 정책을 결정하지만, 일상적인 프로그램 제작에 간섭하지 않는다. 불편부당성impartiality과 전문직주의professionalism 외에도 공영방송은 혼합편성service of mixed programmes과 지리적

---

1   아르헨티나에서 약 500km 떨어진 남대서양의 포클랜드 영유권을 둘러싼 영국과 아르헨티나의 분쟁을 일컫는다(네이버 지식백과).

보편성national channels available to all을 실현하고 있다. 보도, 교양, 오락을 골고루 편성하여 프로그램의 질적 경쟁을 유도하고, 지불 능력과 지역에 관계없이 시청자들을 골고루 계몽했다. 제이 블름러Jay Blumler(Blumler, 1991)는 "상업방송이 프로그램의 선정성을 부추기고 프로그램의 범위range를 축소시키며 중산층에 집중하는 반면에, 공영방송은 다양한 사람들의 목소리를 반영한다"라고 했다. 이처럼 공영방송은 엘리트 가부장주의paternalism라는 한계에도 불구하고, 국가의 직접적인 방송 통제와 상업적 선정주의로부터 벗어나 미디어 공론장이 되었다는 평가를 받았다(Scannell, 1989: 137).

신자유주의가 등장하고 뉴미디어 기술 발전에 의해 '주파수 희소성'이 약해지면서 공영방송의 이념과 정당성은 흔들리기 시작했다. 공영방송의 독과점 시장에서는 자유로운 시장 경쟁이 이루어지기 어렵고 다양한 사회적 의견이 표출되기 어렵지만, 방송 규제를 완화해 시장 경쟁을 자유롭게 해주면 시장의 '보이지 않는 손invisible hand'에 의해 방송 구조의 다원성이 보장될 수 있다는 것이다. 미국 FCCFederal Communications Commission 위원장이었던 M. 파울러M. Fowler와 그의 동료인 D. 브레너D. Brenner(Fowler and Brenner, 1982)는 "FCC는 공중의 수요를 정의定議하지 말고, 시장 원리에 의해 수용자가 원하는 내용을 결정하는 방송사의 능력에 의존해야 하며, 인위적인 시장 진입의 장애물들은 제거되어야 한다"라고 주장했다(Fowler and Brenner, 1982).

공영방송의 이념적 정당성이 비판받으면서 상업방송으로부터 공격을 받고, 스포츠와 같은 인기 콘텐츠의 가격 급등으로 공급이 어려워졌다. 상업방송은 공영방송이 자신들의 시장 영역에 진입하고 국민의 세금인 수신료로 불공정 거래를 한다고 문제 제기를 했다. 상업방송은 공영방송이 시장이 관심을 기울이지 않는 틈새 장르 서비스로 역할을 한정해야 하고, 공적 재원은 공공서비스 프로그램에만 지출되어야 한다고 비판한다. 공영방송의 위기의식은 스포츠 방송권에서 절정에 이르렀다. 상업방송이 월드컵과 올림픽을 독점하여 공영방송이 '지구인들의 축제'를 중계하지 못했고, 단신 뉴스 보도조차도 제대로 하지 못했다. 영국에서도 공영방송 BBC가 스포츠 방송권을 빼앗기면서 충격에 휩싸인 바 있다. 가장 오래된 축구 중계 프로그램 〈매치 오브 더 데이Match Of The Day〉의 하이라이트 중계권을 엄청난 물량 공세를 펼친 상업방송 ITV에 빼앗긴 것이다. 영국 언론들이 이 사건을 1면 머리기사로 다루는 등 파장이 상당히 컸다. 공영방송이 시청자들에게 제공하는 가장 중요한 공적 서비스를 상실한 것이다(정용준, 2009). 주요 국가들에서 미디어 소유 규제의 완화로 '부익부 빈익빈' 현상과 프로그램의 선정성도 가중되었다. 미국에서 1996년 「방송통신법」이 통과되자 경쟁의 가속화로 저질, 음란, 외설 프로그램이 사회 문제가 되었으며, 이는 시청자 단체들이 신문방송겸영법안에 대해 반대하는 근거가 되었다. 버락 오바마Barrack Obama 전 대통령은 상원의원 시절인 2007년 FCC가 신문과 방송의 겸영을 허용하는 정책을 내자, 이를 무력화하는 도건·로트·오바마 법안을 내기도 했다. 그는 "몇몇 대기업에 의한 미디어 독점은 각 언론사의 색깔과 취재원의 다양성을 제한하는 동시에 지역 뉴스의 감소, 미디어 간 같은 내용의 반복 등 여러 가지 측면에서 사회에 부정적인 영향을 끼친다"라고 주장했다(박건식, 2009).

시대와 국가에 따라 변하지 않는 완전무결한 방송 이념이란 현실세계에서 존재하지 않는다. 인터넷과 유튜브 중심의 시대로 옮겨 가면서 공영방송의 중심적인 미디어 공론장 역할이 흔들리고 있다. '20세기 최고의 문화유산'이라고 칭찬을 받았던 공영방송이 21세기에도 미디어 공론장의 역할을 할 수 있을지, 기로에 서 있다.

2. 공영방송의 이념

공영방송은 유럽을 중심으로 20세기 초반에 시작되었다. 공익주의public service model는 방송의 사회적 책임을 근거로 공영방송을 이론적으로 뒷받침했다. 하지만 공익주의는 20세기 후반에 들어서면서 이념적 정당성이 비판받기 시작했다. 공익주의에 도전하는 대표적인 패러다임인 시장주의market liberalism model는 국가의 간섭을 배제하고 자유로운 시장 경쟁을 주장했다. 이후 시장주의의 비판에 대응하여 공익주의는 신공익주의new/revised public service model2로 자기 혁신을 꾀하기도 했다.

1) 공익주의와 공영방송

공익주의는 국가나 사적 기업이 아닌 공공의 규제에 의해 공공 자원인 방송 주파수가 모든 계층에게 보편적으로 활용될 수 있도록 하는 제도적 방안 마련에 역점을 두어왔다. 공익주의는 공공 규제를 통한 방송의 정치적 독립, 독과점 시장론, 보편주의 이념으로 나누어볼 수 있다.

(1) 공공 규제론

공익주의는 방송의 정치적 독립을 보장하기 위해 국영방송제도나 상업방송제도가 아닌 공영방송제도를 채택했다. 공영방송제도에서는 국가와 방송사의 매개체로 공공 규제기구를 설립하고, 방송사도 국영이나 사영이 아닌 공영방송의 형태를 유지하고 있다.

공공 규제기구와 공영방송은 국가마다 나름대로 제도화되어 있다. 공영방송제도는 중립형neutral model, 조합형corporatist model, 개입형interventionist model으로

---

2   신 혹은 수정(new or revised) 공익주의는 국가가 미디어를 책임지는 북유럽 사민주의 미디어 모델의 이념적 토대가 되었다. 존 킨(Keane, 1991)이 공익주의의 수정 혹은 새로운 버전을 강조하기 위해 사용했다. 제임스 커런(Curran, 1991)은 영국에서 노동당 우파 그룹들이 사회민주당을 결성했기 때문에 사민주의라는 용어 대신에 급진민주주의(radical democracy)라고 불렀다. 일반적으로는 북유럽을 모델로 하는 사회민주주의(social democracy)로 불린다.

표 1-1 방송규제기구의 위원 선임 방식

방송위원 선임 원리	국가	방식	특징
중립형	영국	문화부가 위원 임명	정부의 권력 행사 유보
조합형	네덜란드, 독일, 스웨덴	주요 집단들이 위원으로 참여	사회적 다양한 의견 합의에 초점
개입형	프랑스, 일본	집권당 위주의 위원 선임	정치 통제 가능성 많음

분류할 수 있다. 중립형의 사례로는 영국이 전형적이다. 국가가 면허와 인사에 대해 최종 결정권을 가지되 권력의 행사를 유보reserved power해 방송이 국가와 사회적 이익집단에 대해 불편부당성을 유지하는 방송 제도이다. 조합형은 독일과 북유럽 국가들과 같이 주요 사회집단이 방송 정책을 결정하는 제도이다. 반면 개입형은 프랑스, 일본과 같이 선거에서 승리한 집권당 위주로 방송 정책을 결정하는 제도이다.

공영방송제도는 각 국가마다 제도적 형태는 다르지만 국민투표에 의해 구성되는 의회와 유사하게 대의제 민주주의representative democracy 원리에 입각해 구성되었다. 중립형은 방송의 불편부당성을 강조하고, 조합형에서는 사회적 집단들이 참여함으로써, 개입형은 국민의 의사를 위임받은 집권 정당 위주로 방송을 운영하는 방식을 취한다.

공익주의는 방송을 국가와 사적 기업의 지배에서 벗어나 다양한 사회계층의 의견을 대변하는 공공 영역public sphere으로 규정해 왔다. 공영방송제도는 역사적으로 정치적 독립을 지켜왔다는 평가를 받는다. 1980년대에 BBC의 비판적인 태도가 못마땅했던 대처 총리는 'BBC 길들이기'를 위해 친구이던 앨런 피콕Alan Peacock에게 BBC 개혁을 주문했다. 하지만 위원회는 수신료를 위주로 하는 BBC의 존재는 영국의 자랑스러운 문화유산이므로 지속되어야 한다고 주장했다(Peacock Committee, 1986). 또한 이라크 전쟁 보도의 진실을 둘러싼 데이비드 켈리David Kelly 사건3으로 BBC 사장이 사임하자, 국민들은 토니 블레어Tony Blair 총리를 규탄하는 시위를 벌일 정도로 BBC는 객관적이고 비판적인 태도를 견지했다. 하지만 공영방송제도는 국가권력의 인사권이나 재원 통제에 취약했던 역사적 경험도 많았으며, 권위주의 정부에서는 직접적인 정치 통제 도구로 이용되어 왔다.

(2) 독과점 시장론

공익주의는, 방송은 기술적·시장적 속성에 의해 다원적 경쟁이 어렵기 때문에 공공 독과점 시장이 불가피하다는 점을 강조해 왔다. 방송의 가용 주파수가 한정되어 있어 공공 소유에 의한 독과점이 있을 수밖에 없고, 상업방송이 허용되는 경우에도 사적 기업이 희소한 공공 자원을 남용하는 것을 막기 위해 사적 소유의 집중을 규제해야 한다고 본다. 즉, 공익주의는 방송의 기술적 속성에 의해 특히 지상파 TV는 독과점일 수밖에 없다는 점을 강조한다. 또한 방송 시장의 높은 진입과 운영 비용으로 인해 다양한 사회집단의 시장 참여가 현실적으로 어려우며 대자본 위주의 독과점 시장으로 귀결되는 경우가 많다는 것이다. 이러한 기술적·시장적 속성으로 인해 공영방송제도는 독과점 시장 내에서 다양한 사회 계층의 가치를 반영하거나 접근을 확대하기 위해 노력했다.

공영방송제도에서는 독과점 구조 내에서 다양한 사회 계층의 의견과 가치를 실현하기 위해 복수공영제, 채널 복수주의, 액세스 프로그램 등을 실시해 왔다. 복수 공영제의 대표적인 경우는 영국의 BBC/채널4 제도나 호주의 ABCᴬᵘˢᵗʳᵃˡⁱᵃⁿ Broadcasting Corporation/SBSSpecial Broadcasting Service 제도를 들 수 있다. BBC나 ABC가 전 국민을 대상으로 보편적 방송서비스를 한다면, 채널4나

---

3   영국 국방부의 생화학 무기 자문 위원인 켈리 박사가 BBC와 "영국 정부의 이라크 전쟁 참여에 문제가 많았다"라고 인터뷰한 뒤에 자살했다. BBC와 블레어는 서로 책임을 전가했다. 결국 청문회에서 블레어 총리가 맞는다는 결론을 내리면서 그렉 다이크(Greg Dyke) BBC 사장은 사임했다(김성수, 2005).

SBS는 사회적 자원이 열악한 소수 계층 위주로 방송서비스를 한다. 채널 복수주의는 공공서비스 방송제도를 채택한 대부분의 국가에서 실시되고 있는데, 대표적인 것으로는 이탈리아의 RAI를 꼽을 수 있다. RAI의 3개 TV 채널은 각각 정치 정당의 의견과 가치 표현을 제도적으로 보장한다. 또한 공영방송제도는 방송이 시청자들의 요구를 제대로 반영하지 못한다는 사회적 비판이 제기되자, 시청자들에게 방송 시간과 기술을 제공해 시청자들이 직접 방송을 제작하는 액세스 프로그램을 방송한다. 방송 매체에 접근하지 못했던 일반 시청자를 비롯해 소수 계층, 지역 공동체, 노조 등은 액세스 프로그램들을 통해서 기성 사회에서 소외된 자신들의 목소리를 일반 대중에게 직접 알리고자 노력해 왔다.

공영방송제도에서는 공익주의의 '독과점 시장론'을 토대로 방송서비스의 혜택이 전 국민에게 돌아가는 제도적인 장치를 마련했다. 이처럼 독과점 구조 내에서 다양한 사회 계층으로 접근을 확대하는 것은 사적 기업에 의한 공공 자원의 남용을 방지하고자 하는 긍정적인 측면이 있음에도 불구하고 자칫 국가나 기성 집단에 의해 남용될 가능성이 있다.

(3) 보편주의 서비스

공익주의는 보편주의 서비스에 입각해 모든 계층에게 방송서비스의 혜택이 돌아가야 한다는 것을 강조한다. 방송의 보편주의(McDonnell, 1985)는 지리적 보편성, 소구 계층의 보편성, 지불의 보편성, 이익집단과 정치 통제로부터의 자유, 국가 공동체의 정체성, 소수 계층을 위한 배려, 프로그램 질의 경쟁, 프로그램 제작의 창의성 등으로 유형화된다. 공익주의의 이념은 국가나 공공 기구가 시청자들이 필요로 하는 것(what they need)을 골고루 제공해 주는 '보편주의 서비스'에 기반을 두고 있다.

공영방송제도의 보편주의 서비스를 채택한 대표적인 입장으로는 1961년에 있었던 독일연방헌법재판소의 제1차 방송 판결을 들 수 있다. 이 판결에서는

"개인과 공중의 의견은 뉴스, 정치 비평뿐만 아니라 라디오와 텔레비전의 드라마, 음악, 오락 프로그램 등에서도 유지되어야 한다"라는 원칙을 명시했다. 독일의 제1차 방송 판결은 각 채널이 장르별 다양성을 유지하는 것뿐만 아니라 각 프로그램 장르마다 사회적 의견과 가치의 다양성을 유지할 것을 천명해 혼합 편성과 의견 다원주의 원칙을 잘 드러냈다.

공영방송제도의 장점은 종합 편성mixed editing과 지리적 보편성national channel 이다. 방송이 시장 경쟁 원리로 운영되면 중산 계층 위주로 프로그램이 편성되어 프로그램의 다양성이 보장되지 못하며, 경제성이 없는 지역에는 방송서비스의 혜택이 돌아가지 않는다. 보편주의 서비스는 그 유용성이 인정되면서도 프로그램의 사회적 가치에 내재하는 엘리트적 성향이나 구체적인 편성 정책으로서의 범주적 모호성에 대해 지적을 받기도 했다.

2) 공영방송에 대한 비판과 도전: 시장주의

공익주의는 방송 초창기부터 1970년대까지 방송의 지배적인 패러다임이었다. 하지만 1980년대부터 뉴미디어 기술이 발전하면서 공익주의와 공영방송의 정당성은 도전받기 시작했다. 특히 신자유주의 정책 노선 속에서 시장주의는 공익주의와 공영방송 논리를 정면으로 비판하면서 방송의 규제 완화와 시장 경쟁을 주장했다. 시장주의의 주요 주장은 자율 규제를 통한 정치적 독립, 자유 경쟁 시장론, 다수주의 편성 이념으로 나누어볼 수 있다.

(1) 자율 규제론

시장주의는 공공서비스 방송제도에서 국가가 방송을 조직하고 간섭했기 때문에 정치 통제는 불가피하다고 지적한다. 그러므로 방송의 정치적 독립을 이루기 위해서는 국가가 방송에 대한 규제를 완화하고 방송을 공공 신탁의 원리에서 시장 경쟁의 원리로 운영하는 것이 필요하다고 제안한다. 국가의 역할이

방송서비스를 조직하고 운영하는 것에서 방송산업을 후원 내지 규제하는 최소한의 것으로 바뀌면 국가에 의한 방송의 정치적 통제는 줄어들 수 있다는 것이다.

시장주의가 주장하는 방송의 정치적 독립은 자유주의 이론에 입각해 있다. 자유주의 이론에서 미디어는 시민의 입장을 대변하는 여론 창구이자 정부를 감시·비판하는 '공적 감시견public watchdog'의 역할을 하는 것으로 가정되어 왔다. 방송을 시장 경쟁에 맡겨두면 시청자의 욕구에 따라 방송 상품의 내용이 결정되므로, 사적 미디어에 의한 공적 감시 기능이 보장될 수 있다는 것이다.

시장주의는 방송이 시장 경쟁을 통해서 자율적으로 규제하고, 국가가 사적 기업의 행위를 조정하는 역할을 맡게 되면 방송의 정치 통제는 최소화될 수 있다고 제안한다. 시장주의의 정치적 독립에 대한 이론은 미국과 같은 상업 방송제도에서 그 특징이 잘 나타난다. 미국의 방송제도에서는 FCCFederal Communications Commission가 방송 면허를 비롯한 국가 규제의 대행 역할을 하고, 방송사들의 자율적인 단체인 전국방송협회NAB가 규약을 통해 자율 규제를 한다. 시장주의의 정치적 독립에 관한 이론은 시대의 변화와 불평등한 권력관계를 무시한다는 지적을 받고 있다.

(2) 자유 경쟁 시장론

시장주의는 사적 기업의 자유로운 경쟁과 다양한 사회적 의견이 공영방송 제도의 독과점 시장에서는 보장되기 힘들다고 비판한다. 시장주의는 독과점 시장이 안고 있는 문제점을 극복하기 위해서 방송에 대한 규제를 완화해 시장 경쟁을 자유롭게 해주면 시장의 '보이지 않는 손'에 의해 방송 구조의 다원성이 보장될 수 있다고 한다.

시장주의의 '자유 경쟁 시장론'은 영국의 피콕 보고서에 잘 나타나 있다. 피콕 위원회(Peacock Committee, 1986)는 "공중에 대한 서비스는 공중의 만족을 촉진시키기 위해 고안되어야" 하며 공중의 욕구를 충족시키기 위해서는 BBC

수신료의 유료제subscription로의 전환, 독립제작사의 활성화를 통한 방송 시장의 다양성, 소비자 선택의 다양성 제고가 필요하다고 권고했다. 피콕 위원회는 1980년대 중반의 영국 공공서비스 방송제도를 '안락한 복점comfortable duopoly' 체제라고 비판하며 방송에 '전자 출판electronic publishing' 개념을 도입해 사적 소유와 시장 경쟁을 통해 공익성을 실현할 것을 제안했다. 이와 함께 경쟁적인 시장 논리에 의해 사라지기 쉬운 공공 프로그램이나 소수 계층 프로그램은 보조금 제도를 통해 유지되어야 한다는 권고를 덧붙였다.

이처럼 시장주의에서는 공영방송제도의 대안으로 시장 경쟁 위주의 공·민영방송제도를 제안한다. 하지만 시장주의의 자유 경쟁 시장론은 자본의 이익을 보장하고 다양한 사회적 가치를 축소해 시장 검열을 초래한다는 우려를 낳고 있다.

(3) 외적 다원주의

시장주의는 공영방송제도의 보편주의 이념을 엘리트주의라고 비판한다. 시장주의는 보편주의 서비스가 "엘리트가 사회를 계몽·교육하기 위해 시청자들에게 보여줄 것을 선택해 방송하는" 경향이 있어서, 방송의 공익성을 결정하는 주체에 문제가 있다고 주장한다. 이러한 엘리트주의를 극복하기 위해, 시장주의는 방송의 공익성을 공중의 이익public's interest으로 정의定義하면서 방송은 공중이 원하는 내용(what they want)을 제공해야 한다고 주장한다.

시장주의에서는 방송을 '시청률'이라는 시장 기준으로 평가하고, 시장 논리에서 간과되기 쉬운 공공 프로그램을 공영방송이 제공해야 한다고 주장한다. 공공서비스 프로그램은 '공공 정책에서 비롯되는 순수 상업 활동의 수정'으로 정의하는데, 이는 공영방송의 편성을 문화적·교육적·실험적인 프로그램으로 한정한다는 것을 의미한다. 이와 같은 개념 정의는 공영방송 편성에서 대중오락 프로그램을 배제하는 것으로, 방송의 공공서비스를 문화적으로 주변화cultural ghetto하는 것이다.

결국 시장주의는 시청자가 방송 내용을 최종 선택하는 소비자 주권consumer sovereignty론에 입각해 있다. 시장주의는 미디어 생산자들이 상품의 이데올로기에 관계없이 시장 논리를 따르기 때문에 이데올로기적 다원성이 보장되고, 소비자가 이를 판단하기 때문에 시장의 '보이지 않는 손'이 방송의 공익성을 자동적으로 보장한다고 주장한다. 다수주의 편성론은 다양한 사회적 의견을 획일화하며, 방송산업의 시장 특성을 무시한다는 비판을 받는다.

3) 공영방송의 새로운 대응: 신공익주의

신공익주의는 뉴미디어의 발전과 변화된 정치적·사회적 조건 속에서 공익주의를 새롭게 모색한 것이다. 신공익주의의 주장으로는 시민사회의 발전을 통한 방송의 정치적 독립, 공공 규제 시장론, 다원주의 편성 이념 등을 들 수 있다. 신공익주의는 이러한 공통점이 있지만, 전문가들에 의해 다양한 개혁론이 주장되고 있다.

(1) 시민사회 규제론

킨John Keane은 방송의 정치적 독립을 이루기 위해서는 '이중적 민주화double democratization' 전략이 필요하다고 주장한다(Keane, 1991). 그는 자율적이고 독립적인 시민사회의 발전이 없이 자유와 평등의 실현은 불가능하지만, 그 반대로 국가의 보호적·재분배적·갈등중재적 역할이 없이 이루어지는 시민사회 또한 주변화되기 쉽다고 보고 있다. 그러므로 그는 시민사회와 국가는 상호 간의 민주화를 위한 필요조건이 되어야 한다고 보고 있다. 이러한 조건 위에서 그는 우선 국가와 시민사회의 영역을 구분해 시민사회가 국가로부터 독립성을 획득한 뒤에 시민사회를 활성화해 국가를 민주화하고, 민주적인 국가 제도를 기반으로 다시 시민사회를 발전시키는 전략을 제안한다.

특히 킨은 국가가 노조, 기업, 전문 단체 등 공식적인 지위를 부여해 공공정책 결정에 형식적으로 참여시킴으로써 시민사회의 엘리트들을 유사 정치화하는 '조합주의corporatism' 전략을 중심으로 시민사회를 지배하고 있다고 한다. 조합주의 전략은 국가 기능의 확장을 통한 통제 방식으로서 후기 자본주의의 국가 정당성 위기를 극복하는 주요 전략이다.

킨은 자본주의 국가의 지배를 극복하고 이중적 민주화를 이루기 위한 핵심 전략으로 공영방송의 영역 확대를 주장한다. 그는 시장주의의 미디어 제도에서 지배적인 위치를 차지하고 있는 상품 생산과 교환에 근거한 미디어를 시장과 국가로부터 독립적인 공영방송으로 전환해 시민사회를 활성화하고 이를 통해 국가 제도를 민주화할 것을 제안한다. 그는 시청자의 권리를 보호하기 위해 정보자유법, 데이터 보호법과 같은 법적 제도의 정비가 필요하며 사적 미디어 시장에 대한 공공 규제와 정부 권력을 감시하는 독립 위원회의 활성화 등이 필요하다고 강조한다.

(2) 공공 규제 시장론

저명한 영국의 언론학자 제임스 커런(Curran, 1991)은 방송의 정치적 독립성과 다원주의를 실현하기 위해서는 방송 시장이 공적으로 규제되어야 한다고 주장한다. 사회의 중심 부문에 공공서비스 TV를 구축하고, 그 주변부에 사적 미디어, 시민 미디어, 사회적 시장, 직업적 전문주의 등을 배치하는 개혁론을 제시한다.

그는 핵심 부문의 공영방송을 복수의 경쟁 구조로 구성해 다양한 사회 계층의 참여를 유도하고 시청자들이 다양한 견해를 접할 수 있도록 할 것을 제안한다. 또한 사적 미디어 간의 실질적인 경쟁을 통해서 수용자의 욕구를 충족하고 미디어의 정부 감시 기능을 어느 정도 수행할 수 있다고 판단했다. 하지만 그는 지상파 방송에서는 탈규제적 상업TV가 허용되어서는 안 된다는 점을 강조하고 있다. 상업방송이 공영방송의 광고 재원을 흡수하고, 중산층 시장에 집중해 소수 계층의 시각을 배제하기 때문에 방송의 다원주의를 손상시킨다는 것이다.

커런은 사회적 시장 부문에서 시장 진입 비용이 높고 운영에 규모의 경제 economy of scale 원리가 작용해 상업방송의 실질적인 경쟁이 제한되고, 사적 기업에 의한 이데올로기적 통제가 작용해 시청자들의 영향력이 감소하는 것을 가장 큰 문제로 꼽는다. 따라서 불평등한 시장 경쟁의 조건을 변화시키기 위해 재원 보조 정책을 통한 재분배 정책을 실시해야 하며, 국가 통제를 받지 않고 이데올로기적 다양성을 유지하는 데 성공한 스웨덴의 신문 보조 정책 같은 것이 실시되어야 한다고 제안한다. 그는 영국의 채널4와 같은 혁신적인 미디어 조직이 설립될 수 있도록 상업 미디어의 재원 보조를 의무화하고, 공공 재정 기구를 통해 상대적으로 시장 진입 비용이 낮은 지역 라디오 등에 우선적으로 재원을 할당하는 방안을 제안하고 있다. 또한 그는 반독점 조치를 통해 미디어 복합 기업의 시장 지배를 막을 것을 제안했다. 특히 반독점 조치가 공공 기구를 통한 시민 집단 재원 할당과 동시에 이루어져야 실효성 있는 결과를 창출할 수 있다고 강조했다.

커런의 방송 시장 개혁론은 시장주의의 자유 경쟁 시장을 반대하고, 규제 시장의 원리를 도입해 공공서비스 방송제도의 약점인 정치 통제의 가능성을 줄이자는 것이다. 그는 핵심 부문의 공영방송을 통해 시청자들의 일반 이익 general interest을 대변하고, 주변부의 사적 미디어 시장을 공공 규제하는 것을 대안으로 제시한다.

(3) 이원적 다원주의

신공익주의는 다원주의pluralism에 기반을 두고 있다. 신공익주의의 다원주의는 시장주의의 '개인적 다원주의individual pluralism'나 공익주의의 '사회적 다원주의social pluralism'와 구분된다. 시장 경쟁체제에서 미디어 상품의 다양성이 보장되지 않기 때문에 수용자 개인의 상품 선택의 자유를 의미하는 개인적 다원주의는 실현되기 어렵다. 개인적 다원주의는 자본과 국가를 중심으로 하는 거대 권력과 사회적 자원을 가지지 못한 시민사회의 권력관계를 평등하다고 전제하여, 미디어 상품이 거대 권력 위주로 구성되는 방식을 무시한다는 것이다.

신공익주의의 다원주의는 공익주의의 '사회적 다원주의'와 유사한 측면이 많다. 하지만 신공익주의에서는 공익주의의 보편주의 이념이 강조하고 있는 계몽과 교육의 기능을 기성 엘리트들이 정의해 왔다고 지적하면서, 시민사회의 직접적인 참여를 통해서 방송프로그램의 사회적 목적을 재구성해야 한다고 주장한다. 또한 신공익주의에서는 다매체 시대에 프로그램을 전적으로 시장 논리에 맡기는 것은 잘못된 것이지만, 공공 규제 시장을 통해서 다수주의의 장점을 부분적으로 활용할 수 있다고 주장하여 '사회적 다원주의'와의 차별성을 부각시키고 있다.

이처럼 신공익주의의 다원주의는 시청자 선택의 다양성demand pluralism을 보장하기 위해 공급의 다양성supply pluralism이 보장되어야 하고 공급의 다양성은 사회적 다양성social pluralism을 반영해야 한다는 측면에서 '개인적 다원주의'와는 다르다. 또한 신공익주의의 다원주의는 시민사회의 참여를 통한 엘리트주의의 극복과 보편주의와 다수주의의 공존을 추구한다는 점에서 '사회적 다원주의'와 구분되고 있다.

블룸러(Blumler, 1992)는 미국식 방송제도와 유럽식 방송제도를 구분해 다원주의 개혁 방안을 제시한다. 그는 미국 방송의 문제점으로, 경쟁의 확대가 시청자에게 유익하다고 가정하고, 경쟁이 초래할 수 있는 부정적인 측면에 침묵을 지키는 경향이 있음을 지적한다. 그 결과 미국 방송은 다양성, 자유롭고 건강한 아이디어 시장, 국내 정치 토론장의 제공, 시청자의 공정한 접근 등 공공서비스적인 커뮤니케이션이 상업적 압력에 의해 위축되고 있다는 것이다. 그는 이러한 문제점을 개혁하기 위해 방송 사업자가 공적인 특권을 받는 대신에 공공서비스의 의무를 다하도록 규제를 강화하는 방안regulatory approach과 공영방송을 안정적인 재원의 토대 위에 신설해 혼합 방송 체제mixed broadcasting system를 강화하는 방안을 생각해 볼 수 있다고 주장한다. 그는 미국에서의 규제적 접근이 「수정헌법」 제1조의 정신에 위배되고 규제적 전통이 부족해 실현이 어렵기 때문에 공영방송을 강화하는 방법이 보다 현실적이라고 보고 있다. 결국 블룸러는 미국과 같은 시장 경쟁 위주의 방송제도에서는 다원주의와 다수주의의 공존을 개혁의 목표로 삼고 있다.

또한 그는 유럽과 같은 시장 경쟁 원리를 도입하고 있는 공영방송제도에서는, ① 기존의 공공서비스 방송을 공공 프로그램을 제공하는 근간으로 지속하는 것, ② 상업방송 사업자에게 특정 형태의 질적 기준을 요구하는 것, ③ 방송 사업자에게 뉴스, 지역 프로그램, 어린이 프로그램 등을 일정 정도 이상 방송할 것을 의무화하는 것, ④ 방송 면허 기준의 준수 여부를 감시하는 새로운 기구를 창설하는 것 등의 네 가지 정책이 실시되는 경향이 있다고 분석한다. 그는 이러한 유럽 국가들의 노력은, 그동안 위축되기는 했지만 여전히 큰 규모를 유지하고 있는 공영방송의 '다원주의 모델'과 상업적으로 운영되는 '다수주의 모델'의 공존을 추구하는 것이라고 분석하면서, 이 개혁 정책의 성공 여부는 시청자들의 시청 경향의 변화 및 경쟁에 적응할 수 있는 공공서비스 방송의 성실성과 창의성에 달려 있다고 보고 있다. 이처럼 블룸러는 미국과 유럽의 방송제도를 분석하면서 시장주의와 공익주의의 공존을 추구하는 다원주의적 방송 이념을 제안한다.

3. 공영방송제도의 유형

공영방송은 국가와 시장권력으로부터 자유로운 국민의 방송을 지향한다. 공영방송은 공적 토론장이라는 이념형을 가지지만, 국가별로 다양하게 제도화되었다. 영국처럼 국가와 시장으로부터 비교적 자유로운 가부장주의 공영방송이 있는가 하면, 국민들이 직접 공영방송을 소유하거나 참여하는 독일, 스웨덴, 네덜란드 같은 사민주의 공영방송도 존재한다. 또한 프랑스와 일본처럼 국가주의 공영방송도 있다.

1) 가부장주의 공영방송제도: 영국

(1) BBC의 출현 배경과 역사

그림 1-1 BBC 초대 사장 존 리스

영국의 BBC는 상업방송인 영국방송회사 British Broadcasting Company가 최초의 허가를 받은 1922년부터 시작된다. 수신기 제조업체들이 수신기 판매를 목적으로 방송사를 설립했다. 방송의 독점권을 갖고, 수신료로 방송의 재정을 충당한다는 조건이었다. 1923년에 사이크스 위원회가 라디오 방송의 위상을 검토했다. 위원회는 라디오에 대한 국가의 통제를 우려하여 국영으로 운영하는 것에 반대했다. 또한 광고의 도입에도 반대하여 수신기를 소유한 사람들을 대상으로 수신료를 징수했다. 존 리스John Reith가 사장이 되면서 방송에 대한 공공서비스 접근 방식이 도입되었다. 리스는 방송의 계몽적 기능을 강조했다. 1925년에 크로퍼드Crawford 위원회는 BBC의 위상을 상업방송에서 공영방송으로 전환할 것을 권고했다. 1927년에 여왕의 칙허장Royal Charter과 문화부의 면허 협정서Licence and Agreement를 통해서 공영방송으로 전환했다. 칙허장을 받은 법인은 영국 사회에서 특권적 지위를 과시했다. 의회의 법률적 면허에 비해 해당 기관의 탁월성, 안정성, 영속성이 인정되는 것이다(하라 마리코·시바야마 데쓰야, 2016).

BBC의 독점은 1954년까지 유지되었다. 제2차 세계대전 후 정권을 잡은 노동당은 BBC 독점을 유지하기를 원했고, 비버리지Beveridge 위원회(1949~1951)도 이를 지지했다. 하지만 1951년에 집권한 보수당 정부는 상업방송 ITV의 도입을 결정하면서 상업방송에도 교육, 정보, 교양을 제공하는 공공서비스 의무

를 부과했다. 1960년 필킹턴Pilkington 위원회는 영국의 세 번째 TV채널을 BBC
에 할당하여 BBC2가 출범했다.

(2) 채널4의 출현 배경과 역사

1960~70년대 영국 사회는 커다란 변화에 직면했다. 영국의 중심적 가치를
주도했던 중산층 문화가 1960년대 학생운동 및 문화운동으로 말미암아 지배
력의 정당성을 인정받지 못했다. 세대 간, 지역 간 갈등이 표출되면서 BBC는
영국 사회에 대해 일방적이고 편파적인 견해를 전달한다는 비판을 받았다.
1974년 내무성은 애넌Annan 위원회를 구성하여 방송 전반에 대해 진단하고 미
래의 방향을 제시하도록 했고, 1977년 최종보고서를 제출하면서 채널4의 신
설을 권고한다. 애넌 위원회(Annan Committee, 1977: 471~490)는 영국 방송이
공영방송 BBC1, 2와 상업방송 ITV의 지나친 경쟁으로 상업화되었고 보편성
과 혁신성이 부족하다고 비판했다. 그러면서 영국 방송을 공공서비스 방송으
로 개편하고, 방송의 다원성을 보장하기 위해 혁신적인 공영방송인 채널4의
설립을 제안한다.

채널4 설립에 관한 기본적 발상은 BBC PD 출신의 언론학자 앤서니 스미스
Anthony Smith에 의해 제공되었다. 그는 기존의 영국 방송이 영국 사회의 문화를
풍부하게 하는 것이 아니라 생존에 급급하고 수용자의 단기적인 목소리에 영
합한다고 비판하면서, 기존의 방송계가 수용하지 못하는 사회의 다원적 목소
리를 수용할 수 있는 채널의 신설을 제안했다. 1979년 대처의 보수당이 집권
하여 새로운 공공기구의 설립을 억제하는 정책을 펴면서 개방방송공사Open
Broadcasting Authority 설립 제안은 받아들여지지 않았다. 하지만 상업방송이 소수
계층 수용자에 대한 책임을 져야 한다는 의미에서 채널4는 상업방송의 광고
재원으로 신설되었다. 「1980년 개정방송법」에서 채널4의 의무는 ① ITV가 다
루지 못하는 수용자의 프로그램을 일정 정도 방송할 것, ② 프로그램의 상당량
이 교육적인 성격을 지닐 것, ③ 형식과 내용에서 혁신과 실험을 촉진할 것으

로 규정되었다.

이후 1980년대 영국에서는 보수당의 대처 정부가 시장주의 논리로 전환한
다. 루퍼트 머독Rupert Murdoch의 BSkyB 위성방송을 통한 상업적 압력이 가중
되면서 공영방송의 명분이었던 주파수 희소성 원칙의 타당성이 약화되었다.
보수당에서 출범한 피콕 위원회(Peacock Committee, 1986: 112~119)는 공영방
송의 지속 여부에 대한 논쟁을 유발시켰다. 상업방송사들은 BBC의 공공재원
방식에 대해 많은 비판을 제기했다. BBC가 상업방송과 경쟁하면서 실질적으
로 국민의 세금인 수신료까지 받는 특혜를 누리고 있으며, 이는 불공정 시장
경쟁이라는 것이다. 피콕 위원회는 고품격·고품질을 유지하게 하는 BBC의 수
신료 제도를 당분간 유지하되, 장기적으로는 수신료의 유료제로의 전환, 독립
제작사의 활성화를 통한 방송시장의 다양성, 소비자 선택의 다양성 제고 등의
실현을 권고했다.

(3) 공영방송에서 공영미디어로

2000년대 이후에 유튜브와 인터넷이 대중화되면서 피콕 위원회가 중장기적
으로 검토를 권고한 수신료 폐지와 유료요금제 모델에 대한 논쟁이 일어나고
있다. 시장주의에서는 35년 전에 작성되었던 피콕 위원회의 주장을 중심으로
BBC의 수신료를 폐지하고 시장 실패로 인한 공공 프로그램으로 서비스 영역
을 한정해야 한다고 주장했다(Booth, 2020). 시장주의자들은 수신료 모델은 자
연 독점 시대였던 1950년대 중반에 시효가 다했다고 주장했다. BBC는 600만
회원을 가진 국가문화유산재단National Trust과 같이 공공재가 아닌 클럽재club
goods로 취급되어야 한다는 것이다. 이를 위해 비영리모델인 가디언 등을 참고
할 필요가 있다고 주장했다.

이에 대해 정부는 2028년까지는 수신료 제도를 유지하겠다고 했다. 경영위
원회도 BBC 트러스트, 이사회 등으로 변신하고 BBC 아이플레이어iPlayer를 통
해 디지털 플랫폼으로 위상을 확대했다. 특히, BBC는 성공한 인터넷 플랫폼

BBC 아이플레이어를 중심으로 공영방송에서 공영미디어 플랫폼으로 서비스 영역을 확대하겠다고 주장했다. 이를 위해「공적 가치의 창출: 디지털 세계를 위한 BBC」라는 보고서를 통해 개인 가치, 시민 가치, 경제적 가치의 세 가지 범주로 공적 가치를 제시했다. 개인 가치는 개인 시청자에 대한 BBC의 가치로 BBC가 폭넓은 프로그램을 제공하여 개인이 일상생활을 즐기고 사적 생활의 가치를 확인하는 것을 도와주는 것을, 시민 가치는 시청자가 시민으로서의 역할을 할 수 있도록 BBC가 공공의 이슈와 민주주의의 발전을 도모하는 다양한 프로그램을 제공하는 것을, 경제적 가치는 BBC가 방송산업의 질적 수준과 창의성을 자극하여 영국 방송의 경쟁력과 프로그램 가치를 제고하는 것을 의미한다. 이 보고서는 공적 가치를 현실적으로 측정 가능한 수단으로 파악하여 측정 및 평가를 한다(정회경·유승훈, 2008).

2) 국가주의 공영방송제도: 프랑스와 일본

(1) 프랑스의 공영방송

프랑스는 초창기에 상업방송과 공영방송이 혼재했다. 1922년 프랑스 라디오 회사CSF-SFR가 상업방송으로 시작했고, 1923년에 공영라디오가 시작되고 1933년에 라디오 수신료 제도를 도입했다. 제2차 세계대전 이후에 상업라디오 방송이 공영방송으로 전환했다. 공영방송으로 전환한 것은 전쟁 기간 동안 나치 독일을 도왔던 상업방송을 정리한다는 명분이었다. 상업방송들이 생존을 위해 국가를 배신한 것에 대해 국민들이 거부감을 느끼고 있었기 때문에 공영방송으로 전환하게 된 것이다(김문환, 2001).

제2차 세계대전 이후에는 정부가 라디오와 TV를 직접 운영했다. 1945년에 정부는 프랑스 라디오방송사 RDF를 설립했고, 1949년에 프랑스 텔레비전방송사 RTF로 확대 개편했다. RTF는 정부 소유이고 정부가 임명하는 사장이 책임을 맡으며 전액 국가예산으로 충당했다. 1964년에 국영방송인 RTF가 ORTF

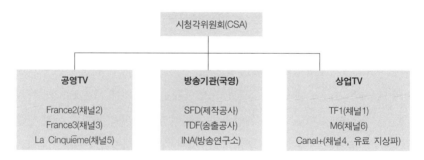

그림 1-2 프랑스의 TV 현황
자료: 김문환(2001: 184)을 참고해 재구성.

로 변신했다. ORTF는 국가의 직접적인 통제를 받는 대신에 운영위원회 제도를 도입했다. 운영위원은 정부 대표와 시청자 대표, 전문가들로 구성했다. ORTF는 1974년에 단일 독점방송사에서 라디오 프랑스, 3개의 TV(TF1, A2, FR3), 송출전문회사 TDF, 프로그램 제작회사 SFP, 프로그램 아카이브회사 INA 등으로 분화되었다. 이후 1982년부터 프랑스 정부가 다시 상업방송을 허용하여 공·민영 혼합시대가 시작되었다.

프랑스의 TV 방송은 전국 상업방송 TF1, 전국 공영방송 F2, 지역 공영방송 F3, 지역 상업방송 M6로 구성되어 있다. 프랑스는 중앙집권의 전통이 강한 국가로 실질적으로 국가가 공영방송 TF1, A2, F3을 관장했다. 보수적인 자크 시라크Jacques Chirac 정부가 집권하면서 1987년에 TF1이 민영화되었다. 당시 40%의 시청 점유율을 차지한 TF1의 민영화는 공영방송에 활력을 넣고 보완하는 것이라기보다는 '공공서비스'의 폐기를 의미하는 것이었다.

TF1의 민영화 이후 공영방송을 강화하기 위해 2008년 「수정방송법」을 통해 공영방송지주회사가 F2, F3, 라생키에므La Cinquième를 통합했다. 대표적인 공영방송인 F2가 전국적 공영채널로 문화적·교육적·사회적 책무를 지녔다. F2는 국가적이며 국제적인 차원의 정보, 창작, 오락과 사건의 영역에서 전체 방송 부문의 높은 수준과 혁신을 이끌어내는 역할을 해야 한다. 이를 위해 ① 각계각층의 시청자들을 대상으로 다양한 프로그램을 방송하고, ② 프랑스산 창작물을 발전시키며, ③ 채널의 영향력을 외국으로 확장한다는 목표가 있다. F2는 영화, 정보, 다큐멘터리 등의 장르를 주로 편성한다.

반면 F3는 지역방송으로서의 위상을 지닌다. 「의무규약서」에는 "중앙으로부터 탈피한 정보와 지역적 사건들을 중요시하고, 프랑스와 유럽 각 지역에서 일어나는 일들을 이 지역들에 생생하게 방송하여야 한다"라고 규정되어 있다. F3는 90여 개의 지역방송국을 설치하고 있으며 3분의 2에 달하는 직원이 지방에서 근무한다. F3가 한 해 동안 방영하는 지역방송의 양은 1만 2000시간으로 채널의 일일 뉴스 프로그램 〈12~14시 정오 뉴스〉와 〈19~20시 저녁 뉴스〉에 삽입되는 지역 뉴스가 그 주류를 이룬다. 이 밖에도 F3는 각 지역의 문화, 자연을 다루는 지역 매거진을 제작하여 일주일에 총 10여 시간의 지역 프로그램을 편성한다.

니콜라 사르코지Nicolas Sarkozy 정부는 공영방송의 정체성을 확립하기 위해 광고를 폐지하고 수신료를 인상했다. 지금까지 프랑스 텔레비전의 상업화에 대해 비판해 왔던 세력은 좌파적 성향의 학자나 집단들이었다. 하지만 우파 정부가 공영방송의 광고 폐지 정책을 주도하면서 사회당과 좌파 세력이 이를 반대하는 입장으로 전환했다. 좌파 진영은 공영방송의 광고 금지로 인해 정부에 대한 의존이 강화되고, 사르코지 대통령의 친구들이 운영하는 TF1, M6와 케이블TV TNT 등 상업방송들에 약 5000만 유로 이상의 반사이익을 줄 것으로 추정했다. 「공영방송법」이 공영방송의 정치적 통제를 강화하고 상업방송에 이득을 안겨준다는 것이다(한동훈, 2010).

(2) 일본의 공영방송

일본의 라디오 방송은 1925년 도쿄, 오사카, 나고야에서 각각 방송하다가 1926년에 비영리 민간사단법인인 일본방송협회로 통합되었다. 일본방송협회는 전후에 연합국최고사령부GHQ의 지도 아래, 공영방송 NHK로 개편되었다.

또한 민영방송은 1951년에 라디오, 1953년에 TV 방송을 시작했다. 1950년 「방송법」과 「전파법」이 시행되면서 일본 방송은 공영방송과 상업방송의 기본 틀이 법적으로 정립되었다. 공·민영 이원 방송제도는 공기업과 사기업의 장점을 발휘하여 발전을 도모한다는 취지였다. 방송 초창기에 유럽이 공영 독점으로, 미국이 상업방송제도로 정립되었던 것에 비해 일본은 정착 단계부터 공·민영 이원화체제를 정립했다. NHK는 전국적인 보도, 교육 또는 일반교양을 목적으로 방송하고, 민간 방송은 다수의 사기업이 자유롭게 방송하여 다양성을 확보하고 지역사회에 기여하며 광고를 통한 경제 발전을 도모한다는 취지가 있다. 이를 위해 NHK는 수신료 수입에 의존하고, 상업방송은 광고 수입을 기본으로 했다(카타오카 토시오, 1994: 32~41).

NHK는 종합과 교육의 지상파 TV 2채널, BS아날로그 위성방송과 디지털 위성방송 각각 3채널, 라디오 3채널과 해외 방송을 운영한다. 총무성이 설정한 '방송보급기본계획'에서는 디지털 시대에도 공영방송과 상업방송의 이원체제를 통해 시청자들이 다원적인 방송서비스를 누릴 수 있도록 했다. 또한 NHK가 상업방송의 업무 영역을 과도하게 침해하지 않도록 공영방송의 업무 범위를 제한했다. 반면 상업방송은 지역에 기반을 두고 지역사회의 요구를 수용하는 방식으로 성립되었다. NTV, TBS, 후지TV, TV 아사히와 TV 도쿄의 5개 TV네트워크가 있는데, 도쿄의 방송국이 키스테이션 방송국의 역할을 한다.

NHK는 의사결정기구로 합의제의 경영위원회를 두고 있다. 경영위원은 12인인데, 8인은 전국에서 임명되고, 4인은 지역을 초월하여 임명된다. 경영위원은 중의원과 참의원의 동의를 얻어 내각총리대신이 임명하며, 임기는 3년이다. 경영위원회는 NHK 경영의 중요 사항을 의결하며 회장 등의 임원진에 대한 임면 동의 권한이 있다.

NHK의 가장 큰 장점은 수신료 제도이다. NHK는 광고를 하지 않고 수신료에 전적으로 의존한다. 수신료 납부는 국민들이 공영방송에 대한 책임을 물을 수 있도록 방문이나 지로로 한다. 징수에 많은 비용이 들지만, 공영방송의 주인인 국민에게 책임을 진다는 취지이다. 수신료 납부제도를 강제하지 않아도 납부율이 90%가 넘을 정도로 국민들과 교감한다. 그러나 2004년에 NHK 직원의 프로그램 제작비 착복 사건이 발생하자 수신료 거부운동이 일어났고, NHK 회

그림 1-3 일본의 대표적인 동영상 서비스
자료: ≪KBS 해외방송정보≫, 2020.2.

장이 책임을 지고 사임했다. 그뿐 아니라 NHK는 2006년부터 3년간 직원의 10%인 1200명을 정리하고 임직원들의 보수를 5~15% 일괄 삭감했다(김경환, 2009: 32). NHK는 수신료 납부제도를 통해 국민에게 직접 책임지는 공영방송 모델을 보여준다.

NHK는 정치권과 각종 이익단체들의 압력으로부터 비교적 객관적인 시각을 유지하려 노력한다. NHK 교육채널에서 2010년 한일 강제병합 100년을 맞이하여 〈일본과 조선반도 2000년〉이라는 9편의 특집 다큐멘터리를 방송해 사회적으로 큰 반향을 불러일으켰다. ≪산케이신문≫을 중심으로 하는 일본의 우익들이 NHK를 압박했지만, 객관적인 시각으로 전달했다. 2009년에도 대만과의 관계를 다룬 〈JAPAN 데뷔〉에 대해 일본 우익들이 항의 시위와 집단 소송 등을 제기했다. 비교적 객관적인 시각을 갖춘 NHK도 정부가 인사와 예산 모두를 통제하고 있어서 정부의 눈치를 볼 수밖에 없었다. 2005년 '도쿄 전범 재판'과 관련된 NHK의 교육채널 프로그램이 정치적 압력으로 경영진에 의해 왜곡 방송되었다는 사실이 밝혀졌다. 이로 인해 NHK에 대한 국민들의 불신이 극에 달했고, 2006년에는 수신료 미납자가 전체 계약 세대의 30%에 이르렀다 (≪KBS 해외방송정보≫, 2010.1). NHK는 정치권으로부터 독립하기 위해 경영위원회를 두고 있음에도, 집권당에 직간접적으로 예속당해 왔다. 이는 제2차 세계대전 이후 정부가 직접 NHK에 출자하고 인사와 예산을 통제한 국가주의의

산물이라고 할 수 있다.

일본의 공영방송 역시 디지털과 코로나 시대를 맞이하여 많은 어려움을 겪고 있다. 코로나로 인한 국민 부담을 경감하기 위해 수신료를 인하했으며, 넷플릭스 등의 OTT 서비스가 증가하면서 시청 시간과 수입의 감소를 겪고 있다. 정부는 NHK에 대해 수신료 인하, 교육채널 매각, 위성방송의 축소 등 대대적인 개혁을 주문하고, NHK는 인원 감축과 제작비용의 축소 등으로 대응한다.

3) 사민주의 공영방송제도: 네덜란드, 스웨덴, 독일

일반적으로 공영방송은 수신료 재원을 통해 국가과 시장으로부터의 독립성을 확보한다. 특히 사민주의 공영방송제도는 시민들이 직접 공영방송 주주나 대표자로 참석하여 공영방송을 이끌어 간다. 사민주의 공영방송제도는 네덜란드, 독일, 스웨덴 등의 북부 유럽을 중심으로 발전했다.

(1) 네덜란드의 다원주의 공영방송제도

네덜란드는 미디어뿐만 아니라 정치·경제 체제까지도 다원주의pluralism에 의해 유지되고 있다. 미디어 다원주의는 사회의 모든 집단이 미디어를 통해 고루 발언할 수 있어야 하며, 소수 계층의 목소리에도 소홀하지 말아야 한다는 점을 강조한다. 다원주의 철학은 네덜란드 특유의 '기둥pillar 체제'에 의해 유지되고 있는데, 기둥은 가톨릭, 개신교 등 종교 조직과 좌우파의 정치 조직, 노동조합 등으로 구성된다. 네덜란드는 다양한 종교와 정치 집단들이 독자적인 정치·사회조직을 만들면서 발전했다.

네덜란드라디오연합NRU과 네덜란드텔레비전재단NTS이 1967년에 통합하여 네덜란드방송공사NOS가 되었다. NOS는 1951년 NL1에 이어, 전파 월경에 의한 외국 상업방송의 침투에 대항하기 위해 1964년과 1988년에 NL2와 NL3를 시작했다. 1998년부터 NOS는 3인으로 구성되는 이사회에 의해 장기적인 발전 계획과 프로그램 편성 전략을 수립한다. 또한 39개에 달하는 공공방송법인 간의 협력을 이끌어내고 있다. 하지만 공공방송법인들은 TV와 라디오 프로그램에 대해 자율권이 있다.

NOS는 방송 시설과 장비를 갖추고 주요 기둥 집단들에게 직접 방송 시간과 방송 장비를 할당하여 사회의 다원적 목소리를 수용한다. 이를 통해 대의제 민주주의의 한계를 극복하고 시청자의 참여 민주주의를 실현한다. 방송 시간의 할당은 회원 수에 근거하여 A, B, C의 3등급으로 나뉜다. 가톨릭 계열의 KRO, 개신교 계열의 VPRO, NCRV와 EO가 있으며, 자유주의 계열은 AVRO, 사회주의 계열은 VARA, 중립 계열은 TROS가 대표적인 공공방송법인이다(심영섭, 2007a: 108~108). 시민이 이끌어가는 사민주의 공영방송은 성공했다. 상업방송과 경쟁 체제에 돌입해서도 공영방송은 높은 채널 다양성을 유지했다. 공영방송 Nederland 1, 2, 3채널은 개방적 다양성과 반영적 다양성이 상업방송에 비해 높다.

하지만 풀뿌리 방송제도는 점차 약화되고 도전받기 시작했다. 특유의 '기둥 체제'는 폐쇄적 조직closed shop으로 변질되고, 젊은 층들은 외국 또는 국내 상업 채널을 주로 시청하게 되었다. 특히 중립 계열의 공공방송법인인 TROS가 상업적 내용으로 시청률을 올리고, 위성 채널인 RTL4까지 가세해 광고 수입의 확대에 몰입하자, 이념적인 방송 단체들이 어려움을 겪게 되었다. 이는 다원주의 방송 체제가 안고 있는 약점이라고 할 수 있다. 방송 단체들이 회원들을 충분히 확보할 때에는 다원적인 방송 내용을 유지할 수 있지만, 회원들을 충분히 확보하지 못할 때에는 회원 확보를 위해 상업화를 지향할 수밖에 없다. 이를 오락적인 방송 단체인 TROS를 모방한다고 해 'Trosfication(상업화)'이라고 한다. 이로 인해 1990년대에 들어서 공·민영 이원체제가 시작되었다. 2014년 현재 공영방송인 NL1이 18.9%, NL2가 6.6%, NL3가 6.4%로 40%에 가까운 시청점유율을 점유하고 있으며, 상업방송인 RTL4가 14.9%, RTL5가 3.2%, RTL7이 4.7%로 공영방송을 위협한다. 특히 네덜란드에서 가장 오래된 방송국

AVRO가 TROS와 결합하여 대중 및 종합 오락 채널로 많은 인기를 얻고 있다.

(2) 스웨덴의 시민주주형 공영방송제도

스웨덴은 전형적인 자유 기업과 자유 경쟁을 보장하면서도 사회복지제도를 철저히 구현한다. 자본과 자원이 부족한 기업에 재정적인 보조를 해줌으로써 평등하게 시장 경쟁을 할 수 있도록 한다는 점에서 일반적인 자본주의 국가와 구별된다. 즉, 경쟁과 평등의 조화를 중요하게 고려한다.

사민주의 정치 이념은 발달한 시민조직을 근거로 하고 있기 때문에 '풀뿌리 민주주의 조직'들이 주요 정책에 대한 모든 의사결정을 한다. 풀뿌리 민주주의 조직들이 공영방송 자체를 소유했다. 공영방송인 SBC는 사회의 대중단체 60%, 신문 20%,[4] 기업 20%로 주식이 구성되어 있다. 대중단체는 노동자의 90% 이상이 가입해 있는 전국노동조합연맹, 종교단체, 소비단체 등이다.

이렇게 풀뿌리 민주주의 조직들이 공영방송을 직접 소유하다가, 관리의 효율성 때문에 공영방송 운영재단이 8개 법인의 주식을 100% 소유하는 것으로 바뀌었다. 1994년에 공영라디오방송SR과 공영TVSVR, 교육방송UR을 관리하는 공영방송 관리재단이 설립되었다. 이는 문화부 직속기관으로 ① 공영방송이 소유하고 있는 각종 부동산과 유가증권, 직원 연금, 수신료 과다징수액을 효율적으로 관리하고, ② 공영방송의 기술 개발과 투자를 위한 안정적 재원을 마련하며, ③ 정치적으로 독립적이고 효율적인 인사를 위한 산하법인의 이사 인사권을 가지고 있다. 재단 이사회는 사회 각층의 대표로 13명으로 구성되어 있다.

산하기관으로 라디오방송, 공영TV, 교육방송을 두고 있으며 지역방송과 기

---

4   신문이 20% 주식을 소유하고 있는 것은 교차 소유의 미디어 독점과는 다른 의미를 담고 있다. 사
     민주의 국가에서 신문은 상업 대중지라기보다는 정치 정당과 연결된 정론지의 구조를 갖고 있으
     며, 정치 여론의 다원성을 반영한다. 따라서 신문의 방송 주식 소유는 여론 집단의 의사를 반영하
     고 방송 광고로 인한 신문의 위축을 막기 위한 견제 장치이다.

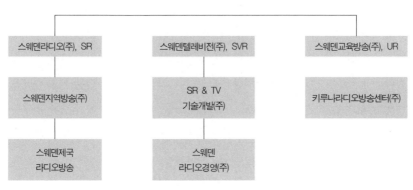

그림 1-4 스웨덴 공영방송 운영재단과 산하 방송 조직
자료: 심영섭(2007b: 92).

술개발회사를 간접투자 형식으로 두고 있다. 소유 구조의 다원성은 방송 정책 기구에도 많은 영향을 미친다. 공영라디오방송과 공영TV, 교육방송의 주요 정책을 결정하는 최고 의사 기구인 이사회는 방송사마다 각각 7인에서 9인으로 구성되어 있다. 이사회에는 정부와 직원 대표는 물론이고 풀뿌리 민주주의 조직들도 참여한다. 방송 정책에서 정부의 역할이 중요하기 때문에 주주와 피고용인 대표를 통한 견제가 가능하도록 하고 있는 것이다. 또한 케이블TV는 의무적으로 시민 액세스 채널을 운영해야 한다. 시민 액세스 채널은 공공 조직에 의해 시간별로 할당된다.

스웨덴 방송의 특징은 시민단체가 공영방송의 지배 주주인 시민주주형 공영방송모델을 채택했다는 것이다. 대개 유럽의 공영방송은 국가가 방송을 소유하고 중립적인 전문가들이 공영방송을 감독하거나, 시민단체 등 사회의 중요 그룹들이 이사회에 참여하는 조합형 모델을 채택한다. 이에 비해 스웨덴은 초창기에는 신문과 라디오 산업계가 공영방송을 소유하다가, 1950년대부터 시민단체들이 소유하는 형태를 채택했으며, 1980년대 규제 완화의 분위기 속에서 독립적인 공영방송재단이 소유하는 형태로 바뀌었다. 시민단체는 노동조합, 농민단체, 교회 등을 의미하는데, 시민사회가 직접 기간공영방송을 소유하는 것은 세계적으로 유례가 없다. 이는 오랫동안 장기 집권하고 있는 사민당의 사회조합주의로 해석할 수 있다. 1920년대에 사민당이 출현할 때에 노동조합을 기반으로 성장했고, 노동조합원의 90%가 사민당원이었기 때문에 가능했다. 사민당은 안정적인 공영방송을 유지할 수 있었다. 스웨덴 사민당은 1930년대 이후 두 시기(1976~1981, 1991~1994)를 제외하고 계속 집권하여 다른 국가보다 공영방송 독점이 오랫동안 지속되었다. 이는 정도의 차이가 있지만, 노르웨이, 덴마크, 핀란드, 독일에서도 유사하다.

(3) 독일의 시민대표형 공영방송제도

독일은 1920년대 바이마르 공화국 시절에 방송이 시작되었다. 군주제를 끝내고 등장한 바이마르 공화국은 경제 공황에 따른 인플레이션과 정치적 혼란이 지속되었다. 이에 나치가 집권하여 전체주의 독재를 하면서 방송이 국가선전매체로 전락했다. 제2차 세계대전에서 독일이 패배하고 연합군이 독일을 분할 통치하면서 BBC와는 다른 지역 분권형 공영방송 모델이 정립된다.

독일의 공영방송은 1950년에 출범한 제1공영방송인 ARD(독일공영방송국협의체)와 1960년에 출범한 제2공영방송인 ZDF로 구성되어 있다. ARD가 지역방송연합체라면, ZDF는 중앙집권형 전국방송이며, 두 방송사는 서로 협력과 견제를 한다. 1950년대에 독일에서도 제2의 방송을 상업 채널로 하자는 움직임이 있었다. 사민당이 장악하는 주에서는 상업방송 도입에 부정적이었고, 광고계의 로비를 받은 기민당은 호의적이었다. 하지만 연방헌법재판소가 방송에 대한 주州의 권리를 보장하고 '방송이 국가나 상업적 세력에 의해 지배되어서는 안 된다'는 것을 강조하면서 공영방송 ZDF가 출범하게 되었다.

ARD에 소속되어 있는 지역방송사들은 공동으로 종합편성 TV프로그램을 구성한다. 지역방송사들은 인구 및 재정 규모에 근거한 비례의 원칙에 따라 전국용 프로그램을 제작한다. 실질적으로는 규모가 큰 서부독일방송사WDR, 북부독

일방송사NDR, 바이에른방송
사BR 같은 지역방송사가 대
부분의 프로그램을 제작하며,
전국 뉴스 서비스는 함부르크
방송사에서 제작된다. 하지만
저녁 6시부터 8시까지는 지역
방송 시간으로 전국방송보다
는 지역방송에 가깝다.

그림 1-5 독일 방송의 아버지 한스 브레도프

ARD는 각 방송사마다 방송평의회Rundfunkrat, 관리평의회Verwaltungsrat와 사장
Intendant에 의해 운영된다. 방송평의회는 의회, 교회, 고용자, 노조, 대학, 문화
와 스포츠연합, 여성, 노인, 외국인을 위한 기구 등 사회집단의 대표들로 구성
되는 최고의사결정기구로 사장의 선출 외에 방송 내용에 대한 감시·감독권이
있다. 관리평의회는 방송사의 행정 업무를 감독하고, 사장은 방송사의 대표이
다(유럽연합 열린사회연구소, 2007). 독일 공영방송의 특징은 시민이 의회 및 정
부와 함께 방송을 운영하는 것이다. 이를 위해 공영방송에 방송평의회
Rundfunkrat5를 두었다. 방송평의회는 공중을 대표하여 방송을 통제하는 곳으로
경영평의회 위원과 사장을 선임한다. 방송평의회의 아이디어는 독일 방송의
아버지로 불리는 한스 브레도프Hans Bredow가 전후에 제시했다. 그의 제안은
수용자가 실질적으로 공영방송 정책을 결정하자는 것이었다.

ZDF는 ARD의 자회사이지만, 지역방송연합체가 아니라 단일 회사이다.
1961년 각 주의 국가 협약에 의해 설립된 ZDF는 TV평의회Fernsehrat, 관리평의
회 및 사장에 의해 운영된다. TV위원회는 각계를 대표하는 77명의 위원으로
구성되며 사장 선출 등을 하는 최고의사결정기구이다. 9인으로 구성되는 관리

5   Rundfunkrat는 역자에 따라 방송의회, 방송위원회로 번역되기도 한다. 심영섭(2018)은 방송평의
     회가 의회가 아니라 행정집행기관이자, 이익집단을 대표하는 기관이라고 했다.

위원회는 사장의 활동과 행정 업무를 감독한다. ZDF는 마인츠에 본부를 두고, 각 주에 지역 스튜디오를 두어야 한다. ZDF의 공공서비스 의무는 ① 독일 TV 시청자들에게 독일의 현실과 세계적인 사건들에 대한 포괄적인 정보를 객관적으로 전달하며, ② 각 주에서 일어난 사건과 독일의 다양한 문화를 적절한 프로그램에서 방송해야 한다. ARD와 ZDF는 각각 40% 정도의 시장점유율을 기록하여 강력한 공영방송체제를 유지하고 있다.

이처럼 독일 방송은 바이마르 공화국과 나치의 전체주의에서 국가의 중앙집권적 선전도구로 활용되다가 제2차 세계대전 후에 연합군 치하에서 시민과 지역 중심의 분권적 방송제도로 바뀌었다. 아이러니한 것은 시민 중심의 지역 분권제도가 나치의 전체주의를 반복하지 않으려는 점령군의 의도로 이루어졌다는 사실이다. 특히 의회 중심의 BBC 모델은 독일 방송이 정착하는 과정에서 많은 역할을 했다. 하지만 시민과 정치권이 함께 지배하는 방송평의회 모델은 BBC의 엘리트주의의 한계를 극복하고 공영방송의 새로운 모범을 창출했다.

그러나 가장 선진적인 공영방송 중의 하나라고 일컬어지는 독일의 공영방송도 인터넷 시대에 흔들리고 있다. 감소하는 공영방송의 시청률과 수신료 재원으로 인해 공영방송의 역할이 새롭게 정의되고 있다. 이를 위해 최근에는 공영방송 콘텐츠에서 정보와 오락, 교육과 문화 부문을 강화하고 리얼리티와 오디션 프로그램들을 배제하는 방향으로 개혁을 추진했다. 또한 공영방송 공동 플랫폼을 통해 경쟁력을 강화하고 수차례 무산되었던 수신료 인상을 위한 개혁을 추진해 2023년에 시행할 예정이다(≪KBS 해외방송정보≫, 2021.5).

4. 불확실한 공영방송의 미래

표 1-2는 공영방송의 이념을 앞서 살펴본 대로 공익주의와 신공익주의, 시장주의로 나누어, 각 이념의 입장을 정치 구조, 시장 구조, 편성과 시청자로 나누어 정리한 것이다.

정치적 독립을 보장하는 방안으로 공익주의는 공공 기구의 정치적 독립을 보장하는 공공 규제를, 시장주의는 국가와 공공 기구의 규제 완화를 통해 방송사의 자율 규제를 강화하는 방안을 제시한다. 이에 비해 신공익주의는 공익주의의 공공 규제 방안과 유사하지만, 시민사회의 활성화를 통한 '아래로부터의 공공 규제'를 주장하는 것이 그 특징이라 할 수 있다.

방송 시장의 구조에 대해 공익주의는 '독과점 시장론'을 주장했다. 독과점 시장론은 독과점적 공영방송 구조 내에서 다양한 사회 계층의 접근을 확대하면서 사적 기업이 상업방송을 집중적으로 소유하는 것을 막기 위한 것이다. 이에 반해 시장주의는 사적 기업이 자유로운 시장 경쟁을 하면 다양한 사회적 견해가 방송에 반영될 수 있다는 의견이다. 이러한 자유 경쟁 시장론은 상업방송의 자유 경쟁과 공영방송의 엄격한 공공 규제라는 의미를 동시에 지니고 있다.

신공익주의는 독과점화한 공영방송과 상업방송을 실질적인 경쟁이 이루어질 수 있도록 공공 규제하는 방안을 제시한다. 공공 규제 시장론은 시민 미디어의 활성화를 통한 경쟁적 공공서비스 방송 구조와 경쟁적 상업방송 시장을

표 1-2 각 이념의 방송 구조에 대한 입장

이념	정치 구조	시장 구조	편성	시청자
공익주의	공공 규제	독과점 시장	보편주의	공중
시장주의	자율 규제	자유 경쟁 시장	다수주의	소비자
신공익주의	시민사회 규제	공공 규제 시장	다원주의	시민

제안한다는 점에서 공익주의의 독과점 시장론과 다르다. 또한 상업방송 시장을 적극적으로 공공 규제하는 방안을 제시한다는 면에서 시장주의의 자유 경쟁 시장과 차이가 난다.

방송프로그램의 편성에서는 공익주의가 보편주의 이념을 뒷받침하기 위해 보도, 교양, 오락 등의 각 장르가 골고루 반영되는 채널의 내적 다원주의(종합 편성)를 주장하고 있는 반면에, 시장주의는 외적 다원주의(다수주의 편성)를 통해서 시청자 선택권 확대를 주장한다. 이에 대해 신공익주의는 사회의 중심적인 공공서비스 미디어는 종합 편성을 유지하고, 부분적으로 시장 원리에 의해 운영되는 다수주의 편성을 허용해 공공서비스 기능과 시장 경쟁 기능이 공존하는 이원적 다원주의 편성을 대안으로 제시한다.

이상과 같은 공영방송 이념들은 결국 시청자를 보는 관점의 차이로 모아진다. 공익주의는 시청자를 이성적이고 계몽적인 공중으로 보는 반면에, 시장주의는 시청자를 소비자로 규정한다. 또한 신공익주의는 시청자를 불평등한 기존의 권력 구조를 타파하고 다원적인 권력을 추구하는 시민으로 보고 있다.

디지털 다채널로 돌입하면서 유럽의 공영 방송들은 수신료 재원에 대한 특혜 시비, 상업방송과의 시청률 경쟁 등으로 어려움을 겪고 있다. 이에 공영방송들은 뉴미디어 시장에 적극적으로 뛰어들어 디지털 공익성의 의무를 확장한다. 특히 국가적 공공서비스를 위주로 하는 BBC에 비해 사회의 약자와 혁신성을 주된 공공서비스로 하는 채널4의 상업적 변신은 많은 논란거리를 제공했다. 프랑스의 F2와 F3는 전국 서비스와 지역 서비스를 분업적으로 수행하고 있으나, 민영화된 TF1의 강세로 인해 허약한 체질의 공공서비스가 되고 말았다. 독일의 ARD와 ZDF는 지역 서비스와 전국 서비스로 분업화되어 지역 중심의 공공서비스 구도를 형성했다. 특히 공공서비스의 중심축이라고 할 수 있는 ARD는 지역방송연합체로서 프로그램뿐만 아니라 정책 결정 과정에서 '풀뿌리 민주주의'를 구현한다.

공영방송은 시청점유율과 차별성을 기준으로 이상지향형, 시장지향형, 축

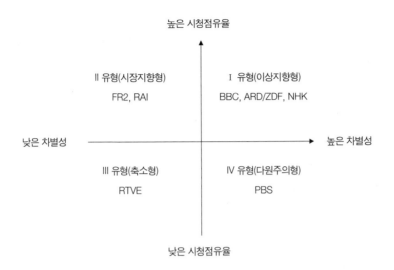

높은 시청점유율

II 유형(시장지향형)
FR2, RAI

I 유형(이상지향형)
BBC, ARD/ZDF, NHK

낮은 차별성 ────────────────── 높은 차별성

III 유형(축소형)
RTVE

IV 유형(다원주의형)
PBS

낮은 시청점유율

그림 1-6 공영방송의 시장 유형
자료: McKinsey and Company(1999: 21~26) 재구성.

소형, 다원주의형으로 나눌 수 있다(McKinsey and Company, 1999: 21~26). I 유형은 시청점유율도 높고 상업방송과의 차별성도 높은 이상지향형으로, 영국의 BBC, 독일의 ARD·ZDF, 스웨덴의 SVT, 일본의 NHK 등을 들 수 있다. 이유형의 공영방송들은 상업방송에 대한 공격적인 대응 전략으로 뉴스 시간대를 옮기고 의회, 역사 및 어린이 채널과 같은 뉴미디어 채널을 적극적으로 개설했다. 공영방송의 고품격 프로그램 전략은 결과적으로 상업방송의 프로그램 품질을 높이는 효과를 거두었다. BBC의 자연사 프로그램이 높은 시청점유율을 기록하자 상업방송 ITV는 차별적인 자연사 프로그램 〈서바이벌Survival〉을 제작했다. 이뿐 아니라 BBC의 〈오만과 편견Pride and Prejudice〉은 ITV가 〈몰플랜더스Moll Flanders〉와 〈혼블로워Hornblower〉를 제작하도록 이끌었다.

　II 유형은 시청점유율 위주의 전략으로 상업방송과의 차별성이 없는 시장지향형으로, 프랑스의 FR2, 이탈리아의 RAI 등을 들 수 있다. 이 유형의 특징은 시사, 뉴스, 교양, 어린이 등 차별적인 프로그램의 편성 비율이 낮으며, 시청점유율과 차별성이 모두 낮은 축소형으로 변질될 가능성이 높다는 것이다. 심지어는 공영방송이 오랫동안 시장지향형을 견지하면 프랑스의 TF1과 같이 상업방송으로 바뀔 가능성도 있다. III 유형은 시청점유율과 차별성 모두가 낮은 축소형으로 스페인의 RTVE가 전형적인 경우이다. 이는 결국 공영방송의 개혁방안 실패라고 규정할 수 있다. IV 유형은 차별화된 프로그램으로 소수의 욕구를 충족하는 다원주의형으로, 전형적인 경우로 미국의 PBS, 영국 채널4 초창기 등을 들 수 있다.

이상지향형(I 유형)은 영국과 독일같이 강력한 공영방송 체제를 이루고 있다. 반면 시장지향형(II 유형)은 프랑스같이 상업적이고 허약한 체질의 공영방송이 되었다. 프랑스의 경우 1987년 공공서비스의 중심축을 담당하던 TF1의 민영화가 이루어지면서 공영방송이 고전한다. 이로 인해 F2가 TF1과 상업적 경쟁을 해야 하는 시장지향형을 유지하게 되었으며, 이는 사르코지 대통령이 공영방송의 광고 중단과 정체성 재정립 작업을 추진하게 하는 배경이 되었다.

대체로 방송이 시작된 1920년대부터 1970년대까지는 공익주의와 공영방송 이념이 지배적이었다고 할 수 있다. 하지만 1980년대부터 신자유주의 이념의 등장과 뉴미디어 기술의 발전 등으로 인해 공익주의와 공영방송 이념은 비판받기 시작했다. 시장주의와 신공익주의는 공익주의 이념의 정당성에 대해 의문을 제기하고 시장 경쟁을 통하거나 공익성 이념의 변화를 통해 새로운 방송 이념을 모색하게 되었다. 또한 공영방송 독과점체제에서 공·민영 이원체제로 바뀌거나, 아예 공영방송이 상업방송으로 사유화되는 사례까지 생겨나기도 했다.

이처럼 주요 국가들의 공영방송은 디지털 시대에 흔들리고 있는 것이 사실이다. 피콕 위원회가 주장한 공영방송의 서비스 한정론이 다시 제기되고 있다. 뉴미디어로 확장하기보다는 방송 영역에 한정하며, 오락과 스포츠 분야는 포기하고 뉴스와 교양 분야에 집중해야 한다는 것이다. 또한 TV보다는 PC와 휴대폰을 통해 유료 통신 및 방송 서비스를 이용하는 현실에 공영방송을 위한 별도의 수신료나 세금은 불필요하다는 것이다. 시장 경쟁을 강조하는 입장에서는 인터넷 기술 발전에 기대어 소비자 주권론을 강조했다. 하지만 공영방송을 주장하는 측에서는 과도한 시장 경쟁으로 상업적 쓰레기가 양산되고 있으며 시민의식의 함양을 위해 공영방송이 필요하다고 주장한다. 이를 위해 TV에 한정하던 수신료를 PC와 스마트폰으로 확대하고, 공영방송은 보도, 교양, 오락을 종합적으로 제공하는 공공서비스 미디어 플랫폼으로 확대되어야 한다고 주장한다. 결국 방송 초창기부터 지속되었던 공익주의와 시장주의의 이념 논쟁이 인터넷 시대에도 반복되고 있다. 방송사 간의 시청률을 둘러싼 과잉 경쟁과 넷플릭스 같은 글로벌 시장권력의 존재는 역설적으로 공영방송의 필요성을 인식하게 한다. 디지털 시대에 BBC의 위상을 제언한 퍼트넘Puttnam 위원회(Puttnam Committee, 2016)는 '공영방송은 단순한 시장 실패의 처방전이 아니라 정치·경제·문화에서 필수적인 자원'이라는 것을 강조하면서 디지털 미디어로의 수신료 확대, 공영방송에서 디지털 플랫폼public service media platform으로의 진화, 보도와 교양뿐만 아니라 스포츠와 오락 프로그램의 공익성 유지 등을 강조했다. 콜린스와 피카드(Collins et al., 2001: 281)는 '공영방송이 분명하게 정의되고, 효율적이며, 일관성 있는 원칙이 있으면 앞으로도 공영방송은 낙관적'이라고 전망하고 있다. 디지털 시대에도 공영방송은 민주주의의 진전과 부의 양극화 해소를 위한 필수재라는 것이다.

강형철. 2008. 정보통신정책연구원 주최세미나 토론문 "방송 경쟁력 강화 및 공공성 구축방안".

김경환. 2009. 「일본 공영방송의 구조 개혁과 성과」. ≪방송통신정책≫, 21(4), 정보통신정책연구원.

김문환. 2001. 『프랑스 언론: 신문, 텔레비전, 라디오의 현황과 전망』. 커뮤니케이션북스.

김성수. 2005. "공영방송의 선두주자 영국 BBC". http://www.ohmynews.com/articleview/article_view.asp?at_code=303130.

박건식. 2009. 「오바마의 미디어 정책이 주는 교훈」. ≪PD저널≫, 592. PD연합회.

백미숙. 2005. 「미국 방송의 자유와 독점 규제, 1924~1927」. ≪한국언론학보≫, 49(4). 한국언론학회.

심영섭. 2007a. "네덜란드 방송공사와 감독기구". 김진웅 외. 『세계 공영방송의 지배구조와 관리감독 시스템』. 커뮤니케이션북스.

_____. 2007b. "스웨덴 공영방송의 지배구조와 감독기구". 김진웅 외. 『세계공영방송의 지배구조와 관리감독 시스템』. 커뮤니케이션북스.

_____. 2018. 「독일 방송평의회 제도를 통해 본 한국 공영방송 지배구조의 재구조화」. ≪문화와 정치≫, 5(3).

유럽연합 열린사회연구소. 2007. 『유럽의 텔레비전 방송: 규제, 정책, 독립』. 조연하·임소혜 옮김. 커뮤니케이션북스.

이상길·박진우. 2004. 『프랑스 방송: 구조·정책·프로그램』. 한나래출판사.

정용준. 2009. 『디지털 방송의 공익성』. 커뮤니케이션북스.

_____. 2017. 『미디어 공론장과 BBC 100년의 신화』. 패러다임북.

정회경·유승훈. 2008. 「디지털 지상파방송의 공적 가치와 수용자 지불의사액 연구」. ≪한국방송학보≫, 통권 제22-6호. 한국방송학회.

카타오카 토시오. 1994. 『일본의 방송제도』. 이창근·김광수 옮김. 한울엠플러스.

하라 마리코(原眞里子)·시바야마 데쓰야(柴山哲也). 2016. 『공영방송의 모델, BBC를 읽다』. 안창현 옮김. 한울엠플러스.

한동훈. 2010. 「프랑스 방송법제의 역사적 전개」. ≪언론과 법≫, 9(1). 언론법학회.

≪KBS 해외방송정보≫, 2010-1; 2011-4; 2020-2; 2021-5.

Annan Committee. 1977. *Report of the Committee on the Future of Broadcasting.* London: HMSO.

Booth, P. 2020. "The Future of Public Service Broadcasting and the Funding and Ownership of the BBC." *Economic Affairs, 2020,* 40.

Blumler, J. 1992. "Public Broadcasting before the Commercial Deluge." *Television and Public Interest*. London: Sage.

_____. 1991. "Television in the United States: Funding Sources and Programming Consequences." J. Blulmer and T. Nossister(eds.). *Broadcasting Finance in Transition: A Comparative Handbook*. Oxford: Oxford University Press.

Collins, Richard, Adam Finn, Stuart McFadyen and Colin Hoskins. 2001. "Public Service Broadcasting Beyond 2000: Is There a Future for Public Service Broadcasting?" *Canadian Journal of Communication*, 26.

Curran, J. 1991. "Rethinking the media as a public sphere." in n P. Dahlgren and C. Sparks(eds). *Communication and Citizenship*, *1*. London & New York: Routledge.

Curran, James. 2002. *Media and Power*. Routledge.

DCMS. 2006. *A Public Service for All: The BBC in the Digital Age*.

Fowler, M. and D. Brenner. 1982. "A Marketplace Approach to Broadcasting Regulation." *Texas Law Review*, 60.

http://www.bbccharterreview.org.uk/have_your_say/white_paper/bbc_whitepaper_march06.pdf

Keane, John. 1991. *The Media and Democracy*. Cambridge: Polity Press.

McDonnell, James. 1985. *Public Service Broadcasting: A Reader*. Routledge.

McKinsey and Company. 1999. *Public Service Broadcasters Around the World: A McKinsey Report for the BBC*.

Peacock Committee. 1986. *Report of the Committee on the Financing the BBC*. London: HMSO.

Puttnam Committee. 2016. *A Future of Public Service Television: Content and Platforms in a Digital World, A Report on the Future of Public Service Television in the 21st Century*. London: Goldsmith University of London Press. www.Futureofttv.org.uk.

Scannell, P. 1989. "Public service broadcasting and modern public life." *Media, Culture and Society*, 11.

Tunstall, J. 1993. *Television Producers*. London and New York: Routledge.

02 한국 공영방송의 역사적 발전 과정과 정체성

| 조항제

1. 머리말

한국 방송에서 이해관계자들 사이에 가장 큰 합의가 있다면, 그것은 아마도 '공영방송'일 것이다. 1980년 당시 집권세력에 의해 가장 권위주의적인 방식으로 전일적專一的 도입이 결정된 제도가 이렇게 사회적 합의를 얻은 데는 여러 이유가 있겠으나, 제도 자체가 지닌 장점을 빼놓을 수 없다. 주지하다시피 공영제도는 유럽 방송의 가장 큰 특징 중의 하나로 1980년대 중반까지만 해도 깨어지기 어려운 '구조'를 형성했다. 물론 지금은 주변의 환경적 조건 변화로 상당한 어려움에 직면해 있지만, 적어도 21세기 초반까지의 보고에 따르면 공영방송은 여전히 각국의 중추 미디어로서의 면모를 잃지 않고 있다(Debrett, 2009).

그렇다면 공영방송의 미래 또한 여전히 밝다고 봐야 하는 것일까? 공영방송의 이념은 균열이 시작된 1980년대 중반 이후에도 여전히 흔들리지 않고 있는 것일까? 불리해지는 주변 환경이 공영방송에 미치는 영향은 생각보다 그렇게 크지 않은 것일까? 만약 이 환경 변화에 대응해 공영방송이 변했다면, 어떤 변화가 그렇게 주효했을까? 아니면 구래의 이념이나 전통 자체가 아직 힘을 지닌 것일까? 또 만약 그렇다면, 그래서 이념의 힘이 그처럼 강했다면 왜 새롭게 민주화된 여러 국가(특히 동유럽이나 아시아권 등)에서는 그러한 힘이 생기지 않는 것일까? 같은 맥락에서 후-후발(late-late)로 민주화된 한국 사회에서는 왜 그렇게 공영방송이 마치 가치를 판단하는 '메타가치$^{meta-value}$'인 민주주의에 비견될 만큼 잘 정착될 수 있었던 것일까? 유럽 사회와는 전혀 다른 발전 경로를 걸어온 한국 사회가 유독 이런 공영 이념을 잘 수용했던 이유는 무엇일까? 한국에서 공영방송은 상대적으로 수가 많고, 그 이념이나 체제는 종사원(특히 노동조합)에 의해 큰 지지를 받고 있는데, 이런 특징은 공영방송의 미래에 어떤 영향을 미칠 것인가? 또한 이와 관련해 방송이 신문 등에 비해 더 진보적 행태를 보이는 이유는 무엇인가? 그리고 앞으로 그 영향은 약화될 것인가, 아니면 강화될 것인가? 공영방송에 대한 높은 지지에도 불구하고 공영방송의 가장 전형적인 재원으로 볼 수 있는 수신료는 1980년 이래 수십 년간 정체되어 있다. 이런 정체의 이유는 무엇일까? 왜 수없이 비판을 받으면서 한국의 공영방송들은 광고료에 대한 의존도를 줄이지 못하는 걸까? 혹시 이들 사이에 어떤 모종의 결합관계가 있는 것은 아닐까? 만약 있다면, 한국 공영방송의 미래는 이런 결합 관계를 어떻게 할 것인가?

사실 공영방송이 나름의 위기에 처한 1980년대 이래로 공영방송(넓게는 방송환경 전반) 문제는 본산인 유럽을 비롯해 여러 나라에서 수없이 다루어온 해묵은 주제이다. 또 현실에서도 다양한 대처 방식을 낳아 이미 각 사회마다 어느 정도는 해결점에 도달한 것이기도 하다. 한국에서 공영방송에 대한 합의가 유지된 이유 중 하나도 공영방송을 위축시키지 않으려는 주변 나라들(특히 민주주의 선진국들)의 노력에 영향을 받아서이다.

그러나 그렇다고 해서 지금의 시대적 변화와 공영방송의 이념이 '조화롭다'고 주장하는 연구는 더더욱 찾아보기 어렵다. 오히려 한 비교연구(Curran et al., 2009)에 따르면 공영방송의 입지는 매우 모순적이다. 이 연구는 공영방송이 있는 나라들의 시청자 정치 지식이 그렇지 않은 나라들의 시청자에 비해 훨씬 높다는 점은 보여주었지만, 바로 그 공영방송의 시청이 '의도치 않게 inadvertently' 이루어졌다는 매우 중요한 부연 설명을 달았다. 꼭 그런 지식 프로그램을 의도해서 시청한 것은 아니라는 점을 강하게 함축한 것이다. 다른 오락 프로그램에 편승하는 시청과 높은 정치 지식 사이의 이런 상관관계는 공영방송의 필요성과 구시대성을 아울러 보여주는 중요한 대목이 아닐 수 없다.

이런 모순은 거의 무제한의 선택이 가능한, '디지털 온라인화'[1]가 진행되고 있는 나라에서는 보편적으로 나타나는 현상이다. 따라서 공영방송은 시대의 추세에 맞게 자신의 필요성을 최대한 구현해 내야 한다. 이럴 때, 공영방송은 '공영公營'이라는 한국적 용어가 강조하는 '방송의 공적 소유 및 통제 방식'을 훨씬 넘어선다. 공공서비스 방송public service broadcasting이라는 원어에 가깝게 '공(개)적 서비스'의 장, 곧 그 사회가 공적으로 권장하고 유통시키고자 하는 보편적 정보와 지식의 생산 메커니즘이 되는 것이다. 공론장론을 주창한 철학자 위르겐 하버마스Jürgen Habermas는 이를 도시에 필요한 물길을 열고 닫는 수문이나 불순물을 걸러주는 필터에 비유한다(하버마스, 2011). 수문이나 필터가 없다면 그 도시는 정상적으로 운영되지 못한다.

그런데 주지하다시피 공영방송은 각 나라별로 발전 과정이나 조직 형태, 법제화 수준, 신뢰 정도나 시장 비중 등이 다르다. 비슷한 시기에 방송을 시작했지만, 각기 다른 전형(공영방송과 상업방송)을 발전시킨 영국과 미국의 사례가 극명하게 보여주듯, 방송 구조는 각 나라의 특수한 사정과 처지를 반영한다.

---

1   필자는 2010년대 이후에 나타나는 미디어계의 변화를 '디지털 온라인화'로 통칭하고자 한다. 디지털은 데이터·콘텐츠의 형태(범용성과 호환성)이며, 온라인은 이들이 존재하는 거의 무제한이면서 기술적으로 접근이 용이한 공간(플랫폼)을 가리킨다. 이렇게 보면 공영방송이라는 용어도 공익적 성격을 띠는 '공영'은 주로 전자에, 전달체인 '방송'은 후자에 해당한다.

역사적으로 누적되어 쉽게 변하기 어려운 특성, 곧 '정체성'은 여기에서 생겨
난다. 식민지와 전쟁, 분단과 권위주의, 압축적 산업화와 제한된 민주화라는
격동의 현대사를 거친 한국 사회 역시 나름의 정체성을 갖춘 상당히 특수한
공영방송을 발전시켰다.

이 글의 목적은 이런 공영방송의 발전 과정을 살펴보고, 그 역사성을 통해
한국적 정체성을 규명해 보고자 하는 데 있다. 이를 위해 먼저 공영방송 역사
의 서술 시기를 구분했다. 주지하다시피 공영방송은 조직 차원에서는 1973년
의 공사화公社化를 통해, 제도화는 1980년의 언론통폐합 조치와 「언론기본법」
제정을 통해 이루어진다. 1970년대에 치열했던 '삼국三局 경쟁'(시청률 경쟁)의
폐해는 이와 같은 제도화에 명분을 제공해 주었으며, 1980년대 중반에 벌어진
'KBS 시청료 안 내기 운동'은 억압적인 방송에 시청자들이 집단적으로 저항한,
비교사회적으로 희귀한 예이다. 1987년의 민주화는 이런 공영방송에 '실질화'
라는 새로운 길을 열어주지만, 2000년대 이후에는 케이블TV를 비롯해 다채널
플랫폼들이 속속 등장하고, 인터넷이 온라인 환경을 열어젖히면서, 게다가 새
로운 경쟁자인 종편까지 등장하면서 공영방송은 시장과 경쟁하며 공존해야
하는 새로운 환경을 맞이한다. 국가와 시장, 시민사회는 이런 주요 사실史實들
을 통해 추출될 수 있는 기준 또는 변인이다.

정체성은 지난 시절의 경로에 의존하는path-dependency 관성이 쌓이면서 '변
하기 어려운' 속성으로 구체화된 것이다. 그러나 이 글은 이런 정체성 중의 어
떤 부분은 반드시 가까운 미래에 극복되어야만 한다는 기대와 바람을 같이 제
시해 환경 변화의 불가피성과 공영방송의 규범성을 강조하고자 한다. 부연하
면 '역사적 관성이 크지만, 반드시 변하지 않으면 안 된다'는 것이고, 사회와
시대가 이를 강력히 요구한다는 것이다.

2. 시기 구분: 거시적 구분[2]

1) 기준의 설정

방송 역사의 서술에서 가장 먼저 부딪히는 문제는 시기를 어떻게 구분할 것인가이다. 시기 구분에는 기준이 필요한데, 이 기준은 방송을 움직이는 논리에 상대적으로 더 큰 영향을 미친 역사적 계기가 되는 것이 보통이다. 지금까지 연구들에서는 정치권력의 동향을 가장 큰 기준으로 꼽았다.[3] 이 연구들에 따르면, 새로운 채널이나 미디어의 도입, 관련 제도·법령의 개폐, 방송 유관 기구의 변화 등 한국의 방송이 크게 변화하게 되는 계기는 대체로 국가로 통칭되는 정치 권력 구조의 변화, 곧 정권의 변동과 매우 밀접하게 연관된다. 이는 우리나라를 다른 나라 특히 유럽이나 미국 같은 선진국과 구분 짓고, 방송을 신문과 다른 매체로 인식하게 하는 가장 큰 특수성이다. 이에 따라 방송사의 시기 구분 역시 정치사의 시기 구분과 맥을 같이하며, 시기 구분을 집약한 표 2-1에서 정치 부분은 가장 먼저 나오게 된다.

그러나 이러한 정치 변화에 따른 전기轉機 외에도 경제적 측면이나 (방송)미디어 내부의 변화 또한 한국의 방송사에서 중요한 의미를 갖는다. 즉, 첫 TV 방송의 시작, 첫 민영 라디오 방송의 시작, 첫 방송 주무 법인 「방송법」의 제정, 새로운 TV(MBC)의 등장과 본격적인 시청률 경쟁시대의 개막, 방송의 네트워크 확장을 도운 경제개발 5개년계획의 성공과 경부고속도로의 개통, 텔레비전을 대중화한 일련의 드라마의 성공, SBS의 등장에 따른 (후기) 공·민영 혼합 제도의 시작, 케이블TV의 도입에 따른 최초의 대중미디어·다채널 시대의 개

---

2   이 절은 책의 목적에 맞게 조항제·박홍원(2011)을 수정한 것이다.

3   방송에 국한된 것은 아니지만, 김해식(1994)을 꼽을 수 있고, 공영방송에 국한해서는 조항제 (2014b)의 연구도 대체로 이 구분을 따르고 있다.

표 2-1 한국 방송사의 시기 구분

시기(소)	정치(부)	경제	미디어	법 개폐	시기(대)	공영방송
1945~1948	미군정기		• 미국식 방송방식의 전수		실험기	국영기
1948~1960	제1공화국	• 원조경제(전후)	• 방송의 국영화 • 부산문화방송의 출범(최초의 순수 상업방송) • HLKZ-TV의 출범 및 실패			
1960~1961	제2공화국		• 방송민주화(중립화)운동			
1961~1963		• 차관의 도입	• KBS-TV 출범 • 방송법의 제정	○	정착기	
1963~1969		• 경제개발의 시작	• TBC(R/TV) 출범 (경쟁체제의 확립)	○		
1969~1972	제3공화국	• 제2차 경제개발 5개년계획의 완수(1967~1971) • 경부고속도로의 완성(1971)	• MBC-TV 출범 (3사 체제의 확립) • KBS 광고 중단 • 일일극 〈아씨〉의 성공		동원적 대중화기	
1973~1980	제4공화국 (유신체제)	• 오일쇼크	• KBS의 공사화 • TV수상기 보급대수 100만대 돌파(라디오→텔레비전) • 3사의 치열한 시청률 경쟁 • KBS 광고 재개	○		공사기
1980~1987	제5공화국	• 3저 호황	• 전일적 공영제 실시(언론통폐합) • 한국방송광고공사의 출범 • 텔레비전의 컬러화 • KBS 시청료 거부운동	○	억압적 공영기	억압적 제도기
1987~1995	제6공화국 (노태우·김영삼 정부)		• 방송의 민주화·자유화(공영방송의 재확립) • MBC 소유의 변화 • 방송노조의 탄생, 파업 • SBS의 등장 • KBS 1TV 광고 폐지	○	민주화·자유화기	실질화 노력기
1995~1997	김영삼 정부		• 다미디어·다채널 시대의 개막(케이블TV, 지역민방의 도입)	○		
1998~2000	최초 정권교체 (김대중·노무현 정부)	• IMF 구제금융				

시기	정권 변화	경제	주요 사건		공영방송	
2000~2007		• 광고비 성장률의 저하	• 다미디어·다채널 시대의 정착(위성방송, IPTV 등의 도입) • 「통합방송법」의 제정(시청자권리의 확립) • 인터넷의 보편화	○	경쟁·시장기	시장병행기
2007~2011	정권 변화 (이명박 정부)	• 금융위기	• 방송통신위원회의 출범 • 「미디어법」의 개정	○		
2011~현재	이명박·박근혜 정부 문재인 정부	• 대통령 탄핵 (촛불 시위)	• 디지털 온라인화 • 종합편성채널의 출범		시장 우세기	위축기

주: 시기별 명칭은 텔레비전을 중심으로 한 것으로 선발 방송미디어인 라디오를 포함하면 달라져야 한다. 예컨대 '실험기' 같은 것이 대표적인데, 라디오는 해방 당시 이미 40만 대(38도선 이남의 경우, 21만 5000대) 이상 보급(한국방송공사, 1977: 210~211)되어 도시에서는 '대중미디어'로서의 지위를 일정하게 확보했으므로 이 명칭은 전혀 어울리지 않는다. 방송의 전국적 대중화 역시 라디오는 1950년대 후반부터 1960년대 전반에 이루어져 시기 또한 다르게 구분되어야 한다. 물론 이 글의 주제는 텔레비전·공영방송이므로 이 용어들을 고치지 않았고, 따로 공영방송 부분만을 추가했다.

막, 본격적인 생존경쟁이 도래했음을 알린 IMF 구제금융(이하 IMF 위기), 방송통신위원회의 출범, 디지털 온라인화(인터넷·모바일이나 OTT의 보편화) 등은 정권의 변동과 직접적인 연관이 약하거나 다소의 시차를 가지는 계기들이다.

물론 넓게 보면, 방송 내부의 것 일부를 제외하면 정치권력과 완전히 동떨어진 것은 없다고 해도 과언은 아니다. 대부분의 단절적 계기들이 정부와 여당의 노력이 아니면 달성될 수 없는 법의 개폐와 직결되고, 경제적인 측면에서도 그간의 한국경제의 관치적 성격을 감안해 볼 때 순수하게 시장적인 것은 찾기 어렵기 때문이다. 오일쇼크(1973)나 IMF 위기 같은 것이 경제적 차원으로 볼 수 있는 몇 안 되는 계기이고, 기술 발전의 비중이 큰 디지털 온라인화도 이에 속할 것이다. SBS나 케이블TV, 위성방송, IPTV 같은 뉴미디어의 도입도 이전의 KBS-TV나 언론통폐합만큼 직접적이지는 않으나, 바꿔 말해 약간의 시차와 나름의 내적 논리가 있기는 하지만 정치권력의 지극한 관심의 산물이었음이 틀림없다. 물론 그렇다 하더라도 이 시차가 갖는 의미까지 폄훼할 필요까지는 없다.

먼저 이러한 시차는 대부분 1987년 민주화 이후에 나타나며, 또 원안의 변형이 동반된다는 점이 중요하다. 이전의 '정권 변화 → 방송의 변화'라는 동시적 도식이 다소 지체되거나 일정하게 수정 과정을 거친다는 것이다. 이 도식은 국민으로부터 위임을 받지 않은 정권, 또는 비가역적irreversible 행정 조치를 취한다는 의미에서 '통치 행위'를 하는 정부가 자신의 정치적 목적을 달성하기 위해 방송에 인위적 조치를 취했다는 의미를 담고 있다. 따라서 이러한 조치가 일반적으로 민주적 법령이 취해야 하는 절차적 순서를 따르지 않았다는 것은 자명하다. 국민의 입장에서 엄격하게 보면 무효화될 여지가 많았다는 것이다.

그러나 민주화 이후의 과정은 조금 다르다. 보기에 따라 편파나 다수의 전횡이 없지는 않지만(특히 민주화 초기), 대체로 선거·(의회)심의 등의 절차가 준수되었으며, 이후의 법령 개폐 과정에서도 적어도 이전의 권위주의 같은 일방성은 탈피했다. 시차는 대체로 이를 반영한다. 정치권력의 의도가 야당이나 시민사회의 반대와 비판에 부딪히면서 일정한 변형이 나타났고, 시차는 이러한 과정을 반영한 기간이었다는 것이다. 물론 그 과정이 반드시 바람직한 결과만을 낳았다는 뜻은 아니다. 이전과 달리 정해진 절차를 지켰으므로 그 자체가 존중받아야 할 필요가 있다는 말이다. 따라서 이 시점에 이르면 정치적 측면보다는 다른 측면의 변화, 예를 들어 다미디어·다채널 시대를 연 케이블 TV의 등장이나 디지털 온라인화 같은 미디어(기술) 내부의 변화, 시장이 방송을 움직이는 본격적인 변인으로 등장하게 되는 IMF 위기 등의 경제적 변화도 중요하게 부각되는 것이다.

이런 반대와 견제의 주체는 1980년대 중반 'KBS 시청료 거부운동'으로 발현한 시민사회이다. 시민사회는 평상시에는 분산되어 존재하는 시민이 방송에 개입해 집단적으로 의사를 표현하는 것을 말한다. 시민단체나 시민운동은 이런 시민 중 자발성이 강한 일부가 조직한 것으로, 시민사회의 가장 적극적인 측면을 대변한다. 그러나 이런 시민사회의 움직임은 다음에 나올, 이전과 이

후를 구분하는 역사적 계기로는 잘 구체화되지 않는다. 'KBS 시청료 거부운동'
은 상당히 예외적인 것으로 봐야 한다. 물론 민주화나 촛불 시위(광우병·탄핵)
같이 사회 전체가 해당되는 계기는 언론의 자유나 민주주의 전반에 더 많은
변화를 낳기도 한다.

이런 정치권력, 시장, 시민사회는 개별적, 또는 서로의 역학관계로 방송을
포함해 미디어계 전체를 변화시킨다. 테크놀로지도 하나의 요인이 될 수 있지
만, 넓은 의미에서 보면 새로운 미디어·서비스의 창출로 수렴된다는 점에서
시장의 일부이다. 이 중 일상적 측면에서는 시장이 가장 우세하다고 볼 수 있
다. 그러나 변화의 계기들을 직접적으로 소화하는 것은 아무래도 제도를 담당
하는 정치권력이다. 시민사회는 양자를 견제·감시하면서 때로는 대안 미디어
를 만들기도 한다.

2) 시대 구분의 계기

필자는 민주주의 정치의 절차적 측면이 준수되기 시작한 1990년대 이후의
여러 변화 가운데서 가장 큰 것으로 인터넷과 모바일의 보편화에서 비롯한 디
지털 온라인화를 꼽고자 한다. 2012년에 나온 『공영방송의 이해』 초판에서는
첫 다채널 플랫폼인 케이블TV가 이끈 국민의 시청 패턴 변화를 들었다. 지금
돌이켜 보면, 국민의 시청 패턴은 과거 '지상파 방송' 위주에서 '다채널 플랫폼'
으로, 다시 OTT를 포함한 '디지털 온라인'으로 변화했다.[4] 이 추세와 함께 방
송 국면도 '경쟁·시장기'를 거쳐 '시장 우세기'로 접어든 것으로 보인다. 이런
계기들에 필적할 만한 것으로는 억압적 공영제도 속에서 시장을 다시 전면화

---

4 이를 말해주는 단적인 지표 하나는 '일상생활에서 필수적인 매체' 인식이라고 생각한다. 여기에서
    TV는 2011년 60.0%에서 2020년 29.5%로 떨어졌다. 반대로 디지털 온라인화의 대표적인 매체
    인 스마트폰은 2012년 24.3%에서 2020년 67.2%로 증가했다(방송통신위원회, 2020).

한 상업방송(SBS)의 도입과 앞서 지적한 IMF 위기, 시청자 권리를 확립한 「통합방송법」, 위성방송과 IPTV 같은 다채널 플랫폼의 보편화, 종합편성채널(이하 종편)을 도입해 신문사를 방송시장에 진출시킨 「미디어법」 개정 등을 꼽을 수 있다.

이 중 SBS는 제대로 된 공영방송을 정착시켜야 한다는 시대적 과제에 역행해 시장 경쟁을 격화시킨 경우이다. 그러나 이후 SBS가 지상파 방송의 공공적 틀에 묶여 상업방송의 대표 주자로서보다는 오히려 선발 공영방송과 유사한 행보를 취하게 됨으로써 직후의 유료 플랫폼(케이블TV) 도입이나 경제적 징표인 IMF 위기보다 큰 계기로 작동하지는 않았다. 정권 교체의 산물인 「통합방송법」의 경우는 법이 내실 없이 선언적인 명문화에 그쳤다는 비판이 많아 역시 새로운 시대를 열었다고 보기에는 미흡하다. 모바일과 번들링으로 판매되어 기존 케이블TV 시장을 급격히 잠식한 IPTV 등은 인터넷과 모바일의 보편화 이후 구시대적 방송시장 자체가 빠르게 축소되었으므로, 「미디어법」 개정으로 새롭게 등장한 종편 역시 방송의 일원이라는 점에서 영향 자체가 제한된다.

IMF 위기는 경제 및 시장과 관련된 대표적인 계기로 방송 현장에서는 '생존(시청률) 경쟁'으로 구체화되어 나타났다. 만약 한국경제 초유의 위기였던 이때 이후 한국 방송에서 치열한 시청률 경쟁이 점화되었다면, 보는 관점에 따라서는 아마도 이 점을 더 중시해야 할 것이다. 실제 정치·사회학계 일부에서는 이 시기 이후를 신자유주의가 보편화된 단계로 보면서, 민주화의 전기가 된 해인 1987년과 같은 무게로 '1998년 체제'로 부르기도 한다.

그러나 방송의 경우에는 사정이 조금 다르다. 그간 한국 방송이 수없이 많은 변화를 겪었음에도 한결같은 것이 있다면 그것은 시청률 경쟁이다. 한국은 경제가 꾸준히 성장하여 방송사 간에 나눠 먹을 파이가 적어도 1970년대 이후부터 2010년대 중반까지는 비교적 충분했고, 대부분의 방송이 국·공영 형태여서 시장의 압력이 직접적이지 않았던 나라에서 이처럼 시청률 경쟁이 치열했던 이유로 여러 가지를 꼽을 수 있지만, 그 현상만큼은 공히 인정되는 것이다. 특히 전일적 공영제와, 한국방송광고공사의 독점적 영업권 제도인 관리시장제도가 실시되었던 1980년대에도 시청률 경쟁이 치열했다는 것은 이 경쟁이 단순히 경제적 차원의 문제가 아니었음을 알게 해준다. 따라서 IMF 위기는 이러한 시청률 경쟁을 더욱 격화시켰을 뿐이지, 없던 것을 있게 만든 것은 아니다. 물론 이 시기 이후 광고비 성장이 처음으로 지체·저하되기 시작했고, 채널·미디어가 수없이 증가하면서 경쟁이 극심해졌다는 점은 충분히 수긍할 만한 큰 변화이다. 확실히 IMF는 방송을 시장에 직접 노출시킨 전기였다. 특히 경쟁자들이 계속 출현해도 흔들림 없었던 지상파 방송이 2010년대 들어 광고수입이 급감하면서 경영이 위기에 봉착한 점 등은 이에 더욱 주목하게 한다. 그러나 방송에서는 한국 사회 전체와 관련된 이런 변화보다 시장 인자 자체를 크게 늘린 내적 (기술의) 변화가 더 중요하다는 점에서 이를 역사적 시기 구분의 계기로 보기는 어렵지 않을까 한다.

최초의 다채널·유료 TV로 출범한 케이블TV는 곧이어 터진 IMF 위기로 연착륙에 많은 어려움을 겪었으나 2010년대 무렵에 이르러서는 '국민적 플랫폼'이라는 별칭에 걸맞게 성장했다. 그러나 이후에는 모바일을 앞세운 IPTV에 추월당했고, 다른 방송과 마찬가지로 OTT를 비롯한 디지털 온라인화의 희생자가 되었다. 케이블TV는 성장과정에서 온갖 상업적 편법이 동원되었고, 지금도 가장 상업적인 홈쇼핑 채널들이 공영방송을 포위하는 기형적 채널 레퍼토리를 갖게 했지만, 불과 몇 개 채널에 머물던 자원 희소성의 '방송'을 풍요의 다채널 '미디어'로 대체한 공은 아무리 강조해도 지나치지 않는다. 수용자의 입장이나 시청 패턴에서 볼 때, 케이블TV는 텔레비전에 대한 인식을 바꾸는 하나의 계기가 되었다.

그러나 이 점을 인정한다 하더라도 이 시기(1995)를 역사적 단절의 계기로 보기는 어렵지 않을까 한다. 케이블TV(종합유선방송)는 도입 초기 보급률이 높지 않아서 도입 때부터 다미디어·다채널 시대로 분리해 서술하기 어렵고, 다채널의 효과는 미디어의 자유화를 가속화한 최초의 정권 교체와 인터넷의 폭발적 보급, IMF의 충격이 다소 가시는 2000년대 들어 주로 나타나며, 이 시기의 케이블TV가 MSO Multiple System Operator나 MPPMultiple Program Provider 등과 같은 복합소유체제에서 볼 수 있듯이 초기의 얼개와 상당히 다르게 재구조화된 점 때문이다. 이런 이유로 케이블TV가 중요하기는 하지만 시기 구분의 시점은 2000년 이후가 적절하지 않을까 한다. 2000년은 비단 21세기라서 아니라 다채널, IMF, 인터넷이라는 시장적 계기들이 집적되므로, 적절한 전환점이 될 수 있다.

2011년에 등장한 종편 또한 나름의 계기가 될 만하다. 종편은 그간 정치·문화적 이유로 진입 장벽이 높았던 뉴스-방송시장에 자유화의 흐름을 가속했다. 종편은 1980년 「언론기본법」 이래 신문과 방송의 겸영을 막았던 규제를 풀어 조선, 중앙, 동아 등 주요 신문사에 방송 채널을 하나씩 줌으로써 여론 독점 혐의를 불러일으켰다. 한꺼번에 네 개를 허용해 시장 질서를 교란시켰다는 비판도 같이 받았다. 초반만 해도 종편은 부진한 투자와 제작 미숙으로 시장에서의 성과가 미미했으나 시사 논평 프로그램으로 평일 오후 시간대를 개척하면서 적은 제작비로 제한된 시청자만을 목표하는 타블로이드 TV라는 지위를 확립했다. 이 중 JTBC는 기존 방송에 못지않게 투자하고, 스타 앵커 손석희를 영입하면서 탄핵 국면에서 결정적인 역할을 했다. 그러나 디지털 온라인 시장이 대세를 이루는 상황에서 방송의 일원인 종편은 더 발전하기에는 한계가 너무나 뚜렷하다. 여론 영향력 역시 모기업(신문사)의 자장磁場을 벗어나기 어렵다.5 다만 2011년은 모바일의 성장과 더불어 시장적 계기들이 전반적으로 우세해지면서 공영방송을 비롯한 지상파 방송이 위축기로 접어든 분기점으로 볼 만하다.

---

5   물론 최순실 국정농단 보도에서 기폭제가 된 TV조선의 역할은 아무리 강조해도 지나치지 않다(조항제, 2020). 특히 이 보도는 모기업(조선일보)과도 다른 행보를 보여 더욱 의의를 지닌다. 그러나 TV조선이 방송 저널리즘 전반에 미친 영향을 높이 평가하기는 어렵다.

계기의 상대적 경중에 대한 평가도 논란거리가 될 법하다. 대표적인 것이 MBC-TV의 가세로 이른바 '삼국 체제'가 성립된 1969년을 정치적인 면에서는 그야말로 대변화(주지하는 바대로 사실상의 영구집권제인 '유신체제')를 낳은 1973년보다 더 중시한 것이 그러하다. 방송 측면에서도 1973년은 KBS를 공사화해 공영제도의 계기를 마련한 해이다.6 그러나 이 점만 놓고 본다면, 제5공화국의 전일적 공영제 실시보다 큰 것으로 볼 수는 없다. 한국 방송에서 공영방송과 그 제도가 매우 중요하지만, 그 전기는 1973년보다는 1980년이 되어야 맞는다는 말이다.

유신체제가 방송 자체에 미치는 여파가 그렇게 크지 않았던 가장 큰 이유는 이미 당시의 방송이 소유나 편성을 비롯한 모든 부문에서 정부의 영향권을 벗어날 수 없어서였다. 그런 면에서 1969년 이후에 나타난 한국 방송의 특징은 정치적인 측면보다는 오히려 문화적인 측면, 즉 텔레비전의 대중적·상업적 미디어로서의 성장에 있다고 보아야 한다. 이 점을 간접적으로 증명해 주는 것은 1976년에 있었던 이른바 '가족시간대 편성지침'이다. 이 지침은 시간대별로 허용 장르를 정해놓고, 8시대에는 이른바 '정책시간대'까지 설정해 강제 시청을 유도하는 극단적 통제 정책이었다. 정치적인 면에서 표현의 자유를 극도로 억압한 긴급조치와 무려 440곡의 가요를 금지한 '문화조치' 등과 발맞춘 이 지침은 목적이 정치적이기는 했지만, 그 상대는 '불온한 것'이 아닌 '상업적인 것'이었다. 그러니까 방송 측면에서 볼 때, 유신체제는 기왕의 협소했던 표현의 영역을 더 협소하게 만들기는 했지만, 1969년 이후에 만들어진 방송의 기본적인 틀, 즉 대중적·상업적 틀 자체를 완전히 거스르는 것은 아니었다. 그러나 후반으로 갈수록 유신체제는 그 대중성조차 감당해 내기 어려워 과거 나치 시

---

6   이 점만 놓고 본다면, 다음 절에서 보는 것처럼 1973년 이후를 중심으로 이전('국영기')과 이후('도입기')를 나누는 것이 좋을 것이다. 그러나 당시만 해도 KBS는 방송판 전체를 좌우할 만큼 비중을 갖지는 못했다.

대의 요제프 괴벨스Joseph Goebbels를 방불케 하는 지침을 고안해 냈다. 이 지침은 물론 성공하지 못했다. 방송은 표면으로는 이 지침에 순응했으나 그 틀 안에서라도 변용을 도모했고,7 결국 2~3년 만에 원상으로 회복되었다(조항제, 2003).

3) 시기 구분: 요약

지금까지 논의한 시기 구분은 공영방송이 아닌 방송 전반을 대상으로 한 것이다. 그러나 초점을 공영방송으로 좁혀도 큰 차이는 없을 것이다. 적어도 2010년까지는 지상파 방송이 시청의 중심에 있었고, 그 지상파 방송의 대종이 공영방송이었으므로 서술 체계만 분산되지 않는다면 '방송 ≒ 공영방송'이라는 등식에 큰 무리가 있지는 않다는 말이다. 다시 한번 해방 이후 한국방송사 서술의 시기 구분과 그 계기를 요약하면 다음과 같다.

첫 번째 시기는 해방 이후부터 1961년 제2공화국까지이다. 이 시기는 전후의 열악했던 경제사회적 조건 때문에 방송에 대한 국민적 인식 자체가 확립되지 못한 '초창기'이다. 방송에 대한 주무 법도 없었고, 어렵사리 시작한 텔레비전 방송은 실패했다. 정권이 끝나는 날까지 위에서 내려온 것을 그대로 전달해야 했던 4·19 때의 '앵무새 방송'은 당시의 방송 위상을 그대로 보여주며, 이어지는 시기에도 방송과 정부와의 관계를 한국 방송의 가장 뿌리 깊은 특징으로 자리 잡게 한다.

---

7   그 대표적인 예가 이른바 '편성 장르'로 불린, 주간 드라마의 2회 연속 방영 포맷일 것이다. 한국
     방송에는 독특하게 주간 2회가 하나의 고정된 포맷으로 자리 잡고 있다. 이 포맷의 효시는 1976
     년 TBC의 〈결혼행진곡〉이다. 당시 TBC는 주로 평일에 치중했던 이 지침의 빈틈을 틈타 기존 토
     요드라마를 일요일까지 확장하면서 큰 인기를 모았다. 이에 대항해 MBC가 월요드라마를 화요일
     까지로 확장하면서 주간 2회 포맷이 완성되었다.

둘째, 그 뒤를 이은 제3공화국이 가져온 변화는 「방송법」의 제정 같은 방송에 대한 근대적 정비와 KBS-TV와 나중에 KBS 2TV가 된 TBC 등을 성공적으로 도입한 것이다. 방송(전파)을 관장하는 법이 없어 새로운 채널(부산문화방송)을 도입하면서 일제강점기 때와 같은 규칙(방송용 사설무선전화규칙)까지 동원해야 했던 처지는 제3공화국이 되어서야 비로소 해소된다. 우리나라 최초의 「방송법」은 주로 라디오를 염두에 두었으나 점차 텔레비전으로 중심이 옮겨 간다. 그 시점은 아마도 MBC-TV의 출범에 발맞춰 KBS가 광고를 중단한 1969년 즈음이 아닌가 한다. 물론 이 근대적 정비는 기존의 정부 지배 틀을 결코 해치지 않는 범위 안에서 이루어져 '정치적 후견주의political clientelism'(Hallin and Mancini, 2004; 조항제, 2020)가 하나의 체제로 형성되는 계기가 되었다.

셋째, 초기 한국 방송의 기본적인 틀은 1969년 MBC-TV 출범에 따른 삼사 경쟁체제로 볼 수 있다. 이 틀은 후일 KBS의 공사화(1973)와 광고 재개(1980)에 따라 더욱 공고해지며, 시청률 경쟁을 한국 방송의 변하지 않는 중심 논리로 만든다. 일일극-멜로드라마 같은 한국 방송의 인기 품목이 텔레비전의 대중화를 앞당길 수 있었던 것도 이 틀을 통해서이며, 급기야 강도 높은 정부 개입을 불러들인 것도 이 틀이 가진 강고함 때문이다. 물론 이 틀은 이러한 개입에도 결코 본질이 바뀌지는 않았다. 그 이유는 정부 역시 이 틀이 가진 대중성을 도구화하려 했을 뿐 그 자체의 근본성에 주목하지 않았기 때문이다. KBS의 공사화는 국영화 시절부터 계속되어 온 공영 논의(강형철, 2011; 조항제 엮음, 2000)를 일단락 지은 것으로 비록 외양에 그치기는 했어도 공영방송을 현실화하는 첫 계기가 되었다.

넷째, 그럼에도 1980년은 한국의 방송을 이전과 이후로 가르는 중요한 분수령이다. 주지하듯이 한국 사회에서 본격적인 상업방송으로서 수많은 혁신을 시도했고 그만큼 비난도 받았던 TBC가 KBS에 편입되었고(언론통폐합), 한국방송광고공사를 통해 시장이 관리되면서 본격적인 공영방송제도가 시작되었기 때문이다. 이러한 억압적 공영체제를 부정한 1987년 이후에도 이 둘은 변함없이 유지되고 있다. 2010년대 들어 종편이 무더기로 늘고, 민영미디어렙도 등장해서 이 체제가 깨지고 있지만 아직까지는 '1980년 체제'가 힘을 발휘하고 있다고 해도 과언이 아니다. 그런 면에서 앞서 말한 '경쟁체제'와 이 '공영체제'는 한국 방송의 매우 모순적인, 동전의 앞뒷면이다.

다섯째, 지난 한국의 역사에서 가장 큰 단절의 시기를 고른다면 두말할 것 없이 1987년일 것이다. 1987년은 30년 가까이 유지되어 오던 군부의 권위주의 체제가 청산된 해이며 한국 사회에서 처음으로 민주화와 자유화가 시작된 해이다. 지금도 자주 언급되는 '87년 체제'는 이 계기의 특성을 중시한 이름으로 민주주의로의 이행이 사실상 끝났음에도 여전히 이 체제가 유효함을 보여준다. 방송에서도 이해는 민주화의 원년으로 기록될 만하다. 비록 이해에 있었던 「방송법」 개정이 이전 체제의 억압성을 완전히 탈피하지 못한 한계를 노정했지만, 방송노동조합의 결성으로 외화外化된 민주화의 열기는 이 이후에도 정책을 비롯한 방송의 각종 의사결정에 중요한 하나의 축으로 자리 잡았다.

노조의 결성과 발전에 결정적인 요인이 된 것은 1985년에 시작된 국민들의 KBS 시청료 거부운동이었다. 당시 편파방송으로 일관했던 KBS에 "시청하지 않으니 시청료도 낼 수 없다"라고 맞선 이 저항운동은 시청료라는 이름을 '수신료'로 바꾸게 했으며, 지금까지도 그 액수를 1980년 당시 수준에 머무르게 할 정도로 한국의 공영방송에 지대한 영향을 미쳤다. 이러한 시청료 거부운동과 방송노동조합의 결성, 1990년대 들어 활성화된 각급의 시청자 운동, 시청자의 권리를 법으로 인정한 2000년대 「통합방송법」 등은 한국 방송의 역사에서 민주화가 꾸준하게 진행되어 온 하나의 흐름이라는 점을 확인시켜 준다.

여섯째, 2000년 이후에는 정권 교체라는 초유의 정치적 전환이 있기는 했지만, 새로운 미디어의 도입을 통한 경쟁 조성과 기존 미디어의 탈규제화라는 전체적인 정책 기조는 바뀌지 않았다는 점에서 '구조적인 것', 곧 시장화가 꾸준히 진행된다. 시장화가 논란의 대상이 된 첫 사례는 1990년에 있었던 SBS의 도입이다. 방송노조와 시민사회(시청자 운동) 측이 반대를 했지만, 당시 정부는 세계적 추세를 거론하며 상업 채널을 출범시켰다. 이어서 케이블TV와 지역 민영방송, 2000년대 들어 다시 인터넷과 위성방송, IPTV 등이 도입되면서 '선택과 지불'을 기조로 하는 완연한 시장시대가 열렸다. 여기에 1998년 IMF 위기, 2008년 금융위기 등이 겹치고, 2010년대 들어 급기야 디지털 온라인화가 주력 미디어 자체를 TV에서 모바일로 바꾸면서 시장 압력은 기왕의 수준을 훨씬 뛰어넘는 지배적 경향이 된다. 앞서의 민주화 흐름은 이러한 시장화와 만나면서 한편으로는 화합하지만, 다른 한편으로는 갈등할 수밖에 없는 처지에 놓인다.

이렇게 볼 때, 한국 방송은 '근대적 정비와 정부 지배', '시청률 경쟁과 공영방송', '민주화와 시장화' 등의 상반될 수도 있는 이중성을 역사적 궤적의 특징으로 삼는다. 서구의 방송이 비교적 일찍 그 기본적 틀을 잡았던 데 비해, 한국 방송은 지배적으로 보이는 '외연'적 특징과는 다른 갈등적 '내포'를 동전의 양면으로 갖고 있었다. 이는 방송의 특징이기도 했고, 한국적 근대의 특징이기도 했으며, 더 큰 맥락에서는 근대라는 시대 전체가 지닌 특징이기도 했다.

3. 전개 과정

1) 전사(前史): 국영기(1945~1972)

방송이 가지는 언론적 성격과 그 관리의 정치성에 관한 문제는 방송(라디오)이 시작되고, 특히 조선어 방송이 나름의 대중성을 확보하기 시작한 1930년대 중반부터 제기되었다. 해방 이후 미군정의 '정부기구화'(미군정청 공보부 산하 방송과, 1946년 개편)에 이어 제1공화국이 방송을 국영화하자 당사자들(이전의 방송협회)의 국영화 반대운동이 벌어지고, 시민사회 일각에서 이에 대한 비판

(예를 들어 ≪조선일보≫, 1948.8.21, 사설)이 나왔던 것도 당시의 방송 인식의 일단을 보여준다.

소유와 운영 차원에서의 민영화나 공영화,[8] 여당 외의 다른 정치세력에게도 일정한 접근권을 허락해야 한다는 의미의 민주화와 공정화, 최소한 정부의 도구적 위치는 벗어야 한다는 의미의 중립화·자율화를 위한 노력 등은 이후에도 계속되었다. 이러한 주장은 적어도 국회 차원에서는 논리나 명분 측면에서 상당한 우위를 확보했던 것으로 보인다. 실현은 되지 않았지만 1950년대 중반 자유당 전횡 시절에도 이러한 주장은 당시 정책 담당자인 오재경 공보실장의 구두 약속을 받아내기도 했고, 신문을 중심으로 논의도 끊어지지 않고 꾸준히 이어졌다(강형철, 2011).

특히 4·19 이후의 민주화 열기 속에서는 '방송 중립화 운동'과 더불어 다양한 제안이 쏟아졌으며, 일부는 법안화되기도 했다. 특히 이러한 움직임은 제대로 된 주무 법안조차 없는 상황에서 1960년과 1961년 사이에 우후죽순으로 허가를 받은 여러 민영(라디오)방송, 또 이전의 HLKZ-TV를 이은 텔레비전 방송사의 신설 움직임 등과 맞물려 새로운 시대를 예고하고 있었다. 따라서 이들의 논의는 그 내용 자체보다도 그러한 논의 자체가 단절된 경험을 더 중요하게 부각시킨다(조항제, 2000). 왜냐하면 이 이후 오랫동안 방송 관련 결정들은 국민의 손에서 벗어나 있었기 때문이다.

이후 국영방송 KBS의 위상과 관련된 논의가 현실성 있게 이루어진 시기는 대체로 분리되어 있던 방송 관련 조직이 합쳐지는 1968년 이후이다.[9] 이 조직

---

8   예를 들어 이전의 (방송)협회와 기존의 관이 방송의 소유와 운영을 일정하게 나누는 '반관 반민화' 같은 것은 지금의 공영방송과 유사한 발상으로 보인다.

9   이전에도 이런 목소리는 꾸준하게 있었다. 예를 들어 1964년 3월 15일 자 ≪조선일보≫는 사설에서 "김 공보부 장관은 '방송을 정치로부터 독립시키기 위하여 공영화해야겠다'고 말하고 그 구체적인 운영 방침과 함께 민간방송에 미칠 영향을 고려하여 민간방송 육성 방안도 같이 검토하고

개편을 통해 비로소 텔레비전과 라디오, 국내 방송과 해외 방송이 하나로 합쳐졌으며, 보도 영역이 하나의 부서로 독립되었다. 이 개편은 나중에 KBS가 공영체제로 탈바꿈할 수 있도록 징검다리 역할을 했다는 내부적 평가(한국방송공사, 1977)를 받는데, 물론 그 이유는 여러 매체로부터 보도 기능이 독립하면서 시너지 효과를 내는 것이 가능해졌기 때문이다. 이 점은 더 근본적인 위상 변화의 필요성을 대두시켜 당시 장관은 "국영 KBS 방송의 관청식 경영의 모순을 제거하고 공공기업으로서 '프로'의 질적 향상과 경영의 쇄신을 위해 1970년까지 방송공사를 발족시킬 구상이며 …… 국내 여론을 참작하여 관계 법령을 마련, 1970년부터 실천에 옮길 방침"(≪기자협회보≫, 1969.6.6)이라고 밝히기도 했다. 그간 KBS가 조직 변환에 반대했던 것은 주로 예산 문제, 곧 국고에 대한 높은 의존도 때문이었다. 그러나 많은 나라가 민간 재원인 '시청료'만으로도 방송을 잘 운영하고 있다는 사실이 알려지고, 국영의 비효율성이 갈수록 민영 방송과 대조되기 시작하면서 이런 명분은 점차 설득력을 잃어갔다.

이 점은 지금까지와는 다른, 방송의 위상과 관련된 중요한 측면 하나를 부각시켰다. 그것은 다름 아닌 방송의 경제적 기반과 직접적으로 연결되는 인력의 기능 및 전문성, 크게 보아 전문직주의의 문제였다. 당시 KBS는 기자-프로듀서 같은 제작직의 반 정도를 저임금의 임시직이 담당하는 파행을 보였는데, 이런 식으로는 방송에 필요한 각종 전문성을 온전히 확보할 수 없었다. 특히 라디오 방송이 대중화되고 텔레비전에서도 본격적인 경쟁 구도가 형성된 다음부터는 이 문제가 더 심각해져 오히려 외부보다는 내부에서 위상 개편의 필요성이 더 크게 제기되었다.

그러나 1970년에 KBS를 공사화하겠다는 이 공언은 지켜지지 않았는데, 그 이유로 당시 관측자들은 당국이 내세운 예의 경제적인 것, 즉 시청료로 운영이

있다"리고 밝히면서 국영방송의 공영화 문제가 방송계의 큰 숙제였으며, "방송의 중립성을 확보할 수 있는 이 과업이 역사적인 것"이라고 쓰고 있다.

충분치 않다는 인프라의 미비보다는 역시 임박했던 1971년의 대통령 선거, 곧 정치적인 이유를 들었다(이길범, 1971). 왜냐하면 경제적인 면에서는 1969년에 다른 상업방송인 MBC-TV가 개국하자 이를 지원할 목적으로 KBS가 텔레비전 운영비의 반이 넘는 비중을 차지했던 광고를 중단할 정도로 나름의 여유가 있었기 때문이다. 이를 증명하듯 대통령 선거에 임한 KBS는 '국영'이라는 틀에서 한 치도 벗어나지 않는 편향적 태도를 보였다(조항록, 1971). 이 태도는 처음부터 광고로 운영됨으로써 첫 단추를 잘못 끼운 텔레비전 방송의 상업성과 더불어 KBS의 편성 역사 전체의 성향을 가늠하는 잣대가 되었다(강현두, 1991).

그러므로 이에 대한 비판의 목소리 또한 커질 수밖에 없었다. 신문을 중심으로 하는 시민사회는 공사화 안을 중심으로 방송협회의 설립을 통한 '국유공영'(≪동아일보≫, 1968.5.14), 일반에 주식을 공모하는 실효 있는 '민영화(공사화)'(≪동아일보≫, 1969.12.9), '공사화'(≪조선일보≫, 1969.12.6), '민영화'(≪중앙일보≫, 1969.12.8) 등의 의견을 제시했다. 당시 관료였던 간부직 종사원들은 대부분 공사화보다는 공무원 신분을 유지할 수 있는 '외청(방송청)'안을 선호했지만, 당시 주무부서의 차관 홍경모가 공사의 초대 사장이 되는 절충안이 만들어지면서 공사화안을 받아들였다(조항제, 1994). 사실 이 점은 큰 변화 없이 조직이 온존하므로 당장의 큰 변화는 막을 수 있지만, 방송 조직 내에 관료적 속성이 그대로 남는 큰 부작용을 낳았다. 이후에도 KBS는 여러 변화를 겪지만, 이 속성은 KBS의 내부를 계속 구속하는 특징이 된다.

2) 도입기: 공사화기(1973~1980)

시민사회의 오랜 요구였던 공사화는 역설적으로 1인 종신 집권체제인 유신체제가 성립된 이후에 이루어졌다. 앞서 본 대로 국영방송의 형태 변환 문제는 1960년대 내내 야당과 신문이 단골로 제기하는 쟁점이었으며 그만큼 방송의 '도구화'는 심각한 수준이었다. 당국 측은 주로 운영의 경제적 문제를 들어 변환을 유예해 왔지만, 엄밀하게 보아 정치적 이득을 더 많이 의식한 것이 틀림없다. 물론 전자의 이유 역시 작다고는 할 수 없다. 국영이라도 광고의 도움을 받지 않으면 운영이 어려웠던 텔레비전, 따로 수신료를 받지 못해 국고 투입이 불가피했던 라디오, 안보적 목적이 컸던 해외 방송 등으로 미루어 1960년대에는 설사 공영화 의지가 있었더라도 현실성이 그렇게 높지 않았던 상황으로 보이기 때문이다. 그러나 수상기 보급이 원활해지면서 (시청료) 수입이 안정될 것이 확실히 예측되고, MBC에 대한 지원으로 KBS의 광고까지 중단하면서는 명분 면에서 더 이상 미룰 수 없게 되었다.

물론 이미 유신체제라는 안전판이 만들어졌으므로 형식적으로라도 민간화(공사화)에서 비롯될 수 있는 위험성 또한 사라졌다는 정치적 이유가 더 크게 작용했을 수도 있다. 공사화 초기에 나타난, 대중성과 체제 홍보를 다소 극단적으로 오가는 이중적 편성에서 당시 체제 내부의 중앙정보부로 대표되는 정치공학적 입장은 대중적 태도를 선호했던 것으로 알려져 있는데, 이로 미루어 보면 역시 효율과 경쟁력 또한 상당히 중시된 것으로 보인다(조항제, 1994). 요컨대 공사화는 유신체제라는 정치적 안전판 위에서 대중적 홍보와 동원을 보다 효율적·전문적으로 하기 위한 조직 개편이었다는 것이다.

그러나 그렇다 하더라도 이 공사화는 큰 의미가 있다.[10] 우선 이후(1980)의 전일적 공영제도 도입의 계기가 되었다는 점이 중요하다. 제한된 수준에 그치기는 했지만, 공영방송에 대한 사회적 인지도가 높아졌다는 점도 적지 않은 의의로 볼 수 있다. 직접적으로는 제작직 종사원들 반이 임시직을 벗고 정식으로 직원이 되었고, KBS 기자가 (기자)협회에도 가입할 수 있게 됨으로써 드디

---

10   물론 방송협회 같은 민간단체가 소유하는 안이나 국민주 방식으로 민영화 등이 되는 대안도 있었지만(강형철, 2011), 민간이라도 정부가 다양하게 통제권을 행사할 수 있는 공사는 당시 체제가 허용할 수 있는 일종의 마지노선이었을 가능성이 높다. 그런 유신체제조차 위기에 처해 수차례 긴급조치를 남발했던 것으로 볼 때, 이러한 판단은 체제 입장에서 보면 '적절한' 것이었다.

어 언론인으로서 '공민권'을 얻게 된 것에서 볼 수 있듯이 KBS와 KBS인이 '정부 조직-공무원'이 아닌 '민간-언론인'으로 달라졌다는 점도 빼놓을 수 없는 변화이다. 1970년대가 치열한 '삼국 경쟁'이 펼쳐진 '텔레비전 시대'가 된 데에는 KBS도 일조를 했던 것이다.

물론 유신체제가 웅변하듯이 이러한 공사화가 진정한 의미의 공영방송을 위한 시도는 아니었다. 당시에도 공적으로 선임된 '이사회' 같은 의사결정 기관이 따로 없어 공영방송으로는 매우 미흡하다는 치명적인 지적이 있었으며 (서규석, 1973), 물적·인적 모든 측면에서 KBS는 정부의 영향에서 벗어나지 못했다. 그러나 대중 미디어로서 KBS가 가지는 나름의 자율성이 전혀 없었다고 보기는 어렵다. 내외의 많은 비판을 들으면서도 KBS 또한 당시의 치열했던 시청률 경쟁에 참여했고, 많은 드라마(일일극)를 만들었던 것이다.[11]

특히 제작 기능을 강화하는 이른바 프로듀서 시스템을 목표한 1977년의 조직 개편(이수열, 1977)과 이후의 일부 혁신적 편성[12]은 이념의 힘이 결코 작지 않다는 것을 잘 보여주었다. 그러나 이 개편은 1979년에 사장이 바뀌고 1980년 6월에 직제가 다시 개편되면서 원상으로 돌아가 KBS의 한계 또한 같이 보여주는 사례가 되었다.

---

11   이 점에는 당시 공사화의 동원적 목적이 자초한 측면도 있다. 즉, 이 목적에 잘 어울리는 프로그램은 새마을드라마 〈팔도강산〉이나 반공드라마 〈실화극장〉, 6·25드라마 〈전우〉처럼 체제 홍보와 시청률을 같이 달성한 것이다. 텔레비전을 국민 교화의 매체로 만들겠다는 목표 아래 하달한 1976년 편성 지침에서 모든 방송사가 만들도록 강제한 '민족사관 정립극'도 이를 확대·적용한 것이다. 그러나 이런 체제 홍보와 대중 동원(시청률)의 두 가지 기준은 자주 어느 한 극단 쪽으로 쏠려 원하는 동원은 제대로 달성되지 못했다.

12   미니시리즈로 시도한 5부작 드라마 〈강〉이나 공전의 대히트를 기록한 미국 ABC의 〈뿌리〉처럼 일주일의 프라임 타임에 매일 편성한 〈6·25〉 등을 통해 일시적이지만 편성의 혁신을 꾀했다.

3) 억압적 제도화기(1981~1987)

언론통폐합과 언론인 강제 해직, 「언론기본법」의 제정 등을 통해 만들어진 제5공화국의 전일적 공영방송제도는 그 성립 과정부터 공영방송의 이념에 전혀 맞지 않았지만, 역설적으로 한국 방송에서 추구해야 할 이념이 무엇인지에 대해 충분히 가르쳐준 역사적 사례이다. 주지하다시피 이 방송제도 개편은 KBS를 중심으로 모든 방송을 통폐합한 것이다. 완전히 없어진 TBC, 동아방송 등은 말할 것도 없고, 살아남은 MBC 역시 지배 지분을 KBS의 소유로 만들었다. 각기 독립되어 있던 MBC의 지역방송망 역시 완전히 서울MBC 것으로 통합해 버렸으므로, 이제 방송은 모두 KBS 것이 되었다. 여기에 광고 영업권까지 분리시켜 또 다른 공사(한국방송광고공사)에 독점시켰으니 방송에는 오로지 KBS와 그의 후견체인 국가의 논리만 남게 되었다.

1970년대는 엄혹한 유신체제였지만 방송의 자율성이 전혀 없지는 않았다. 노골적 상업성과 취약했던 저변 탓에 주변의 비판을 크게 받았지만, 활발했던 일일극 경쟁은 이의 사례로 볼 수 있다. 1970년대 내내 정책 당국은 이를 막기 위해 많은 조치를 취했다. 그러나 그런 상업적 자율의 여지까지 없애지는 못했다. 시장이 반체제는 아니더라도 비체제적인 목소리는 일정하게 내준 것이다(조항제·박홍원, 2011). TBC는 이런 활력으로 경쟁을 주도했다(조항제, 2012).

제5공화국의 제도 개편 목적은 바로 이러한 자율성의 폐지에 있었다. 상업방송을 아예 없애 소유 체계를 일원화하고 광고 시장까지 통제한 것은 이 때문이다. 그러나 공영방송에는 국가성이나 비상업성이라는 속성보다 더 중요한 것, 곧 공정성이나 중립성 같은 정치적 가치가 있고, 이 점이 공영방송의 가치를 주장하면 할수록 체제 스스로 자가당착에 빠진다는 점은 미처 알지 못했다. 당시 체제의 목소리를 대변했던 방송위원회는 대체로 공영방송의 요건을 "경영 형태상으로는 공공방송이라고도 부르며 …… 방송을 면허받는 사업체가 정치·경제·사상 등 특정한 힘에 의해 지배되지 않도록 제도나 재정적으로 보장되고 영리를 목적으로 하지 않으며, 특정한 시청자만을 대상으로 하지 않아야 하는 반면에 소수의 이익도 배려해야 하는 것"(방송위원회, 1982; 최창섭, 1985, 105~106에서 재인용)으로 정의한 데 비해, 현실의 방송은 이윤을 추구하지 않는 소유 형태를 제외하고는 그 어느 것도 공영방송의 자격에 어울리지 않았다.

물론 방송 운용 규모가 국가화됨으로써 텔레비전의 컬러화나 KBS 2TV의 전국화(이전의 TBC는 서울·부산에 국한되었다), 아침 방송의 재개나 말초적 상업 경쟁의 축소 같은 오래된 문제들이 해결되었고, 제작 센터가 대형화되면서 프로그램 또한 대형화되어 텔레비전용 영화(〈TV문학관〉)의 정규편성 같은 시도도 가능해졌다. 한국 방송 역사상 가장 획기적인 이벤트 중의 하나였던 '이산가족을 찾습니다'도 반드시 기억되어야 할 이 시절 방송의 업적이었다. 특히 모호한 위치에 있었던 MBC가 공영방송으로 자리매김된 것은 이후의 전개를 감안해 볼 때, 상당한 의의가 있다.

사실 MBC는 부산MBC의 소유권을 김지태로부터 5·16장학회(지금의 정수장학회)로 (강제로) 이전하고 1971년에 정치적 성격의 증자과정(재벌들로부터 7억을 받았다. 이 지분이 현재의 방송문화진흥회의 것이다)을 거치면서, 또 가장 크게는 이 모든 것에 대해 직접 책임이 있는 대통령에게 갑작스럽게 유고가 생기면서 '정체 없는' 방송이 될 가능성이 매우 높았다. 사장 이환의의 헤게모니가 확실했던 1970년대에도 경향신문사 인수 같은 큰 결정은 대통령이 했고, 편성은 국영인 KBS와 사영인 TBC의 중간 태도를 취했다. 이러한 MBC에 전일적 공영제도의 실시와 지방방송의 소유 개편을 통한 네트워크 재정비, 또 (형식적 소유주에 불과한) KBS와의 과점체제라는 1980년대의 구도는 오히려 상당한 기회를 제공했다. MBC는 지배권을 확실하게 행사하는 소유주가 없고 관료적 색채나 상업적 동기도 상대적으로 약해, 종사원의 자율 의지에 뒷받침된 공영방송으로서의 자기 정체성이나 방송의 전문직주의가 쉽게 정착할 수 있는 조건을 갖추게 된 것이다. 이 점은 느슨하고 방만하며 관료주의가 여전히 강한

KBS와 대조되면서 MBC에 반사이익을 가져다주었다. MBC는 권력 경쟁으로 양태가 바뀐 시청률 경쟁13에서 더 노골적으로 '보도지침'과 '땡전뉴스'에 매달렸던 KBS에 비해 상대적 우위를 확보할 수 있었다. 〈제1공화국〉, 〈거부실록〉 같은 정치드라마나 〈인간시대〉 등의 휴먼 다큐멘터리, KBS의 〈TV문학관〉보다 상업적이었지만 그만큼 자유로웠던 〈MBC 베스트셀러극장〉 등은 당시 MBC의 성가聲價를 높인 대표적인 프로그램이다.

1985년 무렵에 시작된 KBS 시청료 거부운동은 방송을 대상으로 당시 정부에 대한 불만을 표출한 전 국민적 저항운동이었다. 당시 방송은 하나의 '역설' 속에 있었다. 제5공화국의 "공영방송 체제가 자신의 정당성을 강화하려 하면 할수록 입지가 좁아지는 역설이 빚어진 것이다. 예컨대 뉴스의 공정성 주장(원리)을 하면 뉴스의 편파성(현실)을 두드러지게 하고, 운영의 자율성(원리)을 외치면 타율적 인사나 관료적 운영(현실)이 비판받는 식"(조항제·박홍원, 2011: 62)이었다. "서울의 하늘이 온통 흐린데 KBS 위의 하늘만 맑기를 바랄 수는 없지 않느냐"라는 KBS 측의 항변(이상희 외, 1995: 258에서 재인용)도 전혀 일리가 없는 것은 아니었지만, 분명한 것은 '공영방송 KBS'가 본분을 다하지 못했다는 점이다.

그 이후 시청료는 수신료로 이름이 바뀌어 '시청'의 적극적 의미가 다소 희석되고, 전기료에 병산되면서 거부운동도 약해졌다. 그러나 1980년 이래로 지금까지 단 한 번도 인상되지 못할 만큼 KBS에는 엄청난 부담으로 남았다. 유

---

13 이 경쟁에 대해 당시 문화방송(1992: 476)은 비교적 솔직하게 다음과 같이 기술하고 있다. "관민 방 TV 3사 때의 견제와 평형은 사라지고 남은 양대 TV는 공영방송으로서 쌍벽을 이루는 구도로 전환되었다. 초창기에는 한 치의 양보도 없이 적대적인 과당 경쟁은 극에 달했다. 급기야 1983년에는 행정 부서까지 중재자로 등장, 스포츠 중계의 분할 방식이 생겨났고 이러한 치열한 경쟁의 식은 1985년 올림픽 방송 공동 주관사의 약정서에 서명할 때까지 계속됐다"(문화방송, 1992: 476).

료 텔레비전이 도입된 1990년대 이후 공영방송이 있는 모든 나라에서 수신료는 지불 의지와 필요성 사이에서 갈등을 벌였지만, 한국에서는 정치성이 더해져 갈등을 가중시켰다. 이 이후 수신료는 헌법재판소의 판결로 '공영방송을 위한 특별 부담금'으로 정의되어, 부과에 대해 국회 의결 절차가 새로 추가되는 등 변화가 있었으나 '공영방송으로서의 충분조건'이라는 지위는 오히려 강화되었다.

4) 재확립기(1988~2000)

1987년의 민주화는 한국의 방송사뿐만 아니라 현대사 전체를 놓고 볼 때도 이전과 이후를 나눌 수 있는 분수령이다. 그러나 방송에 끼친 영향은 적어도 외형적으로는 그렇게 크지 않았다. 공영방송의 이념에 대한 나름의 합의와 사영 상업방송에 대한 두려움 때문이었다. 방송위원회의 부분적 권한 강화나 KBS로부터 MBC가 독립(방송문화진흥회의 신설)한 정도를 제외하면 눈에 띄는 법제적 성과가 있지는 않았다.

그러나 민주화가 가져온 질적 변화, 예를 들어 표현의 자유 확장, 노동조합 신설 등은 결코 작다 할 수 없는 것이다. 뜨거운 반향을 불러일으킨 〈어머니의 눈물〉(MBC)이나 〈5공 특집〉(KBS) 같은 사회 다큐멘터리가 가시적 성과의 대표 격이라면, '역편파논쟁'을 불러일으킨 드라마 〈땅〉의 방영이 중단되면서 민주화의 한계까지 드러냈다. 노동조합을 중심으로 지속적으로 이어진 '(사장)인사투쟁'은 이전까지는 불가능하다고 여겨졌던 파업까지 불사해 변화된 방송의 면모를 여실히 보였다. 이런 면모야말로 공영 이념의 실질적 구현이었고, 공영방송은 어느새 '민주적 방송'과 동의어가 되었다.[14]

---

14   정확하게 시점을 알기는 어렵지만 대체로 이즈음, 그러니까 제도 논의를 젊은 종사원들이 노조를 마당으로 하기 시작한 무렵부터 한국 공영방송의 모델은 NHK에서 BBC로 바뀐다. BBC의 지향

SBS의 도입을 비롯한 제6공화국의 방송정책은 이런 열기를 무마하고자 한 것이었다. 당시의 시대적 과제는 제대로 된 공영방송을 위해 어떻게 하면 기존 체제를 보완하고 수정할 것인가였다. 예컨대 결정 과정에서 절차 문제가 있기는 했지만, KBS 1TV에서 광고를 빼고 좀 더 원리에 가까운 편성을 추구할 수 있게 한 '수신료의 전기료 병산' 같은 조치를 말한다. 그러나 당시 정부는 '세계적 추세'를 언급하며, 거센 반대에도 불구하고 상업방송을 도입했다. 공영방송이 주축이 된 유럽에서 1980~1990년대가 탈규제 상업화의 시대였던 것은 분명한 사실이지만, 당시 민주화를 추진하던 공영방송 세력, 특히 노조의 눈에 이러한 정책은 시청률 경쟁을 이용해 활발해진 노동의 주장을 통제하려 하는 정치적 의도로밖에 보이지 않았다.

한국과 세계의 달랐던 '발전 시간'은 이렇게 종종 한국 집권세력에 의해 정치적으로 이용되었다. 물론 이의 결과들은 이용의 도구로만 남지는 않았다. 한국의 발전에 따라 서로의 시간이 점차 수렴되었기 때문이다. 이런 과정은 1950~1960년대의 TV 도입에도 적용될 수 있다. 앞서 살펴본 대로 한국에서 첫 TV 방송(HLKZ-TV)은 실패했고, 두 번째 TV 방송 역시 국영인데도 광고까지 도입하는 파행을 겪었다. 물론 이후의 TV 문화의 전 세계적 융성에 비추어 볼 때, TV의 필요성은 부정할 수 없다. 그러나 그렇다고 해서 시기와 이면에 깔린 정치적 의도까지 무마되는 것은 아니다. 국가(정부)의 실패와 성공은 그 시점 및 의도와 밀접한 관련이 있고, 결국 방송에 국가의 지배라는 큰 유산을 남겼기 때문이다. 대체로 저개발국의 방송은 국가의 지원, 산업자본의 지원, 미디어복합기업화 등 세 가지 계기를 통해 성패가 결정되는데, 한국의 경우 가장 중요한 것은 국가의 지원이었다. 수상기를 외상 구매하고 특별법을 통해 광고까지 끌어들이게 해준 국영 KBS-TV는 말할 것도 없고, 직접은 아니라 해

과 실천이 이들의 민주화 의지와 더 어울렸기 때문이다. 한국 공영방송에서 BBC 모델이 갖는 의의와 한계에 대해서는 조항제(2014a)를 참조할 수 있다.

도 간접적 지원은 받았던 삼성의 TBC,[15] 5·16재단으로 소유주가 바뀐 후 차관을 포함해 국가의 전폭적인 지원을 받은 MBC 등에서 볼 수 있듯이 국가는 TV의 정착에 결정적인 역할을 했다(조항제, 2003).

1995년에 도입된 한국의 첫 유료 다채널 플랫폼 케이블TV는 이전의 것에 비해 정치적 의도나 발전 시간의 엇갈림이 그렇게 두드러지지 않은 사례이다. 케이블TV는 지난 시기 동안 나름의 발전과정을 거쳐 인터넷, IPTV와 더불어 한국의 대표적인 미디어 플랫폼이 되었다. 그러나 그 케이블TV 역시 개국하자마자 맞은 IMF 위기로 인해 상당한 재구조화를 경험해야만 했다. 그 과정에서 국가는 필요한 지원을 강구하거나 규제를 완화하는 등의 다양한 정책을 구사했다. 그 결과, 케이블TV의 성격은 정책적 구상과는 많은 차이가 나게 되었다. 인기도 높고 정치적 중요성도 큰 공영 채널을 가장 상업적인 홈쇼핑 채널이 '포위'하는 채널 구성은 이를 단적으로 보여준다. 앞서 말한 TV에 비할 바는 아니지만, 케이블TV 역시 국가-정책에 의존하는 바가 적지 않았던 것이다.

대체로 이 시기 한국 방송계의 과제는 공영방송을 제대로 정착하고, 그 이념을 구현할 수 있는 기반을 마련하는 것이었으나 민주화 세력은 이를 달성할 만한 역량이 없었다. 구래의 공영방송을 무력화하고, 새로운 미디어들을 속속 도입했던 세계적 시간이 한국과 엇박자로 맞물린 점도 불리하게 작용했다. 그 결과는 방송과 정부에 대한 국민의 불신이었다. 한국의 민주화는 방송의 국가적 지배와 공영방송의 도구화, 곧 정치적 후견주의를 탈피하거나 중화하지 못하고, 결국 뒤의 미디어들에까지 과제를 산적시키고 만 것이다.

---

15 TBC에 대한 당시 권력의 입장은 '제한적 지원'이었다. TBC의 신설에 청와대 비서관들을 비롯한 권력 측은 상당한 우려를 표명했다(대통령비서실, 1964). 그러나 박정희 대통령은 결국 이를 허용했다. 물론 방송의 전국화나 마이크로웨이브를 이용한 서울-부산 동시방송 같은 지원은 더 이상 해주지 않았다. 1970년대 시청률 경쟁을 주도했던 TBC의 이면에는 이렇게 상대인 KBS와 MBC에 비해 불리했던 여건이 자리하고 있었다.

5) 성숙·진통기 및 위축기(2000~현재)

1998년에 이루어진 정권 교체는 많은 사람에게 희망을 안겨주었지만, 의외로 현재의 평가는 그렇게 긍정적인 것만은 아닌 듯 보인다. 신자유주의적 현상이 용어가 교체된 정권 시기에도, 아니 오히려 그 시기에 더욱 보편화되기 때문이다. 이 점은 방송에서도 크게 다르지 않다. 2000년의 「통합방송법」은 시청자의 권리를 포괄적으로 인정했다는 데 의의가 있지만, 이후의 새로운 미디어 도입이나 사장 인사파동, 공영방송의 개혁 시도 등에서 이전 정부 때와 크게 달라진 것이 없기 때문이다. 물론 이전에 비해 언론노조나 시민언론단체 같은 시민사회의 움직임이 활성화된 점은 성과라 할 만하다.

테크놀로지의 혁신이 주도했던 1990년대 중반 이후의 방송 영역에서 시장 논리의 득세는 불가피한 측면이 있다. 그러나 시청자를 모을 수 있는 제작 능력은 그렇게 빨리 분산되지 않았고, 이미 시청률 경쟁은 격화될 만큼 격화되어, 2010년대 중반에 이르기까지 논란을 일으킨 것은 오히려 기존의 공영방송 문제였다. 공영방송에 대한 정치적 개입, 그에 따른 방송 내외부의 동요와 저항 등은 2000년대 이후에도 여전히 한국 방송에서 가장 예민한 주제였고, 이는 공영방송의 시장 능력이 현저히 떨어진 지금까지도 미해결 과제로 남아 있다. '위축기'라는 표현은 이런 무능까지 포함한 것이다.

정치적 전환기 때마다 거론되는 MBC의 독특한 소유 문제 또한 논란이 되었다. 소유 성격이 불분명한 만큼 MBC는 내부 종사원(노조)의 힘이 상대적으로 클 수 있었고('노영방송'이라는 원치 않은 별명은 여기에서 유래했다), 이미 '객관적' 공영방송이 있는 상태에서 스스로 공영을 주창하는 만큼 '주관적' 공영방송으로서의 정체성도 상대적으로 강했다. 방송의 외부 지배가 강한 나라에서 MBC의 존재는 한국 방송의 가장 독특한 단면이라 할 수 있다.[16] 특히 MBC의 탐사보도 프로그램 〈PD수첩〉은 '황우석' 편이나 '광우병' 편에서 이와 같은 자율의 중요성을 잘 보여주었다.

이 점에 관한 한 '국가 기간방송'인 KBS는 MBC에 비해 상대적으로 자율적 의지가 약해 보인다. 그 이유는 아무래도 채널이 더 많고 규모도 커 내부 구성이 이질적이면서, 국민이 직접 부담하는 수신료를 사용하는 만큼 각종 감사로 대표되는 외부의 감시도 심해서일 것이다. 그러나 그에 못지않게 이러한 의지를 약화시키는 요인은 외부 개입이 일상화되어 온 역사적 관성 또는 이를 당연시해 온 집단적 타성이다. 전신前身인 국영방송의 잔재와 대부분의 공무원이 방송에 남은 공사화, 이질적인 인력이 통합·대규모화된 언론통·폐합 이후 '정부 방송'의 성격을 떨칠 수 없었던 KBS는 외부의 정치적 개입과 내부의 관료적 결정이 하나의 조직문화로 형성되면서 이들과 대각에 있는 전문직주의가 성장하기 어려웠다. 2000년대 중반 한때 제작 위주로 조직이 개편되기도 했으나 다른 제도적 지원(예를 들어 수신료 인상 같은)이 뒤따르지 못하면서 뚜렷한 결실로 남지 못했다. MBC와 달리 노조 역시 공영방송의 이념적 정치성을 고루 숙지하기 어려워 최근에는 분화까지 되었다.[17]

이에 따라 KBS는 수신료 인상을 주장할 때마다 책무성·효율성을 강조하는

---

16   흔히 '기형'이나 '모순'이라는 수식어와 MBC의 소유 형태를 부정적으로 거론해 왔지만, 사실 공영방송의 이념적 입장에서 볼 때 그간 더 문제가 된 것은 KBS 2TV의 편성이었다. 왜냐하면 MBC의 소유는 때로 '이윤 동기가 상대적으로 약하면서 정부와 거리를 유지하는 독립성'이라는 특유의 긍정적 바탕이 되기도 했지만, KBS 2TV의 편성은 매우 상업적이면서 경제적인 수준에서만 1TV를 보조하는 수준에 그쳤기 때문이다. 그래서 '재미있는 2TV'가 '공익적 1TV'의 시청자를 뺏는 자기모순이 생겨났다. 물론 가장 사익적인 것은 전파의 정치적 악용이므로 2TV에도 최소한 그런 위험은 없다. 또 MBC에도 장점만 있는 것은 아니다. 일반 상업방송에 비해 상대적으로만 덜할 뿐, MBC 역시 상업적 재원에 전형적으로 어울리는 편성과 제작 관성으로 때로 이기적 행동을 함으로써 스스로의 가치를 떨어뜨리고는 했다. 예를 들어 MBC는 2000년대 초반 미디어렙 논의에서 금전적 이익을 위해 공영을 버리고 민영을 선택하려 해 주위의 눈살을 찌푸리게 했다.

17   한국 공영방송의 노조 역시 한국 방송 전체를 특징짓는 요인 중 하나이다. 분화된 노조 가운데 주로 제작진이 소속된 노조는 그간 노조라는 이름에 어울리지 않게 일종의 '정치주의', 곧 정부의 개입을 거부하는 반후견주의를 일관되게 견지해 왔다(조항제, 2018).

각종 안이나 대책을 제정하려는 반대적 움직임에 자주 직면했다. 그만큼 'KBS'로 통칭되는 전체적인 조직 이미지가 신뢰를 주지 못했기 때문이다. KBS로서도 정부와 광고에 의존한다는 구조적 한계가 그대로인데 어느 날 갑자기 획기적으로 바뀔 수는 없었다. 이 시기에 시도된 세 차례(2007년, 2010년, 2013년)의 수신료 인상 실패와 이를 둘러싼 진통은 KBS가 스스로는 풀기 어려운 치명적 딜레마에 빠져있다는 점을 잘 보여준다.[18]

「통합방송법」 이후에는 상업방송인 SBS 역시 공영방송들과 같은 행보를 취하는 경우가 많아졌다. 물론 그것은 여러 번의 재허가 과정에서 밝혀진 대로 지상파 방송 자체의 규제 틀이 엄격했기 때문이다. 신생 미디어인 종편이 '비대칭 규제'로 불릴 만큼 상대적으로 유리한 조건에 있다는 점도 이러한 행보에 도움을 주었을 것이다. 이런 SBS까지 합쳐 지금까지의 한국의 지상파 방송구조는 공영방송과 상업방송의 차이가 크지는 않은, 넓은 의미의 '공공방송체제'로 부를 수 있다(조항제, 2008).

2000년대 들어 나타난 새로운 현상은 한국 대중문화가 중국, 일본, 동남아시아 등에서 국제적으로 소비되는 이른바 '한류' 현상이다. 방송에서는 드라마로 출발해 예능이나 가요로 범위를 넓혔고, 완제품에 이어 포맷까지 수출되었다. 수출국도 아시아권을 넘어 유럽이나 중동으로 확대되었다. 나름대로 제작 능력을 키운 데다 다채널 시대의 도래로 콘텐츠의 수요가 전 세계적으로 폭발한 결과이다. 이런 한류에 따라 한국의 방송시장이 넓어지면서 뜻하지 않게 외부 재원까지 생겼다. 한국은 (문화)제국주의의 희생자에서 갑자기 종주국이 된 것이다. 그러나 이는 이득만 준 것은 결코 아니다. 특정 스타의 몸값을 중심으로 제작비가 기하급수적으로 상승해 방송의 상업화가 가속되었기 때문이다.

2010년대 이후 광고비 추이가 단적으로 보여주듯이 공영방송을 비롯한 지상

---

18   수신료 문제에 대해 여러 제안과 대안 모색이 있었지만, 실현된 것은 거의 없고, 표결에조차 부쳐지지 못했다(신삼수·봉미선, 2019).

파 방송의 시장 비중은 급전직하했다. 지상파 방송 전체의 광고 매출액이 2011~2019년까지 무려 49.8%나 감소했다. 같은 기간 모바일은 600억 원에서 3조 2800억 원으로 55배나 성장해, 이제 지상파는 모바일의 3분의 1 수준에 불과하다(이상 통계는 금준경, 2020). 시청률로 봐도, 이 기간 동안 지상파 방송 모두 꾸준히 하락했다. 채널별 시청률(수도권/가구)에서 KBS1은 15.87%에서 8.41%로 떨어졌고, 상업방송인 SBS조차 15.08%에서 8.29%로 거의 반토막이 되었다(정철운, 2018). 2018년 MBC의 기록적인 1237억 원 적자는 지금 지상파 방송들의 현주소가 어떤 지경에 이르렀는지를 웅변한다. 2017~2018년 파업의 어려움을 딛고 정치적 '정상화'를 모색해야 할 공영방송이 오히려 경제적 '주변화'에 몰리고 있는 것이다. 이런 변화는 일종의 거대한 '미디어 시프트'로 개별 방송사를 훨씬 뛰어넘는 수준에서 진행되는 것이지만, 직접적인 (피해) 당사자인 만큼 공영방송 입장에서도 여러모로 원인을 분석하고 대응을 모색해야 한다.

먼저 큰 틀에서 이런 시프트가 비단 우리만의 고유한 현상이 아니라는 점을 상기할 필요가 있다. 크든 작든 전 세계의 모든 지상파 방송이 고전하고 있다. 공영방송 또한 이런 추세라면 더 이상 오프라인 서비스를 할 필요가 없는 시점이 도래할 수도 있다(이와 같은 충격적 언급은 House of Commons, 2021 참고). 수신료를 수신기로부터 분리하고 있는 유럽 공영방송이라면, 이런 점이 고려의 대상이 되는 것이 무리가 아니다. 그러나 한국 공영방송은 사정이 전혀 다르다. 수신료 인상의 어려움을 비롯해 유럽보다 조건이 훨씬 더 나쁘다.

한국의 지상파 방송은 다채널화 디지털 방식을 채택한 유럽과 달리 영국의 프리뷰freeview 같은 무선방송 플랫폼이 없다.[19] 한국의 시청자들은 '수신'이라

---

19   이에 대해서는 좀 더 세밀한 고찰이 필요하다. 한국에서는 시청자들의 시청 패턴이 다채널로 바뀌고 유료 플랫폼들이 정착되는 과정에서 기존 매체인 무선 방송이 희생되었다. 그러나 과연 이 과정을 어떻게 봐야 할지, 다른 나라에 그러한 사례가 있는지, 공영방송이 다채널 플랫폼의 그저 한 채널로 굳어지는 과정이 합당한지, 나중에라도 가능했던 MMS(무선 다채널)는 어떻게 무산되

는 말 속에서 이중으로 지불한다는 느낌을 받는다. 유료 다채널 플랫폼이 기본이 되면서 본래의 무료 매체(무선전파)를 잃은 손해가 플랫폼의 일부 채널 같은 '2차 시장'을 얻은 이익보다 훨씬 더 크다. 여기에 모든 편성에서 지상파 방송과 전혀 차별 없는 종편들까지 무더기로 등장해 생존경쟁은 더욱 치열해지고 파이는 줄어들었다. 특히 2010년대 후반 이후에는 넷플릭스나 유튜브 같은 OTT까지 가세해 아예 경쟁판 자체를 글로벌 수준으로 확대해 놓았다. 만약 순수하게 경제적인 측면에 국한해 공영방송, 넓게는 지상파 방송의 공익적·비상업적 편성이 독(과)점의 초과이익에 의해 일부라도 뒷받침되는 것이라면,[20] 이런 무한경쟁 환경에서는 공영방송의 존립 가능성은 매우 낮아진다.[21] 이럴 때 공공재원이 필수적인데, 이 재원이 불투명한 것이 한국 방송의 치명적 약점이다.[22] 수신료는 40년째 정체 상태이고, 국고를 쓰기에는 합의도 없고 약점도 많다.

그렇다면 어떻게 해야 할까? 방송시장에 전혀 (진입)장벽이 없는 지금 조건에서는 "과연 우리 사회가 미래에도 공영방송을 필요로 할까?"와 같은 근본적인 질문부터 다시 해야 할 필요가 있다. 왜냐하면 공영'방송'이 공영'미디어'로

없는지에 대해서는 알려진 바가 없다.

20 한국은 사실상 그래 왔다고 볼 수 있다. 상업적인 2TV의 광고가 공익적인 1TV의 제작비를 일부 보충해 주거나 전체 KBS의 인건비 수준을 유지해 준 경우 등을 말한다. 광고 시장이 급감한 현재는 오히려 이 관계가 역전되었고, 방송사 자체의 매출 규모도 크게 축소되었다.

21 "급격한 변화를 거부해 온 2000년대 중반까지의 한국의 '부정적 연합(negative alliance)' 체제는 공영방송을 비롯한 방송에 대한 '시청자 신뢰의 회복과 주권의 강화'(수신료의 인상, 공영방송 사장 인사의 공정성)보다 '더 많은 경쟁과 시장화'(종편의 허용과 관리 시장의 완화)의 길로 급격하게 방향을 틀면서 해체되고 있다"(조항제·박홍원, 2011: 65)라는 분석은 이를 일컫는다.

22 프랑스가 상업화를 부추긴다는 이유로 2009년 광고 중단을 결정한 것은 적어도 수신료에서는 국민을 설득할 수 있다는 자신이 있어서일 것이다. 이 때문에 전통적으로 광고에 대해 비판적이었던 프랑스의 좌파와 야당은 광고 존립으로 입장을 바꾸었다(성욱제, 2009). 그러나 한국에서 이런 조치가 가능할지는 정말 의문이 아닐 수 없다.

확장되지 않는다면, 생존을 걱정해야 하는 지금의 시청(량)조차 유지될 가능성이 매우 낮고, 이런 확장에는 개개인 차원의 국민 부담까지 각오해야 할 경우가 많기 때문이다. 이 글의 서두에서도 언급했지만 한국 사회의 지금까지의 정책 과정이나 여론 동향으로 볼 때, 공영방송의 필요성에 대한 합의는 나름대로 확고한 듯하다. 그러나 극히 원론에서만 그러할 뿐, 좀 더 세부적인 수준에서까지 합의를 이룬 것은 아니다.

예컨대 "공영방송이 너무 많다"거나 "공영방송은 공영방송답게, 상업방송은 상업방송답게" 같은 근거 없는 속설이 여전히 통용되고 있다. 많아서 문제라는 것은 몇 가지 다른 나라의 사례만 간단히 살펴봐도 설득력이 떨어진다. 대표적인 선진국인 영국과 독일이 공영방송을 복수로 운영하며, 이탈리아는 복수는 아니지만 공영방송에 3개 채널(아날로그 기준)을 배정한다. 일본은 위성방송을 공영방송이 주도하게 한다. 1974년 3개의 방송으로 공영 텔레비전을 나누었던 프랑스는 1개 방송(TF1)은 민영화하고 2개 방송은 통합해(아날로그 기준) 현재의 FR로 운영한다. 호주는 원주민용 다문화 공영방송인 SBS를 더 운용해 역시 복수이다. 물론 단수인 곳도 많다. 이렇게 방식이 다양한 것은 각 나라의 사정이나 조건에 맞춰 운용이 달라졌기 때문이다. 한국 역시 역사에 따라 공영방송을 복수로 갖게 되었을 뿐이다.

수신료 같은 공공재원으로 운영되는 공영방송이 광고료나 이용료에 의존하는 상업방송과 달라야 하는 것은 당연하다. 그러나 "공영방송은 공영방송답게, 상업방송은 상업방송답게"라는 말처럼 공영방송과 상업방송을 너무 엄격하게 구분하는 것은 자칫 지금 같은 하이브리드의 시대에는 공영방송을 특정 영역에 가둬두는 매우 고루한 태도일 수 있다. '시장 경쟁을 해쳐서는 안 되므로 (공영방송은) 보편성보다 차별성이 강해야 한다'는 오래된 주문이자 비판은 수신료가 인상되지 않고 이의 부족분을 광고에 의존해 왔던 한국에서는 현실성이 없는 주장이다. 더구나 최근처럼 '무선전파'라는 지상파 방송의 매체 자체가 외면받는 때는 더더욱 그러하다. 불특정 다수인 대중을 상대로 한 방송에서 공통성과 차별성이 그렇게 확연하게 구분되지 않는다는 점도 감안해야 한다. 가짜뉴스까지 판치는 지금과 같은 선정적 경쟁판에서는 오히려 공영방송을 '가치재merit good'로 확립함으로써 품질의 바로미터로 삼는 것이 더 현명한 선택이다. 시청자들은 '이 영역이 정말 교육처럼 가치재가 필요한 곳이냐'만 결정하면 된다. 오히려 일부 중복되는 부분은 서로 경쟁하도록 하는 것이 좋은 결과를 불러올 수도 있다.

이런 속설들이 은폐하는 것은 현실에서 요구되는 공영방송의 이념과 책무이다. 방송 초기, 독점 공영방송에 어떤 특정한 이념이 있지는 않았다. 정보, 오락, 교육처럼 하고자 하는 일을 나열하는 수준이었다. 나중에 상업방송이 생기면서 차별화된 책무의 목록이 갖춰졌다. 그러나 그 책무들은 서로 어울리기도 했지만 상충되기도 했다. 시대마다 상대적 중점도 달라졌다(김대호, 1995). 각 시대별로 상업방송이 하지 못하는 '시장의 실패' 양상이 다르게 나타났기 때문이다.

지금의 한국 사회에서 공영방송의 당면과제는 '고품질 뉴스를 제작하여 공정하게 보도함으로써, 갈등적인 사회에 공론의 장을 마련하는 것'이다.[23] 이를 위해서는 정치권력에 대한 공영방송의 종속, 곧 정치적 후견주의가 청산되어야 한다. 지금까지 정부는 사실상 KBS를 비롯한 공영방송을 대선 승리의 부산물, 곧 엽관spoils system의 하나로 여겨왔다.[24] 지난 시절의 수많은 투쟁과 갈등이 말해주듯이 이에 대한 시민사회와 방송 종사원들의 거부는 단호하고 일관된다. 그러나 정부는 보수든 진보든 집권만 하면 야당 시절의 입장을 버리고

---

23 2021년에 처음으로 실시한 공론 조사의 결과이다(공적 책무와 수신료 공론조사위원회, 2021). 공론은 필요한 자료를 숙지하고 동료, 전문가와 논의를 거쳐 내린 결론이다.

24 이의 조장자인 정부 측이 보여준 가장 노골적인 반응은 아마도 이명박 정부 당시 박재완 청와대 국정기획수석비서관의 인터뷰 내용일 것이다. "KBS 사장, ('정부 산하 기관장'으로서 _인용자) 이명박 정부 국정철학 적극 구현할 사람 돼야"(정현상, 2008).

방송 지배를 포기하려 하지 않았다. 한국처럼 진영 간 불신이 팽배하고 담론 투쟁이 일상적인 곳에서 이를 포기하는 것은 사실 쉽지 않다. 그래서 사회 '전체'가 공영방송의 독립을 위해 대타협을 하는 절차가 필요하다.[25] 여야를 포함해 시민사회와 이해관계 세력이 폭넓게 참여하는 사회적 기구를 만들어 이 논의를 시작해야 한다. 이런 절차를 통해 나온 합의라면 여야 역시 서로를 신뢰할 수 있을 것이다.

이 외에도 팬데믹을 통해 더욱 절실해진 재난방송, UHD 등과 같은 기술적인 것을 포함한 고품질 프로그램의 제작, 민족문화의 보존, 소외계층 보호, 창작 제작원의 육성 같은 것도 공영방송의 경시할 수 없는 책무이다. 시장 압력이 강해지면 강해질수록 경제 외적 측면의 진짜 '서비스'는 약해지기 마련이고, 특히 품질은 도외시되기 십상이다. 이때 공영방송이 질적 기준 역할을 해주는 것이 매우 긴요한데, 이를 위한 선결 조건은 공영방송 콘텐츠가 '방송'에 국한되지 않아야 한다는 것이다. 온오프를 망라하는 '미디어'로의 확장은 이제는 충분조건이 아니라 필수조건이다.

다음은 "만약 공영방송이 복수라면 각각은 어떤 공영방송이어야 할까?", "그런 공영방송은 몇 개나 되어야 하고, 역할 분담이 가능하다면 어떻게 역할을 나누어야 할까?" 같은 구체적인 질문에 대한 답이다. KBS, EBS, MBC 등 공영방송끼리의 역할 분담은 공익적 영역에서도 같은 목표를 두고 경쟁이 가능하므로 꼭 필요하지 않을 수도 있다. 그러나 공영방송의 숫자가 과도하게 많을 수

---

25 사실 미디어의 독립은 시스템과 조직, 관행이나 개인의 선택 등 여러 차원에서 살펴봐야 하는 개념이다(Karppinen and Moe, 2016). 지금까지 나온 공영방송 독립안은 대체로 시스템이나 조직 차원에서 구성된 것으로, 예를 들어 '거버넌스의 여야 동수 구성과 일부 사안의 특별 다수제'(2/3 결정), '사장추천위원회 같은 주요 인사 결정의 간접화 또는 다단계화', '편성위원회를 통한 사장 권한의 견제' 같은 것이다. 그간 여야가 같은 성격의 안을 수십 개 냈지만, 정작 법제화에는 모두 실패했다(정영주·홍종윤, 2019). 물론 궁극적인 원인은 주 24와 같은 생각을 모든 권력(정부)이 한다는 데 있다.

는 없으며, 과거처럼 소모적인 권력 경쟁이나 광고 경쟁이 되지 않도록 가능한 한 추진 이념이나 목표 시청자가 서로 다른 것이 좋다.[26] 이 과정에서 공영방송 (들)의 분류, 또는 '층화'도 일정하게 가능할 것이다.

재원 배분은 세 번째 단계에서 물어야 할 질문이다. 공영방송의 대표적인 재원은 수신료이다. 그러나 국민이 직접 부담하는 수신료는 상방경직성이 강하고 역진성 또한 뚜렷해 여러모로 제한이 있다(조항제, 2016). 더구나 지금처럼 선택지가 넓고, 지불의지와 유료화가 보편화된 상황에서는 보지 않는 방송의 징수 정당성이 점차 낮아질 수밖에 없다. 이로 인해 많은 나라에서 수신료를 대체할 수 있는 방안을 찾고 있다.[27] 그러나 앞서 본 대로 한국 공영방송은 처지가 전혀 다르다. 주지하다시피 한국의 수신료는 40년째 정체 상황이며, 국제적으로 보아도 가장 낮은 수준이다. 국고, 광고료, 이용료(유료화), 콘텐츠 판매료 등으로 재원을 다변화해야 하지만, 수신료도 어느 정도는 '현실화'되어야 한다. 국민도 책임을 분담해야 하는 것이다. 바로 이 점 때문에라도 공영방송 문제가 다시 논의되어야 하고, 이에 대한 합의도 이제는 좀 더 구체화되어야 하는 것이다.

공영방송의 입장에서 볼 때, 미디어 시프트는 '위축기'가 아니라 공영'방송'이 공영'미디어'로 확대되는 '도약기'가 되어야 했을 것이다. 물론 이는 외형 확

---

26 EBS는 이런 차별화가 매우 용이한 공영방송이다. 사실 EBS 역시 '두 개의 방송공사 불가론' 같은 속설성 터부에 묶여 오랫동안 정상화되지 못했다. 또 편성의 성격상 확실한 수신료 수혜 대상이지만, 수신료 인상이 정체되는 바람에 재원 마련에 어려움을 겪고 있다. 그러므로 EBS 역시 이러한 공영방송의 재편을 목마르게 기다릴 것이다.

27 공영방송의 재원은 대체로 수신료가 기본이기는 하지만, 그 형태나 구성은 조금씩 변해왔다. 최근에 독일은 수신료를 가구세 형태로 바꾸었고, 영국은 물가연동제를 통해 매번 벌어졌던 인상과 관련된 갈등을 해결하고자 했다(조항제, 2016). 2010년대 이후 유럽에서 수신료에 대한 가장 큰 적은 극우 포퓰리즘으로, 스위스는 국민투표까지 하고 나서야 겨우 수신료를 지킬 수 있었다 (Holtz-Bacha, 2021).

대만을 의미하지는 않는다. 정치적 독립이나 전문직주의 확립이라는 오래된 숙제들의 해결을 포함하는 것이다. 그러나 주지하다시피 사상 유례없는 대규모 인파가 시위에 참여하고 대통령이 탄핵까지 된 와중에도, 공영방송에 전기는 만들어지지 않았다. 시장·경쟁은 온라인 디지털화의 구조적 흐름 속에서 '시장 우세'로 변전되고, 광고 의존이 높은 공영방송은 결국 위축·주변화되고만 것이다.

4. 한국 공영방송의 정체성

필자는 이 책의 초판을 쓸 때, 2000년대 한국의 공영방송 구도가 유럽과 비교해 다른 점보다 같은 점이 많다고 생각했다. 당시만 해도 방송 시장에 새로 진입한 미디어들의 영향은 그리 크지 않았다. 유럽에서도 안정된 시장 점유율, 정부의 지원(수신료 정책)과 높은 정당성, 광고하는 공영방송의 경우에는 광고 시장 내에서의 지위 등을 이유로 공영방송은 '보합세'를 유지할 수 있었다. 방송에서 정치·문화 논리가 여전히 중요하다는 식자들의 여론도 이를 도왔다. 재원과 자율성 부분만 뺀다면, 우리와 유럽이 같다고 해도 그리 과언은 아니었다. "한국의 지상파 방송이 가지는 공공적 틀은 시청자들에 의해 폭넓게 인정받고 있다. 여기에 우수한 제작진을 활용한 현실적 시장 지배 또한 큰 원군이 되었다"라는 초판의 서술은 그런 맥락에서 나왔다.

그러나 지금은 조금 다르다고 생각한다. 진통은 겪었지만, 대부분의 유럽 공영방송들은 수신료 문제를 해결하고 공영'미디어'로서 확대·재편되는 길을 정착시키고 있다. 누누이 말해오던 방송 정책의 패러다임 전환(van Cuilenberg and McQuail, 2003)에 비교적 확실하게 적응하는 모습을 보인다. 그러나 한국은 딴판이다. 수신료 문제는 조금의 해결도 보지 못한 채 40년째 정체이고, 이를 메워주던 광고는 미디어 시프트에 휩쓸려 기하급수적으로 떨어지고 있다. 수차례 갈등과 투쟁을 겪었던 정치적 후견주의 문제 역시 여전히 답보상태이다.

필자는 초판에서 제목에 쓰인 '정체성'을 언급하면서 '변할 수 없이 고착된 성질'같이 너무 일방적으로 정의하는 것을 피해, "변해왔지만, 크게 달라지지 않는" 또는 다소 당위를 넣어 "달라져야 하지만 역사적 관성이 상당히 크게 작용하는" 정도로 표현했다. 지금 시점에도 이런 정의를 포기하지는 않는다. 그러나 변화를 충분히 예견하면서도, 심지어 대전환을 눈앞에서 보면서도 제대로 된 대응을 하지 못하는 것, 즉 지난 10년간 전혀 변하지 않은 것은 지난 경로가 지닌 구속성이 얼마나 대단한지를 새삼 느끼게 해준다.

지금까지 논의한 한국 공영방송의 역사적 정체성을 요약해 보면 다음과 같다. 첫째, 한국의 공영방송의 역사에서 가장 갈등이 심하면서 풀기 어려운 숙제는 정부 또는 체제, 더 넓게는 정치권력과의 종속관계이다. 정치적 후견주의로 통칭되기도 하는 이 문제는 크게는 법과 제도의 개폐나 사장이나 임원 인사, 작게는 조직이나 편성 개편, 인력 조정, 파벌 조성 등 방송의 모든 측면에 영향을 미쳤다. 오랫동안 지속해 온 권위주의 체제에서 비롯된 역사성이 내재한다. 초기 방송의 국영화, HLKZ-TV의 실패, MBC의 소유 변화, TBC를 KBS에 편입시킨 언론통폐합 등으로 이어지는 체제 지배 과정은 되돌릴 수도 없고 대안을 강구하기도 어려운 역사적 구조를 형성했다.

민주화 이후 정부의 행태도 달라지고 노조를 중심으로 방송의 대응력도 생겨났지만, 기대 수준에는 미치지 못했다. 만약 방송이 사회와의 관계에서 어떤 영향력을 발휘하고 이것이 민주주의와 연관된다고 한다면, 공영방송의 후견주의 탈피 또는 자율성 보장은 비단 방송에 국한되지 않는 전 사회적 차원의 문제이다. 이의 가장 큰 책임이 정치에 있기 때문이다. 그러나 그 대응력을 충분히 만들지 못한 잘못은 방송이나 시민사회에도 없다고 할 수 없다. 인류의 역사는 스스로 주장하지 않는 자에게 어떠한 자유나 자율도 주어지지 않는다는 점을 힘주어 가르친다.

둘째, 한국 공영방송에서 시청률, 곧 익명으로 산정되는 다수 가치의 우선

성과 경쟁의 논리는 경제적 측면을 넘어서는, 매우 권력적이면서 많은 변화와 부침에도 크게 달라지지 않은 역사적인 현상이다. 처음에는 죽느냐 사느냐의 생존 논리였지만, 나중에는 시장 점유율을 둘러싼 자존심 경쟁으로 확대되었다. 이 경쟁은 급기야 엄혹했던 유신체제마저 거스를 정도였다. 공영제도로 바뀌고 나서도 경쟁은 가라앉지 않았다. 이때는 시장 경쟁이라기보다 권력 경쟁의 양상을 띠었다. SBS가 등장한 1990년대에는 방송 내부의 민주화 열기를 다스리는 통제 수단으로도 활용되었다.

이 경쟁의 가장 유력한 원인 중 하나는 수신료 인상 정체, 곧 공공재원의 부재였다. 이 어쩔 수 없는 한계 때문에 KBS 2TV는 전신인 TBC의 편성을 답습할 수밖에 없었고, 방송의 구조 개혁 논의에서 제기된 수많은 대안적 편성 논리는 제대로 한번 시도조차 하지 못한 채 공론空論에 그쳐야 했다. 논리적으로는 어울리지 않는 한국 공영방송과 대중-재원 경쟁 논리가 한국 방송에서는 '역사적 조합'이 되어버린 것이다.

물론 경쟁에 어두운 면만 있었던 것은 아니다. 공영방송의 본산인 유럽이 경쟁 상황에 처해 큰 어려움을 겪었던 것과 달리 상대적으로 이에 익숙했던 한국의 공영방송은 새로운 환경에서도 잘 적응했다. 한류 같은 역전적 조류를 만들 수 있었던 것도 다소 과장하면 경쟁 덕분이다. 이의 산물인 광고 재원이 공적인 측면으로 이전될 수 있었던 것도 긍정적 효과이다. 그러나 이러한 경쟁의 또 다른 여파로 한국의 소수자는 방송에서 더욱 외면받고 있으며, 특수방송인 EBS는 여전히 재원 문제로 허덕이고, 적은 수용자를 대상으로 하는 지역방송(로컬리즘)은 무시된다. 한국의 공영방송은 비중도, 영향력도 아직은 크지만, 여전히 다수 가치에 매몰되어 있다는 속성을 보인다.

셋째, 이의 한 결과이면서 또 그 자체로 공영방송의 발목을 잡는 것은 공영방송에 대한 '낮은 수준'의 사회적 합의이다. 본문에서 살펴본 대로, 공영방송의 필요성에 대해서는 합의가 나름대로 확고한 반면, 디테일한 정책 수준에서는 매번 심각하게 갈등하는 것은 그 합의의 수준이 높지 않기 때문이다. 실질적으로 공영방송에 도움이 되는 자율성 보장이나 수신료 인상은 거의 그대로 이지만, 시장을 분할할 것이 분명한 종편 등을 한꺼번에 허가한 점은 이 합의가 허울에 불과한 것 아니냐는 의심을 품게 하기에 충분하다. 시장의 공세에 효과적으로 대응하지 못해 '경쟁'과 '진통'이 결국 '위축'으로 귀결되어 버렸다. 후견주의를 고집하는 정치권력, 시장 장벽을 계속 낮추면서 자유화를 조장한 테크놀로지와 시장, 상대적 경쟁 우위에 만족하면서 혁신을 등한시한 방송, 마지막으로 공공재원 부담을 꺼리는 시청자 등이 일종의 '부정적 연합'을 형성했던 것이다. 그러므로 이런 연합을 극복하기 위해서는 방송과 정치 모두를 아우르는 범사회적 논의 기구가 필요하다.

한국의 공영방송들은 그간 넓은 의미의 공공적 틀 아래에서 우수한 제작진과 높은 대중성으로 새로운 환경에 탁월하게 적응해 왔다. 비록 2010년대 들어 디지털 온라인화라는 미디어 시프트를 만나 위축과 주변화를 경험하고 있지만, 아직은 자타가 공인하는 한국 방송의 근간임이 틀림없다. 그러나 이제 공영방송은 구래의 문제를 해결하고 공영미디어라는 발전된 모습으로 스스로를 바꿔나가야 한다. 지금까지의 경로를 잊고 새로운 정체성을 개척해야 한다. 다음 10년을 르네상스기로 만들어가야 한다.

강현두. 1991. 「원점에서 본 한국 방송의 현실과 과제」. ≪계간 사상≫, 가을호.

강형철. 2011. 「방송 공익 개념과 공영방송의 수용: 조선방송협회에서 한국방송공사까지」. ≪방송문화연구≫, 23(1).

공적 책무와 수신료 공론조사위원회. 2021. 「2021 KBS 공론조사: 국민께 듣는 공영방송의 책임과 의무」.

금준경. 2020. "KBS·MBC 광고매출 추락, 바닥이 없다". ≪미디어오늘≫, 2020.5.16.

≪기자협회보≫, 1969.6.6.

김대호. 1995. 「영국 공영방송 이념의 변화: 방송위원회 보고서를 중심으로」. ≪언론과 사회≫, 7호.

김해식. 1994. 『한국 언론의 사회학』. 나남.

대통령비서실. 1964. 「동양TV」. 보고번호 517호.

≪동아일보≫, 1968.5.14; 1969.12.9.

문화방송. 1992. 『문화방송 30년사』. 문화방송.

방송위원회. 1982. 「1982년도 방송에 관한 연차 보고서」. 방송위원회.

방송통신위원회. 2020. 「2020 방송매체 이용행태 조사」. 방송통신위원회.

서규석. 1973. 「한국 방송의 오늘과 내일」. ≪저널리즘≫.

성욱제. 2009. 「프랑스 공영방송법 제정」. ≪방송통신연구≫, 168.

신삼수·봉미선. 2019. 「공영방송 TV수신료 연구에 대한 메타분석」. ≪정치커뮤니케이션 연구≫, 54.

이길범. 1971.10.1. "한국 방송계의 파행성". ≪기자협회보≫.

이상희 외. 1995. "좌담: 한국방송의 어제와 오늘 그리고 내일." 한국방송개발원. 『광복 50년 한국방송의 평가와 전망』. 한국방송개발원.

이수열. 1977. 「프로듀서는 왕이다」. ≪신문과 방송≫, 82.

정철운. 2018. "그 많던 KBS·MBC 시청자는 어디로 갔을까". ≪미디어오늘≫, 2018. 8.23.

정현상. 2008. "박재완 청와대 국정기획수석비서관: KBS 사장, 이명박정부 국정철학 적극 구현할 사람 돼야". ≪신동아≫, 8월 호.

정영주·홍종윤. 2019. 「방송법 개정 과정을 통해 본 국회 입법 활동의 특성」. ≪방송통신연구≫, 105.

≪조선일보≫, 1948.8.21; 1964.3.15; 1969.12.6.

조항제. 1994. 「1970년대 한국 텔레비전의 구조적 성격에 관한 연구」. 서울대학교 박사학위 논문.

_____. 2000. "해제". 조항제 엮음. 『방송사사료집』. 방송위원회.

_____. 2003. 『한국 방송의 역사와 전망』. 한울.

_____. 2008. 『한국 방송의 이론과 역사』. 논형.

_____. 2014a. 「한국 방송에서의 BBC 모델」. ≪언론정보연구≫, 51(1).

_____. 2014b. 『한국 공영방송의 정체성』. 컬처룩.

_____. 2016. 「공영방송의 미래적 모색」. ≪언론과학연구≫, 15(4).

_____. 2018. 「한국 공영 방송 노동조합의 자율성 투쟁: 반후견주의와 전문직주의 노조 주의」. ≪언론정보연구≫, 55(2).

_____. 2020. 『한국 민주주의와 언론』. 컬처룩.

_____.2012. 「한국 방송 초기의 시장: 포퓰리즘과 TBC」. ≪언론과학연구≫, 12(3).

조항제·박홍원. 2011. 「한국 텔레비전 50년의 정치와 경제: 국가, 시장, 시민사회의 관계를 중심으로」. ≪방송문화연구≫, 23(1).

조향록. 1971.5.14. "방송은 국민의 것이다". ≪기자협회보≫.

최창섭. 1985. 『한국방송원론』. 나남.

하버마스, 위르겐(Jürgen Habermas). 2011. 윤형식 옮김. 『아 유럽』. 나남.

한국방송공사. 1977. 『한국방송사』. 한국방송공사.

Curran, J., S. Iyengar, A. Lund and I. Salovaara-Moring. 2009. "Media System, Public Knowledge and Democracy." *European Journal of Communication,* 24(1).

Debrett, M. 2009. "Riding the Wave: Public Service Television in the Multi-platform Era." *Media, Culture & Society,* 31(5).

Hallin, D. and P. Mancini. 2004. *Comparing Media Systems.* Cambridge, UK: Cambridge University Press.

Hanretty, C. 2009. *The Political Independence of Public Service Broadcasters.* Unpublished Ph. D's thesis. European University Institute, Fiesole, Italy.

Holtz-Bacha, C. 2021. "The kiss of death. Public service media under right-wing populist attack." *European Journal of Communication,* 36(3).

House of Commons. 2021. The Future of Public Service Broadcasting. Sixth Report of Cession 2019~21. Available at: https://committees.parliament.uk/publications/5243/documents/52552/default/

Karppinen, K. and H. Moe. 2016. "What We Talk about When Talk about 'Media

Independence." *Javnost: The Public*, 23(2).

van Cuilenberg, J. and D. McQuail. 2003. "Media Policy Paradigm Shifts: Towards a New Communication Policy Paradigm." *European Journal of Communication*, 18(2).

| 제2부 |

공영방송의 공공서비스

03 공영방송의 저널리즘

| 심석태

1. 머리말

다매체 시대, 공영방송 저널리즘의 책무

공영방송의 범위를 어디까지로 볼 것인지를 놓고 다양한 의견이 존재하지만, 대체로 공적 재원이 투입되거나 혹은 「방송법」 등에 별도의 설치 근거가 마련되어 있는 방송을 말한다(언론진흥재단, 2020a). 공영방송을 두는 이유는 여러 가지가 있겠지만 사회 구성원들에게 필요한 다양한 정보를 전달하려는 목적을 빼놓을 수 없다.

시대에 따라 사람들이 공영방송 저널리즘에 기대하는 내용은 달라질 수 있다. 정보 자체를 얻기가 어려웠던 시기와 다매체 시대가 활짝 열린 지금은 큰 차이가 있을 수밖에 없다. 정보를 구하기 어려웠던 시기에 공영방송은 필수적인 공적 정보를 공급하는 역할을 수행했다. 이 때문에 정보를 입맛대로 통제하기를 바라는 권력에 공영방송이 휘둘리는 상황을 수시로 초래하기도 했다. 하지만 우리 사회는 2000년대 이후 디지털 기술 발전에 따른 급격한 언론 환경의 변화를 겪고 있다. 온라인 매체의 폭발적 증가 속에 2021년 10월 말 기준으로 2만 3657개의 정기간행물이 등록되어 있고, 방송 사업자까지 합치면 매체 수는 2만 4000개에 육박한다.[1] 공영방송 저널리즘이 단순 정보 전달을 주요 책무로 삼기는 어려워졌다.

급속한 언론 환경 변화로 전통 매체들의 영향력은 급격히 줄어들고 있다. 여론을 좌우한다고 비판받던 주요 언론사들조차 생존을 장담하기 어려울 정도의 경쟁에 노출되어 있다. 뉴스를 해당 매체에서 직접 소비하는 비중은 이미 크게 줄었고, 계속 낮아지고 있다. 뉴스를 인터넷 포털이나 사회관계망 서비스SNS를 통해 접한다는 사람이 훨씬 많다(언론진흥재단, 2020b). 포털이나 SNS에서 접하는 뉴스의 생산자가 누구인지 소비자들이 모르는 경우도 많다. 언론의 브랜드가 뉴스 소비에 결정적 영향을 미치지 못하는 것이다.

공영방송 저널리즘이 사회 전반에 미치던 영향력도 크게 쇠퇴할 수밖에 없다. 뉴스를 더 이상 전통 매체를 통해 소비하지 않는 사람들이 늘어나는 흐름에서 공영방송 저널리즘만 예외일 수는 없기 때문이다. 젊은 세대는 아예 종이 신문은 물론이고 지상파 방송 뉴스조차 잘 보지 않는다. 그렇다면 공영방송 저널리즘이 우리 사회에서 수행하는 역할도 그만큼 축소될 수밖에 없는가? 그럴 수도 있다. 하지만 공영방송의 역할이 줄어드는 것은 그렇게 간단한 문제가 아니다. 이 또한 언론 매체의 난립 때문이다.

폭발적으로 늘어난 언론 매체들은 대부분 매우 영세하다. 소속 언론인의 수가 5명이 되지 않는 곳이 대부분이다. 지속적인 취재와 보도가 이뤄지는지도 잘 파악되지 않는다. 물론 소속 언론인 수와 상관없이 의미 있는 저널리즘을 실천하는 곳도 있지만, 본질적으로 차별성을 찾기 어려운 매체들이 난립하고 있는 것이 현실이다. 유튜브 등 SNS를 중심으로 활동하는 매체들이 저널리즘

---

1   구체적인 언론사와 정기간행물 관련 통계는 문화체육관광부 인터넷 홈페이지 및 e-나라지표 참조.

의 공적 책임과는 무관하게 수익을 위한 선정적인 콘텐츠를 양산하는 문제도 심해지고 있다. 뉴스 소비자의 관점에서 볼 때, 언론사는 폭발적으로 늘었는데 제대로 된 정보를 찾기는 더 어려워지는 역설적 상황이 벌어지고 있다.

이 때문에 여전히 뉴스 소비자들은 중요한 사회적 의제에 관한 정보를 전통 매체에 의존한다. 단적으로 코로나19라는 사상 초유의 전 세계적 감염병 사태가 시작된 2020년 봄부터 전통 매체의 뉴스 이용률이 증가한 것은 상징적이다 (언론진흥재단, 2020b). 사회적 위기 상황에서 뉴스 소비자들은 그래도 믿을 만한 저널리즘, 책임 있는 저널리즘의 제공자로 전통 매체들을 떠올린 것이다. 전통 매체들로서는 사회적 위기 속에서 자신의 역할이 다시 주목받는 기회를 맞은 셈이다. 언론학자들로부터 '레거시 미디어legacy media'라고 불리며 퇴물 취급을 받던 전통 매체들은 과연 이 기회를 살려 자신들이 가진 실력을 입증할 수 있을까? 전 세계적으로 코로나19는 전통 언론의 가치를 다시 생각해 보아야 한다는 점을 일깨워 주었다. 실제로 로이터 저널리즘 연구소의 2021년 조사에서 한국은 물론이고 전반적으로 여러 나라의 언론 신뢰도가 올라갔다 (Reuters Institute, 2021).

전통 매체들 가운데서도 특별한 위치에 있는 공영방송 저널리즘은 어떨까? 코로나19를 비롯한 위기 상황에서 공영방송은 확실히 차별화된 저널리즘을 보여주어야 한다. 언론사가 난립할수록, 광고 같은 재원에 의존하는 언론사들이 생존을 건 경쟁에 내몰릴수록 더욱 역할이 중요해지는 것이 공영방송 저널리즘이다. 법적·재정적 뒷받침을 받으며 사회 전체의 이익만을 고려한 저널리즘을 추구하는 역할을 맡고 있기 때문이다. 언론 시장의 혼란이 커질수록 역설적으로 공영방송 저널리즘은 더 돋보일 수 있다. 문제는 그런 기회를 얼마나 제대로 활용하느냐이다.

모든 제도는 저절로 설계된 의도에 따라 운영되지는 않는다. 공영방송 저널리즘이 어떤 목적을 갖고 있고, 어떤 기준에서 운영되어야 하고, 실제 운영 상황은 어떤지 수시로 성찰하는 것은 매우 중요하다. 이 글은 공영방송 저널리즘이 어떤 사회적 책임을 지고 있는지, 맡은 역할을 제대로 수행하고 있는지를 저널리즘의 본질적 가치에 비추어 점검해 보려는 것이다. 공영방송이 지금 어떤 시사 보도 프로그램을 어떻게 제작하고 있는지가 아니라, 구체적으로 '어떤 저널리즘'을 추구하는지 살펴보려고 한다.

뉴스 소비자의 역할과 공영방송 저널리즘의 미래

공영방송에 어떤 저널리즘을 기대하고 요구해야 할지 뉴스 소비자들도 잘 생각해 보아야 한다. 급속히 디지털화하는 언론 환경 아래서 과거와 같은 일방적인 저널리즘이 계속 통용될 수 없다. 이제 뉴스 소비자는 현실적으로 뉴스 생산 구조의 한 축으로 떠올랐다. 적극적으로 댓글을 달거나 SNS를 통해 뉴스 유통의 일부를 맡기도 한다. 불만이 있으면 개별 언론인은 물론이고 언론사까지 실질적으로 압박할 수 있는 능력을 가진 경우도 있다. 이른바 '조국 사태'라고도 불리는 조국 전 장관 사건 보도 과정에서는 외부의 문제 제기로 취재진이 바뀌기도 했다. 이 글에서 뉴스 수용자라는 수동적 용어 대신 소비자라고 부르는 것도 그러한 이런 맥락에서이다.

이제는 공영방송 저널리즘의 미래를 얘기할 때 뉴스 소비자의 역할을 진지하게 고민해야 한다. 소비자 관점에서 공영방송 저널리즘을 생각할 때 중요한 것은 소비자들 사이에 정말 다양한 이해관계가 존재할 수 있다는 점이다. 특정 쟁점에 대해 찬성하거나 반대하는 시청자가 동시에 존재하는 경우도 많다. 따라서 공영방송 저널리즘이 모든 시청자를 만족시키기를 바라는 것은 비현실적이다. 공영방송 저널리즘은 손쉽게 어느 한쪽을 편드는 것이 아니라, 사안의 실체에 최대한 가까이 다가가려고 노력해야 한다. 그것이 당장은 불편해할 소비자에게도 궁극적으로는 이익이 되는 일이다.

문제는 저널리즘은 항상 불만을 가진 사람을 만들어낸다는 것이다. 특정 보도에 동의하지 않는 사람들이 불만을 쏟아내고, 그것이 큰 세력을 형성하면 문제가 간단하지 않다. 대부분의 저널리즘이 이런 목소리의 영향을 받는다. 다매체 시대를 맞아 아예 적극적으로 특정 목소리를 대변하는 매체도 적지 않다. 이 때문에 정도의 차이는 있지만 대부분의 언론사들이 특정 이해관계를 대변한다는 의심을 받기도 한다.

이런 문제에 대한 공영방송 저널리즘의 대응은 매우 중요하다. 공영방송 저널리즘의 가치를 분명히 할 좋은 기회이기도 하다. 공영방송은 특정 쟁점의 이해관계자들로부터 독립성을 유지할 수 있는 제도적 기반이 있기 때문이다. 이미 많은 매체가 여러 이해관계를 대변하는 상황에서 공영방송 저널리즘까지 이해관계의 각축에 뛰어든다면 사회적 혼란을 키울 수 있다. 어떤 상황에서도 신뢰할 수 있는 기초적인 정보를 제공하는 것, 그것이 공영방송 저널리즘이 해야 할 첫 번째 책무일 것이다.

그런 점에서 공영방송 저널리즘이 충성해야 하는 대상은 사회 일반이어야 하고, '모든 시청자의 이익'을 도모해야 한다. 이런 점을 뉴스 소비자도 분명하게 인식해야만 공영방송 저널리즘을 둘러싼 소모적인 논란을 잠재울 수 있다. 생산자와 소비자가 합의할 수 있는 공영방송 저널리즘의 가치에 대한 논의가 필요한 이유이기도 하다. 이를 위해 공영방송 저널리즘은 지금보다 더 적극적으로 보다 많은 소비자들과 소통하면서 투명하게 수행되어야 한다.

매너리즘에 빠져서도 안 된다. 특히 제도적 뒷받침을 통해 당장 소비자의 선택을 받기 위한 치열한 경쟁에서 어느 정도 발을 뺄 수 있다는 것이 혁신을 외면해도 된다는 것은 아니기 때문이다. 제도적 뒷받침은 공영방송이 시청자 일반의 이익을 추구할 뿐만 아니라 시청자에게 편하고 유익한 저널리즘을 제공해야 할 이유이기도 하다. 급변하는 뉴스 소비 환경을 감안해 소비자들의 감각에 맞는 신선한 내용과 방식으로 저널리즘을 실천해야 한다. 이것은 내용과 형식 모두에 해당되는 말이다.

그래서 이 장에서는 공영방송 저널리즘이 추구해야 하는 저널리즘의 기본적인 원칙에서부터 공영방송 저널리즘의 현재, 그리고 이를 둘러싼 다양한 논란 등을 함께 짚어볼 것이다. 이를 바탕으로 공영방송 저널리즘이 어떤 발전

방향을 추구해야 할지도 생각해 보려고 한다. 공영방송 저널리즘의 책무와 발전 방향을 놓고 다양한 의견이 존재할 수 있다. 하지만 적어도 논의의 출발점은 언론 자유라는 헌법적 가치와 이에 바탕을 둔 저널리즘 원칙이어야 한다. 이런 기초 위에서 공영방송 저널리즘의 방향성에 대해 최대한의 사회적 공감대가 만들어지는 것이 필요하다.

2. 저널리즘과 공영방송

1) 저널리즘의 역할

언론의 사회적 책임을 강조하며 언론을 비판하는 목소리가 높아지면서 표현의 자유, 언론 자유를 강조하는 사람은 찾아보기 어려워졌다. 언론 규제를 강화하자는 주장 속에 표현의 자유라는 개념 자체가 수세에 몰린 상황이다. 전통 언론만이 아니라 개인 미디어들의 과도한 취재나 방송이 지탄을 받는 일이 속출하면서 언론 자유는 그야말로 사면초가인 상태이다. 전통 언론, 신생 언론 할 것 없이 치열한 생존경쟁이 벌어지고, 기사 베끼기나 선정적 기사, 광고 갑질 등의 문제가 나타나고 있다. 하지만 상황이 암울할수록 도대체 언론 자유는 무엇이고, 또 무엇을 위한 것인지를 생각해 보아야 한다. 이런 비판이 언론의 본질적 가치를 훼손해서는 안 되기 때문이다.

'표현의 자유'가 어떤 기능을 담당하는지 크게 네 가지로 분류할 수 있다. 먼저 어떤 사람이 내면의 자기 생각이나 사상을 드러내거나 표현함으로써 자아를 실현하는 수단이 된다. 또 학문 연구나 진리 탐구를 위해서도 표현의 자유가 필요하다. 주류 견해에 자유롭게 도전하는 발언을 보호하지 않으면 학문 발달은 상상할 수 없다. 사회 구성원들이 공적인 의사결정에 참여할 수 있도록 다양한 정보를 주고받을 수 있게 하는 기능도 있다. 마지막으로 소수의 불만이나 이견이 억압받지 않고 표현될 수 있도록 하는 역할도 있다(심석태, 2016).

표현의 자유가 갖고 있는 네 가지 기능 중에서 사회 구성원이 공적 의사결정에 참여할 수 있도록 필요한 정보를 제공하는 것이 바로 저널리즘의 핵심 역할이다. 대의민주주의 체제에서 제대로 된 정보가 없다면 시민은 공적 의사결정에 실질적으로 참여할 수 없다. 주권자인 국민은 논의 대상인 공적 사안이 어떤 것인지 알아야 한다. 시민이 공적 사안에 대해 제대로 된 정보를 얻지 못한다면 여론 형성과 정치적 의사 표현을 제대로 할 수 없다. 대의민주주의가 껍데기만 남게 되는 것이다. 그런 점에서 언론의 자유는 국민주권을 실현하는 수단이다(홍성방, 2006; 헌재 89헌가194 결정). 이 때문에 사회적 의사결정을 위한 공적 정보의 유통에 관한 것이라면 표현의 자유를 '절대적으로' 보호해야 한다는 주장까지 나온다(Meiklejohn, 1948).

공적 정보 유통에 관한 표현을 절대적으로 보호해야 한다는 주장은 실제로 미국 연방대법원이 수정헌법 제1조를 해석하는 기초가 되었다. 이를 기초로 언론 자유가 다른 기본권과 충돌할 경우 우월적 지위를 인정해야 한다는 사상이 널리 퍼졌다. 헌법재판소도 언론 자유가 다른 기본권에 비해 우월한 지위에 있다는 것이 현대 헌법의 흐름이라고 설명한 적이 있다(헌재 89헌마165 결정). 헌법상 기본권들 사이에는 통상 우열이 인정되지 않지만 적어도 표현의 자유, 언론 자유는 다른 기본권을 가능하게 하는 자유, 즉 '메타meta 자유'로 인식되는 것이다.

여기서 '표현의 자유'와 '언론 자유'라는 용어의 관계를 정리해 둘 필요가 있겠다. 이 두 표현은 종종 혼용되기도 한다. 다만 엄밀히 보면 표현의 자유는 언론 자유를 포함하는 개념이다. 표현의 자유가 갖는 네 가지 기능 가운데서 언론 자유는 주로 세 번째 기능을 지칭하는 것으로 볼 수 있다. 따라서 공적 의사결정을 위한 정보 유통이라는 관점에서 표현의 자유는 언론 자유와 동의어가 된다. 저널리즘의 관점에서 표현의 자유와 언론 자유는 동의어인 셈이다.

언론 자유가 공적 의사결정을 위한 정보 유통을 의미한다는 점에서 일반적으로 표현의 자유를 얘기할 때와는 달리 언론 자유, 즉 저널리즘에 관해 얘기할 때는 '책임'의 문제를 조금 더 무겁게 생각할 수밖에 없다. 저널리즘이 제기능을 하느냐 하지 못하느냐에 따라 대의민주주의가 제대로 작동할 수도 있고 그렇지 못할 수도 있기 때문이다. 사회적 차원에서 언론 자유가 그만큼 중요한 것이다. 특정 시각에 치우친 정보만 접한다면 대의민주주의라는 정치 체제의 본질이 훼손될 수밖에 없다. 저널리즘은 방송, 신문, 온라인 등 어떤 매체를 통한 것이라도 본질적으로 대의민주주의가 작동할 수 있는 기반인 공적 정보의 유통 창구가 된다. 이런 저널리즘의 본질적 기능은 모든 언론 매체가 외면해서는 안 된다.

2) 저널리즘의 기본 원칙

(1) 저널리즘의 열 가지 기본 원칙

모든 저널리즘이 공통적으로 갖고 있는 본질적 기능을 조금 더 구체적으로 살펴보자. 저널리즘은 무엇인가, 저널리즘은 어떤 원칙에 따라 움직여야 하는가, 문제적 저널리즘은 어떤 것인가에 대해 다양한 논의가 있어왔다. 책임 있는 저널리즘이 무엇을 추구해야 하는지를 매우 간명하게 설명하고 있는 빌 코바치Bill Kovach와 톰 로젠스틸Tom Rosenstiel의 『저널리즘의 기본 원칙』은 저널리즘이 지켜야 할 열 가지 기본 원칙을 표 3-1과 같이 제시하고 있다(Kovach and Rosenstiel, 2021).

이 열 가지 기본 원칙에서 우리는 진실성 내지는 사실성(①, ③), 독립성(④, ⑤, ⑨), 공익성(②, ⑥, ⑦, ⑧)이라는 세 가지 기본적인 가치를 추출할 수 있다. 마지막 10번째 원칙은 시민들 또한 저널리즘에 대해 권리만이 아니라 책임도 있다고 말한다. 시민들이 저널리즘의 기본 가치를 제대로 이해하고 이를 바탕으로 언론을 감시해야 한다는 말이다.

표 3-1 저널리즘의 열 가지 기본 원칙

① 저널리즘의 첫 번째 의무는 진실에 대한 것이다.

② 저널리즘의 최우선 충성 대상은 시민이다.

④ 기자들은 그들이 취재하는 대상으로부터 반드시 독립을 유지해야 한다.

⑤ 기자들은 반드시 권력에 대한 독립적인 감시자로 봉사해야 한다.

⑥ 저널리즘은 반드시 공공의 비판과 타협을 위한 포럼을 제공해야 한다.

⑦ 저널리즘은 반드시 최선을 다해 시민들이 중요한 사안들을 흥미롭게 그들의 삶과 관련된 일로 인식할 수 있도록 전달해야 한다.

⑧ 저널리즘은 뉴스를 포괄적이면서도 비중에 맞게 다뤄야 한다.

⑨ 기자들은 그들의 개인적 양심을 실천해야 하는 의무가 있다.

⑩ 그들의 선택을 통해 뉴스 생산에 참여하는 시민들은 뉴스에 관해 권리를 행사할 수 있다. 그러나 그들은 책임감을 느껴야 한다. 그들이 스스로 뉴스 생산자와 편집자가 되는 상황에서는 더욱더 그러하다.

이런 저널리즘의 기본 원칙에 대한 설명이 새로운 것은 아니다. 진실 보도를 좋은 뉴스의 으뜸가는 원칙으로 제시하며, 공정성과 공론장, 정부와의 관계, 사회적 커뮤니케이션의 중요성 등을 설명하는 것처럼 비슷한 취지의 설명이 있어왔다(이민웅, 2008 등). 저널리즘의 기본 원칙을 논할 때 진실성, 사실성, 독립성, 공익성 같은 개념은 항상 바탕에 깔려 있는 것이다. 그런데도 『저널리즘의 기본 원칙』이 큰 관심을 끌었던 것은 누구나 간명하게 이해할 수 있도록 원칙들을 설명해 냈기 때문이다.

특히 뉴스 소비자인 시민들이 중요한 사안들을 자신의 삶과 관련된 일로 인식할 수 있도록 전달해야 한다는 것이나, 뉴스를 포괄적이면서도 비중에 맞게 보도해야 한다는 원칙은 실제로 언론인들이 당연히 중요하게 생각하지만 '저널리즘 원칙' 차원으로 인식하지는 못했던 것이다. 먼저 매일 저널리즘을 실천하는 언론인들은 공적 가치를 갖는 중요 사안을 소비자들이 자신들의 일로 인식할 수 있도록 기사의 품질을 올리기 위해 다양한 노력을 기울인다. 뉴스 소비자인 시민들의 시선을 끌지 못하면 아무리 좋은 의미를 담은 뉴스라도 실질적인 의미를 갖기 어렵기 때문이다. 또한 뉴스를 각각의 중요성을 감안해 적절한 비중으로 전달하는 것도 중요하다. 뉴스를 전달하는 방송 시간이나 지면에는 일정한 제한이 있을 수밖에 없기 때문이다. 이런 측면은 언론 현장에서는 매일같이 고민하는 현실적인 문제이다. 이런 것을 '저널리즘 원칙'의 반열로 끌어올림으로써 뉴스 소비자는 물론이고 언론 연구자들도 저널리즘이라는 것을 매우 현실적인 문제로 다루어야 한다는 점을 강조한 셈이다.

(2) 저널리즘의 일곱 가지 문제와 판례

방송 기자들과 언론학자들이 제시한 '문제적 저널리즘의 일곱 가지 유형'도 저널리즘의 원칙이 무엇인지를 잘 보여준다. 사실관계 확인이 부족한 기사, 정치적으로 편향된 기사, 광고주에 편향된 기사, 출입처에 동화된 기사, 자사 이기주의에 빠진 기사, 시청률에 집착하는 기사, 관습적으로 작성된 기사가 일곱 가지 문제적 저널리즘 유형이다(심석태 외, 2014).

저널리즘은 먼저 사실관계를 제대로 확인해야 한다는 사실성의 원칙을 비롯해 독립성, 공익성 등 저널리즘의 기본적인 원칙들이 이 일곱 가지 유형에 녹아 있다. 독립성과 공익성은 별개로 떨어진 것도 아니다. 특정한 세력이나 기관, 진영 등의 이해로부터 자유롭게 저널리즘 판단을 한다는 것은 오로지 공익을 중심으로 판단하는 것을 말하기 때문이다. 이 때문에 이 일곱 가지 원칙 또한 사실성, 독립성, 공익성의 세 가지 가치를 기준으로 묶어볼 수 있다. 위에서 살펴본 『저널리즘의 기본 원칙』이 제시하는 가치 기준과 크게 다르지 않다.

법원도 명예훼손을 비롯해 법적인 문제가 제기된 언론 보도의 책임 문제를 따질 때 사실 확인을 제대로 한 보도인지, 또 공익을 위한 보도인지 따진다. 공익성을 판단하는 중요한 기준 가운데 하나가 특정한 이해관계를 내세우지 않고 언론으로서 독립적 판단을 했느냐이다(심석태, 2016). 실제로 법원은 공적 관심사에 대한 보도는 대체로 공익을 위한 것으로 보지만, 언론사의 경제적 이해관계가 관련됐거나 감정적인 갈등이 기사 판단에 영향을 미친 것으로 보일 경우 공익성을 부정한 사례들도 있다. 따라서 판례가 보는 좋은 저널리즘의 판단 기준과 언론학자나 언론인이 이야기하는 저널리즘의 기본 원칙은 큰 차이가 없다. 이런 저널리즘의 기본 원칙들은 공영이든 민영이든, 신문이든 방송이든 구분 없이 언론이라면 당연히 지켜야 하는 것들이다. 이런 원칙을 지키느냐, 그렇지 않느냐가 언론이냐 아니냐를 가르는 출발점이 되는 셈이다.

3) 매체별 저널리즘의 특징과 공영방송

이런 저널리즘의 기본 원칙이 구체적으로 어떻게 구현되어야 하는지를 생각해 보자. 기본 원칙은 근본적인 방향성의 옳고 그름을 판단하는 기준이다. 현실 속에서 이런 원칙은 가장 기초적인 수준을 넘어서기만 한다면, 구체적인 실천의 수준이나 방법은 다양하게 나타나도 괜찮다. 똑같은 도덕이나 윤리 원칙이라도 개인적인 감수성과 철학에 따라 준수 방법과 정도가 달라질 수밖에 없기 때문이다. 개인적 차이 외에 매체 성격이나 형태에 따른 차이도 있다. 언론으로서 본질적 역할은 같더라도 방송과 신문, 온라인 저널리즘은 구체적으로 제공하는 정보는 물론 소비 방식도 다르다. 여기서는 방송과 신문, 온라인 저널리즘의 차이를 생각해 보자.

앞에서도 언급했지만 지금 국내에는 저마다 알권리 충족을 내세운 2만 4000개에 육박하는 매체들이 생존을 위한 각축을 벌이고 있다. 사실상 대부분의 언론사 설립에 아무런 제약이 없다. 설립 과정에서 공적 통제는 거의 불가능하다. 자유롭게 매체를 설립할 수 있다고 해서 저널리즘 원칙으로부터 자유로운 것은 아니다. 스스로를 '언론'으로 규정한다면, 정도의 차이가 있을 뿐 저널리즘의 기본 원칙을 따라야 한다. 저널리즘의 기본 원칙을 준수하는 한에서만 사회적으로 시민들에게 필요한 공적 정보의 유통에 기여할 수 있다. 이들이 공적 기능을 수행하는 것을 전제로 제도적으로도 일정한 지원을 한다. 정부는 언론진흥기금과 지역신문발전기금을 조성해 이런 매체들을 대상으로 소속 언론인 교육은 물론 운영에 대한 지원 사업도 한다.

방송은 신문이나 온라인 매체와 달리 설립부터 자유롭지 않다. 방송은 전파자원을 사용한다는 기술적인 특성 때문에 허가 사업으로 시작되었다. 다채널 시대가 되면서 주파수 희소성을 근거로 한 방송의 공적 책무론은 설득력이 많이 약해졌지만, 방송은 여전히 허가 사업으로서 높은 공적 책무를 부여하는 근거가 된다. 방송 사업자의 신규 진입을 제도적으로 통제하는 것 자체가 시장 진입이 자유로운 신문이나 인터넷 매체와 달리 방송에 무거운 공적 책임을 인정하는 명분이 되는 것이다.

방송이 여론에 미치는 영향력의 크기도 함께 고려되어야 한다. 지상파를 사용하는 방송사들은 다채널 시대가 된 뒤에도 여전히 정부의 허가를 받아야 하고, 일정 기간마다 재허가와 함께 방송 내용 심의도 받고 있다. 지상파 방송의 저널리즘에는 사실상 동일한 수준의 평가 기준이 적용되는 것이다. 가입자들에게만 프로그램을 내보내는 유료 다채널 방송도 보도 기능을 갖고 있는 종합편성채널(이하 '종편')과 뉴스 전문 채널은 정부의 승인과 내용 심의 대상이다. 방송에 대한 규제 체제가 전파 사용 여부, 보도 기능 유무를 기준으로 계층적으로 구성되어 있는 것이다.

같은 지상파 방송이라도 공영과 민영에 똑같은 공적 책임이 부여된다고 보기는 어렵다. 공영방송에는 민영에 비해 더 높은 수준의 저널리즘을 요구하는 것이 불가피하다. 기본적으로 대의민주주의 체제의 정상적 작동이라는 사회적 공익을 구현하기 위해 운영하는 것이기 때문이다(강형철, 2004; 윤석민, 2020). 특히 「방송법」에 따라 설립되고 수신료라는 공적 재원을 투입하는 KBS는 가장 높은 수준의 저널리즘을 요구받을 수밖에 없다. 모든 언론사들이 존폐를 걸고 경쟁하는 상황에서 공영방송이 누리는 제도적 지위를 생각하면 공영방송, 그중에서도 KBS는 사실성, 독립성, 공익성이라는 저널리즘의 기본 가치를 더욱 엄격하게 실천해야 한다.

3. 공영방송 저널리즘의 현황

1) 방송 저널리즘의 특성

방송 저널리즘은 문자가 아니라 음성과 영상을 중심으로 하는 매체 특성의 영향을 받는다. 방송의 여러 기술적 특성은 단순한 전달 수단의 차이를 넘어선다. 그중에서도 실시간성은 방송 저널리즘의 중요한 특성이다. 뉴스 프로그램들은 원칙적으로 실시간으로 방송된다. 개별적인 뉴스 콘텐츠는 이미 편집이 완료된 사전 제작물이라도 앵커가 실시간으로 진행하는 뉴스에 포함된다는 점에서 실시간성은 방송 저널리즘의 기본적 속성이다(심석태·김민표, 2021).

뉴스 프로그램으로 방송되었던 내용이 프로그램 전체, 혹은 개별 뉴스 아이템별로 나뉘어 유튜브 등을 통해 유통될 때 원래의 실시간성은 소거된다. 온라인상에서 뉴스 소비자는 처음 보도물을 제작할 때 상정했던 것과는 아무 상관없이 각자 편리한 시간에 그 보도물을 하나의 콘텐츠로 보게 된다. 그렇지만 이런 소비자도 해당 콘텐츠가 최초로 보도될 때의 실시간성을 전제로 내용을 이해한다. 소비자들도 방송 뉴스의 실시간성을 이해하고 있기 때문이다. 물론 온라인상에서 방송 뉴스가 텍스트로 전달될 때에는 '오늘', '내일'과 같은 시제 표현이 '10일', '11일'과 같은 날짜로 바뀐다. 뉴스 소비자도 당연히 영상 콘텐츠 속의 '오늘'과 텍스트 상의 '10일' 사이의 동일성을 받아들인다.

방송 저널리즘은 실시간성이라는 특성을 점점 더 적극적으로 활용하고 있다. 현장 생중계가 계속 늘어나고 있는데, 인터넷망을 통한 연결은 물론 이동통신망을 이용한 생중계도 보편화되었다. 국제 연결 비용까지 획기적으로 떨어지면서 현장이 어디든 생방송 연결이 크게 늘었다. 이런 방송 저널리즘의 실시간성 강화는 매체 환경 변화 속에서 방송 저널리즘의 강점을 최대한 살리는 전략이 되고 있다.

방송이 생생한 현장을 그대로 보여줄 수 있다는 점은 문자 중심의 매체와 전달 효과에서 큰 차이를 낳는다. 영상이나 음성, 음향은 문자를 통한 '언어적 메시지 전달'과 달리 감성적인 메시지를 전달한다. 문자를 통해서도 현장 분위기나 감정을 전달할 수 있지만 방송의 직접성과는 차이가 있다. 이런 방송의 기술적 특성은 시청자에게 큰 몰입감과 현장감을 줄 수 있다.

이런 현장감, 감성적 성격은 방송 저널리즘의 강점인 동시에 위험성이 되기도 한다. 정보 전달 기능을 하는 방송 저널리즘이 너무 감성적으로 소비될 가능성이 있기 때문이다. 저널리즘은 대의민주주의 체제의 기초인 '공적 정보의 유통' 기능을 수행하는데, 자칫 방송 저널리즘의 감성적 측면이 쟁점에 대한 이성적 논의를 방해할 수 있는 것이다. 특정 영상물이 시청자에게 주는 개별적 체험이 사안에 대한 종합적인 이해를 방해할 수 있다는 점을 유의해야 한다.

흑백 TV가 컬러로 바뀌고, HD에 이어 UHD, 4K, 8K 등으로 화질과 음질이 지속적으로 개선되면서 방송 저널리즘은 점점 더 실감나는 뉴스 콘텐츠를 제공한다. CCTV나 블랙박스, 휴대폰 카메라 등이 촘촘하게 일상을 촬영하면서 뉴스에 사용될 수 있는 영상도 점점 많아진다. 교통사고 순간, 폭발이나 재해 순간 등을 담은 생생한 영상은 글로 묘사하는 것과는 확연히 다른 감성적 경험을 제공한다. 하지만 개별 영상이 전체 맥락에 어긋날 수 있다는 진실성의 측면과 함께, 해당 사안의 당사자나 가족이 정서적 충격을 받을 수도 있다는 인권적 측면도 함께 고려되어야 한다.

이런 우려 속에 우리 사회에서 방송 저널리즘은 오랫동안 사실 보도에 무게 중심을 두어왔다. 이 때문에 방송 저널리즘은 깊이가 얕다거나, 기계적 중립에 매몰되어 있다는 지적을 받기도 했다. 실제로 방송 저널리즘이 뜨거운 사회적 쟁점을 외면한 적도 있었다. 하지만 방송 저널리즘이 사실 보도에 기반을 두지 않고 너무 의견 중심으로 흐르는 것도 위험하다. 방송 저널리즘의 감성적 속성과 맞물려 쟁점에 대한 이성적 논의를 왜곡할 가능성을 무시하면 안 된다. 실제로 방송 저널리즘을 두고 정파성 논란이 이는 경우는 대체로 이런 문제와 관련이 있다.

2) 공영방송 저널리즘의 현황

(1) 공영방송의 시사·보도 프로그램

KBS는 일반적인 뉴스 프로그램 편성량부터 다른 방송사들과 확실한 차이를 보인다. KBS 1TV를 기준으로 볼 때 정규 뉴스나 시사 프로그램이 이른 아침부터 심야까지 촘촘하게 편성되어 있다. 종편의 등장 이후 낮 시간대에 각종 속보와 시사 해설을 다루는 프로그램이 많이 생겼는데 KBS도 예외는 아니어서 전체 분량이 더 늘었다. 9개 지역 총국 등 18개 지역국이 제작하는 지역 뉴스도 KBS의 강점이다.

여기에 다양한 시사 프로그램들이 현안에 대한 탐사 보도와 진단, 미디어 비평, 남북 관계와 국제 뉴스 해설 기능을 한다. 특히 탐사 보도를 지향하며 중요 시사 현안을 심층 취재하는 〈시사기획 창〉은 매주 제작되는 편마다 비교적 높은 완성도를 보여준다. 물론 가끔 성급한 분석이나 무리한 결론을 제시하는 바람에 논란의 대상이 되는 경우도 있다. 하지만 각종 언론상 심사에 단골로 후보작으로 올라가 같은 프로그램의 다른 편들끼리 경쟁을 하는 경우도 많다. KBS는 또 고위 정책 관계자 등이 직접 출연해 현안을 설명하는 〈일요진단 라이브〉 같은 프로그램을 꾸준히 편성해 공적 정보를 전달하는 역할도 하고 있다.

KBS 2TV는 좀 다르다. 2021년 6월 현재, 뉴스를 다루는 프로그램 4개에 시사 프로그램은 10분짜리 재난 정보 프로그램이 전부이다. 2TV만 놓고 보면 다른 공영방송인 MBC와 민영인 SBS에 비해 시사·보도 프로그램 편성이 적다. KBS가 광고를 하지 않는 1TV에 시사·보도 기능을 집중 배치하고 2TV에는 오

표 3-2 공영방송 등 지상파 방송사의 시사·보도 프로그램 현황(2021년 6월 현재)

방송사	정규 뉴스	시사
KBS	〈1TV〉 뉴스광장 1부, 뉴스광장 2부, 930뉴스, 뉴스12, 뉴스2, 사사건건, 뉴스5, 뉴스7, 뉴스9, 뉴스라인 〈2TV〉 아침뉴스타임, 지구촌뉴스, 뉴스타임, 통합뉴스룸ET	〈1TV〉 시사기획 창(일 21 : 40) 질문하는 기자들Q(일 20 : 35) 남북의 창(토 07 : 50) 일요진단라이브(일 08 : 10) 특파원보고 세계는 지금(토 21 : 40) 〈2TV〉 재난방송센터(일 07 : 20)
MBC	뉴스투데이(1부), 뉴스투데이(2부), 930MBC뉴스, 12MBC뉴스, 뉴스외전, 5MBC뉴스, 뉴스데스크	스트레이트(일 08 : 25) 통일전망대(토 07 : 30)
SBS	모닝와이드(1부), 모닝와이드(2부), SBS 뉴스, 12시 뉴스, 뉴스브리핑, 오뉴스, 8뉴스, 나이트라인	뉴스토리(토 07 : 40)

락 기능을 맡겼기 때문이다. 앞으로 수신료 인상을 통해 KBS의 광고 의존 비중이 크게 낮아지거나 광고가 폐지될 경우 편성의 변화가 생길 가능성이 있다.

전체적으로 KBS는 양대 공영방송 체제를 형성하고 있는 MBC나 민영 지상파 방송인 SBS에 비해 압도적인 분량의 시사·보도 프로그램을 제공하고 있다. 물론 세계적으로 대표적인 공영방송 모델인 BBC가 영국의 시사·보도 프로그램에서 차지하는 비중과 비교하기는 어렵지만 국내에서는 그와 유사한 역할을 KBS가 맡고 있는 셈이다(하라 마리코·시바야마 데쓰야, 2016).

공영방송의 하나인 MBC는 KBS와 비교해 시사·보도 프로그램 비중이 낮은 것은 물론이고 민영방송인 SBS와도 편성 측면에서 큰 차이를 발견하기 어렵다. 국내에서 허가 사업자인 지상파 방송과 승인 사업자인 종편의 차등적 규제 체제가 작동하면서 MBC와 SBS 사이에 공영과 민영이라는 소유 구조의 차이보다는 지상파 방송이라는 공통점이 더 크게 작용하는 것으로 볼 수 있다.

(2) 공영방송 저널리즘 조직

한국의 방송은 종편들이 전국 단일 채널을 운영하는 반면 지상파는 각 지역 방송국들의 네트워크 체제로 구성돼 있다. 지상파 방송 도달 거리를 기준으로 지역별 방송국 체제로 구성된 것인데, 지상파 방송을 직접 수신하는 가구가 얼마 남지 않은 지금도 같은 체제가 유지되고 있다. 이런 네트워크 체제는 종편의 전국 채널 체제에 비해 효율성은 떨어지는 반면 지역의 다양한 목소리가 더 많이 반영될 수 있는 특성이 있다.

KBS와 MBC는 완전히 다른 구조를 갖고 있다. KBS는 「방송법」에 따라 설립된 전국 단일 공사 체제이다. 주요 광역자치단체별로 설치된 9개 총국과 울산광역시와 주요 거점 도시에 설치된 9개 지역국을 합쳐 18개의 지역 조직을 산하에 두고 있지만 모두 본사의 보도본부가 시사·보도를 통합 관리하는 체제이다. 보도본부와 지역국 사이에는 인적 교류가 이뤄지기도 하고 보도 내용에 대한 게이트키핑도 조직적으로 이뤄진다. 각 지역국의 보도 프로그램은 각자의 책임하에 제작되지만 큰 틀에서는 본사의 지휘를 받는다고 볼 수 있다.

MBC는 「방송문화진흥회법」에 따라 설립된 방송문화진흥회가 최다 출자자인 방송으로 서울 MBC는 각 지역 MBC의 대주주로 본사-계열사 관계가 된다. 각자가 독립된 법인으로 독자적인 방송사업자인 것이다. 서울 MBC와 지역 MBC 사이에 인사를 통한 교류는 불가능하다. 계약에 따라 서울 MBC와 지역 MBC가 전국 네트워크를 구성하며, 보도 등을 위해 협력을 하는 방식이다.

지역에서 발생하는 주요 뉴스를 서울 MBC를 통해 전국에 내보낼 때에도 업무 협조를 하는 것이지 지휘를 받는 것은 아니다. 물론 MBC라는 브랜드를 공유한다는 점에서 SBS와 지역 민영방송 사이보다는 훨씬 긴밀한 협력이 이뤄진다. 하지만 본질적으로 독립 법인들의 네트워크라는 점에서 KBS의 전국적 통일성과는 차이가 분명하다. 2021년 6월 현재 16개의 지역 MBC가 있는데, 경남과 충북, 강원 영동은 각각 2개씩의 지역 MBC가 통합되어 어느 정도 광역화가 이루어진 상태이다.

경기와 대전·충남을 제외하고는 광역자치단체별로 하나씩, 모두 9개의 지역민영방송이 SBS와 구성하는 민영방송 네트워크에 비해 공영인 KBS와 MBC가 훨씬 촘촘한 지역국 체제를 갖고 있다는 점은 특징적이다. 개별 보도 조직이 더 작아진다는 점에서 효율성 논란이 있는 반면 지역 밀착형 보도가 가능하다는 장점이 있다. 이런 가운데 두 공영방송 모두 광역화를 추진하고 있어서 향후 조직 구조의 변화가 불가피해 보인다.

3) 공영방송 저널리즘과 시청자와의 소통

공영방송 저널리즘이 사회 운영에 필요한 중요한 공적 정보를 전달하는 기능을 할 뿐만 아니라 시청자들의 다양한 목소리를 반영해야 한다는 점에서 시청자와의 소통은 매우 중요하다. 이를 위해서는 공영방송이 시청자들의 목소리를 듣고 의문에 답하는 체제를 갖추는 것이 필요하다.

「방송법」은 시청자들의 불만을 듣고 시정하는 제도인 고충처리인 제도를 두고 있다. 방송과 소비자가 직접 소통하는 것을 제도화한 것인데, 안타깝게도 어느 방송사에서도 제대로 운영하고 있다는 평가를 받지 못하고 있다. 표 3-3을 보면 KBS, MBC 모두 고충처리인을 통한 시청자 불만 처리가 미미하다는 것을 알 수 있다. 언론 분쟁이나 불만 처리의 가장 바람직한 형태가 당사자끼리의 직접 소통이라는 점을 생각하면 법정 제도로 만들어 놓은 고충처리인 제도가 유명무실한 것은 안타까운 일이다(심석태, 2016).

방송이 시청자와 소통하는 또 하나의 법정 제도는 시청자위원회이다. 시청자위원회는 다양한 분야에서 전문성을 갖춘 사람들로 구성된다. 방송사업자들은 시청자위원회를 통해 시사·보도 부문을 비롯한 프로그램에 대한 다양한 의견을 듣고 방송에 반영하게 된다. 하지만 공영방송 시청자위원회가 실제로 다양한 시청자들의 생생한 의견을 듣는 창구 역할을 하고 있는지 의문이 제기되기도 한다. 시청자위원 추천 과정에 정치권이 개입하고, 시청자위원들이 보

표 3-3 최근 5년 동안 KBS, MBC 고충처리인 업무 처리 실적

구분	KBS		MBC
	전체	제작 부문(보도)	
2020	96	35(14)	119
2019	55	35(13)	3
2018	79	41(13)	5
2017	58	37(6)	21
2016	57	32(16)	25

자료: KBS, MBC 인터넷 홈페이지.

도 프로그램 평가를 놓고 정파적으로 대립한 적도 있다.

이런 제도를 떠나 실질적으로 시청자들과 소통하는 방법을 강구하는 것도 중요하다. 쟁점 사안의 경우 왜 보도를 하게 됐는지, 이런 방향으로 보도하는 이유는 무엇인지를 시청자들에게 명확하게 밝히는 것도 필요하다. 지금까지 확인한 것은 무엇이고 앞으로 추가 확인이 필요한 것은 어떤 것인지 등을 밝힘으로써 진행 중인 사안에 대한 시청자들의 이해를 돕는 것도 중요한 소통이다. 사회적 논의가 필요한 사안에 있어서는 시청자들의 다양한 의견을 뉴스에 반영함으로써 시청자가 소극적인 뉴스 소비자에 머물지 않도록 하는 것이 좋다. 하지만 아직 방송 뉴스는 취재한 내용을 일방적으로 전달하는 차원에 머물고 있는데, 공영방송 저널리즘도 예외가 아니다.

뉴스 소비자와 직접 소통하는 방식으로 기자나 PD가 직접 댓글이나 SNS를 통해 취재 경위를 설명하고 소통하는 방법이 있다. 실제로 활발하게 SNS 활동을 하는 공영방송 기자나 PD들이 있다. 하지만 이들의 SNS 활동이 시청자들이 궁금해 하는 뉴스의 배경을 설명하거나 의견을 듣고, 보도에 필요한 자료를 수집하는 등 긍정적 기능만 하는 것은 아닌 것으로 보인다. 일부 기자나 PD는 자신의 정치적 견해를 드러내거나, 다른 언론을 거친 표현으로 비판하기도 한다. 일부 프로그램 제작진이 운영하는 SNS 계정에서 시청자들과의 소통을 이유로 정제되지 않은 표현을 사용했다가 논란이 되기도 한다. 공영방송 종사자

들의 이런 SNS 활동은 자신의 관점에 동의하지 않거나 특정 표현을 불편해 하는 시청자들을 소통의 대상으로 인정하지 않는 것으로 비칠 수 있다.

KBS는 「방송 제작 가이드라인」의 SNS 관련 항목에서 개인의 SNS 사용에 관해 '공영방송 직원으로서 적절히 행동하라'는 식의 매우 포괄적인 규정을 두고 있다. 뉴욕타임스나 BBC의 매우 단호한 규정과는 차이가 있다. 뉴욕타임스는 「소셜미디어 가이드라인」에서 소속 언론인들에게 정파적인 의견을 내세우거나, 정치적 관점을 홍보하거나, 특정 후보자 지지를 표시하거나, 뉴욕타임스의 언론으로서의 평판에 해를 끼칠 수 있는 어떠한 거친 표현이나 행동을 하지 말라고 요구한다. 뉴욕타임스가 객관적으로 보도하려는 사안과 관련해서 어느 한쪽 편을 드는 것으로 보여서도 안 된다(NYT 인터넷 홈페이지). 뉴욕타임스가 취재와 보도 과정에서 소셜미디어를 적극적으로 사용해야 할 필요가 있다는 점을 언급하면서 이런 규정을 두고 있다는 점을 기억하면 좋겠다.

BBC도 「소셜미디어 지침」에서 소셜미디어의 효용성을 높게 평가하면서도 이를 사용할 때 '불편부당성impartiality'이라는 가치에 부합해야 한다고 명시하고 있다. 불편부당성에 대한 평판이 BBC에 얼마나 큰 가치를 갖는 것이며 동시에 의무 사항인지 설명하면서, 지금처럼 논의가 극단화되는 상황에서 이런 핵심 가치를 지키는 일은 필수적이라고 설명한다(BBC 인터넷 홈페이지).

4. 공영방송 저널리즘의 품질

1) 공영방송 저널리즘의 신뢰 문제

한국 방송 저널리즘에서 공영방송이 차지하는 비중은 압도적이다. KBS만으로도 MBC와 민영인 SBS의 시사·보도 프로그램을 합친 것만큼을 편성하고 있다. 취재 보도에 투입하는 인적·물적 자원의 규모도 마찬가지이다. SBS와 지역민방, 종편을 합치더라도 KBS, MBC의 인적·물적 자원에 미치지 못한다. 하지만 공영방송 저널리즘이 그만큼 압도적인 신뢰를 받고 있다고 말하는 사람은 많지 않을 것이다.

공영방송 지배구조에 정치권이 큰 영향력을 행사하는 문제는 공영방송 저널리즘에 대한 신뢰도 논란의 출발점이다. 정치권력이 교체될 때마다 공영방송도 홍역을 치렀다. 노무현 대통령이 퇴임하고 이명박, 박근혜 대통령이 집권하는 기간에는 공영방송 종사자 해직 사태가 발생하는 등 큰 갈등이 빚어졌다. 공영방송 저널리즘에 대한 불신도 깊어졌다. 수시로 공영방송 앞에서 시위가 벌어졌다. 단순히 정치권력과 공영방송 종사자들의 갈등을 넘어서서 공영방송 내부의 갈등도 심각했다(최영재, 2014). KBS, MBC 모두 정치적 색깔을 달리하는 복수 노조가 만들어졌다.

KBS는 2011년 10월 보도의 공정성과 신뢰도를 높이겠다며 'KBS 뉴스 옴부즈맨'이라는 프로그램을 신설했다. 하지만 옴부즈맨으로 참여한 교수들이 지속적인 지적을 해도 개선이 되지 않는다며 이듬해 5월 전원 사퇴했다(박재영 외, 2013). MBC에서는 2016년 경영평가 과정에서 기자들에 대한 해직 문제를 보고서에 언급하는 문제를 놓고 평가위원과 방송문화진흥회가 대립하다 보고서 채택이 불발되는 일도 벌어졌다. 2017년 박근혜 대통령이 탄핵된 뒤에도 KBS, MBC에서는 이전 정권에서 임명한 경영진과 구성원들의 갈등이 이어졌다.

박근혜 정부에서 임명된 경영진이 물러난 뒤에도 공영방송 저널리즘의 신뢰도에 대한 논란은 계속됐다. 시사·보도 프로그램의 공정성 논란은 두 공영방송 모두에서 벌어졌다. 〈오늘밤 김제동〉, 〈저널리즘 토크쇼 J〉 등을 놓고 편파성 시비가 일었고, 김제동 씨를 비롯해 몇몇 시사 프로그램 진행자 선정도 논란이 됐다. 메인 뉴스도 논란이 됐는데 KBS에서는 조국 전 법무부 장관에 대한 검찰 수사 보도 과정에서 특정인의 인터뷰 방송을 놓고 '노무현재단' 유시민 이사장이 문제를 제기하자 보도국 책임자들과 법조팀을 대거 교체하는 이례적인 대처로 논란을 빚었다.

MBC의 보도 기조에 대한 야권의 반발도 계속됐다. 조국 전 장관에 대한 수사와 서초동에서 벌어진 지지 집회 등 검찰 관련 보도들이 논란의 대상이 되는 경우가 많았다. 시사 프로그램들의 경우 검찰 수사나 언론 비평과 관련한 프로그램들이 주로 논란이 됐다. 검찰 개혁, 언론 개혁 등 정부가 개혁을 내세웠던 영역들에서 갈등이 빚어지면서 공영방송의 독립성에 대한 의구심을 불러일으켰다. 바로 정파성의 과잉 문제이다(김동찬, 2021). 이 때문에 이명박, 박근혜 정부에서 정권의 방송 장악 시도를 비판했던 사람들이 정권이 바뀐 뒤의 공영방송 보도 기조가 반대 편향성을 보인다고 지적하기도 했다(강준만, 2020; 손석춘, 2020).

진실성 등 기본적인 품질 문제가 제기되기도 했다. KBS의 경우 뉴스 원고의 날짜를 제대로 확인하지 못해 엉뚱한 뉴스를 방송하는 사고를 비롯해, 재난 방송 과정에서 연결 장소를 허위로 표시한 사실이 드러나기도 했다. MBC도 인터뷰 대상의 신분을 숨긴 것이 메인 뉴스와 시사 프로그램에서 각각 논란이 되는 등 품질을 둘러싼 논란이 제기되기도 했다.

KBS는 자체적으로 실시하는 신뢰도 조사를 경영평가에 반영하고 있다. 신뢰도 조사는 외부 조사기관에 의뢰해 전화 면접 방식으로 매년 네 차례 실시해 결과를 인터넷 홈페이지에 공개한다. 이런 전화 조사는 답변의 이유까지 파악할 수는 없고 인상 비평에 그칠 가능성이 크다는 등의 한계는 있다. 하지만 일정 간격으로 지속적인 조사를 하면 전반적인 신뢰도에 대한 흐름을 파악할 수는 있다. 자신들의 활동을 어느 정도 객관화해 볼 수 있다는 점은 중요하다.

그런데 2019년 1분기와 2021년 1분기의 조사 결과는 최근 한국 방송 저널리즘이 얼마나 큰 소용돌이에 빠져 있는지를 보여준다. 불과 2년이 지났을 뿐인데 신뢰한다는 방송사 뉴스의 순위에 큰 변화가 있었다. JTBC의 신뢰도 하락과 함께 MBC, TV조선의 신뢰도 상승이 눈에 띈다. 그 사이에 어떤 보도들로 인해 이런 결과가 나왔는지는 면밀한 해석이 필요하지만 상반된 보도 기조를 보이는 것으로 평가되는 채널들의 신뢰도가 동시에 상승한 부분을 주목할

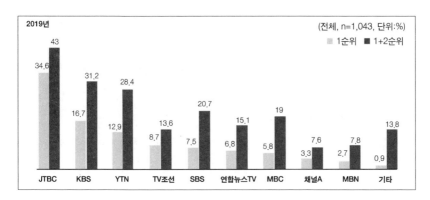

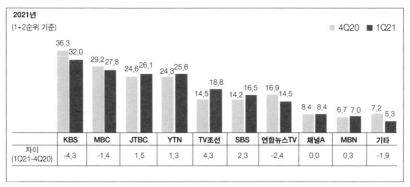

그림 3-1 1분기 방송 뉴스 신뢰도 조사 결과
자료: KBS 인터넷 홈페이지. 이 조사 항목의 질문은 "가장 신뢰하는 방송사 뉴스는 어느 곳입니까"로,
2019년 조사에서는 1순위와 2순위 답변을 별도로 보여주었고, 2021년 조사에서는 1순위와 2순위를
합산한 결과를 그 이전 분기와 비교해 보여주었다.

필요가 있겠다.

2) 저널리즘 원칙과 공영방송 저널리즘의 품질

공영방송을 포함해 저널리즘의 품질을 어떻게 평가하는 것이 적절한지는
항상 논란이다. KBS의 미디어 신뢰도 조사처럼 일반인을 상대로 전화 조사를
하는 것이 통상 많이 사용되는 방식이다. 다만 일방적으로 전화를 걸어 "가장

신뢰하는 방송사 뉴스는 어느 곳입니까?"라고 묻는 방식이 저널리즘 품질에 대한 얼마나 유의미한 평가 결과를 내놓을 수 있는지는 의문이다. 이런 방식에 대한 논란은 로이터 저널리즘 연구소의 언론 신뢰도 조사에서도 비슷하게 제기되는데 KBS 조사는 1순위와 2순위를 별도로 묻고 합산하는 등 신뢰도를 높이기 위해 노력한 점이 눈에 띈다.

하지만 이런 방식의 조사는 근본적으로 응답자가 갖고 있는 특정 매체에 대한 전반적인 인상을 반영할 가능성이 높아서 인상 비평이나 인기 조사로 흐를 위험성이 있다. 심층 인터뷰를 통해 그런 판단을 하는 이유가 무엇인지를 묻고, 해당 사안을 제대로 알고 대답하는지 등을 검증하는 것이 좋다. 실제로 그림 3-1에 나오는 것처럼 2년 사이에 JTBC의 신뢰도가 1·2위 합산 기준으로 43%에서 26.1%로 급락하고 MBC가 19%에서 27.8%로 급등한 것이 과연 그 방송사들의 저널리즘 품질을 반영한 것인지는 의문이다. 사실상 특정 정치적 쟁점을 두고 사회적 쏠림이 심하다는 것을 보여주는 것인데, 이런 측면이 언론의 신뢰도 평가 자체의 신뢰성에 영향을 미치는 것이다.

이런 문제는 각 방송사들의 조사 결과를 비교해 보아도 알 수 있다. MBC도 방송 프로그램 품질평가 지수를 발표하면서 다른 지상파 방송사들과 비교를 하는데 2020년 1차 조사 결과를 보면 메인 뉴스인 〈뉴스데스크〉가 평점 69.9점으로 지상파 메인 뉴스 중 가장 높은 평점을 기록했다(MBC 인터넷 홈페이지). 하지만 조사 시기가 겹치는 2020년 2분기의 KBS 조사에서는 가장 신뢰하는 방송사 뉴스로 KBS가 22.5%, MBC는 15.7%로 제법 큰 격차가 났다.

조사 설문도 다소 차이가 있고, 조사 방법의 차이도 있지만 이런 식의 조사로는 저널리즘 품질을 제대로 평가하기 어렵다는 점을 보여준다. 특히 로이터 저널리즘 연구소의 2020년 조사에서 드러난 것처럼 국내의 언론 소비 환경이 매우 정파적 형태를 보이고, 뉴스 소비자들이 자신과 같은 의견을 가진 저널리즘을 소비하려는 경향이 강한 상황에서 이런 조사가 갖는 한계가 더 크게 보일 수밖에 없다.

무엇보다도 이런 평가들은 응답자들이 구체적으로 어떤 기준에서 답변을 했는지 파악하기가 어렵다. 저널리즘의 품질을 개선하기 위해서는 저널리즘이 추구해야 하는 원칙을 기준으로 한, 보다 적극적인 평가가 필요하다. 일반적인 저널리즘 원칙과 함께, 해당 언론이 표방하고 있는 저널리즘 원칙을 보도 과정에서 얼마나 준수하고 있는지를 기준으로 품질을 평가하는 것이다. 특히 제작 가이드라인 등 스스로 공표한 저널리즘 원칙을 얼마나 잘 지키는지가 중요한 평가 기준이 되어야 한다. 위에서 살펴본 조사 방식을 쓰더라도 적어도 핵심 저널리즘 원칙을 이해하고 있는 사람에게 그것을 기준으로 한 평가를 묻는 방식을 생각해 볼 수 있다.

그림 3-2 「2020 KBS 방송제작 가이드라인」
자료: KBS 인터넷 홈페이지.

앞에서 우리는 다양한 저널리즘의 기본 원칙들이 사실성, 독립성, 공익성을 바탕으로 하고 있다는 점을 살펴보았다. 공영방송들의 '방송제작 가이드라인'에도 사실성과 독립성, 공익성이라는 핵심 가치를 구체적으로 어떻게 구현할 것인지가 담겨 있다. 윤리 강령에 해당하는 내용만 공개하고 있는 MBC와 달리 KBS는 최신판 「방송제작 가이드라인」(이하 「가이드라인」)을 인터넷 홈페이지에 공개하고 있다. 공영방송으로서 바람직한 태도라고 할 수 있다. 뉴욕타임스를 비롯한 세계적인 언론사들이 스스로 어떤 규범에 따라 업무를 수행하고 있는지를 투명하게 공개하고 있다는 점을 생각해 보면 당연한 일이기도 하다.

KBS의 「가이드라인」은 300쪽이 넘는 분량으로 매우 다양한 주제를 다루고 있다. KBS가 추구하는 기본 가치부터, 사실과 의견을 어떻게 다루어야 하는지, 민감한 사안들에서 어떤 표현을 써야 하는지 등 다양한 내용이 포함되어 있다. 하지만 KBS가 「가이드라인」의 실천 여부를 어떻게 평가하는지는 알려져 있지 않다. 「가이드라인」이 실효성을 가지려면 그 내용을 일상적인 취재·보도 과정에서 실제로 적용하는지 점검하는 방식으로 저널리즘 품질이 평가되어야 한다.

위에서 공영방송 저널리즘의 신뢰 문제와 관련해 언급되었던 사안들은 모두 2020년 개정 전후를 포함해서 「가이드라인」이 다루는 내용과 관련되어 있다. 만약 어떤 일관된 기준을 바탕으로 저널리즘 평가가 이루어지지 않는다면 실제로 보도·제작을 담당하는 언론인들은 물론 뉴스 소비자들도 그때그때 분위기에 휩쓸리거나 인상 비평에 흔들리기 쉽다.

3) 공영방송 저널리즘 품질 개선 방향

우리 사회가 공영방송을 운영하는 이유를 생각해 보면 넘치는 정보 속에서 공영방송 저널리즘이 어떤 역할을 해야 할지 분명하다. 다양한 분야에서 갈등이 빚어지고, 의도적으로 왜곡된 주장이나 허위 사실을 유포해 여론을 조작하려는 시도까지 있는 상황에서 공영방송 저널리즘의 품질과 이에 대한 신뢰는 매우 중요하다. 유통되는 정보의 양이 부족한 것이 아니라 신뢰할 만한 정보가 무엇인지 사람들을 혼란스럽게 만들고 있기 때문이다.

각 분야의 갈등을 심화하는 것이 아니라 해소하는 쪽으로 공영방송 저널리즘이 작용해야 하는 것은 너무나 당연하다. 이를 위해서는 공영방송 저널리즘 스스로가 정치적 논란에 휘말리지 않는 것이 필요하다. 하지만 정파적 언론 소비 환경이 공영방송 저널리즘만 가만히 놓아둘 리는 없다. 한국갤럽이 2013년 이후 '즐겨보는 뉴스 채널'을 조사한 것을 보면 정치적 상황에 따라 KBS를 포함한 모든 뉴스 채널의 선호도는 크게 출렁여왔다(≪미디어오늘≫, 2021.4.14).

특정 시점의 채널 선호도가 그 시기의 저널리즘 품질을 대변하는 것으로 보기는 어렵다. 채널 선호도가 정치적 중립성 같은 것을 나타내는 지표도 아니다. KBS의 경우 41%의 압도적인 선호도를 보였던 2013년 1분기에 비해 17%로 선호도가 폭락한 2021년 1분기의 정치적 중립성이나 독립성이 악화됐다고 보기는 어렵다. 이용자들이 정치적으로 예민하게 반응하는 상황에서 생산자의 노력만으로 뉴스를 둘러싼 논란을 완전히 사라지게 할 수도 없다.

그렇다고 해서 저널리즘이 정치적 논란으로부터 스스로를 지켜려고 노력하는 것이 무의미한 것은 아니다. 지금과 같이 사회 전체적으로 정치적 민감성이 높아진 상황에서 언론이 특정한 정치적 목소리에 편승하는 것은 당장 쉬운 선택일 수는 있지만 바른 자세는 아니다. 자신의 편을 들어줄 것을 요구하는 목소리에 휩쓸리지 않기 위해서는 스스로 저널리즘을 실천하는 절차와 기준을 좀 더 명확하게 하고 이를 투명하게 공개하는 것이 필요하다. 이런 면에서 「가이드라인」의 내용 중에 저널리즘 영역에 해당하는 부분을 조금 더 명확하게 하는 것을 생각해 볼 수 있겠다. KBS의 「가이드라인」이 비교적 자세한 내용을 담고 있는 것은 사실이다. 하지만 뉴욕타임스나 BBC에 비해서는 훨씬 개념적이고 추상적인 부분이 많아 막상 실제 상황에 적용하기는 쉽지 않을 수 있다.

사회적 갈등과 분열을 치유하기 위해서는 공영방송 저널리즘이 갈등의 맥락과 정확한 사실관계 판단을 위한 기준점을 제시해야 한다. 공영방송의 보도가 오히려 기본적인 사실에 관한 논란을 부추기거나, 혹은 비슷한 또 하나의 보도에 그쳐서는 곤란하다. BBC의 '불편부당성impartiality' 개념과 함께 '사실적 완전성factfulness' 같은 개념을 참고할 수 있겠다. 단순히 사실의 조각을 보도하는 데 만족하거나, 혹은 사실의 조각들 사이를 함부로 추론으로 채우는 것은 공영방송 저널리즘이 피해야 할 잘못된 관행이다. 보도 품질에 대한 목표 수준 자체를 한 단계 올려야 한다. 문제는 이런 고품질 저널리즘을 실천할 경우 당장은 박수를 받는 것이 아니라 갈등의 당사자 모두로부터 비판을 받을 수 있다는 것이다. 시시비비를 가리는 것보다 우선 언론이 자신과 공감해 주기를 바라는 사람들이 많기 때문이다(조항제, 2020). 하지만 때로는 여론의 반발이나 공격을 감수하더라도 어딘가 사실을 중심으로 기준점이 되어주는 곳이 있다면 갈등의 소모적인 반복을 막을 수 있다. 지금과 같은 언론 환경 속에서 이런 역할을 자임할 수 있는 언론을 찾기는 쉽지 않다.

공영방송 저널리즘이 추구해야 하는 가치 중의 하나로 '사람들이 열광하지 않지만 꼭 필요한 정보'를 전달하는 것을 들 수 있다. 시청률이나 조회수에 목을 매는 매체들이 소홀할 수밖에 없는, 공론장의 작동을 위해 필요한 정보를 충분히 제공하는 것이다. 공영방송과 다른 매체의 뉴스 사이에 큰 차이가 없다는 말이 나오는 것은 그만큼 공영방송이 다른 방송과의 시청률 경쟁을 중요하게 생각하던 과거로부터 완전히 결별하지 못했다는 점을 보여준다.

단순 속보 영역에서 다른 매체들과 속도나 단독 경쟁을 하는 것은 공영방송이 추구해야 하는 한 차원 높은 저널리즘은 아니다. 일반 매체들과 단순 경쟁을 하기 위해 공적 매체를 별도로 운영할 이유도 없다. 언론조차 당장의 이익만 챙기려고 나서면서 사회적인 역기능을 하는 상황으로부터 사회 전체를 지키는 것이 공영방송 저널리즘에 기대하는 일이다. 저널리즘 영역에서 시장의 실패, 공유지의 비극이 일어나지 않도록 해야 하는 것이다.

한국이 일본처럼 지진 등 심각한 자연 재해가 자주 있는 나라는 아니지만 재난 보도에서 공영방송 저널리즘의 역할도 중요하다. 전국적인 기상재해나 수도권에서의 재난에는 모든 방송사들이 역량을 집중한다. 하지만 산불이나 집중 호우같이 국지적이지만 예상치 못한 재난 상황은 공영방송이 아니고는 신속하게 대응하기 어렵다. 물론 재난에 대처할 직접적인 책임을 가진 정부가 공영방송에 책임을 떠넘기는 것은 문제이다. 하지만 공영방송 저널리즘도 방송의 주인인 시청자의 생명과 재산을 지키기 위한 정보를 전달하는 데 모든 역량을 투입하는 것이 당연하다.

사회적 재난 상황에서는 공영방송 저널리즘이 단순한 정보 전달 기능을 넘어서야 한다. 코로나19와 같은 사회적 재난 앞에서 어떤 매체도 일반적인 상황 보도를 외면하지는 않는다. 하지만 우리 사회가 익히 겪어보지 못한 재난 속에서 교육이나 경제 등 사회 전반을 어떻게 운영할지 숙의하는 공론장 기능은 공영방송 저널리즘이 아니고서는 맡기 어렵다. 이런 사회적 재난이 잦아진다는 점에서 공영방송 저널리즘의 역할은 계속 커지고 있다(박희봉·이연수·이해수, 2021).

4) 공영방송 저널리즘의 혁신

(1) 뉴스 이용자의 신뢰·사랑을 위한 혁신

공영방송 저널리즘이 사실성이나 독립성, 공익성, 혹은 불편부당성이나 사실적 완전성 같은 가치를 추구한다고 해서 시청자들이 알아서 찾아보지는 않는다. 시청자를 포함한 뉴스 이용자 일반의 사랑과 신뢰를 받기 위해서는 끊임없는 혁신이 필요하다. 기본을 강조한다고 아무런 변화 노력 없이 전통적인 저널리즘만 고집해야 한다는 것이 아니다.

코바치와 로젠스틸도 『저널리즘의 기본 원칙』에서 뉴스 소비자가 사회적으로 중요한 사안들을 자기 일처럼 느끼도록 잘 보도하는 것을 저널리즘의 중요한 원칙 가운데 하나로 제시하고 있다. 디지털 기술 변화로 매체 환경이 급변하는 상황에서 시청자들이 공영방송 저널리즘을 쉽게 접할 수 있도록 하는 노력은 매우 중요하다.

그런 의미에서 디지털 기술 변화에 따른 새로운 정보 전달 방법을 고안하기 위해 공영방송 저널리즘의 분발이 필요하다. 품위를 잃거나 부적절한 표현을 사용하지 않고도 SNS 등 새로운 전달 방식을 잘 활용할 수 있어야 한다. 매체의 위상을 이용해 다른 매체들은 해보기 어려운, 관행을 뛰어넘는 전략적 실험들을 많이 시도해야 한다. 공영방송 BBC가 매체 환경 변화에 대응하는 데서도 다른 방송들을 선도하고 있다는 점을 기억할 필요가 있다.

디지털 기술 혁신은 물론 저널리즘 포맷이나 프로그램 편성 등에서도 다양한 시도가 필요하다. 전국적인 취재·보도망을 활용해 사람들의 삶 가까이 다가가는 저널리즘 콘텐츠와 프로그램을 개발하는 것도 생각해 볼 수 있다. 이를 위해 다양한 지역 매체들과의 협업 등 스스로의 외연을 넓히는 시도도 필요하다.

(2) 취재 관행 혁신·언론 윤리 실천

언론 일반에 대한 뉴스 소비자들의 시각이 우호적이지 않고, 특히 언론 소비가 상당 부분 정치적 맥락에서 행해지고 있는 상황에서 언론 소비 관행을 바꿀 수 있는 전략적인 저널리즘 혁신은 공영방송이 아니면 쉽게 시도하기 어려울 수 있다. 취재 관행 문제나 윤리적 논란에 대처하기 위한 실천 가능한 방식도 공영방송이 앞장서 제시해야 한다. 출입처나 기자실 중심 취재에 관한 논란도, 이것이 본질적인 문제가 맞는다면 공영방송들이 해결책을 제시하고 실천에 나서야 한다.

KBS의 경우 지도부 교체 과정에서 저널리즘 혁신을 선도하겠다는 선언이 나왔다가 시간이 지나면서 유야무야된 경우가 있다. 보도 실무를 총괄하는 통합뉴스룸국장이 취임 초기 '출입처' 제도를 타파하겠다고 밝혔지만 큰 변화를 끌어내지 못한 적도 있다. 내부의 실천 노력이 부족했던 것인지, 아니면 해법이 잘못된 것인지 설명을 내놓을 필요가 있다.

언론 윤리 문제도 마찬가지이다. 점점 많은 사람들이 취재·보도 과정의 윤리적 문제를 제기하고 있다. 고위 공직자를 비롯한 권력 감시 분야에서도 이런 문제 제기가 많아졌다. 과거에는 보도 자체가 허위가 아니면 보도 과정에서 다소 무리가 있어도 시청자나 보도 대상이 크게 문제를 제기하지 않았다. 하지만 지금은 명백히 잘못된 일을 보도해도 보도 과정에 부적절한 부분이 있었다면 그것이 더 논란을 빚기도 한다. 취재·보도 과정의 윤리적 문제를 소홀히 했다가는 보도 자체의 정당성이 부정될 수 있다.

모든 언론이 취재·보도 과정에서 윤리적 쟁점을 예민하게 보고 주의를 기울여야 하지만 무한 경쟁 상황 속에서 변화를 기대하기는 어렵다. 언론 윤리를 실천하기 위해서가 아니라 언론 신뢰도를 공격하는 수단으로 동원하는 경향도 있다. 이런 상황에서 실천 가능할 뿐만 아니라 꼭 실천해야 하는 윤리적 기준을 명확하게 제시하고, 실제로 이를 적용하는 모범을 보여주는 것도 공영방송 저널리즘의 역할이다.

이를 위해서는 지금의 가이드라인을 구체적으로 실천할 수 있도록 상황에 맞는 해석 기준을 세워나가는 노력이 필요하다. 실제 상황이 발생했을 때 관련 규정을 해석해 주고, 그 적절성을 지속적으로 평가해서 경험을 축적해야 한다. 이를 통해 내부 구성원들은 물론 뉴스 소비자들도 현실성 있는 윤리 개념을 갖도록 해야 한다. 이런 노력은 당장은 불편하고 성가시겠지만 장기적으로 언론 환경을 개선하는 데 큰 도움이 될 것이다. 무한 생존경쟁을 벌이는 언론 일반에 이런 요구를 해서는 성과를 기대할 수 없다. 시장 실패, 공유지의 비극이 일어나는 영역이야말로 공영방송 저널리즘이 진가를 보여줄 수 있는 부분이다.

(3) 저널리즘 전문화 등 품질 혁신

방송 저널리즘이 인쇄 매체에 비해 깊이가 얕다거나 단편적인 정보를 전달하는 데 그친다는 해묵은 비판의 대부분은 최근 방송 저널리즘의 변화를 잘 모르고 하는 말이다. 특히 메인 뉴스 외에 심층적인 취재·보도에 특화된 시사 프로그램들도 있다. 이런 프로그램의 깊이는 일반적인 문자 매체들이 도달하기 힘든 수준이다.

메인 뉴스도 과거처럼 획일화된 짧은 제작물 방식에서 많은 변화가 시도되고 있다. 하나의 아이템이 2~3분은 물론 10분을 넘나들기도 하고, 현장 르포 성격의 콘텐츠도 심심찮게 제작되고 있다. 심지어 하나의 주제로 20~30분씩 며칠 동안 집중 보도하는 것도 종종 시도된다. 아직도 방송 리포트는 1분 30초 안팎의 짧은 제작물로 깊이가 얕다고 주장하는 글들은 이런 상황을 반영하지 못한 것으로 봐야 한다(심석태·김민표, 2021).

그렇다고 방송 저널리즘이 충분한 깊이나 전문성을 확보했다는 것은 아니다. 현재 공영방송 저널리즘이 상대적으로 그런 면에서 강점이 있다고 보기도 어렵다. 방송은 기자들이 여러 출입처를 순환 근무하는 전통이 있는데, 그러다 보니 해당 분야를 조금 이해할 만하면 다른 곳으로 옮겨야 하는 일이 생긴다. 취재부서와 비취재부서 순환 근무도 기자들이 전문성을 쌓기 어렵게 만드는 요소이다. 이런 문화는 연공서열식 체계 속에서 팀장, 부서장, 국장 등의 보직을 운영하는 것으로 이어져서 책임자들이 전략적 변화를 시도하기 어렵게 만든다.

공영방송들이 보도 책임자의 임기를 지나치게 짧게 운영하는 경향도 문제이다. 아무리 훌륭한 철학과 전략을 갖고 있어도 그것을 실제로 적용할 수가 없기 때문이다. KBS는 2018년 4월 양승동 사장 취임 이후 만 3년이 넘었는데 벌써 네 번째 통합뉴스룸국장이 취임했다(≪미디어오늘≫, 2021.5.27). 2021년 2월 말 은퇴한 마틴 배런Martin Barron ≪워싱턴포스트≫ 편집국장이 무려 8년을 국장으로 재임했던 것만큼은 아니라도, 지금 같은 잦은 인사로는 전략적 대응을 구상하고 실천하기 어렵다. 리더십이 자주 바뀌는데 일반 인력 운용만 장기적 안목에서 이뤄지기도 어렵다.

KBS는 과거 방송 저널리즘에서 탐사 보도를 선도했다. 지금도 〈시사기획 창〉이 그런 역할을 하고는 있지만 탐사에 부합하는 엄밀성에서는 가끔 아쉬운 면을 보이기도 한다. 또 가장 많은 인력이 투입되는 메인 뉴스가 방송 저널리즘의 탐사 보도를 견인하고 있다고 말하기는 어렵다. 공영방송 저널리즘이 다양한 분야의 전문 기자들을 양성해 방송 저널리즘의 깊이를 선도하고 있는지, 국제 보도를 선도하고 있는지도 의문이다. 다른 방송 저널리즘에 비해 우월한 인적·물적 기반을 갖고 있는 공영방송들이 그런 면에서 차원이 다른 저널리즘을 보여주지 못하고 있다면 그것이 바로 공영방송 저널리즘이 개선해야 할 부분일 것이다.

5. 맺음말: 공영방송 저널리즘의 발전 방향

1) 언론 불신 시대의 공영방송 저널리즘의 역할

언론 신뢰도가 문제가 될수록 공영방송 저널리즘에 대한 기대는 커진다. 언론 매체가 넘쳐나는 상황인데 오히려 믿고 볼 언론은 없다는 역설적 상황은 그만큼 언론 신뢰 문제가 얼마나 풀기 어려운 숙제인지를 보여준다. 시민단체는 물론 학자들조차 종종 '언론'이라는 용어가 구체적으로 어떤 하나의 집단을 가리킬 수 있는 것처럼 생각한다. 하지만 언론이라고 불리는 대상에는 하나의 대상으로 묶일 수 있을지조차 판단하기 어려운 너무나 이질적이고 다양한 조직과 사람이 포함되어 있다. 활동 목적이나 운영 방식이 공익과는 도무지 거리가 먼 경우도 있다. 2021년에 화제가 된 충북의 이른바 '조폭 기자' 사건에서처럼 언론이 부당한 이권 개입의 수단이 되고 있다는 지적도 끊이지 않는다.

수많은 언론사들 중에서 실제로 직접 취재를 해서 기사를 생산하는 곳이 얼마나 되는지도 알기 어렵다. 인터넷을 조금만 찾아보면 사회적으로 논란이 되고 있는 사안을 다루고 있지만 비슷비슷한 내용을 담고 기사 형식만 대충 갖춘 것들을 많이 발견할 수 있다. 어떤 사안을 다룬 기사가 몇 만 건이라는 이야기가 심심찮게 나오는 것도 이런 측면과 관련이 있다. 더구나 유튜브 등 개인 미디어의 확산으로 이제는 어디서 어디까지를 언론이라고 불러야 할지 모호한 상황이 되었다. 이런 상황에서 출처 불명의 문제적 기사가 있어도 언론 전체의 신뢰도가 타격을 받는다.

이런 상황에서 막연하게 '언론'을 탓하는 논의는 허공을 향해 주먹질을 하는 것처럼 허무한 일일 수 있다. 그런데도 허위 조작 정보나 일부 언론의 무리한 보도를 이유로 포괄적인 언론 규제 강화를 추진하는 것은 그나마 정상적인 활동을 하는 일부 언론까지 위축시킬 위험이 큰 반면 실제로 언론 상황을 개선할 수 있을지는 의문이다.

바로 이 지점이 공영방송 저널리즘의 역할이 필요한 곳이다. 너도나도 언론이 문제라는 얘기를 하지만 어떤 언론이 좋은 언론인지 마땅히 사례를 들지 못하는 상황이 계속되고 있기 때문이다. 실제로 어떤 저널리즘을 추구해야 하고 또 실천할 수 있는지 모범을 찾기 힘든 상황에서 공영방송 저널리즘은 현실 속에서 탁월한 저널리즘의 사례를 보여주어야 한다. 각종 언론 윤리 규범이나 저널리즘 교과서에만 존재하는 말뿐인 저널리즘이 아니라, 현실 속에서 실행되는 저널리즘의 품질을 확실하게 올릴 수 있다는 것을 증명해야 한다. 비슷비슷한 또 하나의 매체가 아니라, 확실하게 다른 저널리즘이 가능하다는 것을 보여주는 것, 그것이 지금 공영방송 저널리즘이 해야 할 역할이다.

2) 탁월한 저널리즘 실천의 제도화

탁월한 저널리즘은 이를 실천하겠다고 선언을 한다고 달성될 수 있는 것도 아니고, 공영방송의 사회적 위상을 높인다고 실현되는 것도 아니다. 공영방송에 대한 제도적 보장, 공적 지위 등에서 생기는 다른 언론에 대한 상대적 우위가 저널리즘의 품질을 보장해 주지도 못한다. 오히려 공영방송의 사회적 위상은 탁월한 저널리즘을 수행한 결과여야 한다. 안정적인 재원 확보, 압도적인 규모, 독립성을 유지할 수 있는 조직 등의 조건은 공영방송 저널리즘이 다른 매체의 저널리즘과 단순히 수평적인 비교 평가를 받아서는 안 된다는 점을 보여줄 뿐이다.

공영방송이 실제로 탁월한 저널리즘을 구현하기 위해서는 지향점을 명확히 하고, 이를 위한 체계적인 규범을 일상 업무 과정에서 실천해야 한다. 공영방송은 먼저 구성원들이 실천할 취재·제작의 기준을 공개적으로 제시하고, 실제로 이를 준수하는지를 다양한 방법으로 엄정하게 평가받아야 한다. 탁월한 저널리즘 실천을 제도화하는 것이다.

그런 의미에서 탁월한 저널리즘 실천을 위한 출발점은 이미 만들어져 있다.

KBS의 「취재보도 가이드라인」과 같은 것만 하더라도 그대로 실천만 한다면 신뢰받는 저널리즘의 기초가 될 것이기 때문이다. 하지만 실천을 위한 보다 면밀한 준비와 조치가 필요하다. 제일 중요한 것은 기본적으로 이런 규범의 가치 체계를 구성원들이 숙지해야 하고, 일상적으로 가치가 충돌하는 상황에서 어떻게 이를 적용할지 논의하는 절차도 마련돼야 한다는 것이다.

저널리즘적 가치 판단은 대체로 충돌하는 가치들 사이의 선택 문제인데, '가이드라인'만 만들어 놓고 실제 업무 속에서는 구체적인 선택을 실무자에게 통째로 맡겨 놓는 경우가 많다. 실제로 실무자들이 구체적인 사안에서 옳은 결정을 내릴 수 있도록, 언제라도 구체적인 사안에서 판단을 도울 수 있는 시스템을 만들어야 한다. 또 이런 판단 사례들이 조직 안에서 공유되고 축적되면서 확고하게 조직 문화로 형성될 수 있도록 해야 한다.

일정 기간마다 실천 상황을 점검하는 것도 중요하다. 대외적으로도 자신들이 추구하는 기준을 공개하고, 제대로 실천하고 있는지 시청자의 평가를 폭넓게 받아야 한다. 시청자들이 공영방송 저널리즘의 품질에 대한 문제를 제기하면 해당 사안을 조사해 객관적·중립적으로 판단할 장치도 마련해 불필요한 논란을 피하는 것이 필요하다. 특히 다른 언론에 대한 평가에 비해 스스로의 저널리즘 실천에 더욱 엄격한 잣대를 들이대는 것이 중요하다. 공영방송에 대한 제도적 보장을 생각하면 상업적 이해관계에 직접적으로 노출된 언론사들과 자신들의 품질을 수평적으로 비교해서는 설득력을 갖기 어렵다. 지적을 하는 것은 쉽지만 실천은 어렵다. 공영방송의 저널리즘 기준이 한국 언론 전반의 저널리즘 실천의 목표가 될 수 있도록 하겠다는 각오로 앞장서는 자세가 필요하다.

3) 탁월한 저널리즘을 위한 신뢰와 소통

저널리즘은 기본적으로 사실성과 공익성을 전제로 공정성과 균형성을 추구한다. 불편부당성, 사실적 완전성으로 표현할 수도 있다. 이런 가치를 엄정하게 추구하는 것이 탁월한 저널리즘이다. 부분적 사실을 확대·과장하거나, 자신이 파악한 사실의 한 조각을 전체 맥락과 무관하게 강조하는 것 등은 비록 그런 부분이 객관적 사실이라도 소비자들이 사안을 제대로 파악하는 것을 방해할 뿐이다(심석태, 2020).

특히 전체적인 맥락과 진실성을 강조하는 것을 주관적 보도를 권장하는 것으로 오해하면 안 된다. 적극적으로 진실을 추구한다면서 공정하고 균형 잡힌 보도 태도를 버리는 것은 대단히 위험하다. 자기만 옳다는 일방적 보도가 도처에 넘쳐나는 세상이기 때문에 더욱 그렇다. 저널리즘에 종사하는 사람들이 객관주의를 절대화하는 오류에 빠져서는 안 된다는 말을 각자 주관대로 보도하라는 뜻으로 오해하는 것을 경계해야 한다.

바람직한 저널리즘은 사실성, 권력에 대한 비판적 감시, 당사자의 반론을 충실히 포함하는 입체적인 취재, 그리고 일방적이고 감정적인 표현의 사용 금지 등과 같은 취재와 보도의 절차와 방법을 통해 정의된다. 어떤 절대적 가치를 기준으로 옳고 그름을 재단하는 것은 쉽지 않기 때문이다. 구체적 절차와 방법론으로 어떻게 실천할 것인지가 제시되지 않는 원칙은 현실에 적용하는 과정에서 일관성을 잃을 위험성이 크다. 언론 보도가 일관된 기준을 따르지 않고 상대에 따라 다른 판단 기준을 적용한다면 공정한 보도와는 거리가 멀다.

공정성이라는 가치도 마찬가지이다. 저널리즘은 최대한의 실질적 공정성을 추구하기 위해 노력해야 하지만 일단 '공정하다는 외관'을 갖추는 것에서 출발해야 한다. 실체적 공정성을 쉽게 판단하기는 어렵기 때문에 해당 사안을 다루는 방법부터 공정해야 한다. 반론 여부, 충실한 검증, 단정적 표현 여부 등을 통해 공정성이 드러나는 것이다. 재판이 절차적 공정성을 통해 실체적 정의에 다가가는 것과 마찬가지이다. 이를 위해 저널리즘에 종사하는 사람들은 개인적인 가치관이나 감정을 앞세우지 않고 최대한 합리적인 근거를 바탕으로 임한다는 믿음을 소비자에게 주어야 한다. 공영방송 저널리즘에서는 이 부분이 특히 중요한데, 공영방송이라는 제도 자체가 본질적으로 사회 전체를 위한 보편적 서비스이기 때문이다.

그런데 공영방송 종사자들 중에 이런 '공정한 저널리즘'의 외관을 갖추는 것을 중요하게 여기지 않는 경우도 보인다. SNS 등을 통해 사회적 쟁점에 대해, 심지어 인터넷 게시판 등에서 흔히 볼 수 있는 거친 표현으로 정치적 의사를 표현하는 사례도 있다. 비록 소수라도 이런 모습은 공영방송 저널리즘에 대한 시청자 일반의 인식에 영향을 줄 수밖에 없다. 정치적 상황과 무관하게 공영방송 저널리즘이 일관성을 갖고 공정하게 취재·보도할 것이라는 사회적 신뢰를 만드는 것은 공영방송 저널리즘의 존재에 핵심적이다. 공영방송 저널리즘이 수시로 정치적 공방에 휘말리는 것을 막기 위해서는 정치권은 물론 공영방송 구성원들의 인식 변화도 필요하다. 공정한 저널리즘이라는 신뢰는 탁월한 저널리즘을 추구하기 위한 기본 발판이기 때문이다.

특히 공정성이라는 개념은 투명성과 관련이 깊다. 투명성의 핵심은 생산자와 소비자 사이의 소통이다. 전통 언론에서 일하는 많은 언론인들은 기사에 붙는 댓글에 큰 관심을 기울이지 않는다. 회사의 공식 창구를 통해 접수되는 시청자 의견에도 적극 대응하지 않는다. 이런 모습은 댓글 등 소비자 반응을 적극적으로 활용하는 미디어 벤처들의 자세와 크게 대비된다. 주로 외부 플랫폼에 댓글이 달리는 문제가 있지만, 적어도 자신들이 관리하는 영역에서라도 댓글을 통한 적극적인 소통으로 이용자들과의 관계를 형성하려는 노력이 필요하다(강준만, 2021.4.12).

4) 변화와 혁신을 주도하는 선도적 저널리즘

미디어 환경은 급속한 변화 속에 있다. 아무리 좋은 콘텐츠를 만들어도 사람들이 보지 않으면 별 의미가 없다. 공영방송이 탁월한 저널리즘을 실천하는 것도 이런 미디어 환경 변화에 대응하는 것과 함께 진행되어야 한다.

사람들이 보게 만들어야 한다는 말을 다른 매체들처럼 파괴적인 조회수 경쟁을 벌여야 한다는 뜻으로 오해하면 안 된다. 가끔 내가 만든 콘텐츠는 좋은 것이므로 홍보를 위해 다소 거친 표현을 써서라도 많이 보게 하는 것이 공익적이라는 사람도 있지만 일방적인 주장에 불과하다. 공영방송이라는 제도의 공익적 측면을 생각하면 탁월한 저널리즘을 구현하는 좋은 콘텐츠를 만드는 것과 미디어 환경 변화에 대응하는 것은 별개의 일이 아니다.

언론이 본질적 사명을 다하기 위해 필요한 혁신 의제들도 마찬가지다. KBS가 저널리즘 비평 프로그램을 통해 제기했던 언론 윤리나 취재 관행 개선 문제를 스스로는 제대로 실천하고 있는지 돌아보아야 한다. 언론 윤리 문제는 물론, 출입처에 대한 집착이나 전문성 부족 등 한국 언론에 쏟아지는 다양한 지적을 해결하는 혁신 노력도 공영방송 저널리즘이 앞장서길 기대하는 것이다.

자신들은 기존의 관행을 고수하거나 본질적인 개선 노력을 하지 않으면서 저널리즘 비평 프로그램에서 그런 문제를 지적하는 것은 이율배반적이라는 지적을 받을 수밖에 없다. 다양한 언론 혁신도 공영방송 저널리즘이 앞장서서 보여주는 것이 필요하다. 스스로가 탁월한 저널리즘을 실천하는 것을 전제로, 이런 노력을 다른 언론으로 확산하기 위해 필요한 저널리즘 비평 활동을 벌인다면 언론에 대한 사회적 신뢰를 회복하는 것과 함께 그런 노력이 자연스럽게 다른 언론으로 확산되는 것도 기대할 수 있을 것이다. 그것이 바로 공영방송이라는 제도가 그리고 있는 저널리즘의 모습이 아닐까 싶다. 공영방송 저널리즘이 실천하는 수준이 우리가 저널리즘에 바랄 수 있는 현실적인 한계여야 한다.

강준만. 2020. 『싸가지 없는 정치』. 인물과사상사.

_____. 2021.4.12. "'댓글 저널리즘'을 위하여". ≪한겨레≫.

강형철. 2004. 『공영방송론』. 나남.

김동찬. 2021.2. 「미디어 비평 프로그램 개선 세미나 토론문」. KBS 공영방송연구소 주 최 세미나.

손석춘. 2020.6.11. "정파적 저널리즘, 한겨레·경향·공영방송에 악영향". ≪미디어스≫ [80년 제작거부 언론투쟁 40년 기획세미나] "상업성-정파성, 독자와 멀어지는 저널리즘".

≪미디어오늘≫, 2021.4.14. "가장 즐겨보는 뉴스 채널 조사 응답 1위는 '없다'".

박재영 외. 2013. 『한국 언론의 품격』. 나남.

박희봉·이연수·이해수. 2021. 「과학적 불확실성과 공영방송, 재난의 공론장: COVID-19 보도에 대한 프레임 분석을 중심으로」. ≪한국방송학보≫, 35(1).

심석태. 2016. 『언론법의 이해』. 컬처룩.

_____. 2020. 「사실 확인 관행과 투명성의 윤리」. 임종수 엮음. 『저널리즘 모포시스』, 팬덤북스.

심석태·김민표. 2021. 『새로 쓴 방송 저널리즘』. 컬처룩.

심석태 외. 2014. 『방송뉴스 바로하기』. 컬처룩.

언론진흥재단. 2020a. 「2020 한국언론연감」.

_____. 2020b. 「2020 언론수용자 조사」.

윤석민. 2020. 『미디어 거버넌스』. 나남.

이민웅. 2008. 『저널리즘의 본질과 실천』. 나남.

정용준. 2015. 「BBC의 공론장 모델에 대한 역사적 평가」. ≪방송통신연구≫, 91.

조항제. 2020. 『한국의 민주주의와 언론』. 컬처룩.

최영재. 2014. 「공영방송 보도국의 정파적 분열: 민주화의 역설, 정치적 종속의 결과」. ≪커뮤니케이션 이론≫, 10(4).

코바치, 빌(Bill Kovach)·톰 로젠스틸(Tom Rosenstiel). 2021. 『저널리즘의 기본 원칙』. 이재경 옮김. 한국언론진흥재단.

홍성방. 2006. 『헌법학』(개정3판). 현암사.

하라 마리코(原麻里子)·시바야마 데쓰야(柴山哲也). 2016. 『공영방송의 모델, BBC를 읽다』. 안창현 옮김. 한울엠플러스.

BBC. 2020. "Guidance: Individual Use of Social Media". https://www.bbc.co. uk/editorialguidelines/guidance/individual-use-of-social-media(검색일:

2021.7.30).

Emerson, T. I. 1970. *The System of Freedom of Expression*. New York: Random House.

Meiklejohn, Alexander. 1948. *Free Speech and Its Relation to Self-government*. New York: Harper & Brothers.

Reuters Institute. 2021. *Digital News Report 2021 10th Edition*. https://reutersinstitute.politics.ox.ac.uk/digital-news-report/2021(검색일: 2021.7.30).

The New York Times. 2017.10.13. Social Media Guidelines for the Newsroom. https://www.nytimes.com/editorial-standards/social-media-guidelines.html(검색일: 2021.7.30).

공영방송 콘텐츠 오디세이

| 주창윤

1. 공영방송의 콘텐츠

"무엇이 '좋은' 공영방송인가"라는 질문은 언제나 논란거리이다. 공영방송 자체가 여러 가지 이해관계의 길항 속에서 규정되는 제도라면, 방송의 공영성 이념은 고정된 것이 아니라 끊임없이 변화하기 때문이다.

2000년대로 넘어오면서 공영방송의 제도적 정당성은 심각한 도전을 받아왔다. 이는 서유럽이나 우리의 공영방송 모두 해당된다. 공영방송은 상업화, 디지털화, 글로벌 경쟁, 무한 플랫폼 경쟁 속에서 자유롭지 않다. 공영방송의 위기가 지속적으로 제기될 수밖에 없는 이유이다. 그러나 지난 한 세기 동안 방송의 역사는 나름대로 공영방송의 틀을 만들어왔고, 어느 정도 합의된 이념, 편성, 법제도, 경영 등에 대한 논의 결과도 쌓아왔다. 미디어 환경 변화가 급속히 진행된다고 해서, 그동안 이룩한 성과와 논의들을 무시하기도 어렵다.

공영방송의 이념은 콘텐츠와 편성을 통해서 구체화된다. '공공서비스 방송'이라고 말할 때, 방송 콘텐츠의 중요성이 강조된다. 이것은 어떤 콘텐츠가 시청자에게 제공되는가에 대한 질문이다. 시청자 입장에서 보면, 이념이나 제도가 아니라 지금 보는 콘텐츠가 과연 재미있는지 혹은 유익한지가 중요하다. 공영방송에서 '좋은' 방송이나 '가치 있는' 방송은 대체로 콘텐츠와 관련된다.

전통적으로 공영방송 콘텐츠의 가치는 프로그램의 질, 다양성, 국가 정체성 또는 공동체 의식, 공적 교육, 혁신성, 소수 시청자에 대한 배려 등으로 제시되어 왔다. 어쩌면 이와 같은 전통적인 요소들은 지금처럼 급변하는 미디어 환경에 필요한 공영방송의 가치일 수 있다.

방송 콘텐츠는 다양한 장르로 구성된다. 이 장에서는 드라마(멜로드라마, 홈드라마, 로맨틱 드라마, 역사드라마), 다큐멘터리, 뉴스(중계 보도), 시사 보도, 생활 정보, 버라이어티쇼, 음악쇼, 코미디 등을 중심으로 KBS가 공영방송으로서 이룩한 성과를 검토할 것이다.

그러나 이 짧은 글에서 수많은 장르의 프로그램을 제대로 평가하는 것은 거의 불가능하다. KBS 프로그램들을 다 볼 수도 없거니와 논의 과정에서 중요한 프로그램들이 빠질 수도 있다. 이 글은 이와 같은 한계를 감안해 '일상과 공동체 경험의 매개'로서 KBS 콘텐츠가 지난 50여 년 동안 어떻게 변화해 왔으며, 어떠한 가치를 추구했는지를 중심으로 논할 것이다.

2. 가족과 일상

가족이라는 가치는 시대와 장소를 넘어 공유되는 보편적 이념이다. 가족은 방송제도의 이념과 관계없이 모든 장르 방송 콘텐츠의 중심 소재로 중요하게 다루어져 왔다. 텔레비전에서 가장 인기 있는 장르인 가족드라마(멜로드라마나 홈드라마)[1]는 가족 간의 사랑을 핵심 축으로 전개되는데 변함없이 시청자의 관

---

1   멜로드라마와 홈드라마는 약간의 차이가 있다. 홈드라마는 이야기의 중심이 가족이라는 점에서 멜로드라마와 유사하지만, 불륜이나 무리한 선악 구도를 사용하지 않는다는 점에서 멜로드라마

표 4-1 1970~1990년대 가족드라마

연도	제목	서사
1972.4~1972.12	〈여로〉	시집살이로 고난을 겪는 여인의 삶
1974.4~1975.10	〈꽃피는 팔도강산〉	노부부가 전국에 살고 있는 딸들 집을 방문
1979.7~1979.12	〈날마다 행복〉	새 며느리를 둔 대가족 집안의 일상
1980.12~1981.9	〈달동네〉	산동네 서민들의 삶과 애환
1982.9~1984.6	〈보통 사람들〉	중산층의 가족 사랑
1990.9~1991.7	〈서울 뚝배기〉	3대째 설렁탕집을 배경으로 하는 서민들의 일상
1995.11~1996.9	〈목욕탕집 남자들〉	30년째 목욕탕을 하는 대가족의 일상
1997.4~1997.11	〈파랑새는 있다〉	소외된 서민들의 인생과 희망

심을 끌어왔다.

가족드라마는 도입 부분에서 자녀의 결혼을 둘러싸고 부모와 자식의 갈등이나 부부 사이의 문제들이 제기되면서 전개되지만, 가족 구성원의 노력과 사랑으로 가정의 안정성은 회복된다. 가족드라마 신화는 어떤 사건이 발생해도 가족은 슬기롭게 문제를 해결해 낼 수 있으며, 가족 사랑은 위기 속에서도 유지된다는 것이다. 1970~1990년대에 주목할 만한 KBS 가족드라마는 표 4-1과 같다. 가족드라마가 가족 공동체를 확인하는 내용을 담고 있지만, 표현 방식은 시대에 따라 변화되어 왔다.

KBS가 공영방송으로 전환되기 전인 1972년에 방영된 〈여로〉[2]의 인기는 폭발적이었다. 당시 초등학생이었던 필자는 영구가 나무의자 위에 올라가서 「각설이 타령」을 부르는 첫 장면과 한국전쟁 이후 가족이 재회하는 마지막 장면을 또렷이 기억한다.

〈여로〉는 70~80%의 시청률을 기록했다고 하는데,[3] 이는 과장된 것이 아니

와 구분된다.

2   〈여로〉를 연출하고 극본을 쓴 사람은 이남섭이다. 연출가가 직접 극본을 썼다는 사실이 놀랍다.

3   당시에는 정확한 시청률 조사가 이루어지지 않았지만, 시청률이 80% 이상이었다는 주장도 있다

그림 4-1 〈여로〉(1972)　　　　그림 4-2 〈꽃피는 팔도강산〉(1974~1975)
출처: KBS 홈페이지.

다. 당시 〈여로〉가 시작되면 영화관에서조차 잠시 영화 상영을 중단하는 경우
도 있었다. 관객은 영화관 복도에 있는 텔레비전 앞으로 가서 〈여로〉를 시청
한 후 다시 영화를 보았다고 하며, 버스를 타고 가던 승객들이 운전기사에게
〈여로〉를 보고 싶다고 마을 쪽으로 가자고 해서 시청했다거나, 〈여로〉가 방
영되는 시간에 도둑맞는 집과 밥 타는 집이 많았다는 말도 있을 정도였다.

〈여로〉는 일제강점기부터 한국전쟁 중 부산 피난에 이르기까지 현대사를
배경으로 혹독한 시집살이와 고난을 겪는 한국 여성의 모습을 그렸다. 여전히
대가족이 모여 살았고, 가부장제 아래 여성이 겪는 고통과 가족애를 다뤄 결혼
한 여성들에게 많은 공감을 얻었다(정영희, 2005: 76~77).[4]

1970년대 유신 이후 정부의 언론 통제로 정책 드라마들이 적지 않게 제작되
었다. 〈꽃피는 팔도강산〉(1974~1975)[5]은 그중 하나로 산업화와 경제개발 과정
에서 정부의 업적을 국민에게 홍보하고자 제작되었다. 한약방을 하는 노부부

(신상일·정중헌·오명환, 2014: 141).

4　　1970년대 초반 일일연속극이 고정 편성되는데, 그중 인기를 얻은 세 드라마가 〈아씨〉(TBC,
　　　1970), 〈여로〉, 〈새엄마〉(MBC, 1972)였다. 세 편 모두 여성의 시련과 극복을 다뤘다.

5　　〈꽃피는 팔도강산〉은 1966년에 제작된 영화 〈팔도강산〉을 드라마로 제작한 것으로, 영화의 흥
　　　행을 등에 업고 정권 홍보 차원에서 속편도 네 편이나 만들었다.

가 전국에 흩어져 사는 자녀의 집을 돌아본다는 내용인데, 눈부신 산업 발전을 소개하고 여러 계층에게 희망을 전하고자 했다. 다른 국책 드라마들이 실패한 반면, 〈꽃피는 팔도강산〉은 상당한 인기를 끌었다. 조국 근대화라는 제작 의도가 팔도에 시집간 딸들을 만나러 가는 과정에 녹아 있었고, 쉽게 구경할 수 없었던 포항제철이나 울산 공업단지의 최신 시설은 시청자들을 감탄케 했다.

1980년대와 1990년대에 들어오면서 지나치게 가부장적인 가족을 보여주거나 목적성이 있는 국책 드라마는 사라지고, 하층민이나 평범한 소시민 가정을 배경으로 하는 드라마가 증가했다. 산동네 서민들의 삶과 애환을 그린 〈달동네〉(KBS1, 1980~1981), 중산층 가정의 가족애를 담은 〈보통 사람들〉(KBS1, 1982~1984),[6] 3대째 설렁탕집을 이어오는 대가족의 이야기를 담은 〈서울 뚝배기〉(KBS1, 1990~1991), 30년째 대중목욕탕을 운영하는 대가족의 이야기를 그려낸 〈목욕탕집 남자들〉(KBS2, 1995~1996) 등이 대표적이다. KBS1에서 저녁 8시 30분에 방영하는 일일연속극은 전통적으로 가족애를 다루면서 공감대를 형성했다. 특정 시기에 잠시 폐지된 적이 있지만, 일일연속극의 역사는 50년 가까이 이어지고 있다.

1990년대 후반부터 현재까지 KBS2의 주말드라마도 일일드라마와 함께 시청자의 사랑을 받아왔다. KBS2의 주말드라마는 사회적으로 화제를 불러일으키지는 않았지만, 거의 30% 이상의 높은 시청률을 기록해 오고 있다. KBS2의 주말드라마는 대가족의 일상, 개성이 강한 자매나 형제들, 어머니의 어려움 등을 약국, 농장, 양복점 등을 배경으로 소박하게 그려왔다.

가족드라마는 대가족 제도를 중심으로 서민 생활을 담아낸다는 공통점이 있지만, 사회 쟁점을 다룬 경우도 적지 않았다. 〈노란 손수건〉(KBS1, 2003)은

---

6   〈보통 사람들〉은 일일연속극 사상 최장수인 491회를 기록했다.

표 4-2 2000년대 이후 가족 주말드라마(KBS2)

연도	제목	시청률	서사
2004.10~2005.6	〈부모님 전상서〉	34.4	대가족의 일상과 가족애
2006.4~2006.12	〈소문난 칠공주〉	44.4	개성이 강한 네 자매의 사랑과 결혼
2009.4~2009.10	〈솔약국집 아들들〉	44.2	솔약국집 사형제의 사랑과 결혼
2008.2~2008.9	〈엄마가 뿔났다〉	40.4	가족 내 어머니의 어려움
2011.8~2012.2	〈오작교 형제들〉	36.3	오작교 농장 사형제의 사랑
2012.2~2012.9	〈넝쿨째 굴러온 당신〉	45.3	결혼 후 시댁과의 갈등과 사랑
2016.8~2017.2	〈월계수 양복점 신사들〉	36.2	월계수 양복점을 배경으로 한 가족 사랑
2017.9~2018.9	〈황금빛 내 인생〉	45.1	사랑을 통한 신분 상승과 출생의 비밀
2020.9~2021.3	〈오! 삼광빌라〉	33.7	삼광빌라에 모인 사람들의 사랑과 가족애

주: 시청률은 평균 시청률이 아니라 최고 시청률이다(닐슨 코리아).

호주제 폐지를 공론화했다. 자식의 양육권을 둘러싼 미혼모 친모와 친부 일가의 갈등을 골자로 등장인물의 대사와 행동을 통해 호주제 문제를 구체적으로 제기했기 때문이다. 〈노란 손수건〉은 드라마가 현실 반영을 넘어 현실을 모델링하는 역할도 수행하고 있음을 보여준 사례이다(김환표, 2012: 251~252).

〈엄마가 뿔났다〉(KBS2, 2008)는 속없고 철없는 자식들 때문에 바람 잘 날 없는 엄마의 초상을 그려냈다. 그동안 드라마가 엄마는 언제나 희생하는 사람으로 묘사한 데 반해, 〈엄마가 뿔났다〉는 자기 삶을 찾는 엄마의 모습을 다뤘다. 〈웃어라 동해야〉(KBS1, 2010~2011)는 미국으로 입양된 정신 지체 미혼모의 아들 동해가 한국으로 돌아와 요리사로 일하며 새로운 가족을 만들어가는 과정을 그려 미혼모와 입양 가족 문제를 다루었다. 〈오! 삼광빌라〉(KBS2, 2020~2021)는 대가족을 넘어, 삼광빌라에 모인 다양한 이웃들의 이야기를 담아내 공동체로서 가족의 개념을 확장했다.

KBS 일일연속극과 주말드라마는 지난 50여 년 동안 토박이 시간대로 자리 잡아 왔다. 대체로 일일연속극은 150회 전후로 1년에 두 편, 주말드라마는 1년에 한 편 정도 편성된다. 저녁 8시대에 가족과 사랑이라는 일관된 주제로 안정된 편성을 유지하고 있다. 가족 드라마는 중장년층 시청자의 가정생활이나 시청 리듬을 어느 정도 고정적으로 만들어내고 있다고 볼 수 있다. 더욱이 이와 같은 가족드라마들은 대가족에서 벗어나서 다양한 가족의 형태(다세대 가족, 1인 가족, 주말 가족, 다문화 가족, 고령화 가족 등)를 표현함으로써 시대를 반영하고 있다.7

KBS 가족드라마는 1970년대 이후부터 끊임없이 제기되는 '불륜'과 '윤리 문제'에서 벗어나 있었다. 가족드라마나 멜로드라마는 장르 특성상 종종 불륜이나 윤리 문제가 제기되어 왔다. 1970년대 초반 이후 문화공보부와 방송윤리위원회는 드라마의 내용과 표현을 규제해 왔다. 1974년 문화공보부는 '건전한 가치관 제시와 삶의 질 향상'을 강조하면서 규제를 강화했다.8 이와 같은 규제는 지금 바라보면 적절하지 않은 것이었지만, KBS는 공영방송으로서 의도적으로 민감한 사회윤리 문제와 거리를 유지해 왔다.

가족과 함께 드라마의 중요한 서사는 사랑이다. 가족드라마는 가족 내 자녀들의 사랑을 다루고 있으면서 가족의 안정성을 보여주지만, 로맨틱 드라마는 한 쌍의 남녀에 집중하는 경향이 있다. 1990~2010년대까지 사랑과 관련된 가장 주목할 만한 로맨틱 드라마는 〈첫사랑〉(KBS2, 1996~1997)과 〈겨울연가〉(KBS2, 2002)일 것이다.

〈첫사랑〉은 1990년부터 공식 시청률 조사가 이루어진 이후 65.8%라는 최

---

7   일일연속극이나 주말드라마는 아니지만 〈대추나무 사랑 걸렸네〉(KBS1, 1990~2007)도 의미 있는 가족드라마이다. 〈전원일기〉(MBC, 1980~2002)와 함께 가족과 농촌의 현실을 담아내 도시 시청자들에게는 향수를 불러일으켰으며, 가족의 의미를 다시금 생각하게 했다.

8   대표적인 예로 〈개구리 남편〉(MBC, 1969~1970), 〈안녕〉(MBC, 1975), 〈갈대〉(MBC, 1975), 〈아빠〉(TBC, 1975), 〈엄마 안녕〉(TBC, 1978), 〈청춘의 덫〉(MBC, 1978) 등과 작은 작품이 있다. 이 작품들은 불륜이나 혼외정사, 혼전 임신 등을 다루었다는 이유로 당시 문화공보부과 방송윤리위원회의 정책에 따라 조기 종영되었다.

그림 4-3 〈첫사랑〉(1996~1997)　　　그림 4-4 〈겨울연가〉(2002)

출처: KBS 홈페이지.

고 시청률을 기록했는데, 현재까지 이 기록은 깨지지 않고 있다. 1975년 춘천을 배경으로 시작하는 〈첫사랑〉은 극장 간판장이의 아들인 찬혁과 찬우 형제, 극장주 딸인 효경, 대명그룹 아들인 건축가 지망생 석진을 통해 경제력 차이로 고민하는 사랑 이야기를 그려냈다. 이 드라마는 이루지 못한 사랑과 함께 따뜻한 가족의 정을 담아 많은 이들의 가슴을 울렸다.

1990년대에는 신세대 문화가 부상하면서 젊은 세대의 사랑 이야기가 드라마에서 주류를 형성했다. 당시의 트렌디 드라마들은 감각적인 영상과 빠른 전개로 폭발적인 인기를 끌었다.[9]

〈겨울연가〉(KBS2, 2002)는 드라마로서의 위치를 넘어 새로운 문화 현상을 만들어냈다. 〈겨울연가〉는 〈가을동화〉(KBS2, 2000), 〈여름향기〉(KBS2, 2003)

9　1990년대 신세대 문화와 관련한 드라마들로 〈사랑이 꽃피는 나무〉(KBS1, 1987~1991), 〈내일은 사랑〉(KBS2, 1992~1994), 〈젊은이의 양지〉(KBS2, 1996) 등과 같은 드라마를 꼽을 수 있다. 이들 드라마는 1990년대 신세대 문화와 맞물리면서 새로운 세대의 사랑을 다룬 작품들이다. 과거 젊은 세대들이 이념과 시대를 고민했다면, 신세대들은 자신의 일상 속에서 사회의 모순점을 깨닫고 성숙해지는 모습들을 보였다. 이 드라마들은 시대에 맞는 젊은 세대의 사랑을 그려냈다는 점에서 의미를 지닌다.

로 이어지는 계절 사랑 드라마의 두 번째 시리즈였다. 국내에서는 첫 번째 시리즈인 〈가을동화〉만큼 시청률을 기록하지 못했지만, 한류의 기폭제가 되었다.[10] 중국, 대만, 베트남 등에서 1990년대 말부터 시작된 한류 바람은 영화, 대중음악 등으로 확대되기 시작했다.[11] 중국에서는 1997년 〈사랑이 뭐길래〉(MBC, 1991~1992)와 〈별은 내 가슴에〉(MBC, 1997)가 인기를 끌기도 했다.[12]

〈겨울연가〉가 일본에서 인기를 끈 이유는 다양하지만, 이상요(2013c)는 윤석호 PD와의 인터뷰에서 중요한 요인으로 회화적인 영상 판타지, 추억의 멜로디, 여성들의 환상을 담아낸 남성 캐릭터를 꼽는다. 드라마의 주요 모티브는 남자 주인공 준상의 기억상실증이었는데, 이것이 사라지는 눈의 이미지, 순수한 사랑과 맞물리면서 일본 중년 여성들에게 소녀 같은 '설렘'을 만들어냈다

---

10 〈겨울연가〉가 국내에서 방영되었을 때 시청률은 23.1%로 높은 수준은 아니었다. 그러나 2003년 일본 위성방송 BS-2 채널에서 첫 방송이 되었고, 2004년 NHK에서 세 번째 방송되었는데, 간토 지역에서 20% 이상, 나고야 지역에서 22.5%의 시청률을 기록했다. 일본 방송가에서 프라임타임 편성 드라마가 16% 정도 시청률이 나오면 성공했다고 평가받는데, 〈겨울연가〉는 밤 11시 심야 시간대에 편성되었고, 당시 아테네 올림픽 중계방송이 진행 중이었지만 시청률이 높았다.

11 영화로는 〈쉬리〉나 〈공동경비구역〉 등 한국의 정치사회 상황을 담은 작품들이 주목을 받기 시작했다. 대중음악에서도 H.O.T가 중국에 진출하면서 인기를 끌었다.

12 1991년에 방영된 〈사랑이 뭐길래〉(MBC)는 1997년 중국 전역에 방송되는 CCTV에서 방영된 첫 번째 한국 드라마였다. '국제 영화극장'이라는 프로그램에서 일요일 오전에 방영되었는데, 중국 시청자들의 관심이 높았다. 중국 시청자들의 재방영 요구로 다시 황금 시간대인 매일 저녁 9시에 방송되었다. 당시 '금주의 베스트 텔레비전 연속극 순위'에서 3위 안에 들었을 정도로 인기가 높았으며, 중국 한류 붐의 청신호가 되었다. 〈사랑이 뭐길래〉와 〈겨울연가〉가 중국과 일본에서 인기를 끈 여러 가지 성공 요인들이 있다. 단순히 말하면, 〈사랑이 뭐길래〉는 3대가 함께 사는 가정, 권위 있는 아버지와 순종적인 어머니, 전통적 가정과 현대적 가정 사이의 사랑을 둘러싼 갈등 등이 중국인에게 친밀하게 다가왔을 것이다. 반면 〈겨울연가〉는 일본 중년 여성들에게 잃어버린 정을 그리워하는, 즉 정의 문화를 아쉬워하는 일본 중년 여성들의 복고 성향을 자극했다. 일본의 중년 여성들이 우리의 복고 정서에 열광한 이유는 그들의 문화 현장에서 소외되어 있었기 때문이다(최현경, 2007: 100~101).

는 것이다.

〈겨울연가〉의 의미는 그것이 단순히 로맨틱 드라마로 일본 등에서 인기를 끌었다는 것이 아니다. 〈겨울연가〉는 드라마를 넘어 한국의 대중문화를 아시아 문화와 세계 문화로 확산하는 '문화 현상'이었다는 점에서 의미가 있다. 한류는 이제 세계적인 콘텐츠가 되었고, 장르도 확장되었다. 한국 대중문화가 이렇게 세계적으로 주목을 받은 적은 거의 없었다. 더욱이 한류 드라마는 한국 음식과 상품 등에 관심을 갖게 하는 요소로 작용함으로써 한국 문화와 경제에도 적지 않은 영향을 미쳤다.

3. 역사의 재현

역사드라마는 민족 정체성 형성과 대중의 역사 교양을 넓히는 데 기여하는 장르이다. 역사는 기록과 기억의 형성물이지만, 그렇다고 해서 역사학자의 전유물만은 아니다. 대중문화 영역에서 다양한 역사 장르들은 과거를 새롭게 기술하면서 대중과 역사의 만남을 추구해 왔다. 역사소설, 역사드라마, 역사영화, 역사 토론 프로그램, 역사 다큐멘터리 등의 역사 장르들은 역사의 사실성, 개연성, 허구성의 외연을 넓힘으로써 대중성을 확대해 왔다. 대중은 역사책을 통해 역사를 배우지만, 더 크게 영향을 미치는 것은 방송에서 재현되는 것이다. 방송의 역사 장르 프로그램들은 사실성 문제를 놓고 시청자, 역사학자, 제작 주체가 갈등하기도 하지만, 그렇다고 방송이 지닌 대중 역사교육의 중요성을 간과할 수 없다.

역사학자 새뮤얼Raphael Samuel은 '역사 지식의 비공식적인 원천unofficial sources of historical knowledge' 중에서 텔레비전이 중요한 위치를 차지하고 있다고 주장한다(Samuel, 1994: 13). 그는 텔레비전 드라마와 다큐멘터리, 히스토리 채널의 개국(1994) 등이 역사를 대중에게 알리는 데 중요한 기여를 했고, 그 결과 다양하게 변형된 역사가 주류 역사로 들어오게 되었다고 말한다. 이와 같은 측면에서 공영방송의 역사 소환과 재현은 역사 자체뿐만 아니라 허구적으로 구성된 상상의 역사까지 포함해 대중에게 새로운 경험으로 역사 교양을 제공한다.

다양한 역사 장르 중에서 가장 중요한 것은 역사드라마이다. 한국 텔레비전 최초의 역사드라마는 〈국토만리〉(1964, KBS)이다. 〈국토만리〉는 호동왕자와 낙랑공주 설화를 그려냈다. 1960년대와 1970년대의 역사드라마는 '옛이야기 들려주기'(야사 중심)나 '민족정신의 함양'과 관련된다. 조선시대를 배경으로 여인의 애환을 다루거나 대원군, 수양대군, 이순신, 김옥균 등 인물 중심의 일대기를 그려냈다. 1970년대 중반에는 '민족사관 정립극'이라는 이름으로 정책적인 역사드라마들이 편성되었다. 대부분 유신시대에 민족정신 함양을 목표로 제작된 것들이다. 1960년대와 1970년대 역사드라마의 경우, 공영방송과 상업방송 사이에 특별한 차이는 없었다.

KBS 역사드라마에서 의미 있는 계기는 1980년대 초반에 나타났다. 〈개국〉(KBS1, 1983)은 정사드라마의 출발점이 되었다.[13] 〈개국〉은 고려왕조 패망과 이성계의 조선 개국을 다루었는데 역사적 기록을 바탕으로 제작되었다. 1984년 〈독립문〉(KBS1)도 정사드라마인데 구한말 애국지사들의 행적을 그려냈다. 〈개국〉이나 〈독립문〉과 같은 정사드라마는, 이전에 방영되었던 옛이야기로서의 역사드라마나 여인의 애환을 다루거나 민족정신의 함양이라는 특정한 정치 목적을 위해 제작된 드라마들과는 차별화되었다. 유신체제 붕괴 이후 역사드라마는 국민 계도라는 목적에서 탈피해 기록에 근거한 역사서술 방식으로 전환했다. 이 드라마들은 『조선왕조실록』이나 『승정원일기』 등 공인된 역사 기록과 학술 논문을 많이 참고했고, 고증에도 충실한 경향이 있었다.[14]

---

13   1983년 MBC의 조선왕조 500년 시리즈 1화 〈추동궁 마마〉도 정사드라마이다.

14   정사 중심의 역사드라마는 1990년대 이후 거의 사라졌다. 이 정사 중심의 드라마보다 상상력이
       가미된 역사드라마를 선호했기 때문이고, 〈역사스페셜〉과 같은 다큐멘터리가 정사에 초점을 맞

그림 4-5 〈용의 눈물〉(1996~1998)

그림 4-6 〈태조 왕건〉(2000~2002)

자료: KBS 인터넷 홈페이지.

　1990년대 역사드라마의 침체기 속에서 대중의 인기를 끈 작품은 〈용의 눈물〉(KBS1, 1996~1998)이다. 〈용의 눈물〉은 애초에 100부작으로 '위화도 회군'에서 '조사의趙思義의 난'까지만 다룰 예정이었으나 연장을 거듭하여 159부작으로 늘어 태종의 전 생애가 추가되었고, 1997년 대통령 선거와 알레고리를 가지면서 인기를 끌었다. 1979년 12월 12일 신군부의 쿠데타를 연상시키는 이방원의 기습적 반란이나 신권주의와 왕권주의의 갈등이 김종필의 내각제(신권주의)와 연결되어 관심을 끌었고, 절대 권력자(이성계)가 아들(이방원)의 문제로 눈물을 흘리는 장면은 김영삼과 김현철을 떠올리게 만들었다. 또한 왕위에 오른 태종 이방원이 누구를 세자로 결정할 것인가 하는 문제는 1997년 12월 대통령 선거 기간과 맞물려 대중의 관심을 끌었다.

　〈용의 눈물〉은 역사적 개연성을 잘 보여주면서 대중의 인기를 끌었고, KBS1에서 주말 역사드라마 편성을 확고히 하는 계기가 되었다. KBS1은 대하드라마라는 이름으로 주말 역사드라마를 편성해 왔는데, 대체로 허구나 상상력을 기반으로 하는 역사드라마가 아니라 역사적 개연성에 초점을 맞추어왔

───────────

추었기 때문이다. 그러나 〈임진왜란 1592〉(KBS1, 2016)는 〈개국〉이나 〈독립문〉보다도 더 역사 기록에 충실히 제작되었다. 사실상 다큐멘터리 역사드라마로 불릴 수 있다.

표 4-3 KBS1 대하드라마(1996~2016)

연도	제목	시대 배경	서사	주인공
1996.11~1998.5	〈용의 눈물〉	여말선초	조선 건국기	이성계, 이방원
2000.4~2002.2	〈태조 왕건〉	후삼국	고려 건국기	왕건, 궁예, 견훤
2002.3~2003.1	〈제국의 아침〉	고려 광종	고려 개국 초 권력투쟁	광종, 정종
2003.2~2004.8	〈무인시대〉	고려 의종	무신정권 권력투쟁	이의방, 정중부
2004.9~2005.8	〈불멸의 이순신〉	조선 선조	이순신 일대기	이순신
2006.1~2006.9	〈서울 1945〉	광복 전후	광복 전후 현대사	가상 인물
2006.9~2007.12	〈대조영〉	발해	대조영 일대기	대조영
2010.3~2010.6	〈거상 김만덕〉	조선 정조	김만덕 일대기	김만덕
2010.11~2011.5	〈근초고왕〉	백제	근초고왕 일대기	근초고왕
2012.9~2013.6	〈대왕의 꿈〉	신라	삼국 통일기	김춘추
2014.1~2014.6	〈정도전〉	여말선초	정도전 일대기	정도전, 이성계
2015.2~2015.8	〈징비록〉	조선 선조	임진왜란	류성룡
2016.1~2016.3	〈장영실〉	조선 세종	장영실 일대기	장영실

다(표 4-3 참고).[15] 표 4-3의 역사드라마들은 정통 사극으로 불리는데, 다른 방송사들의 퓨전 사극과는 차별화된 역사 서술방식을 취하고 있다.

〈태조 왕건〉(KBS1, 2000~2002)이 방영되기 이전까지 고려시대는 제대로 다루어진 적이 거의 없었다. 〈태조 왕건〉은 후삼국 시대를 배경으로 하고 있지만, 고려시대가 역사드라마의 시대 배경으로 들어오게 하는 계기가 되었다. 〈제국의 아침〉(KBS1, 2002~2003)과 〈무인시대〉(KBS1, 2003~2004)에 이르기까지 대중에게 익숙하지 않았던 고려시대가 드라마로 들어오면서 대중 역사교육의 폭이 넓어졌다.

역사드라마가 대형 오픈세트에서 본격적으로 촬영된 것은 〈삼국기〉(KBS1, 1992~1993)부터이지만, 〈태조 왕건〉 이후 화려한 오픈세트 제작은 필수 조건

---

15 1995년 KBS1 주말 역사드라마 〈김구〉와 〈찬란한 여명〉이 있었지만 대중의 관심을 끌지는 못했다.

이 되었다. 총제작비 500억 원이 투입된 〈태조 왕건〉의 경우, 지방자치단체의 관광 유치 목적과 맞물리면서 오픈세트 제작비만 132억 5000만 원이 투입되었다. 〈태조 왕건〉은 문경·제천·안동 세 곳에 왕건·궁예·견훤의 활동무대인 송악·철원·완산주의 황궁을 재현했다. 역사 공간의 재현은 시청자들을 역사의 세계로 몰입하게 만들었다.

KBS는 고구려 역사를 소환하고 재현하는 데도 적극적이었다. 그동안 방영된 고구려 관련 역사드라마는 〈삼국기〉, 〈대조영〉(KBS1, 2006~2007), 〈바람의 나라〉(KBS2, 2008~2009), 〈광개토태왕〉(KBS1, 2011~2012), 〈칼과 꽃〉(KBS2, 2013) 등이 있다.

〈삼국기〉는 고구려 역사만을 다룬 것은 아니었지만, 고구려, 백제, 신라의 역사를 본격적으로 끌어들인 첫 번째 드라마로 평가할 수 있다. 〈대조영〉은 고구려가 무너지면서 당나라의 지배를 받고 망국민이 된 고구려인이 유민이 되어 떠돌던 시기를 배경으로 삼았다. 대조영은 민족의 정체성이 무너지기 시작한 시점에서 민족을 살린 영웅으로 표상되었다.

고구려가 본격적으로 역사드라마의 배경이 된 것은 2006년부터이다. 역사드라마의 경우, 오픈세트 제작 등 사전 준비 기간이 다른 장르의 드라마보다 상대적으로 길기 때문에 이미 2004년 전후에 기획이 이루어졌다고 판단할 수 있다.[16] 중국 동북공정의 실체가 알려지면서 국민적 관심을 끌기 시작한 시점과 비슷하다. 고구려 역사 드라마는 중국의 동북공정에 대한 대응으로 기획되었을 것으로 추측할 수 있다. 〈대조영〉 이후 〈바람의 나라〉는 유리왕의 셋째 아들 대무신왕을 다루었다. 대무신왕은 고구려가 강국으로 발돋움하는 데 기틀을 마련한 왕이었다. 〈칼과 꽃〉은 영류왕의 딸 무영과 연개소문의 아들 연충과의 사랑을 다루었다. KBS는 고구려에 대한 관심이 높은 편이었다.

---

16   〈KBS 일요스페셜〉(2004년 10월)에서는 "동북공정과 한반도, 중국은 무엇을 노리나"를 방영하기도 했다.

KBS가 주중에 편성해 온 역사드라마가 사실보다는 역사적 상상력에 초점을 맞추었다면, 주말에 편성하는 대하드라마는 역사적 개연성에 좀 더 많은 관심을 기울여왔다. 이것은 KBS 대하드라마가 기존 역사드라마와 다른 위치에 있음을 보여준다. 즉, 대하드라마는 역사적 재미뿐만 아니라 역사교육의 장이면서 민족공동체 형성에 기여하는 드라마로 위치하고 있다.

4. 세상을 보는 눈

⟨KBS 스페셜⟩, ⟨환경스페셜⟩, ⟨역사스페셜⟩은 KBS의 대표적인 다큐멘터리이다(표 4-4 참고). 이와 같은 스페셜 프로그램들은 제작 조건의 한계를 극복하면서 매주 고정 편성되었을 뿐 아니라 일정한 품질을 유지하며 장기간 방영되었다는 점에서 높게 평가받을 만한 가치가 있다.[17]

1990년대에는 다큐멘터리 분야에서 획기적인 변화들이 있었다. 변화의 출발은 ⟨KBS 일요스페셜⟩이었다. ⟨KBS 일요스페셜⟩은 문화, 자연, 환경, 과학, 역사, 정치, 경제, 인간 등 다양한 주제를 다루었다. 제주 바다 생태계를 다룬 '제주문섬'을 시작으로 러시아 내 한인들의 삶을 다룬 '빅토르 최'(1995), 해외 입양 문제를 그려낸 '성덕 바우만, 누가 이 아이를 살릴 것인가'(1996),[18] '한반도 탄생 30억 년의 비밀'(1998) 등을 방영해 주목을 받았다. 다큐멘터리를 일요일 저녁 8시 주 시청 시간대로 편성한 것도 획기적인 일이었다.

'생로병사의 비밀'(1996)은 ⟨KBS 일요스페셜⟩에서 다섯 편(잿빛 노화, 고개

---

17   ⟨실크로드⟩(KBS1, 1984), ⟨인사이트 아시아: 차마고도⟩(KBS1, 2007) 등은 새로운 다큐멘터리의 지평을 열었지만, 장기간 고정 편성된 프로그램들과 비교될 수 없다.

18   성덕 바우만과 관련해서는 1996년 1월 28일, 6월 16일, 그리고 2002년 12월 29일 '결혼, 성덕 바우만의 새로운 출발' 세 편이 방송되었다.

표 4-4 KBS의 3대 스페셜 다큐멘터리

KBS 스페셜	환경스페셜	역사스페셜
· KBS 일요스페셜(1994~2004) · KBS 스페셜(2004~2013) · KBS 스페셜(2016~2019)	· 환경스페셜(1999~2013) · 환경스페셜(2021~현재)	· 역사스페셜(1998~2003) · HD 역사스페셜(2005~2006) · 역사스페셜(2009~2012)

숙인 성, 검은빛 죽음, 120세의 도전, 소식의 비밀)으로 방영되었는데, 2002년 10월 부터 같은 제목으로 정규편성 되어 현재까지 방송되고 있다(KBS1 〈생로병사의 비밀〉, 2002~현재). 〈KBS 일요스페셜〉은 2004년에 〈KBS 스페셜〉로 명칭을 바꾸어 글로벌 문제까지 소재를 확대해 왔다.

〈KBS 스페셜〉에서 국내외적으로 가장 큰 감동을 준 작품은 2010년에 방영한 '수단의 슈바이처 고(故) 이태석 신부: 울지마 톤즈'이다. 이 작품은 전쟁과 질병으로 얼룩진 아프리카 수단의 작은 마을 톤즈에서 8년간 인술을 펼치다 2010년 1월 선종한 이태석 신부의 삶을 기록했다.[19] 이태석 신부의 이야기는 2010년 12월 '이태석 신부 세상을 울리다', 2011년 7월 '울지마 톤즈 그 후', 2012년 6월 '스마일 톤즈'[남수단에 건립 예정인 이태석(존 리) 의과대학에 대한 소식], 2013년 9월 '울지마 톤즈: 브라스밴드 한국에 오다' 등으로 이어졌다.

〈KBS 스페셜〉은 시대에 따라 중요한 담론을 만들어왔다. '미래의 코드, 여성'(2004), 동북아 정치와 관련된 동북공정, 한·중·일의 긴장관계, 아시아 대기획 등을 통해 아시아에서의 우리의 위치를 재조명하는 프로그램이나 한국경제의 양극화(2005) 등 심층 기획을 통해 세상을 바라보는 시선을 확장해 왔다.

---

19   〈울지마 톤즈〉는 2010년 다큐멘터리 영화로도 제작되어 상영되었다. 또한 〈울지마 톤즈 2: 슈크란 바바〉(2019), 〈부활〉(2020)로 이태석 신부의 이야기는 계속되고 있다.

〈환경스페셜〉은 '1999년 봄 깨어남'(1999.5.5)을 시작으로 2013년 4월 3일까지 총 539회 방영되었다. 〈환경스페셜〉이 정규편성 되기 전 〈자연 다큐멘터리 동강〉(1999.3.3)은 환경 관련 공론을 만들어냈다.[20] 동강이 알려진 것은 환경보호 단체가 영월 동강댐 건설을 앞두고 정부와 맞서기 시작하면서부터이다. 동강댐이 건설되면 동강 전체가 수몰되기 때문에 환경보호단체는 적극적으로 반대해 왔다. 동강은 그동안 외지인들이 접근하기 어려워서 형언할 수 없는 절경과 비경을 유지해 왔고, 희귀하고 가치 있는 온갖 생물이 사는 사행천이다. 1996년 건설교통부가 동강댐 기본 계획을 확정한 후 논란이 거듭되었다. 1999년 9월 김대중 대통령은 동강댐 건설을 반대한다고 밝혔고, 2000년 6월 '동강댐 백지화'를 선언했다. 〈자연 다큐멘터리 동강〉이 동강댐 백지화를 공론화하는 데 적지 않은 기여를 했으리라 짐작할 수 있다.

〈환경스페셜〉이 15년 동안 기록한 자연과 환경 녹화 분량은 2만 7000여 분이다. 초기에는 자연 다큐멘터리에 초점을 맞추었지만, 점차 환경 다큐멘터리로 영역을 확장해 갔다. 세계적인 희귀종 붉은박쥐의 촬영에 성공한 것이나 제주도 바다거북의 생태 등을 다룬 것은 〈환경스페셜〉이 이룩한 성과 중의 하나였다. 자연과 환경 다큐멘터리를 매주 방영하는 것은 여느 방송사들도 해내기 쉽지 않은 일이다. 환경이나 자연 다큐멘터리들은 정규편성 되기보다는 몇 부작으로 비정규편성 하는 경우가 대부분이기 때문이다. 〈환경스페셜〉은 2013년 종영된 이후 2021년 3월부터 다시 편성되었다. 코로나19 이후 지구온난화 등과 더불어 환경 문제가 떠오르고 있기 때문일 것이다.

KBS는 역사드라마와 함께 역사 교양 관련 프로그램을 꾸준히 편성해 왔다. 대표적인 역사 교양 프로그램인 〈역사스페셜〉이 방영되기 이전에도 한국사를 다룬 프로그램들이 있었다. 〈역사 탐험〉(KBS1, 1989)은 인물 중심으로 역사를

---

20 필자는 개인적으로 〈자연 다큐멘터리 동강〉이 자연 다큐멘터리를 넘어 환경 다큐멘터리까지 확장한 대표적인 프로그램이라고 생각한다.

다루기보다는 역사의 의문점이나 맥락을 담아냈다. 〈다큐멘터리 극장〉(KBS1, 1993~1994)은 다큐멘터리와 드라마를 혼합한 새로운 시도였다. 〈역사추리〉(KBS1, 1996~1997)가 광개토대왕비의 비밀이나 조선 왕비 간택 과정 등을 추리하는 프로그램이었다면, 〈TV 조선왕조실록〉(KBS1, 1997~1998)은 『조선왕조실록』을 바탕으로 그동안 잘못 알려진 것들을 재조명한 실증적인 역사 탐구 프로그램이었다.

여러 편의 한국사 관련 교양 프로그램들이 제작되었지만, 대중적인 관심을 끈 것은 〈역사스페셜〉이다. 〈역사스페셜〉은 새로운 가상 스튜디오를 활용했다. 인물 중심이지만, 실증적이거나 개연적인 맥락을 설명해 역사 교양의 폭을 넓힌 대표적인 한국사 프로그램이다. 〈인물 현대사〉(KBS1, 2003~2005)와 〈한국사 傳〉(KBS1, 2007~2008)은 인물에 초점을 맞추고 있지만, 영웅보다는 잘 알려지지 않았거나 비주류의 인물을 탐구했다. 특히 〈인물 현대사〉는 대중에게 잘 알려지지 않은 우리 시대 한 인물의 삶을 통해 시대의 아픔을 성찰했다.[21] 역사 교양 프로그램들은 패자나 민중이 주인공이 되는 역사를 지향하면서, 재연, 인터뷰 등 다양한 형식을 활용했다.

KBS에서 역사의 대중화를 꾀하는 프로그램 전통은 〈역사저널 그날〉(KBS1, 2013~현재)로 이어지고 있다. 〈역사저널 그날〉은 우리 역사에서 중요했던 결정적 하루를 입체적으로 구성하여 추리한다. 그동안 역사 프로그램들이 역사 지식을 강조했다면, 〈역사저널 그날〉은 추리의 재미를 토론 형식으로 풀어내고 있다. KBS는 다른 방송사에 비해 역사에 관심이 높았는데, 이것은 교양으로서의 역사, 민족 정체성, 역사를 통한 경험의 공유 등과 같은 공적 가치에 기반한 것으로 볼 수 있다.

KBS를 대표하는 3대 스페셜 다큐멘터리와 더불어 일상 속 리얼리티를 새롭

21 　〈인물 현대사〉는 총 79명의 인물들의 삶을 탐구했는데, 배은심(이한열 어머니), 전태일, 조영래, 리영희, 함석헌 등 민주화 운동과 관련된 인물들이 많았다.

게 표현한 프로그램으로 〈인간극장〉(KBS1, 2000~현재)과 〈다큐멘터리 3일〉
(KBS2, 2007~현재)이 있다. 〈인간극장〉은 6mm 카메라의 밀착성을 잘 활용해
출연자의 속내까지 담아내어 감동을 주었다. 〈인간극장〉은 2000년 5월 어느
무기수의 휴가를 다룬 '어느 특별한 휴가, 귀휴' 편을 5부작 다큐 미니시리즈
형식으로 방영한 이래 현재까지 이어지고 있다. 〈인간극장〉은 평범하지만 어
딘가 특별한 이웃들에 대한 밀착 기록인 셈이다. 〈인간극장〉 제작 팀은 기획
의도를 "보통 사람들의 특별한 이야기, 특별한 사람들의 보통 이야기"로 정의
하고 있는데, 다큐멘터리이지만 객관적 관찰이기보다 인간의 내면까지 그려
내고 있다는 점에서 여느 다큐멘터리와 다르다.[22]

반면 〈다큐멘터리 3일〉은 특정 장소와 72시간에 주목한다. 말하자면 특정
한 시간과 장소에서 발생하는 그대로의 모습을 담아낸다. 인위적 구성을 배제
하고 현장에서 일어난 일들을 시간 순서대로 생생하게 보여주어, 〈인간극장〉
과는 다른 시선으로 현실을 탐구한다.

5. 의례와 집단 기억

현대 사회에서 미디어는 역사적 계기, 스포츠, 중요한 사건 등을 전달함으
로써 공통의 경험을 전달한다. 미디어는 증언자, 해설자, 치유자, 기록자 등 다
양한 의례 주체의 역할을 수행한다. 물론 공영방송이 아닌 상업방송이나 신
문, 인터넷, 소셜 네트워크 등도 공적 의례를 만든다. 그러나 공영방송이 갖는
사회적 영향력과 공적 책무라는 측면에서 보면, 공영방송은 다른 미디어보다
더 적극적으로 공동체의 경험을 매개한다.

---

22   〈인간극장〉은 드라마 다큐멘터리로 정의할 수 있다.

표 4-5 KBS의 미디어 의례

하위 장르	이벤트	경쟁	민족의례	통과의례	역사적 계기
주기성	비정기	정기/비정기	정기	정기/비정기	비정기
규칙	캠페인	합의된 규칙	기억의 재현	관습	새로운 규칙
장소	KBS 광장, 스튜디오	스타디움, 체육관, 스튜디오	행사가 열리는 장소, 역사적 경험의 장소	특정 장소	특정 장소
드라마	어떻게 위기를 극복할 것인가	누가 승리하는가	어떻게 기억할 것인가	누가 계승할 것인가	미래가 어떻게 펼쳐질 것인가
시간 지향	미래	현재	과거	과거	미래
주요 프로 그램	〈이산가족을 찾습니다〉(1983), 〈나라를 살립시다, 금을 모읍시다〉(1998), 주요 캠페인 방송 등	서울 올림픽(1988), 한일 월드컵(2002), 주요 스포츠 이벤트, 6.27 지방선거 방송(1995), 15대 대통령 선거방송(1997) 등	〈6.25의 증언〉(1975), 〈KBS 다큐멘터리 한국전쟁〉(1990), 〈전쟁과 평화〉(2003), 〈코레아 우라! 대한국인 안중근〉(2010), 민족행사 중계 등	5공화국 비리, 광주 민주화 운동, 언론통폐합에 대한 국회 청문회(1988), 노무현 대통령 장례식과 관련 다큐멘터리(2009), 김대중 대통령 장례식과 다큐멘터리(2009) 등	김대중 대통령 방북 관련 보도와 프로그램(2000), 〈한민족 특별기획 3원 생방송〉(2000), 남북한 교향악단 평화 봉화예술극장 공연(2002) 노무현 대통령 방북 관련 보도와 프로그램(2007) 등

다얀Daniel Dayan과 캐츠Elihu Katz는 미디어가 전달하는 상징적 행위를 '미디어 이벤트'로 정의했지만(Dayan and Katz, 1992), 포괄적으로 미디어가 전달하는 행위뿐만 아니라 수용자의 공적 경험과 초월적 가치(민족적·종교적·문화적)를 고려한다면, '미디어 의례media rituals'로 보는 것이 적절하다. 공영방송의 미디어 의례는 사회를 통합하고 민주주의의 가치를 재생산하며, 공론 영역을 만들어가는 역할을 수행한다.

지난 반세기 동안 KBS는 주목할 만한 미디어 의례 프로그램을 제작해 왔다. 표 4-5는 KBS가 어떻게 미디어 의례를 만들어왔는지 보여준다. 미디어 의례는 다섯 가지 영역(이벤트, 경쟁, 민족의례, 통과의례, 역사적 계기)에서 살펴볼 수 있다.

KBS의 미디어 이벤트 의례로서 가장 의미 있는 프로그램은 〈이산가족을 찾습니다〉(KBS1, 1983.6.30~11.14)와 IMF 외환위기가 발생한 다음 해에 편성한 〈나라를 살립시다, 금을 모읍시다〉(KBS1, 1998.1.10.~1998.3)이다. 생방송 〈이산가족을 찾습니다〉는 "한국전쟁 발발 33주년인 1983년 6월 30일 밤 10시 15분에 시작해 11월 14일까지 138일간, 시간으로는 453시간 45분간 KBS 1TV를 통해 생방송으로 진행되었다. 단일 프로그램 사상 세계 최장 시간 연속 생방송 기록으로 기네스북에 등재되기도 했다. 방송 초기 5일 동안 시청률은 78%를 기록했는데, 이것은 세계 방송 사상 초유의 일로, 사실상 전 국민이 시청했다는 말이다. 전 국민이 밤새도록 이산의 사연을 듣고 같이 울고 같이 서러워했으며, 상봉이 이루어지면 또 같이 울고 같이 기뻐했다"(이상요, 2013b: 153).

〈이산가족을 찾습니다〉는 KBS1의 아침 프로그램 〈스튜디오 830〉의 한 코너로 시작되었던 것이 별도의 프로그램으로 확대된 것이다. 1983년 6월 21일 〈스튜디오 830〉에서 아홉 명의 이산가족 신청자를 소개했는데, 신청자가 몰리기 시작하자 특집으로 편성해 6월 30일 KBS 본관 공개홀에서 방영했다.[23]

〈이산가족을 찾습니다〉가 한국전쟁이 가족과 민족에 남긴 상처에 대한 치유 기능을 담당했다면, 〈나라를 살립시다, 금을 모읍시다〉는 IMF 외환위기로 무너진 국가 경제를 회복시키려는 의지를 결집했다. 349만 명이 참여한 두 달간의 캠페인을 통해 모은 금은 226만 톤이었다. 이 금을 수출해 21억 2300만 달러의 외화를 획득했다(KBS, 2012: 113). 이것은 4가구당 1가구가 참여한 것으로 얼마나 많은 국민이 동참했는지 알 수 있다.

스포츠와 선거방송은 공정한 경쟁을 통해서 '공동체의 통합'을 보여주는 미디어 의례이다. KBS의 첫 실외 스포츠 중계는 1962년 6월 12일 열린 기업은행

---

23 방송으로만 10만 952건이 접수되어 5만 3536건이 방송되었고, 1만 187명이 방송을 통해 상봉했다(이상요, 2013b: 173).

그림 4-7 〈이산가족을 찾습니다〉(1983)   그림 4-8 〈나라를 살립시다, 금을 모읍시다〉(1998)

자료: KBS 인터넷 홈페이지.

과 메이지 대학의 한일친선야구 시합이었다. 당시에는 한 대의 카메라를 이용해 생방송으로 중계했다. KBS 단독으로 중계한 것은 아닐지라도 국가 기간방송으로서 제25회 서울올림픽(1988.9.17~10.2)과 2002년 한일 월드컵(2002.5.31~6.30)은 통합의 스포츠 이벤트였다. 더욱이 2002년 한일 월드컵은 HD 방송으로 중계됨으로써 아날로그 시대를 마감하는 계기가 되었다.

KBS는 정치와 미디어의 관계를 주도했다. 1992년 제14대 대통령 선거를 앞두고 방송 사상 처음으로 정치 광고를 편성했으며, 1995년 6월 27일 지방선거 보도를 통해 방송의 정치 시대를 열었다. 1997년 제15대 대통령 선거에서는 방송의 영향력을 보여주었다.

KBS는 치유의 역할과 함께 국가를 통합하고 공동체 의식을 매개하는 역할을 수행했지만, 정치권력에 의한 관제 이벤트를 주도하기도 했다. 대표적인 사례가 제5공화국 출범 이후 KBS가 주관한 '국풍81'이다. 국풍81은 '은폐의 축제정치'(한양명, 2004)로서 1981년 5월 28일부터 6월 1일까지 여의도 광장에서 열렸다. '국풍81'은 대학가와 노동계의 저항을 은폐하기 위한 행사였다. 이것은 미디어 의례가 지니는 통합이라는 기능적 측면이 권력과 분리되기 어렵다는 것을 보여준다.

KBS는 기록자와 집단 기억을 재현하는 프로그램을 제작해 왔다. 대표적인 것으로 한국전쟁 관련 다큐멘터리 〈6·25의 증언〉(KBS1, 1975),[24] 〈비록 6·25〉 (KBS1, 1982), 〈다큐멘터리 한국전쟁〉(KBS1, 1990), 〈전쟁과 평화〉(KBS1, 2003) 등을 꼽을 수 있다. 한국전쟁은 우리 사회의 구조적 조건과 구성원의 삶의 조건에 영향을 미친 중요한 사건이었다. 한국전쟁의 여파로 이산가족, 실향민, 탈북자 인권 문제 등은 여전히 진행 중인 현실이기도 하다. 전쟁에 대한 집단 기억의 재현은 공적 의례로서 중요한 의미가 있다.

하효숙과 김균(2010)은 KBS 한국전쟁 기념 다큐멘터리를 분석하면서, 1980년대에는 한국전쟁에 대한 집단 기억으로 남과 북이 절대 선과 악으로 대립하는 구도를 보여주었고 절대 악의 존재인 북한이 행한 참혹한 만행과 처절한 전쟁 경험을 다루었지만, 1990년대에는 동서 진영 수십 개국이 개입한 복잡한 국제전으로, 다양한 역사적 증언과 풍부한 맥락을 설명하고 있다고 분석한다. 2000년대 이후 한국전쟁 다큐멘터리는 전쟁의 기억을 통해 평화로운 미래를 구축하려 하거나, 전쟁의 전모나 의미를 찾기보다는 그 속에 휩쓸린 민간 군상들의 이야기를 담고 있다. 시대가 변화하면서 한국전쟁의 의미는 다양하게 해석되어 왔다.

한국전쟁의 집단 기억과 관련해 가장 의미 있는 다큐멘터리는 〈KBS 다큐멘터리 한국전쟁〉(1990)이다. 이것은 한국전쟁 발발 40주년인 1990년 6월 18일 월요일 밤 10시 제1편 '분단'을 시작으로, 제2편 '남과 북', 제3편 '전쟁의 시그널', 제4편 '폭풍', 제5편 '북진'이 금요일까지 매일 같은 시간대에 방송되었고,

---

24 〈6·25의 증언〉(10부작)은 KBS 단독으로 제작한 다큐멘터리가 아니라 MBC와 TBC 방송 3사가 한국전쟁 25주년을 기념해 만든 공동 작품이다. '남침의 진상', '6.25가 가져온 고난', '피난, 역경을 헤맨 3천만', '우리는 이렇게 싸웠다'(사병), '우리는 이렇게 싸웠다'(학도병), '남침 기도를 간파했었다', '우리는 이렇게 싸웠다'(지휘관), '북의 주민들', '혈맹의 전우들', '남침 25주년과 우리의 결의'로 구성되어 있다. 1975년 정치 상황을 고려하면 반공 교육을 위한 다큐멘터리라고 볼 수 있다(≪경향신문≫, 1975.6.19, 4면).

다음 주 월요일인 6월 25일부터 제6편 '또 다른 전쟁', 제7편 '협상의 비탈', 제8편 '후방전쟁', 제9편 '휴전', 제10편 '에필로그: 반성' 등 총 10부작이 매일 같은 시간대에 KBS 1TV로 연속 방송되었다. 당시 한국갤럽 시청률 조사에 따르면 평균 시청률은 14.7%, 시청 점유율은 20.2%를 기록했다(이상요, 2013a: 119). 한국전쟁과 관련한 연구 문헌은 수없이 많지만, 이를 영상으로 정리한 것은 드물다. 〈KBS 다큐멘터리 한국전쟁〉은 객관적인 관점에서 통사를 지향하고 있으며, 편년체 기술 방식으로 한국전쟁을 그려냈다는 점에서 의미가 있다.[25]

공영방송의 의례 만들기는 5공화국 비리, 광주 민주화 운동, 언론통폐합에 대한 국회 청문회(1988), 노무현 대통령 장례식과 김대중 대통령 장례식 등의 프로그램에서 찾아볼 수 있다. 이와 같은 프로그램들은 사회적 '통과의례'이다. 국회 청문회는 공적 통과의례로서 과거를 청산하기 위한 것이라면, 장례식 프로그램들은 죽음을 통해서 계승의 의미를 담고 있다. 〈한민족 특별기획 3원 생방송〉(KBS1, 2000)이나 남북한 교향악단 평화 봉화예술극장 공연(KBS1, 2002)과 같은 프로그램들은 민족적 통합과 분단 극복을 위한 시도다.

6. 장수 콘텐츠의 미학

KBS는 다른 방송사들에 비해 많은 장수 프로그램들을 편성하고 있다. 표 4-6은 25년 이상 편성되었던 프로그램들이다. KBS는 공영방송으로서 사회 내에서 문화적 가치를 지속적으로 담아내며 시청률과 관계없이 다양한 시청자

---

25 〈KBS 다큐멘터리 한국전쟁〉 제작 팀이 수집한 비디오 자료만 약 450시간 분량이다(이 중 핵심을 이루는 것은 미 육군통신대 촬영분 162시간 분량이다). 이 자료들에는 미국, 영국뿐만 아니라 북한, 중국, 소련의 자료들도 포함되어 있다. 더욱이 KBS에서는 1988년 처음으로 사내 프로덕션이 출발하는 계기가 되었다(이상요, 2013a).

표 4-6 KBS 장수 프로그램(25년 이상 방영)

채널	제목	장르	방영 기간	편성 기간
KBS1	〈명화극장〉	영화	1969~2014	45년
KBS2	〈토요명화〉	영화	1980~2007	27년
KBS1	〈전국노래자랑〉	음악쇼	1980~현재	41년
KBS1	〈가요무대〉	음악쇼	1985~현재	36년
KBS1	〈열린 음악회〉	음악쇼	1993~현재	29년
KBS1	〈무엇이든 물어보세요〉	생활 정보	1983~현재	38년
KBS1	〈6시 내 고향〉	생활 정보	1991~현재	31년
KBS1	〈사랑의 가족〉	생활 정보	1993~현재	27년
KBS1	〈아침마당〉	토크쇼	1991~현재	31년
KBS2	〈TV유치원〉	어린이	1982~현재	39년
KBS1	〈동물의 왕국〉*	어린이	1969~현재	37년
KBS2	〈누가 누가 잘하나〉*	어린이	1964~현재	29년
KBS1	〈추적 60분〉*	시사 보도	1983~2019	28년
KBS1	〈남북의 창〉*	시사 보도	1989~현재	26년
KBS1	〈국악 한마당〉*	문화예술	1986~현재	26년
KBS1	〈TV쇼 진품명품〉	문화예술	1995~현재	27년
KBS2	〈연예가 중계〉	버라이어티쇼	1984~2019	36년
KBS1	〈가족 오락관〉	버라이어티쇼	1984~2009	25년
KBS1	〈심야토론〉	토론	1987~2016	29년
KBS1	〈KBS 바둑왕전〉*	게임	1980~현재	37년

주: 편성 기간은 공백기를 제외한 실제 방영된 햇수를 의미한다. 예를 들어 〈동물의 왕국〉은 1969년 처음 편성되었지만, 6번 편성 공백기가 있었다. 첫 방송부터 현재(2021)까지 52년이지만, 실제 편성 기간은 37년이다. *는 공백기가 있던 프로그램이다.

를 대상으로 하는 프로그램을 유지해 왔다. 장수 프로그램들의 장르는 영화, 음악쇼, 생활 정보, 어린이, 시사 보도, 문화예술 등 다양하다.

〈명화극장〉(KBS, 1969~2014)은 45년 동안 편성되었던 프로그램이다. 텔레비전이 전국적으로 보급되기 이전인 1960년대는 영화의 시대였다. 영화는 대중오락으로 인기를 끌었고, 극장에서 볼 수 없는 명화가 안방에서 방영되어 〈명화극장〉은 오랜 기간 동안 시청자들의 관심을 받아왔다. 그러나 디지털 시

그림 4-9 〈전국노래자랑〉(1980~현재)　　　　그림 4-10 〈가요무대〉(1985~현재)

자료: KBS 홈페이지.

대 이후 플랫폼이 늘어나면서 영화를 볼 수 있는 채널이 증가했고, 〈명화극장〉은 종영되었다.

〈전국노래자랑〉(KBS1, 1980~현재), 〈가요무대〉(KBS1, 1985~현재), 〈열린 음악회〉(KBS1, 1993~현재)는 같은 음악 프로그램 장르에 속하지만, 상이한 시청 대상과 형식을 통해서 현재까지 이어지고 있다.[26] 이것은 장르 내 다양성을 보여준다. 이 음악 프로그램들은 여전히 시청자에게 인기가 있는데 시간이 지나면서 조금씩 포맷을 변경해 왔다. 특히 현재까지 41년째 방송 중인 〈전국노래자랑〉은 주목할 필요가 있다. 〈전국노래자랑〉은 미디어와 음악, 음악과 축제, 미디어와 지역, 국가와 민족 사이의 결합적 측면을 지닌다. 1988년부터 송해가 진행을 맡아왔는데, 매회 15명 내외의 아마추어 참가자들이 노래와 춤을 경연한다.[27]

〈전국노래자랑〉은 지역 주민들의 흥겨운 잔치이며, 지역축제로서 모두가

26　〈콘서트 7080〉(KBS1, 2004~2018)은 1970년대와 1980년대 20대였던 세대에 공감을 보여주는 음악쇼다.

27　〈전국노래자랑〉은 현재(2021)의 포맷이 처음부터 유지된 것은 아니었다. 초창기에는 실내 녹화였고, 1994년 전까지는 국악 반주가 있었다. 지역축제 양식을 구축한 것은 1990년대 후반부터였다(임종수, 2011).

함께하는 '우리의식weness'을 보여준다. 무대 참가자들과 관객이 하나가 되는 '마당놀이'이면서 지역의 먹거리, 사연 등이 소개되고 일상 속의 기쁨과 고민 등이 하나가 되어 동시대성을 경험하게 한다. 기성세대뿐만 아니라 젊은 세대 들도 참여함으로써 세대를 뛰어넘기도 한다. 임종수(2011)는 〈전국노래자랑〉이 지역성을 넘어 민족과 국가에 대한 '상상적 공동체'를 구성한다고 주장한다.

〈가요무대〉[28]와 〈열린 음악회〉는 〈전국노래자랑〉과는 다른 기획 의도가 있다. 1980년대 중반 이후 대중음악계는 댄스음악 중심으로 젊은 세대가 주도 하는 경향이 있었다. 당시에는 〈젊음의 행진〉 등과 같은 음악 프로그램들이 대부분이었다. 전통 가요나 트로트를 즐기는 기성세대가 텔레비전에서 자신 들이 좋아하는 가수들을 보기 어려웠다. 〈가요무대〉는 이와 같은 사회적 상황 에서 대중음악에서 소외되어 왔던 중장년층의 추억을 환기했다. 텔레비전 시 청자가 고령화되어 가면서 〈가요무대〉는 꾸준한 인기를 끌고 있다. 더욱이 사 회자 김동건은 해외 동포들에게도 인사를 한다. 〈전국노래자랑〉이 특정 지역 성을 기반으로 상상적 공동체를 만들어간다면, 〈가요무대〉는 국내와 국외 시 청자를 대상으로 마찬가지의 상상 공동체를 구성한다고 볼 수 있다.

〈열린 음악회〉는 KBS홀과 야외 대형 무대에서 대중음악, 성악, 국악, 뮤지 컬 등 다양한 장르의 음악을 선사한다. 세대와 장르를 아우르는 포맷 구성으로 짜여 있다. 〈전국노래자랑〉이 엄숙주의를 깨고 신바람 나는 몸짓과 웃음으로 음악에 참여한다면, 〈열린 음악회〉는 무대와 관객 사이를 명확히 구분해 듣는 음악의 즐거움을 보여준다.

〈연예가 중계〉(KBS2, 1984~2019)는 36년 동안 연예인들의 소식을 전해주면 서 대중이 궁금해하는 스타들의 소식을 들려주었고, 〈가족오락관〉(KBS1, 1984~2009)도 25년 장수 프로그램으로 가족이 함께 보는 예능 프로그램으로

---

28   〈가요무대〉의 진행자는 김동건이다. 1985년 2회부터 진행을 하다가 2003~2010년까지 전인석 이 진행했었다. 2010년 이후 다시 김동건이 사회를 보고 있다.

인기가 있었다. 25년 장수 프로그램 목록에는 없지만, 〈개그콘서트〉(KBS2, 1999~2020)는 지상파 최장수 코미디 프로그램이었다.29 〈개그콘서트〉는 코미디의 흐름을 완전히 바꾼 신선한 기획의 작품이다. 기존에 스튜디오에서 촬영했던 코미디 프로그램과 달리 공개 코미디 프로그램으로 관객들과 함께했다. 기존 코미디가 슬랩스틱 코미디로 몸 중심이었다면, 〈개그콘서트〉는 개그 중심으로 젊은 개그맨들을 새로 발굴하기도 했다. IMF 금융 위기로 침체된 사회 분위기 속에 코미디 프로그램들이 사라져 갔지만, 오히려 〈개그콘서트〉는 새로운 시도를 통해 웃음을 되살려냈다. 〈개그콘서트〉에서 진행된 '봉숭아 학당', '달인', '용감한 녀석들', '대화가 필요해' 등 다양한 코너들은 우리 사회를 풍자하면서 인기를 끌었다.30 〈개그콘서트〉가 코미디의 새로운 바람을 불러일으키면서 〈개그야〉(MBC, 2006~2009), 〈코미디 빅리그〉(tvN, 2011~현재), 〈웃찾사〉(SBS, 2013~2017) 등으로 다른 방송사들도 유사한 포맷의 코미디 프로그램들을 제작했다.

지난 20여 년 동안 오락 프로그램의 대세는 버라이어티쇼였다. 〈1박 2일〉(KBS2, 2007~현재)은 여섯 남자들의 좌충우돌 여행기를 모티브로 하는 '여행 버라이어티쇼'라는 새로운 장르를 만들었다. 〈1박 2일〉은 〈해피선데이〉의 한 코너였던 '강호동의 1박 2일'이 인기를 끌면서 현재 시즌4까지 이어지고 있다. 시골에 가서 고생하면서 하룻밤을 보내는 단순히 이야기는 이후 리얼 버라이어티쇼라는 명칭으로 확장되었다. 복불복 게임, 음식 만들기, 야외 취침 등 6mm 카메라로 멤버들의 24시간을 촬영하면서 재미있는 자막 등을 추가하고, 때로는 프로그램에 제작진이 참여하는 시도와 더불어, 새로운 포맷을 계속 만들어내면

---

29 〈개그콘서트〉 이전까지 최장수 코미디 프로그램은 〈웃으면 복이 와요〉(MBC, 1969~1985, 1992~1994)였다.

30 〈개그콘서트〉 이전에 방영되었던 코미디 프로그램 〈유머1번지〉(KBS2, 1983~1992)도 '회장님, 회장님, 우리 회장님' 같은 코너에서 시사 풍자를 시도함으로써 인기를 끌었다.

그림 4-11 〈개그콘서트〉(1999~2020)

그림 4-12 〈1박 2일〉(2007~현재)

자료: KBS 홈페이지.

서 버라이어티쇼의 새로운 관습을 만들어낸 프로그램으로 평가할 수 있다.

공영방송이나 상업방송이냐에 관계없이 오락은 보도나 교양과 더불어 큰 가치가 있다. 그동안 공영방송의 오락 프로그램과 관련해 적지 않은 비판이 있었지만, 오락의 품질(재미를 유발하는 방식, 새로운 포맷 시도, 일상성 등)이라는 측면에서 보면, 〈개그콘서트〉와 〈1박 2일〉이 이룩한 성과는 높이 평가받아야 한다.

〈아침마당〉(KBS1, 1991~현재)과 〈6시 내 고향〉(KBS1, 1991~현재)은 1991년에 동시에 편성된 이후, 변함없이 아침 시간대와 저녁 시간대에 일상 리듬의 중심으로 기능한다. 〈아침마당〉은 요일별로 특화된 내용인 명불허전, 화요초대석, 전국 이야기 대회, 슬기로운 목요일 등을 통해 일상에서 만나는 이웃들의 다양한 이야기를 들려준다. 거실에서 친밀한 대화와 삶의 파노라마를 보여주는 프로그램이 〈아침마당〉인 셈이다. 1980년대에 농어촌 프로그램은 아침에 편성되었는데 저녁시간대로 변경해서 〈6시 내 고향〉으로 이어졌다. 〈6시 내 고향〉은 전국 방방곡곡을 리포터가 돌아다니면서 특산품, 시장, 먹거리, 축제 등을 보여준다. 현재 전국 지역의 모습을 담아내면서 중장년층들에게 고향에 대한 향수를 불러일으킨다. 〈아침마당〉이 평범하게 살아가는 사람들의 일상에 초점을 맞추면서 동시대성을 말하고 있다면, 〈6시 내 고향〉은 지역 공동체를 통해서 '우리 정서'와 경험을 공유하는 역할을 수행한다.

어린이 프로그램으로 〈TV 유치원〉(KBS2, 1982~현재)은 현재까지 39년 동안 편성되고 있다. 과거 지상파에서 유아 관련 프로그램들이 있었지만, 〈TV 유치원〉처럼 지속되지는 못했다. 유아 관련 프로그램들은 지상파에서 사라지고 있는 추세다. 교육방송도 있고, 다양한 유아나 어린이 관련 채널들이 있어서 시청률 경쟁력이 떨어지기 때문이다. 〈누가 누가 잘하나〉는 1964년 처음 시작되었지만 여러 번 프로그램명의 변화가 있었다. 〈모이자 노래하자〉(KBS2, 1982~1984), 〈전국 어린이 동요대회〉(KBS2, 1987~1991), 〈노래는 내 친구〉(KBS2, 1991~1993), 〈열려라 동요 세상〉(KBS2, 1999~2005), 〈누가 누가 잘하나〉(KBS2, 2005~현재)로 이어지고 있다. 프로그램의 경쟁력이 떨어졌음에도 동요 프로그램이 지속되고 있다는 사실 자체만으로도 가치가 있다.

어린이 프로그램과 마찬가지로 시청률과 별개로 지속되고 있는 프로그램들로 〈남북의 창〉(KBS1, 1989~현재), 〈국악 한마당〉(KBS1, 1986~현재), 〈KBS 바둑왕전〉(KBS1, 1980~현재) 등이 있다. 북한에 대한 정보가 제한적인 상황에서 〈남북의 창〉은 남북관계를 짚어보는 시간을 제공한다. 〈남북의 창〉 이전에 〈주간 북한 소식〉이라는 프로그램이 1983년부터 1989년까지 편성되기도 했다.[31] 여전히 우리는 분단이라는 극복되지 못한 상황에 놓여 있고, 통일은 민족공동체의 회복을 위해서 달성해야 할 과제임이 틀림없다. 1989년 정주영 회장이 북한을 방문하면서 금강산 관광이 시작되었고, 〈남북의 창〉이 남북 화해의 분위기 속에서 편성되어 정치권력에 따라서 남북관계의 변화가 있었지만 여전히 유지되어 오고 있다. 〈국악 한마당〉(KBS1, 1986~현재)은 여러 번의 공백기가 있었고, 프로그램 이름도 〈국악무대〉, 〈국악의 향연〉, 〈국악순례〉, 〈국악춘추〉 등으로 변화되어 왔지만, 지상파와 종편을 포함해서 유일하게 방송되고 있는 국악 전문 프로그램이다. 이 밖에도 〈사랑의 가족〉(KBS1, 1993~현재)은 장애가 있는 사람들을 다룬 소수 계층을 위한 프로그램으로 27년째 이

---

31 〈통일전망대〉(MBC, 1989~현재)도 〈남북의 창〉과 같은 해 편성되어 현재까지 이어지고 있다.

어오고 있다. 〈사랑의 가족〉은 지상파에서 유일한 장애인 관련 프로그램이다. 〈러브 인 아시아〉(KBS1, 2005~2015)도 한국으로 꿈을 찾아온 외국인 근로자 가족을 다루는 소수 계층을 위한 다문화 프로그램이다.

일부 장수 프로그램만으로 공영방송의 콘텐츠 가치를 설명하는 것은 무리가 있지만, 특정 프로그램이 지속적으로 유지된다는 것은 그만큼 사회적 필요나 요구가 있기 때문일 것이다. 장수 프로그램은 대체로 몇 가지 특징을 지닌다. 우리가 더불어 살고 있다는 동시대성을 보여주거나 시청률과 관계없이 소외되거나 특정한 시청층을 대상으로 다양한 문화적 가치를 통해서 공동체로서 공통의 경험을 만들어낸다.

7. 맺음말

텔레비전은 모든 것이다. 텔레비전은 서로 다른 예술형식(드라마, 영화, 음악, 무용, 시각 디자인 등)뿐만 아니라 저널리즘의 형식들도 포함하고 있다. 텔레비전은 저널리즘과 관련해서 특정 지역, 국가, 국제 정치이기도 하다. 전쟁, 재난, 대통령 연설, 취임, 국가적 추모행사를 포함해서 수많은 것들이 뉴스를 통해 전달된다. 또한 텔레비전은 스포츠, 교육 프로그램, 지적 토론 프로그램, 퀴즈 게임 쇼 등을 포함하며, 광고까지 방영한다. 텔레비전은 많은 이익을 남기는 규제 산업이기도 하다. 따라서 텔레비전은 매우 복합적인 기술이다(Littlejohn, 1981: 147).

텔레비전은 어느 매체보다 복합적이다. 방송은 예술, 경제, 정치, 문화, 교육, 오락 등 모든 요소를 담고 있다. 방송은 우리의 일상생활에도 깊숙이 침윤되어 있다. 우리들 가정생활의 리듬은 방송의 리듬과 밀접히 연결되어 있다. 시청자들은 방송을 보면서 즐거움을 얻고, 정보를 얻으며, 교육을 받고, 더불어 살고 있다는 공동체 의식을 키운다. 더욱이 방송은 친밀성, 연속성, 직접성, 자발성, 리얼리즘, 드라마적 요소 등을 담고 있는 대중 미학의 제도다. 바로 이런 이유 때문에, 특히 공영방송의 사회적 역할은 중요할 수밖에 없다.

이 글은 '일상과 공동체 경험의 매개'라는 관점에서 공영방송 KBS가 지난 50여 년 동안 성취한 콘텐츠의 의미를 살펴보았다. 여기서는 KBS의 보도 프로그램을 논의하지 않았지만, 그동안 공영방송 KBS에 대한 비판 중 하나는 보도와 정치적 중립성에 관한 것들이었다.

공영방송 KBS를 어떻게 평가할지와 관련해서 다양한 시각이 있을 수 있다. 그동안 정치권력의 개입으로 인한 독립성 문제가 계속적으로 제기되어 왔고, 이와 함께 보도 영역에서의 공정성 논란도 적지 않았다. KBS2는 오락 프로그램을 많이 편성[32]하고 있다는 비판을 받았다.

그러나 이와 같은 비판 속에서도 KBS는 공영방송으로서 역할을 충실히 수행해 왔다고 평가할 수 있다. 전통적인 공영방송의 가치들인 프로그램의 질, 다양성, 공동체 의식, 국가 정체성, 공적 교육, 소수 시청자에 대한 배려 등이 균형 있게 안배되면서 우리 사회에서 방송의 역할을 수행해 왔기 때문이다.

가족의 가치는 드라마뿐만 아니라 다양한 교양 프로그램 속에서 지속적으로 유지되어 왔고, 인간과 세계, 자연과 환경, 역사와 문화라는 측면에서도 다양한 콘텐츠를 통해 더불어 사는 '공통의 경험'을 전달해 왔으며, 이것들은 민족과 국가 정체성을 형성하는 데 기여해 왔다. 오락 영역에서도 새로운 형식과 재미를 만들어내는 적지 않은 콘텐츠가 있었다. 물론 개별 프로그램마다 문제가 제기된 적은 있었지만, 지난 50여 년의 흐름 속에서 파악하면 공영방송 스스로 성취한 가치들을 낮게 평가할 수는 없다.

---

32 공영방송의 오락 프로그램과 관련해서 오락이 어떻게 표현되고 있는지 문제를 제기할 수 있지만, 오락 프로그램 자체가 문제가 될 수는 없다. 그것은 오락 프로그램이 갖는 사회적 역할을 과소평가하는 것이다.

≪경향신문≫, 1975.6.19. "6·25의 증언".

강형철. 2004.『공영방송론: 한국의 사회변동과 공영성』. 나남출판.

김성호 엮음. 2017.『한국방송 90년 연표』. KBS 한국방송.

김환표. 2012.『드라마, 한국을 말하다』. 인물과 사상사.

다얀, 다니엘(Daniel Dayan)·엘리후 캐츠(Elihu Katz). 2011.『미디어 이벤트』. 곽현자 옮김. 한울엠플러스.

신상일·정중헌·오명환. 2014.『한국 TV 드라마 50년사 통사: 1961~2011』. 한국방송실 연자협회.

이상요. 2013a.「〈KBS 다큐멘터리 한국전쟁〉을 말한다」. ≪공영방송≫, 1.

_____. 2013b.「공영방송은 무엇은 해야 하는가: 생방송 〈이산가족을 찾습니다〉」. ≪공영방송≫, 2.

_____. 2013c.「〈겨울연가〉가 우리나라 대중문화에 던지는 질문」. ≪공영방송≫, 3.

임종수. 2011.「일요일의 시보: 〈전국노래자랑〉 연구」. ≪언론과 사회≫, 19(4).

정영희. 2005.『한국 사회의 변화와 텔레비전 드라마』. 커뮤니케이션북스.

주창윤. 2010.「현재적 죽음과 '역사적' 죽음으로 기억하기」. ≪방송문화연구≫, 22(1).

_____. 2019.『역사드라마, 상상과 왜곡 사이: TV는 어떻게 역사를 소환하는가』. 역사 비평사.

최현경. 2007. "한국 TV드라마를 위한 변명". 경성대학교 인문학연구소 엮음.『TV 드라 마와 한류』. 도서출판 박이정.

하효숙·김균. 2010.「텔레비전에 나타난 한국전쟁에 대한 기억의 변화: KBS 한국전쟁 기념 다큐를 중심으로」. ≪방송문화연구≫, 22(1).

한양명. 2004.「축제 정치의 두 풍경: 국풍81과 대학 대동제」. ≪비교민속학≫, 26.

KBS. 2012.「KBS 텔레비전 방송 50년: 1961~2011」. KBS 한국방송.

KBS. 2017.「국민과 함께 한 KBS 20년: 1997~2017」. KBS 한국방송.

Littlejohn, D. 1981. "Thoughts on Television Criticism." in R. Adler(ed.). _Understanding Television: Essays on Television as a Social and Cultural Force_. New York: Praeger.

Samuel, R. 1994. _Theatres of Memory_, London: Verso.

05 공영방송과 시청자

| 배진아

1. 머리말

1) 시청자와 공영방송의 정체성

"공영방송의 주인은 시청자", "시청자는 공영방송의 존재 이유"라는 문구는 우리에게 매우 익숙하다. 전파의 희소성, 수신료 재원과 같은 기술적·제도적 특징을 굳이 거론하지 않더라도, 공영방송이 시청자의 권리와 이익을 위해 존재한다는 사실을 부정할 사람은 없을 것이다. 공영방송은 시청자로 인해 존재하며, 시청자의 이익을 실현하기 위해 존재하며, 시청자의 참여를 통해 존재한다. 따라서 공영방송의 정체성과 제도, 공공서비스와 거버넌스에 대해 논의하고 공영방송을 올바로 이해하기 위해서는 공영방송과 시청자의 관계에 대한 검토가 무엇보다 중요하다. 이 장에서는 공영방송과 시청자의 관계에 대해 시청자 권익 보호 제도를 중심으로 이야기하고자 한다.

공영방송의 수용자를 지칭하는 용어는 시청자, 이용자, 수용자, 소비자, 시민 등 다양하다. 시청자는 전통적 소수 채널 환경에서의 수동적 수신자로 주로 이해되며, 이용자는 상호작용성이 높아진 미디어 환경에서 적극적 이용 주체의 의미가 크다. 수용자는 주로 다양한 수용 상황에서 미디어 수용자를 지칭하는 포괄적인 의미로 사용되고, 소비자는 방송 콘텐츠를 구매하고 소비하는 주체를 뜻한다(조연하·배진아·이영주, 2007: 206~207). 또한 시민informed citizen은 자발적이고 주체적으로 공영방송의 운영과 공적 책무 수행에 관여하는, 교양 있는 능동적 참여자를 의미한다. 이 글에서는 이러한 다양한 용어 가운데 가장 전통적이고 보편적인 용어에 해당하는 '시청자'를 사용하기로 한다. 여기에서 시청자는 단순히 수동적인 존재passive viewer가 아니며, 공공재인 전파의 주인이자 공영방송의 주인으로서 공영방송의 공적 책무 수행 여부를 감시하고 책무 수행 과정에 참여하는 주체를 지칭한다.

시청자의 의미는 미디어 환경의 변화와 더불어 진화해 왔다. 방송 도입 초기의 시청자는 다수의 이질적인 익명의 사람들로, 계몽의 대상이 되는 '대중'으로 인식되었으며, 이후 방송이 하나의 산업으로 크게 성장하면서 시청자는 방송 콘텐츠의 소비자, 즉 '시장'으로 받아들여졌다. 최근 들어서는 서로 소통하면서 문화와 정치 과정을 만들어가는 공중, 즉 '시민사회의 구성원'이라는 시청자 개념이 주목받고 있다. 과거 공영방송과 시청자의 관계를 논의할 때 시청자가 필요로 하는 것을 제공하는 차원의 시청자 복지를 중요하게 고려한 것은 시청자를 '대중'으로 인식한 데서 비롯한다. 또한 명품 사극과 명품 다큐멘터리, 시장에서 공급되지 않는 소수 취향 프로그램의 제공을 공영방송의 주요 임무로 정의한 것은 시청자를 '시장'으로 인식한 결과로 볼 수 있다. 한편 시청자를 시민사회의 구성원, 즉 '시민'으로 보는 관점에서는 공영방송의 제반 과정에 시청자들이 참여하는 것을 중요하게 고려한다. 시민의 관점에서 시청자가 공영방송의 주인이라는 것은, 단순히 시청자가 원하는 고품질의 공공서비스를 제공하는 것을 넘어 시청자들이 다양한 방식으로 공영방송의 설명책임 실천 과정에 관여하고 참여할 수 있어야 한다는 것을 의미한다.

공영방송은 최근 미디어 환경의 급격한 변화에 따라 정체성의 위기를 맞고 있다. 전파의 희소성에 근거한 공영방송의 존재 이유는 더 이상 의미를 갖지 못하며, 사회적 영향력이라는 측면에서도 공영방송의 입지가 약해지고 있다. 반면, 미디어의 상업화와 공적 영역의 약화로 인한 문제점이 드러나면서 공영 미디어의 역할이 더욱 주목받고 있기도 하다. 이와 함께 공영미디어 영역에서 시청자의 권리가 더욱 중요한 개념으로 부상하고 있으며, 공영방송이 시청자에게 부여하는 권익은 여타 미디어 영역에서 이용자에게 부여하는 권익의 기준점이 될 수 있다는 점에서 그 중요성이 더욱 크다. 따라서 새로운 미디어 환경에서 공영방송이 정체성을 확립하고, 책무를 수행하는 과정에서 시청자 주권을 확대하는 한편 이를 보호할 수 있는 제도를 만들어 실천하는 것은 매우 핵심적인 부분이라고 할 수 있다. 공영방송의 중심에 시청자가 있어야 한다는 당위성은 단순히 공영방송의 정체성 정립을 넘어, 공영방송이 변화된 미디어 환경에서 살아남기 위한, 다시 말해 위기에서 생존하기 위한 유일한 방법이다.

2) 공영방송과 시청자의 관계 정립: 시청자 권익 보호

공영방송이 시청자와 관계를 정립하고 스스로의 역할을 규정하는 과정에서 고려해야 할 중요한 가치로 시청자 복지와 시청자 주권, 시청자 권익 등이 언급된다. 시청자 복지welfare는 보편적 서비스와 공공서비스 제공 등 '미디어 수용자가 누릴 수 있는 혜택'(송진·유수정·김균수, 2012: 91)을 의미한다. 공영방송이 추구해야 할 공공 가치로서 '시청자 복지'는 정치적·사회적·경제적 복지의 세 영역으로 구분할 수 있다. 정치적 복지 영역은 수용자가 시민으로서 사회의 갈등 사안에 관심을 기울여 의견을 형성하고 공적 과제를 해결하는 데 미디어가 기여하는 바이며, 사회적 복지 영역은 공동체의 가치와 문화를 공유하기 위해 수용자가 미디어와 상호작용 하는 데 반영되는 일련의 혜택을 의미한다. 마지막으로 경제적 복지 영역은 시장의 유지와 발전을 통해 미디어 상품의 소비자이며 이용자로서 누리는 수용자의 편익과 관련된 부분이다(송진·유수정·김균수, 2012: 95에서 재인용). 이와 비슷한 맥락에서 방송 공익성의 하위 차원을 수용자 주권, 수용자 복지, 소비자 후생의 세 차원으로 나누기도 한다. 수용자 주권은 정치 영역을 시청자 시각에서 조명한 것으로 시민 참여의 가치를 포함하며, 수용자 복지는 사회문화적 영역에 관한 것으로 공동체 구성원에 대한 보편적 서비스를 포함한다. 또한 소비자 후생은 경제적 영역을 소비자 입장에서 해석한 것이라 할 수 있다(박기완·우형진, 2020). 이를 앞서 언급한 시청자 복지 영역 분류에 대응해 보면, 수용자 주권은 정치적 복지 영역, 수용자 복지는 사회적 복지 영역, 소비자 후생은 경제적 복지 영역에 각각 해당한다.

시청자 주권sovereignty은 전파의 실질적 주인이자 공영방송의 주인으로서 시청자가 갖는 권리를 뜻하는데, 시민사회의 구성원으로서 행사하는 정치사회적 주권과 전파의 실질적 소유자로서 행사하는 미디어 주권으로 구분할 수 있다. 정치사회적 주권은 방송의 독립성 확보와 자유로운 공론장의 운영을, 미디어 주권은 참여 가치 실현을 각각 의미하며, 특히 참여 가치 실현으로서의 미디어 주권은 프로그램에 대한 시청자 의견 반영, 시청자 제작 프로그램 편성, 공영방송의 설명 책임 등을 포함한다(박기완·우형진, 2020: 14~16).

이처럼 시청자 복지와 시청자 주권은 뚜렷하게 구분되는 개념이라기보다는 유사한 의미가 중첩되며, 공영방송에 시청자 중심의 실천을 요구하는 이념적 토대로서 의미가 있다. 군이 구분하자면 시청자 복지는 공영방송의 실천을 통해 시청자가 누리는 혜택을, 시청자 주권은 공영방송의 주인으로서 시청자가 공영방송의 실천에 관여할 수 있는 권리를 의미한다.

공영방송과 시청자의 관계를 설정하는 과정에서 시청자 권익rights은 이 두 개념에 비해 실천적이고 구체적인 개념이다. 시청자 권익은 공영방송의 운영 과정에서 시청자의 권리와 이익이 반영되고 구현되는 것을 뜻한다. 「방송법」 제3조에서는 시청자 권익을 시청자의 권리(시청자가 방송프로그램의 기획, 편성 또는 제작에 관한 의사결정에 참여할 권리)와 이익(방송의 결과가 시청자의 이익에 합치해야 한다는 것)으로 구분해 명확히 규정하고 있다.

시청자가 공영방송의 중심이어야 한다는 당위적 주장은 너무 광범위하고 추상적이어서 실천적 가능성이 줄어들 우려가 있다. 시청자 복지나 시청자 주권 개념 역시 다양한 차원의 공익적 가치들을 포함하고 있어서 이를 실현하기 위한 대안을 구체적인 수준에서 제시하기가 쉽지 않다. 따라서 이 글에서는 「방송법」에서 정의한 시청자 권익 개념을 중심으로 공영방송과 시청자가 소통하고 협력할 방안을 논의하고자 한다.

KBS는 시청자권익센터(petitions.kbs.co.kr)를 통해 시청자 권익 증진 활동을 펼치고 있다. 시청자권익센터는 KBS가 시청자 권익을 위해 수행하는 제반 활동과 관련된 사이트 주소를 제공하여, 시청자들이 시청자 권익 보호 관련 활동들을 모니터링하거나 참여할 수 있도록 지원한다. 시청자권익센터에서 제공하는 '바로가기' 시청자 청원을 비롯해 시청자위원회, KBS 문화공간, 시청자 상담실, 고충 처리, 정보 공개, 〈열린채널〉, 1020시청자위원회, TV비평, KBS ON 견학 등이다. 즉, 시청자와 동반자적인 관계를 정립하고(시청자위원회, 1020시청자위원회), 시청자가 제작에 직접 참여하며(〈열린채널〉), 시청자들의 의견을 청취하고(TV비평), 시청자와 소통하며(시청자 청원, 시청자 상담실, 고충 처리), 공영방송의 운영과 관련한 주요 내용을 공개하는(정보 공개) 활동이 여기에 포함된다.

2. 공영방송과 시청자 관계 논의의 이론적 토대

1) 공영방송의 설명책임과 시청자

설명책임accountability은 공영방송이 사회적 주체로서 공적 활동을 공개적으로 알리고 설명할 책임으로, 공영방송이 공적 가치를 실현하기 위한 실천적 기준이다. 이는 단순히 책임과 의무를 의미하는 것을 넘어서, 편성·제작·운영의 차원에서 스스로를 평가하고 개선하며 시청자와 상호작용 하는 과정을 통해 사회적 임무를 수행하는 것을 뜻한다(배진아, 2007). 공영방송이 수행해야 할 설명책임의 유형은 책무의 대상(방송사 내부 혹은 외부)과 자율성(통제) 수준에 따라 법적 설명책임(외부관계, 통제), 위계적 설명책임(내부관계, 통제), 사회적 설명책임(외부관계, 자율), 전문적 설명책임(내부관계, 자율)으로 구분된다(배진아, 2017). 이러한 유형 분류를 매퀘일D. McQuail의 설명책임 모델(McQuail, 2003)에 적용하면 통제 수준이 강한 법적 설명책임과 위계적 설명책임은 귀책성liability 모델에, 그리고 자율성 수준이 높은 사회적 설명책임과 전문적 설명책임은 답책성answerability 모델에 해당한다. 귀책성 모델은 책무 대상과 갈등 관계를 수반하며 해명이나 화해보다는 보상과 처벌이라는 결과가 따르는 반면, 답책성 모델은 책무 대상에게 정보를 제공하고 설명하고 논쟁하는 과정을 통해서 이해에 도달하는 것을 목적으로 한다. 따라서 법적인 수단에 의해 강제되는 설명책임보다는 자율적인 영역에서 스스로 공적 역할을 규정하고 이를 실현하기 위한 활동을 모색하는 설명책임이 더 바람직하다. 설명책임의 수행은 공영방송이 사회적으로 부여된 공적 의무를 소극적으로 이행함으로써 사회적 비판에서 벗어나기 위한 것이 아니라, 스스로 규범적 목표와 의무를 적극적으로 규정하고 이를 대외적으로 천명하고 실천함으로써 그 정당성과 사회적 지지를 얻는 과정으로 이해되어야 한다(윤석민, 2020: 468).

공영방송은 시청자와의 관계 정립을 통해 시청자의 이익을 가장 먼저 고려하는 방식으로 설명책임을 설계하고 실천해 나가야 한다. 시청자 이익의 관점에서 공영방송의 책무를 제안하면, 시청자 경험의 폭 확대, 고품질의 콘텐츠와 서비스 제공, 민주주의 구현을 위한 공론장 마련 등의 내용이 포함된다(이준웅, 2021). 그러나 공영방송의 설명책임 실천은 단순히 시청자들이 필요로 하는 것(원하는 것)을 제공하는 데 그쳐서는 안 된다. 프로그램과 서비스를 통해 시청자의 이익을 구현하는 것을 넘어, 시청자가 공영방송의 설명책임 실천 과정에 참여할 권리를 최대한 보장하는 것이 중요하다. 즉, 우리 사회가 공영방송

표 5-1 공영방송의 시청자 참여 형식

참여의 영향 정도	시청자 참여 형식	현행 제도	확대된 참여방식
최대 ↑ ↓ 최소	직접통제 (direct citizens control)	-	- 시민 투표(사장 선출, 수신료 등)/소환 제도(온/오프라인) - 행정구역(국회의원 선거구 등)의 시민 대표로 방송 의회 구성 - 방송 의회에서 선출된 방송 평의회가 공영방송사 이사회 역할 수행
	위임(delegation)	-	- 이사회 구성에 시민 대표성 확대, 자격 검증 권한, 실질적 감독권 소유, 개방적 운영 - 평가과정 주도 및 참여 확대 - 시민주도적 조사위원회(감사 등)
	동반자적 운영 (partnership-based practice)	시청자위원회	- 시청자위원 선출제, 권한 강화 - 각종 시민 자문위원회 활성화 - 제작/운영/경영 과정에 시민/지역 공동체 참여
	참여적 기획/준비 (participatory planning & preparation)	시청자 참여 프로그램	경영(수신료 등), 프로그램 기획, 사업 추진 등 정책 수립 과정 참여
	토론적 의견 청취 (deliberate consultation)	시청자 평가원 제도 시청자 평가프로그램	- 토론적 여론조사, 의견 수렴 - 시청자 배심원제(citizen juries)
	즉시적 의견 청취 (instant consultation)	시청자 반응 조사 (신뢰도 조사, 프로그램 품질 조사, 코코파이 조사 등)	- 시민이 원하는 조사 실시 - 설문 구성, 평가 과정에 참여
	양방향 소통과정 (communicative information process)	시청자 고충 처리, 시청자 상담실, 시청자 청원 등	- 공청회(실질적) - 이사회/집행부 온/오프라인 피드백 절차 강화(이사회/집행부와 시청자 간담회, 연례 경영보고 대회) - 직원/시민 온라인 토론방
	정보 제공(일방적)	정보 공개, 연차 보고서, 경영평가 보고서	인터랙티브 웹사이트, 이사회, 집행부 회의록 등 경영 정보의 공개 강화

자료: Arnstein(1969: 216~224).

에 요구하는 설명책임의 실체가 무엇인지 구체적으로 정의하고, 이를 실천하기 위한 효율적인 시스템을 구축하며, 공영방송의 책임과 의무를 실천하는 일련의 과정에서 시청자들이 항상 그 중심에 있어야 한다. 구체적으로, 공영방송의 사회적 책무를 정의하기 위해 시청자의 의견을 폭넓게 수렴한다거나 설명책임 실천을 감시하고 평가하는 시스템에 시청자가 참여하도록 하는 등의 다양한 참여 방법을 모색해야 할 것이다.

2) 공영방송의 시청자 참여 모델

공영방송이 설명책임을 설계하고 실천하는 과정에서 공영방송과 시청자의 소통 및 협력은 매우 중요하다. 앞에서 언급한 것처럼 "시청자가 공영방송의 주인"이라는 단순한 구호를 넘어 공영방송이 시청자와 실질적으로 협력할 수 있는 모델을 만들어내지 못한다면, 공영방송은 당면한 정체성의 위기를 극복하기 어려울 것이다.

시청자 참여가 공영방송 운영에 미치는 영향의 정도에 따라 직접 통제에서 정보 제공까지 다양한 스펙트럼의 시청자 참여 형식이 제안될 수 있는데, 이창근(2009: 175~177)은 안티로이코A. V. Anttiroiko의 범주(Anttiroiko, 2007: 36)를 원용하여 여덟 가지 유형을 제안했다. 그가 제안한 시청자 참여 형식을 토대로 하여, 현재 운영되고 있는 제도 중 해당 형식에 포함되는 유형과 확장된 참여 형식을 정리하면 표 5-1과 같다. '직접 통제'는 시청자가 직접 공영방송의 운영에 참여하는 것으로서, 투표를 통해 공영방송의 사장을 선출하거나 시민 대표 중심의 방송 의회를 구성하는 것이 그 사례이다. 국내에는 이러한 직접 통제 방식의 참여 제도가 도입되지 않았다. '위임'은 공영방송 운영 권한을 시청자에게 일부 부여하는 방식이며, 시민 대표성을 확보한 이사회와 시민 주도적인 조사위원회(감사)의 운영을 예로 들 수 있다. 직접 통제와 마찬가지로 위임 형태의 시청자 참여 제도는 우리나라에서 아직 제도화되어 있지 않다. '동반자적 운영'은 공영방송의 편성·제작·경영 과정에 시청자가 참여하는 형식으로 시청자위원회 제도가 이에 해당한다. '참여적 기획/준비'는 시청자가 프로그램의 기획과 제작에 직접 참여하는 것으로서 시청자 참여 프로그램 의무 편성 제도가 대표적인 사례이다. '토론적 의견 청취'는 시청자의 의견을 듣고 숙의 과정을 통해 공영방송의 편성과 제작에 반영하는 것을 의미하는데, 시청자 평가원 제도와 시청자 평가프로그램이 이러한 형식의 참여 제도이다. '즉시적 의견 청취'는 시청자들의 반응과 여론 조사를 통해 시청자들의 의견을 수렴하는 형식으로, KBS가 수행하는 신뢰도 조사와 프로그램 품질평가 등이 여기에 해당한다. '쌍방적 소통과정'은 시청자와 공영방송이 상호 소통하는 과정으로서 시청자 고충 처리, 시청자 상담실, 시청자 청원 제도 등을 그 사례로 들 수 있다. 마지막으로 참여의 영향 정도가 가장 낮은 형식으로 '정보 제공'을 들 수 있는데, 이와 관련한 현행 제도로는 정보 공개 제도 및 연차 보고서와 경영평가 보고서의 공개가 있다.

살펴본 것처럼 시청자가 공영방송과의 협력과 참여를 통해 설명책임 수행 과정에 영향을 미칠 수 있는 방식은 다양하다. 이론적으로 직접 통제와 위임은 시청자 참여를 통해 가장 강력한 영향력을 발휘할 수 있는 형식이지만, 이를 위해서는 근본적인 제도 변화가 필요하고 높은 비용이 수반되므로 현실에서 도입될 가능성은 적다. 시민의 직접 통제 방식을 적용하고자 한다면, 공영방송을 시민이 직접 통제하는 방식이 바람직한 것인지에 대한 근본적인 논의부터 시작할 필요가 있다. 시민이 공영방송을 직접 통제한다고 할 때 시민의 실체는 무엇인지, 어떤 사람들을 시민의 대표로 볼 수 있을 것인지, 시민에 의한 직접 통제의 장점 및 단점은 무엇인지 등을 면밀하게 검토해야 할 것이다. 한편, 토론적 의견 청취, 즉시적 의견 청취, 쌍방향 소통 등 영향의 정도가 상대적으로 낮은 시청자 참여 형식의 경우 국내에 다양한 제도가 마련되어 있지만, 정당성·영향력·강제력의 부족으로 제도의 본질적인 의의를 제대로 구현하지 못한다고 평가받는다(조항제·백미숙·이상길, 2010: 164).

3. 공영방송과 시청자의 상호 이해

1) 공영방송의 시청자 인식

공영방송이 시청자를 어떻게 인식하고 있는지는 KBS의 방송지표를 통해서 간접적으로 확인할 수 있다. 방송지표는 시청자들이 KBS에 기대하는 바를 고려하여 KBS가 지향하는 방향을 요약해 놓은 것이기 때문이다. KBS는 2017~2018년 '희망과 감동'을 방송지표로 삼고, 가장 신뢰받는 창조적 미디어가 되겠다는 미션과 TV를 넘어 세계를 열광시키겠다는 비전을 제시했다. 그리고 시청자 중심주의를 핵심 가치로 내세우면서 공정, 혁신, 열정, 소통을 주요 가치로 채택했다. 2019~2020년에는 '함께하는 평화, 함께 여는 미래'와 '공정·창의·혁신'을 각각 방송지표로 삼았다. 2019년의 방송지표는 전년도의 시청자 중심주의 가치를 이어받아 시청자와의 동반자적인 관계를 강조한 것이며, 2020년의 방송지표는 시청자가 공영방송에 요구하는 민주적 공론장(공정), 고품질의 참신한 프로그램(창의), 기술적 선도자(혁신)의 역할을 강조한 것으로 해석된다. KBS는 방송지표를 달성하기 위한 중장기 목표와 그에 따른 세부 목표도 설정해 두고 있다. 중장기 목표는 '시간, 장소, 세대를 넘어 시청자에게 가장 영향력 있는 공영미디어'가 되겠다는 것과, '방송의 한계를 넘어 다양한 플랫폼과 형식으로 공영방송의 책무를 수행'하겠다는 것이다. 이를 실천하기 위해 독보적 신뢰, 압도적 영향력, 콘텐츠 도달률 강화, 글로벌 미디어로 도약, 창의적 조직으로 변화 등 다섯 가지의 세부 목표를 수립하고 있다(표 5-2 참고). 이러한 중장기 목표와 세부 목표는 시청자의 관점에서 시청자가 원하는 공영방송의 가치에 방점을 찍은 것이 아니라 KBS의 경쟁력과 영향력 확보에 초점을 맞추고 있다는 점에서 아쉬움이 있다. 예컨대 '독보적 신뢰'는 KBS가 지향해야 할 목표 내지 가치라기보다는 공정성과 창의성, 다원성 등의 공적 가치를 실현함으로써 자연스럽게 얻는 결과로 이해할 필요가 있다. '압도적 영향

표 5-2 KBS의 방송지표(2017~2020)

구분	방송지표	중장기 목표	세부 목표
2020년	공정·창의·혁신	시간, 장소, 세대를 넘어 가장 영향력 있는 공영미디어가 되겠습니다.	독보적 신뢰 압도적 영향력
2019년	함께하는 평화 함께 여는 미래	방송(TV, Radio)의 한계를 넘어 다양한 플랫폼과 형식으로 공영방송의 책무를 수행하겠습니다.	콘텐츠 도달률 강화 글로벌 미디어로 도약 창의적 조직으로 변화

자료: KBS 홈페이지(www.kbs.co.kr).

력' 역시 고품질의 창의적 프로그램 제공과 기술·서비스 혁신의 결과로서 얻는 성과이지, 공영방송이 추구해야 할 방향 내지 목표로 적합하지 않다. KBS가 공영방송으로서 시청자 중심주의를 표방하고 있으나, 그것이 방송지표/중장기 목표/세부 목표와 같은 주요 방향을 설정하는 데 충분히 반영되지 못한 것으로 평가받는다.

KBS는 조사 및 연구 활동을 통해 시청자를 이해하기 위한 노력을 꾸준히 해오고 있다. KBS 국민 패널을 통한 설문 조사, KBS 미디어 신뢰도 조사, 프로그램 품질평가, 코코파이 지수 조사 등이 그 사례다. '국민 패널 설문 조사'를 통해서는 프로그램에 대한 평가, 공영방송에 대한 인식을 비롯하여 다양한 주제에 대해 비정기적으로 조사하는데, 조사 결과와 데이터는 홈페이지에 해 공개한다. 'KBS 미디어 신뢰도 조사'는 2018년부터 시작하여 1년에 네 차례 조사하고 있다. 신뢰도 조사의 결과와 데이터 역시 홈페이지를 통해 공개한다. '프로그램 품질평가'는 PSI$^{Public Service Index}$ 세 문항(제작완성도, 정보 지향, 감성 지향)을 통해 프로그램에 대한 시청자들의 질적 평가를 측정하는 조사로서 1995년부터 실시해 오고 있다. 프로그램 품질평가 결과는 성과 평가(제작진)에 반영되며, 사내 피드백을 통해 편성 전략 수립과 프로그램 경쟁력 제고를 위한 기초 자료로 활용된다. '코코파이 지수'는 대한민국 콘텐츠 이용 통합지수$^{Korea\ content\ program\ index\ for\ evaluation}$로서, 본방과 재방을 비롯하여 다양한 유통 채널과 VOD 등을 통해 도달한 통합 시청자 수를 의미한다. 새로운 미디어 환경에서 시청률 지표를 보완하는 지수로서 의미가 있으며, 프로그램의 편성과 제작의 기초 자료로 활용된다. 이처럼 KBS의 다양한 조사와 연구 활동은 공영방송 서비스에 대한 시청자 인식, KBS에 대한 신뢰도, KBS 콘텐츠의 경쟁력과 영향력을 확인하는 유용한 자료로 활용되고 있다.

KBS는 2021년 5월 '국민께 듣는 공적 책임과 의무' 공론 조사를 실시하고, 일련의 숙의 과정을 통해 수신료 인상에 관한 시청자의 의견을 수렴한 바 있다. 209명의 국민참여단을 대상으로 숙의와 조사가 진행되었는데, 약 80%의 참여자가 수신료 인상에 찬성한다는 결과를 도출하여 주목받았다. 수신료 인상에 찬성하는 이유는 '공정한 뉴스 제작과 독립적 운영을 위해서'(28.1%), '물가 상승률 등을 반영하지 못해서'(24.9%), '공적 책무에 필요한 재원 확충이 필요해서'(18.6%), '수준 높은 콘텐츠와 서비스 제공이 필요해서'(17.4%) 등이었다. 수신료 인상에 반대하는 사람들은 '공적 책무 확대 계획의 실효성을 신뢰하기 어렵기 때문에'(31.0%), '미디어나 채널이 넘쳐나는 상황 속에서 KBS를 보는 사람들이 점점 줄어들고 있기 때문에'(19.0%), 'KBS에 공정한 뉴스 제공과 독립적 운영을 기대하기 어렵기 때문에'(16.7%) 등을 주요 이유로 제시했다. 공론 조사에 참여한 국민참여단은 전반적으로 KBS의 공적 책무 실천에 대해 낮게 평가했으며, 경영 정보를 투명하게 공개하고 시청자 참여를 보장하는 것(27.3%), 뉴스를 공정하게 제작해 공론장의 역할을 하는 것(22.5%), 다양한 매체를 이용한 재난 정보를 신속히 전달하는 것(15.8%) 등을 KBS의 주요 책무로 꼽았다. 이러한 공론 조사 활동은 공영방송이 스스로에 대한 사회적 평판과 위상을 확인하고, 공적 책무의 실천 여부를 되돌아보며, 설명책임 구현 방안을 설계하는 데 중요한 근거 자료가 된다는 점에서 매우 가치 있는 일이다. 다만, 공론 조사의 결과를 수신료 인상을 위한 근거 자료 혹은 자사의 홍보 자료로 활용하기보다는 KBS에 대한 부정적 평가에 귀 기울이면서 변화의 방향을 정립하는 지표로 활용해야 할 것이다.

2) 시청자의 공영방송 인식

시청자들은 공영방송이 수행해야 할 공적 가치와 책무에 대해 어떤 인식을 가지고 있을까? 관련 연구를 중심으로 공영방송에 대한 시청자들의 인식을 살펴보고자 한다. 먼저, 시청자들이 공영방송에 기대하는 수용자 복지는 시민적 복지, 공동체 이익 추구형 복지, 콘텐츠 이용자적 복지, 기술 이용자 복지, 소비자적 복지, 생비자적 복지 등으로 유형화할 수 있다(송진·유수정·김균수, 2012). 기존 연구에 따르면 시민적 복지, 공동체 이익 추구형 복지, 콘텐츠 이용자적 복지를 중요하게 인식할수록 공영방송에 대한 수신료 지불 의사가 높아지는 경향이 있다. 이와 함께 공영방송이 기술 이용자 복지를 충족하고 있다고 평가할수록 수신료 지불 의사가 높아지는 것으로 나타났다. 즉, 전통적 방송 가치에 대한 인식이 수신료 지불 의사와 관련이 있으며, 특히 변화된 미디어 환경에서 공영방송에 새롭게 요구되는 책무가 충실히 수행되고 있다고 판단할 때 수신료 지불 의사가 높아진다는 것을 확인할 수 있다.

한편, 시청자들이 기대하는 공영방송의 공적 가치는 품질, 사회적 가치, 다양성, 개인적 실용가치의 네 개 차원으로 분류하여 제시되기도 한다(오하영·강형철, 2015). '품질'은 새롭고 창의적인 아이디어와 기술적·전문적 능력 및 재미를, '사회적 가치'는 교육적이고 공익적인 가치, 국가적 문화유산이나 전통 보호, 공정성, 신속 보도, 유익성을 포함한다. '다양성'은 소수 집단과 지역 공동체의 취향·욕구·관심, 다양한 시청자 집단, 다양한 사회적·정치적 관점, 다양한 장르에 관한 내용이 포함되며, '개인적 실용가치'는 선진국에서 인기 있는 프로그램과 더불어 시청자 개인의 욕구를 반영하는 프로그램을 제공하는 역할로 구성된다. 공적 가치 인식과 공영방송에 대한 태도의 관계를 분석한 연구 결과를 살펴보면, '사회적 가치'에 대한 기대가 공영방송 제도에 대한 긍정적인 태도로 연결되었다. 또한 '다양성' 차원에서 공영방송에 높은 기대를 갖는 사람들은 KBS가 수행하는 공적 가치에 대해 상대적으로 낮게 평가하고 공영방송제도에 부정적인 태도를 취하는 것으로 나타났다.

　시청자가 인식하는 공익의 차원은 크게 수용자 주권, 수용자 복지, 소비자 후생 차원으로 유형화할 수 있다(박기완·우형진, 2020). 공익의 차원에 대한 시청자 평가가 수신료 정책과 공영방송제도의 필요성 인식에 미치는 영향을 분석한 연구를 살펴보면, 소비자 후생에 대한 시청자 평가가 수신료 지불 의사, 수신료 정책 방향 개선, 공영방송제도의 필요성 인식에 정적인 영향을 미치는 것으로 나타났다. 연구자들은 이러한 결과가 공영방송에 대한 수용자의 인식이 질적으로 변화하고 있음을 보여주는 것이라고 평가한다. 정부와 자본으로부터 독립하여 공정한 방송을 수행하기만 하면 시청자들이 공영방송에 기꺼이 비용을 지불할 것이라는 판단은 현실과 동떨어진 안일한 인식이라는 지적이다. 시청자들은 KBS의 프로그램이 높은 수준의 창의성과 기술력을 갖고 있을 때, 그리고 시청자 개인의 삶에 이익을 주거나 즐거움을 주는 프로그램이 제공될 때 KBS를 긍정적인 인식한다는 설명이다. 연구자들은 또한 KBS가 과거처럼 엘리트주의적 관점에서 수용자 주권을 보장해 주고 수용자 복지를 확보해 주어야 할, 시혜를 받는 대상으로 시청자를 인식해서는 안 된다는 점을 강조한다. 시청자들은 이타적이기보다는 자기중심적인 공익 요구자들이며, 현시점에서 시청자들이 중요하게 생각하는 공익은 정치적·사회적·공동체적인 측면에서 얻는 이익뿐만 아니라, 자신들이 직접 얻을 수 있는 실질적인 이익이라는 것이다.

　살펴본 것처럼 시청자들이 공영방송에 기대하는 공적 가치는 다차원적이며, 공적 가치의 중요성에 대한 인식과 더불어 실제로 KBS가 이러한 공적 가치를 얼마나 잘 실현하고 있는지에 대한 평가는 공영방송제도의 필요성 인식과 수신료 지불 의사에 영향을 미친다. 또한 시청자들은 공익, 민주적 공론장, 다원성, 공정성, 문화적 정체성, 고품질 등 전통적인 공적 가치뿐 아니라 미디어 환경 변화에 따라 새롭게 요구되는 기술적 혁신과 소비자 후생 차원의 복지에 중요한 의미를 부여한다는 점을 확인할 수 있다.

3) 오해를 넘어 이해로

KBS는 공영방송으로서 시청자를 이해하기 위해 다양한 조사와 연구 활동을 전개하고 있으며, 공론 조사 등을 통해 시청자가 요구하는 공적 가치와 책무를 파악하기 위해 노력해 왔다. 그리고 이러한 노력의 결과물들은 실제로 프로그램의 편성 및 제작, 방송지표 및 세부 목표의 설정을 비롯한 방송 운영 전반에 다양한 방식으로 반영되어 왔다. 그러나 관련 연구를 통해 알 수 있는 것처럼 공영방송에 대한 시청자의 요구는 다차원적이고 시대에 따라 다양하게 변화하고 있다. 단면적인 조사 활동을 통해서는 온전한 시청자 이해에 도달하기 어려우며, 끊임없이 변화하는 시청자의 요구를 고려할 때 시청자를 이해하기 위한 노력은 현재진행형으로 늘 계속되어야 한다.

시청자와 KBS 직원의 상호 이해와 곡해에 관한 실증 연구에 따르면(김찬석·이완수·최명일, 2014), 수신료 인상을 둘러싸고 시청자와 KBS 직원이 서로 다르게 인식하고 있다는 점을 확인할 수 있다. 구체적으로 KBS 직원들은 공영방송 수신료 인상에 대해 공감대를 형성하고 있지만, 시청자들은 그렇지 않은 것으로 나타났다. 또 KBS 직원과 시청자들의 상호 인식을 분석한 결과 KBS 직원들은 시청자들의 인식을 과소 추정하고 있었다. 즉, 시청자들이 수신료 인상 이유에 대해 덜 공감한다고 생각하는 경향이 있었다. 이와 달리 시청자들은 KBS 직원들이 수신료 인상에 대해 자신들보다 더 많이 공감하고 필요하다고 느끼고 있다고 생각하는, 즉 과대 추정하는 것으로 나타났다. 공영방송의 사회적 책무에 대해서도 시청자와 KBS 직원 사이에 인식의 차이가 있었다. 수신료 인상을 통해 달성해야 할 공영방송의 주요 책무에 대해 시청자보다 KBS 직원들이 그 필요성을 더 크게 인식하고 있었으며, 시청자들은 KBS 직원들이 자신들보다 공적 책무 수행을 위한 수신료 인상의 필요성을 더 크게 느끼고 있을 것으로 추정하는 반면, KBS 직원들은 시청자들이 자신보다 수신료 인상의 필요성을 덜 중요하게 인식할 것으로 추정했다. 연구자들은 이러한 결과를 토대로 수신료 인상 문제와 관련해 시청자와 KBS 직원 사이에 인식의 차이가 클 뿐더러 상대방의 입장이나 생각에 대해 제대로 이해하려는 노력이 부족하다는 결론에 도달했다.

이 연구는 수신료 인상이라는 특정 쟁점을 둘러싸고 KBS 직원과 시청자들이 서로의 인식에 대해 곡해 혹은 오해를 하고 있다는 점을 지적하지만, 이는 공영방송과 시청자의 소통 부재와 상호 오해의 단면을 보여주기도 한다. 앞서 언급했듯이 공영방송은 시청자를 이해하기 위해 다양한 노력을 지속하고 있음에도, 단지 단편적인 이해에 머물거나 지속해서 변화하는 시청자의 요구를 수용하지 못하는 측면이 있다. 또한 공영방송이 시청자를 이해하기 위한 노력은 적극적으로 이루어지는 반면, 공영방송에 대한 시청자의 이해를 높이기 위한 노력은 상대적으로 부족하다. 하지만 잘 알려진 바와 같이 공영방송이 시청자와 관계를 형성하는 데는 일방향적인 이해보다 양방향적인 상호 이해를 추구해야 한다. 향후 공영방송은 시청자를 이해하기 위해 노력하는 것과 함께, 시청자들이 공영방송을 이해하도록 하기 위한 소통과 협력 모델을 만들어 나가기 위해 노력해야 할 것이다.

4. 공영방송과 시청자의 협력 모델

공영방송의 설명책임 실현 및 시청자 권익 보호를 위해 공영방송과 시청자가 상호 이해의 바탕 위에서 협력할 수 있는 모델은 위임delegation, 파트너십 partnership, 참여participation, 의견 청취consultation, 소통communication, 정보 제공 information service 등의 유형으로 정리해 볼 수 있다. 이는 앞에서 소개한 '공영방송의 시청자 참여 형식' 모델의 내용(표 5-1 참고)을 일부 변형하여 적용한 것이다. '위임'이 시청자가 참여를 통해 영향을 미칠 수 있는 정도가 가장 크며, '파트너십', '참여', '의견 청취', '소통', '정보 제공'의 순서대로 영향의 정도가 작아진다. 다음에서는 각 유형별로 현재 우리 공영방송에서 어떤 제도가 운영되고 있는지 구체적으로 살펴보고 시청자 권익 보호를 위한 공영방송의 노력에 대해 평가한 후, 이를 토대로 변화의 방향을 제안하고자 한다.

1) 위임

위임delegation은 시청자가 공영방송의 경영 및 운영에 관한 책임과 권한을 넘겨받아 참여하는 방식이다. 시청자가 직접 통제하는 방식direct citizens control 보다는 영향의 정도가 작지만, 근본적인 제도 변화가 없는 한 현실적으로 시청자의 직접 통제 방식이 거의 불가능하다는 점을 고려할 때 시청자가 가장 큰 영향을 행사할 수 있는 유형이라 할 수 있다.

공영방송의 경영과 운영에 대한 책임과 권한은 이사회에 있으므로, 공영방송과 시청자의 협력 모델 중 하나인 위임을 실현하기 위해서는 이사회 구성에서 시청자 대표성을 확보해야 한다. 현재 KBS의 이사회는 「방송법」 제46조에 따라 각 분야의 대표성을 고려하여 방송통신위원회에서 추천하고 대통령이 임명하는 방식으로, 시청자의 참여가 배제되어 있다. 방송통신위원회는 관행상 정당의 추천을 받아 11명의 이사를 추천하는데, 이때 여당과 야당의 추천 인사 비율이 7 대 4를 이룬다. 전문성과 해당 분야에서의 대표성보다는 정치적 입장이 중요시되는 이사 선임 방식 때문에 이사회는 시청자가 아닌 정파를 대변한다고 비판받는다. 결론적으로, 한국 사회의 공영방송 시스템에서는 위임 유형의 협력 모델이 아직 마련되어 있지 않으며, 최근 들어 위임제도의 필요성과 실효성에 대한 논의가 전개되고 있는 단계이다. 이에 관해서는 이 책 제7장 「공영방송 거버넌스와 책무」에서 자세히 다루고 있으므로, 여기에서는 자세한 논의를 생략한다.

2) 파트너십

파트너십partnership은 공영방송과 시청자가 동반자로서 공영방송의 편성과 제작, 운영 전반에 함께 참여하는 방식partnership-based practice으로, 시청자위원회가 여기에 해당한다. 시청자위원회는 공영방송뿐 아니라 종합편성채널과 보도전문채널에서도 의무적으로 설치 및 운영해야 한다(「방송법」 제87조).

시청자위원회는 시청자의 권익 보호를 목적으로 설치된 기구로서 시청자를 대표해서 방송에 대해 의견을 제시하고 감시하는 역할을 수행하며, 방송통신위원회가 정한 12개 분야 단체의 추천을 통해 구성한다(https://office.kbs.co.kr/audience/). 시청자위원회의 권한과 직무는 방송 편성에 대한 의견 제시 또는 시정 요구, 방송사업자의 자체 심의 규정 및 방송 프로그램 내용에 대한 의견 제시 또는 시정 요구, 시청자 평가원 선임, 그 밖에 시청자의 권익 보호와 침해 구제에 관한 업무이다(「방송법」 제88조). 현재 우리나라에서 '위임' 유형의 협력 모델이 부재하다는 점을 고려할 때 시청자위원회는 현행 제도 중 시청자의 참여를 통해 가장 큰 영향력을 발휘할 수 있는 방식이다. 즉, 시청자위원회는 시청자를 대표하는 기구로서 시청자가 공영방송과 동반자적인 관계를 형성하면서 공영방송 운영 전반에 참여하는 가장 영향력 있는 제도로서 그 중요성이 매우 크다.

그러나 현재의 시청자위원회는 시청자를 대표하는 기구로서 신뢰를 받지 못하고 그 구성방식과 운영에 대해 많은 비판이 제기되어 왔다. 첫 번째는 시청자위원회의 구성에 대표성과 전문성이 결여되어 있다는 비판이다. 시청자위원회는 방송통신위원회가 정한 12개 분야 단체[1]에서 추천한 10~15인으로

---

1 '방송통신위원회 규칙' 제24조에 따르면 시청자위원을 추천할 수 있는 단체는 「초·중등교육법 및 고등교육법」에 따른 각급 교육기관의 운영위원회 등 학부모 단체, 소비자 보호 단체, 여성단체, 청소년 관련 단체, 변호사 단체, 언론 관련 시민·학술단체, 장애인 등 사회 소외계층의 권익을 대

구성하는데, 다양한 규모와 성향의 단체 중 어떤 단체가 시청자를 대표한다고 할 수 있을지에 대한 문제 제기이다. 추천 단체를 선정하는 과정에서 정파성이 개입될 수 있어, 시청자를 대표하는 것이 아니라 정부 여당의 입장을 대변하는 정파적 위원회가 구성될 수 있다는 우려가 있다. 또한 다양한 분야 단체들의 추천을 통해 시청자위원회를 구성하다 보니 방송 편성 및 제작, 운영에 대한 전문성이 부족하여 의미 있는 의견 개진과 토론이 이루어지지 못한다는 지적도 있다. 위원들마다 전문성의 정도가 달라서 제시하는 의견의 수준과 깊이의 편차가 크며, 위원회 회의를 통해 토론과 숙의가 이루어지기보다는 피상적인 의견 제시에 그치고 있다는 것이다.

두 번째 비판은 시청자위원회가 형식적인 자문기구에 불과하여(조항제, 2010: 164), 제도의 본래 취지와 의의를 제대로 구현하지 못하고 있다는 지적이다. 실제로 법에 명시된 규정에 따라(「방송법 시행령」 제64조) 매월 1회 시청자위원회를 개최하고 그 내용을 방송통신위원회에 형식적으로 보고하는 데 그치며, 시청자위원회의 의견이 방송의 편성과 제작, 운영에 적극적으로 반영되지 않고 있다. 즉, 현재의 시청자위원회 운영 방식은 공영방송과 시청자가 동반자적 관계를 구축하면서 방송 운영 전반에 함께 참여하는 형태가 아니라, 제도적으로 부여된 최소한의 의무를 소극적으로 이행하는 수준에 머물고 있다.

공영방송과 시청자의 동반자적 협력 모델로서 시청자위원회가 제 역할을 제대로 수행하기 위해서는 공영방송의 제작과 운영에 시청자위원회가 좀 더 적극적으로 개입하고 관여할 수 있는 실천적 방안을 논의해야 한다. 예를 들어 시청자위원을 선임하는 방식을 추천제에서 선출제로 전환하여 대표성을 제고하는 방안이 제시될 수 있다. 현재의 단체 추천 방식은 특정 단체가 시청자를 대표할 수 없다는 이유로 대표성 문제가 지속적으로 제기되어 왔다. 선

변하는 단체, 노동 단체, 경제 단체, 문화 단체, 과학기술 단체, 인권 단체이다.

출제를 도입하기 위해서는 여전히 해결해야 할 문제들이 있지만, 선출 과정의 투명성과 공정성을 확보함으로써 어느 정도 대표성을 확보할 수 있을 것으로 기대한다. 또한 시청자위원회의 활동을 지원하는 자문위원회를 활성화하여 전문성을 제고하는 방법도 있다. 시청자위원회의 업무 중 전문성이 요구되는 분야에 대해 자문위원회가 체계적인 분석과 대안을 제시하고, 위원회는 이를 검토하고 판단하도록 함으로써 전문성을 확보할 수 있다. 이 밖에도 상임 시청자위원 제도를 도입하여 방송사 운영 전반에 대한 깊이 있는 이해를 기반으로 위원회 업무를 수행할 수 있도록 한다거나, 사무국을 운영하여 위원회 운영의 효율성을 높이는 방안 등을 고려할 수 있다. 이러한 방안들을 실천하기 위해서는 많은 비용과 노력이 필요할 것이며, 이를 실천해야 하는 공영방송 측에서는 이러한 제안들이 다소 이상적이거나 비현실적으로 보일 수도 있다. 하지만 공영방송으로서 다른 방송에도 부여되는 최소한의 의무(시청자위원회의 설치 및 운영)를 방어적으로 이행하기보다는, 다른 방송과 차별화된 시청자와의 협력 모델을 만들어나가기 위해 노력해야 할 것이다.

KBS는 2021년 '공적 책무 확대 비전 및 정책의지'를 공표하면서 미래 세대가 참여하는 1020시청자위원회를 만들겠다는 계획을 밝힌 바 있으며, 2021년 5월 제1기 1020시청자위원을 위촉했다. KBS의 콘텐츠와 서비스 전반에 미래 세대의 의견을 적극 반영하기 위한 통로로서 1020시청자위원회를 활용하겠다는 취지다. 이 위원회가 1020세대와의 파트너십을 구축하기 위한 것인지 혹은 단순히 1020세대의 취향과 요구를 반영하기 위한 것인지 아직 확실치 않지만, 시청자위원회의 역할을 확대하는 시도라는 점에서 고무적이다. KBS가 형식적인 수준에 머무르지 않고, 시청자와의 동반자적 관계를 형성하는 데 그동안 시청자위원회의 구성과 논의에서 상대적으로 소외되어 온 젊은 층을 포용하려 시도했다는 점에서 주목할 만하다.

3) 참여

참여participation는 시청자가 공영방송 프로그램을 직접 기획하고 제작하는 것을 말한다. 현재 공영방송의 프로그램 제작에 시청자가 직접 참여할 수 있는 유일한 제도적 방법은 시청자 참여 프로그램 〈열린채널〉을 통하는 것이다. 시청자 참여 프로그램은 시청자 권익으로서 미디어 액세스권을 보장하기 위해 도입한 제도인데, 액세스권이란 특정 이슈나 문제에 대한 자신의 생각과 의견을 표명하기 위해 미디어에 시간 혹은 지면을 요구하고 이용할 수 있는 권리이다. KBS는 「방송법」 제69조 제7항의 규정에 따라 시청자가 직접 제작한 시청자 참여 프로그램을 편성해야 한다. 「방송법 시행령」 제51조에 따르면, KBS는 시청자 참여 프로그램을 매월 100분 이상 편성해야 하며 관련 기준을 정하고 이를 공표해야 한다. '방송법 시행에 관한 방송통신위원회 규칙'에 따르면 시청자 참여 프로그램은 '시청자가 직접 기획·제작한 방송프로그램' 혹은 '시청자가 직접 기획하고 방송발전기금 등의 지원을 받아 제작한 방송프로그램'을 말한다. 또한 필요한 경우 KBS가 제작 비용의 일부를 지원할 수 있으며, 시청자 참여 프로그램의 방송을 요청받으면 KBS는 무상으로 시청자 참여 프로그램을 방송해야 하고, 저작권은 제작자에게 있다. 방송통신위원회는 시청자 참여 프로그램의 제작비 지원 등 제작 활성화를 위한 시책을 수립해야 하며, 이에 따라 현재는 제작지원금이 지급되고 있다(단편 100~300만 원, 중편 200~400만 원, 장편 300~500만 원). 이와 같은 법적 책무 규정에 의거하여 〈열린채널〉은 2001년 5월 5일 처음으로 방송되었으며, 2021년 12월 현재 KBS1 수요일 오후 2시 30분에 편성되어 있다. TV시청가구HUT: house using television가 적은 시간대에 편성되어 있어 1% 내외의 낮은 시청률을 기록하고 있다.

〈열린채널〉에 대한 내용을 분석한 결과를 보면(분석 대상 기간: 2018.10.1~ 2019.9.30), 1년 동안 총 88편이 방송되었는데 그중 삶/라이프스타일 관련 주제가 34.1%, 사회 일반/사회 문제 관련 주제가 33.0%였으며, 대부분 다큐멘터리 장르에 해당했다(86.4%). 프로그램의 길이는 평균 15분이었으며, 대체로 (67.6%) 2~5명이 공동으로 제작하는 것으로 나타났다(최민음, 2019: 5). 분석 결과에 따르면 〈열린채널〉은 한 주에 약 25분 정도 방송했으며, 이는 한 달에 100분이라는 법적 기준을 간신히 충족하는 수준이다. 또한 내용과 형식 면에서도 다양한 주제와 포맷을 다루지 못하고 있는 것으로 평가된다.

본격적인 멀티 플랫폼 시대를 맞이하여 시청자 참여 프로그램이라는 '참여' 제도의 의미를 다시 한번 생각해 볼 필요가 있다. 이 제도가 처음 도입되었던 2000년과 달리 지금은 누구나 자유롭게 콘텐츠를 기획·제작하여 열린 플랫폼을 통해 유통할 수 있다. 유튜브와 같은 새로운 플랫폼이 공영방송 플랫폼에 비해 영향력이 적다고 볼 수도 있지만, 시청률 1%의 시청자 규모를 대략 25만 명이라고 본다면[2] 유튜브의 영향력이 공영방송 플랫폼보다 적다고 보기는 어려울 것이다. 유튜브에서 실버 버튼(구독자 10만 명)을 받은 채널이 4986개 (2021년 1월 기준)에 달한다는 것은, 적지 않은 개인이 시청률 1%에 육박하는 시청자 규모에 도달할 수 있는 잠재력이 있음을 의미한다.

이와 같은 열린 미디어 환경에서 제한된 주제와 포맷의 시청자 제작 프로그램을 1주일에 25분씩 의무적으로 방송하는 것이 과연 의미가 있을까? 단순히 시청자가 기획·제작하여 제공한 프로그램을 '방송해 주는' 것만으로는 참여의 참된 의미를 살릴 수 없을 것이다. 좀 더 적극적으로 시청자 참여 프로그램의 품질을 높이고 다양성을 확보하기 위한 실천이 요구된다. 시청자가 참여하고 아이디어를 제공하되, 제작 과정 전반을 KBS가 지원하여 고품질 프로그램을 제작하는 방법도 고려해 볼 수 있다. 혹은 시청자 교육 과정을 통해 양질의 프로그램을 인큐베이팅함으로써, 오랜 기간에 걸쳐 시청자들이 직접 기획하고

---

2   우리나라 인구 약 5000만 명의 1%는 50만 명이며, 시청률은 가구 단위로 계산하므로 한 가구에서 절반 정도의 구성원이 TV를 시청한다고 가정했을 때 시청률 1%의 시청자 규모는 대략 25만 명 정도로 추산할 수 있다.

제작한 프로그램이 방송될 수 있도록 하는 것은 어떨까? 좀 더 많은 사람들이 관심을 기울일 만한 소재, 시청자들의 목소리를 진정성 있게 대변할 수 있는 포맷, 시청자들이 정말 원하는 프로그램이 제작·편성될 수 있도록 KBS가 좀 더 적극적으로 지원할 수 있는 방안을 모색할 것을 제안한다.

〈열린채널〉과 같은 시청자 참여 프로그램 이외에 시청자들이 간접적으로 프로그램에 기여하는 방식을 '참여'의 한 유형으로 보기도 한다. 예능, 교양 등 다양한 장르의 프로그램에 기획자 또는 사연 제공자나 출연자 등 다양한 역할로 시청자들이 참여하는 시청자 참여형 프로그램이 그것이다. 그러나 이러한 경우에 대해 진정한 참여라기보다는 시청자를 '이용'하는 것이라고 보는 견해가 있다(정명규, 2000). 시청자가 방송 제작과정에 참여하여 실질적 권리를 행사하는 것이 아니라, 아이디어나 체험담을 제공하는 방식 혹은 인터뷰나 취재의 대상이 되는 제한적 형태에 그친다는 지적이다(정명규, 2000: 243). 국제방송협회BIC가 방송 액세스access와 방송 참여participation를 구분해서 정의한 내용을 살펴보면(정명규, 2000: 244에서 재인용), 방송 액세스는 "당신이 제안하고 당신이 통제하며 당신 스스로 시스템을 이용하는 것"이며, 방송 참여는 "그들이 초대하고 그들이 통제하며 그 시스템이 당신을 이용하는 것"이다. 이 글에서 제안한 공영방송과 시청자의 협력 모델로서 '참여'에는 후자의 방송 참여가 포함되지 않으며, 전자인 방송 액세스만 해당된다. 따라서 시청자 참여 프로그램(방송 액세스)이 아닌 시청자 참여형 프로그램(방송 참여)에 대한 논의는 이 글에서 다루지 않는다.

4) 의견 청취

의견 청취consultation는 공영방송이 시청자의 의견을 듣고 이를 프로그램의 편성과 제작, 운영 등에 반영하는 것이다. 여기에는 다양한 시청자 의견을 듣고 이에 응답하는 과정을 통해 숙의하는 토론적 의견 청취deliberate consultation와 프로그램 등에 대한 시청자의 즉각적인 반응을 조사하여 의견을 수렴하는 즉시적 의견 청취instant consultation가 있다. 시청자 평가프로그램과 시청자 평가원 제도가 전자에 해당하며 신뢰도 조사와 프로그램 품질평가 등은 후자에 해당한다. 다음에서는 '시청자 평가프로그램' 및 '시청자 평가원' 제도를 중심으로, 시청자의 공영방송 참여 모델로서 '의견 청취'에 대해 논의하고자 한다.

2000년에 개정된 「통합방송법」에서는 시청자의 권익을 보호하고 방송 참여 실현 조항을 강화했는데, 앞에서 언급한 시청자위원회 및 시청자 참여 프로그램과 더불어 시청자 평가프로그램 및 시청자 평가원이 이때부터 제도로 정착했다. 「방송법」 제89조에 따르면 공영방송뿐 아니라 지상파 방송과 종합편성채널, 보도전문채널은 방송 운영과 방송프로그램에 관한 시청자의 의견을 수렴하여 주당 60분 이상의 시청자 평가프로그램을 편성해야 한다. 또한 시청자 평가프로그램에는 시청자위원회가 선임하는 1인의 시청자 평가원이 직접 출연하여 의견을 진술할 수 있다.

KBS는 1993년 10월 〈시청자의 의견을 듣습니다〉로 시작하여 2000년 〈TV는 내 친구〉에서 2003년 〈TV비평 시청자데스크〉로 프로그램명을 변경하면서 시청자 평가프로그램을 방송하고 있다. 2021년 12월 현재, 일요일 오전 9시 10분 KBS1 채널에서 방송되며, 시청률은 2% 내외를 기록하고 있다. 〈TV비평 시청자데스크〉는 '시청자의 눈', '클로즈업TV', '시청자 탐사대', 'KBS 프로그램을 말한다', '뉴스비평줌인' 등의 코너를 마련해, 각 회차별 사정에 맞게 네 개 코너로 구성한다. '시청자의 눈'은 KBS 프로그램에 대한 시청자들의 의견을 모아서 전달하며, '뉴스비평줌인'은 KBS의 뉴스 및 보도 프로그램에 대한 전문가의 문제 제기와 제작진의 답변을 담고 있다. '클로즈업TV'는 시청자위원회 회의 내용을 요약하여 전달하거나 특정 프로그램을 선정해 전문가와 함께 집중 분석하고 평가한다. '시청자 탐사대'는 시청자가 직접 참여하여 KBS 프로그램에 대한 궁금증을 풀어나가며, 'KBS 프로그램을 말한다'는 시청자 평가원이 출연하여 KBS 프로그램에 대해 비평하거나 방송 주요 이슈에 대해 의견을 개진한다.

지상파 3사의 시청자 평가프로그램을 분석한 연구에 따르면(정수영·황하성, 2010) 프로그램에 대한 시청자 의견을 단순히 나열하는 전달 방식에 의한 소개에 그치고 있으며, 시청자 의견에 대한 프로그램 제작자나 방송사 측의 답변, 방송 프로그램 제작 현장에서의 수용 및 반영 여부에 대한 정보나 확인 검증 절차 등이 결여된 것으로 나타났다. 이와 같은 분석 결과를 토대로 연구자들은 시청자 평가프로그램을 좀 더 쉽게 시청할 수 있는 시간대에 편성할 것,[3] 다양한 장르의 프로그램에 관한 시청자의 의견을 균형 있게 취사선택하여 소개할 것, 자사 및 자사 프로그램의 PR 수단 혹은 시청자의 목소리에 귀를 기울이고 있다는 것을 보여주기 위한 '면죄부'가 되어서는 안 된다는 것, 시청자가 보다 쉽게 액세스하고 피드백을 얻을 수 있는 다양한 통로를 고안하여 함께 활용할 것 등을 제안했다. 이 연구는 2010년에 수행된 연구이지만 10여 년이 지난 현재에도 시청자 평가프로그램의 내용과 형식에는 큰 변화가 없다. 여전히 주변 시간대에 편성되어 시청자의 의견을 단편적으로 전달하며, 제작진의 답변은 형식적인 수준에 머물러 시청자 의견이 프로그램의 내용에 실질적으로 영향을 미치지 못한다. 또한 '시청자의 눈'과 '시청자 탐사대' 코너는 자사 프로그램을 소개하고 홍보하는 내용을 자주 다루고 있으며, 전체적으로 토론적 의견 청취 deliberate consultation는 단순히 시청자의 의견을 청취하고 있다는 인상을 주는 데 그치고 있다.

KBS는 법에 의해 강제되는 법적 책무로서 시청자 평가프로그램을 편성하는 것 이외에, 뉴스 프로그램에 대한 비평을 본격적으로 다루는 〈KBS 뉴스 옴부즈맨〉을 2011년 11월 27일부터 2016년 6월 26일까지 방송한 바 있다. KBS 뉴스에 대해 전문가들이 비평과 의견을 제시하고 KBS의 보도 책임자들이 이

---

3   연구가 이루어진 2010년 당시 KBS의 〈TV비평 시청자데스크〉는 KBS1 채널, 금요일 오전 10시 55분에 편성되었다.

에 답하는 과정을 통해 뉴스의 공정성을 제고하는 것이 이 프로그램의 취지였다. 이는 자사 뉴스의 문제점에 대해 공론장에서 토론하고 올바른 방향을 찾아가려는 시도였다는 점에서 그 의의가 크다. 또한 법적으로 강제된 것이 아니라 KBS 스스로 공적 책무를 지기 위해 뉴스 프로그램에 대한 시청자 의견 청취의 필요성을 인식하고 기획·제작한 프로그램이라는 점에서 중요한 의의가 있다.

〈KBS 뉴스 옴부즈맨〉은 6인의 옴부즈맨 위원을 중심으로 비평과 토론을 전개하는 포맷인데, 옴부즈맨 위원은 국내 언론 관련 3대 학회(한국언론학회, 한국방송학회, 언론정보학회)의 추천을 받아 저널리즘 관련 논문과 활동 경력이 있는 학자로 구성되었다. 방송 초기에는 1기 옴부즈맨 위원 6인이 총사퇴하는 홍역을 겪기도 했는데, 당시 위원들은 〈KBS 뉴스 옴부즈맨〉이 지향하는 목표를 달성하지 못하고 있다고 지적하면서 KBS의 구조적 한계에 참담함을 느끼고 개선이 어렵다고 판단해 사퇴를 한다고 밝힌 바 있다(조현호, 2012.5.21). 이후 KBS는 1기 옴부즈맨 위원들의 지적을 수용하여 프로그램을 재정비하고 2기 위원을 위촉해 뉴스 비평 프로그램을 이어나갔다. 그러나 KBS는 중복된 성격의 프로그램을 통합·조정할 필요가 있다는 이유를 들어 2016년 〈KBS 뉴스 옴부즈맨〉을 폐지했으며, 이후 〈TV비평 시청자데스크〉에 '뉴스비평줌인' 코너를 신설해 기존보다 대폭 축소된 형태로 공영방송 뉴스 프로그램에 대한 시청자 의견 청취라는 명맥을 유지하고 있다.

시청자 평가원 제도는 「방송법」에 규정되어 있는 법적 책무에 해당한다. 「방송법」에 따라 시청자 평가원은 시청자위원회가 직접 선임하며(제88조 제3항), 시청자 평가프로그램에 직접 출연해 의견을 진술할 수 있다(제89조 제2항). 즉, 시청자 평가원은 시청자를 대표해서 시청자위원회의 업무를 수행하는 역할을 맡는데, 따라서 방송사는 평가원의 의견을 청취하고 이를 편성과 운영 전반에 반영하고 수용해야 할 의무가 있다. 시청자 평가원은 숙의적 의견 청취 시스템으로서 매우 의미 있는 제도이지만, 현실적으로는 전문가의 분석적인 비평과 의견을 단순히 청취하는 수준에 머무르고 있다. 이 제도의 문제점은 평가원 선정을 위한 객관적인 기준이 마련되어 있지 않고 선정 과정이 폐쇄적이라는 점을 들 수 있다. 시청자 평가원은 시청자위원회에서 선정하는 추천 기준 등이 「방송법」에 별도로 정해져 있지 않다. KBS의 경우 자체 기준을 마련하고 있지만,[4] 그 내용이 일반적이고 모호해 선정의 투명성과 공정성을 확보할 수 없다. 이와 함께 시청자 평가원 개인의 전문성에 전적으로 의존하는 시스템도 문제점으로 지적할 수 있다. 평가원은 시청자를 대표하는 지위에 있지만, 공영방송의 지원 없이 스스로의 전문적 지식과 식견에 근거해 프로그램을 분석·비판한다. 「방송법」에 근거해 방송통신발전기금에서 시청자 평가원의 업무 수행을 위해 필요한 경비를 지원하는 것이 전부다(제89조 제3항). 시청자 평가원 제도가 본래 취지를 충족하는 의견 청취 제도로 자리 잡기 위해서는 평가원의 활동을 지원할 수 있는 시스템(방송 운영 전반에 대한 정보 제공, 프로그램 분석 등 연구 지원, 제작진과의 정례 회의를 통한 방송 시스템 이해 등)을 적극적으로 구축해 나가야 할 것이다.

이상에서 시청자 평가프로그램과 시청자 평가원 제도를 중심으로 공영방송 KBS의 시청자 의견 청취 시스템에 대해 평가하고 변화 방향에 대해 논의했다. 이 제도들은 20년 이상 꾸준히 지속되어 시청자의 의견을 듣고 시청자 권익을 보호하는 역할을 일정 부분 수행해 왔다. 그러나 이 제도가 공영방송과 시청자를 긴밀하게 연결해 진정한 의미에서 '토론적 의견 청취' 역할을 수행하고

---

4   KBS가 자체적으로 마련한 시청자 평가원 추천 기준은 다음과 같다.

가. 학계, 시청자위원, 각 분야의 단체 등에서 추천을 받은 자.

나. 방송에 대한 지식과 시청자의 의견을 수렴할 수 있으며 과학적이며 객관적인 시각으로 방송 프로그램에 대한 평가 능력을 갖추고 시청자 평가원으로 활동이 가능한 자.

다. 시청자 의견 수렴을 통해 시청자 권익 보호와 방송 발전에 기여할 수 있는 자.

라. 타 방송사의 시청자 평가원은 추천에서 제외.

있는지에 대해서는 다소 회의적인 평가를 할 수밖에 없다. 시청자의 의견을 청취한다는 것은 막연히 시청자의 생각과 목소리를 듣는다는 의미를 넘어선다. 프로그램 편성과 제작, 운영 방식 등 KBS의 모든 활동에 시청자들이 적극적으로 문제를 제기하고 논의할 수 있는 장을 열어주고, 제작진과 시청자가 활발한 토론을 통해서 하나하나 답을 찾아가는 과정이 되어야 한다. 시청자는 일반 시청자 누구나가 될 수 있고, 특정 이슈에서는 전문가가 될 수도 있으며, 또 다른 이슈에서는 시민단체가 될 수도 있다. '시청자 의견 청취'는 시청자의 자유로운 의견 제시, 이에 대한 KBS 구성원의 응답, 그리고 공론장에서의 숙의적 토론 과정을 통해 시청자와 공영방송이 서로를 이해해 가는 과정이다. 반복적인 숙의의 과정을 통해 공영방송이 가장 바람직한 상태에 도달할 수 있도록 시청자와 공영방송이 함께 지속적으로 노력해 나가야 할 것이다.

5) 양방향 소통

시청자와의 양방향 소통communicative information process은 공영방송과 시청자가 정보와 의견을 주고받는 것을 말하며, 공청회와 시청자 간담회, 경영 보고회, 시청자 상담실과 게시판 등이 여기에 해당한다. 공청회와 시청자 간담회, 경영 보고회 등은 비정기적으로 이루어지는 이벤트성 행사이므로, 여기에서는 공영방송과 시청자의 양방향 소통 중 제도화된 형태라고 할 수 있는 시청자 상담실, 시청자 청원, 시청자 고충처리인 제도에 대해 논의한다.

「방송법」 제54조 제1항은 공영방송 KBS의 업무를 규정하고 있는데, 제7호의 내용은 '시청자 불만 처리와 시청자 보호를 위한 기구의 설치 및 운영'에 관한 것이다. 이에 따라 KBS는 '시청자 상담실'과 '시청자 청원' 제도를 운영하고 있다.

시청자 상담실은 시청자 의견을 전화, ARS, 인터넷, 이메일, 우편, 팩스, 방문 등 다양한 방법으로 접수하며, 의견이 접수되면 접수자가 처리와 해결까지 책임지고 진행하는 실시간 원스톱 서비스Real Time, One Stop Service를 제공하고 있다. 상담실은 365일 24시간 운영되며, 시청자의 다양한 의견을 접수하는 것과 더불어 시청자 권익 침해에 대한 민원을 처리하는 역할을 수행한다. 또한 매일 「시청자 상담 일일 보고서」를 발간하여 임직원에게 전달하며, 제작진과 경영진이 의견을 반영할 수 있도록 조치한다. 상담 내용과 반영 결과는 홈페이지에 게시하는 등 투명한 공개를 원칙으로 하고, 매년 KBS 시청자 상담 백서를 발간해 상담 내용을 공개한다(http://iaudience.kbs.co.kr/). 2020년에는 시청자 상담 건수가 34만 4350건으로 방송에 관한 문의가 대부분이고(75.9%), 그 밖에 경영과 기술 등에 대한 문의가 포함되어 있다(KBS, 2020). 시청자 상담실 제도는 시청자 한 사람 한 사람의 의견을 귀담아 듣고 이에 응답하며, 시청자 개인의 권익 침해에 관한 사안을 일련의 체계적인 과정을 통해 처리하는 시스템으로서 그 의미가 크다. 다만, 시청자가 제시한 의견이 실제로 방송 제작 및 운영에 반영되는 경우는 거의 없고 제작진의 답변이 단편적이고 의례적인 수준에 머무른다는 점에서 한계가 있다.

KBS는 2018년부터 시청자와의 소통을 강화하기 위해 시청자 청원 제도를 도입해 운영 중에 있다. 청원은 시청자 누구나 발의할 수 있고 30일 동안 1000명 이상이 동의하면 해당 부서의 책임자가 직접 답변을 한다. 답변은 시청자 프로그램, 동영상, 이메일 등을 통해 이루어지며, 발의된 청원에 대한 동의, 추천은 페이스북, 트위터, 네이버 등의 SNS 계정을 통해 가능하다(https://petitions.kbs.co.kr/). '시청자 상담실'이 개별 시청자와 KBS 간의 양방향 소통이라면 '시청자 청원'은 시청자들이 의견을 모을 수 있는 공론장을 제공하고, 여기에서 다수 시청자들의 동의를 받은 내용에 대해 KBS가 답하는 입체적인 소통 방식이라 할 수 있다.

시청자 상담실과 시청자 청원은 「방송법」 제54조에 의거한 법적 책무 이행을 위한 제도이지만, 법 조항이 모호하고 추상적이기 때문에 공영방송 KBS의 의지에 따라 다양한 방식으로 변형하여 운영할 여지가 있다. KBS가 그동안 시청자 상담실 운영을 통해 이 조항에서 요구하는 최소한의 법적 책무를 충족해 왔지만, 최근에 시청자 청원 제도를 추가로 도입한 것은 시청자와의 소통을 활성화하려는 KBS의 의지를 보여주는 시도라는 점에서 긍정적으로 평가된다.

'시청자 고충처리인 제도'는 언론 피해에 대한 자율적 예방과 구제를 위한 제도로서, 「언론 중재 및 피해 구제 등에 관한 법률」 제6조에 근거하여 운영된다. 공영방송 KBS뿐 아니라 지상파 채널, 종합편성채널, 보도전문채널도 이 제도를 운영해야 할 의무가 있다. 고충처리인은 ① 언론의 침해 행위에 대한 조사, ② 사실이 아니거나 타인의 명예, 그 밖의 법익을 침해하는 언론 보도에 대한 시정 권고, ③ 구제가 필요한 피해자의 고충에 대한 정정 보도, 반론 보도 또는 손해 배상의 권고, ④ 그 밖에 독자나 시청자의 권익 보호와 침해 구제에 관한 자문 등의 권한과 직무를 수행한다. KBS의 경우 15년 이상 재직한 직원 중 세 명 이내로 임명하고, 시청자서비스부에 소속되어 관련 업무를 수행한다. 고충 처리가 기간 내에 처리되지 않거나 내용이 미흡하다고 판단할 경우 시청자위원회의 '시청자 권리 보호 분과'에서 심의한다(최믿음, 2019: 21~22). 고충처리인 제도는 시청자와의 적극적인 양방향 소통이나 협력을 위한 제도라고 보기는 어려우며, 시청자들이 제기하는 고충과 민원에 응답하는 소극적인 제도라고 할 수 있다.

6) 정보 제공

정보 제공은 시청자의 영향력이 가장 적게 발휘되는 소극적 참여 방법으로서, 웹사이트 운영, 정보 공개, 이사회 회의록 공개, 연차 보고서와 경영평가 보고서 공개 등을 의미한다. 「방송법」 제90조에 따르면 지상파 방송과 종합편성채널, 보도전문채널, 홈쇼핑 채널은 시청자가 요구하는 방송 사업에 관한 정보를 공개해야 한다. 공영방송 KBS는 이와 별개로 「공공기관의 정보 공개에 관한 법률」의 적용을 받는 기관으로서, 국민의 알권리를 보장하고 국정에 대한 국민 참여와 국정 운영의 투명성을 확보하기 위한 목적에서 정보 공개의 의무가 있다. KBS의 2018년 정보 공개 청구와 처리 실적은 48건이었다.

정보 공개 이외에 KBS는 연차 보고서와 경영평가 보고서를 공개함으로써 공영방송의 운영 등에 대한 정보를 제공하고 있다. 이 가운데 경영평가 보고서의 공개는 「방송법」 제49조 제1항 이사회의 기능에 명시되어 있다. KBS는 매년 경영 목표 설정의 타당성, 예산 집행의 효율성, 인사·조직 등 경영관리제도, 재무 상태 등 경영 실적, 연구 개발 사업, 시설 투자, 기타 공영방송의 발전과 경영 개선을 위해 필요한 사항에 대한 평가를 실시하고 그 결과를 이사회에 보고하며, 이사회는 그 내용을 자체 방송과 인터넷 홈페이지, 타사의 방송과 일간 신문, 보고서 등을 통해 공표해야 한다(「방송법 시행령」 제33조). 이는 KBS가 공영방송으로서 공적 재원의 사용 및 제반 운영 과정에 대한 설명책임을 수행하도록 하는 제도로서 중요한 의미가 있다.

5. 맺음말: 공영방송의 시청자 관계 재정립

미디어 환경이 급격하게 변화하는 가운데 공영방송은 경쟁력, 신뢰, 정체성 등 여러 차원에서 위기 상황에 직면해 있다. 공영방송이 경쟁력을 높이고 신뢰를 회복하고 정체성을 확립하기 위해서는 다양한 차원에서 다각적으로 노력해야겠지만, 무엇보다 그 중심에 시청자가 있어야 한다. 공영방송의 제반 운영 과정에 시청자 중심의 사고를 적용하고, 시청자와 소통하고 협력하며, 시청자가 다양한 방식으로 참여할 수 있는 시스템을 만들어나갈 때 위기 극복을 위한 열쇠를 찾을 수 있다.

이 글에서는 공영방송이 시청자와의 관계를 새롭게 정립하는 과정에서 '시청자 권익'을 주요 가치로 도입할 것을 제안했다. 시청자 권익은 시청자가 방송 프로그램의 기획, 편성 또는 제작에 관한 의사결정에 참여할 '권리'와, 방송의 결과가 시청자의 '이익'에 합치해야 한다는 것을 의미한다. 공영방송이 시청자의 요구에 귀 기울이고, 시청자의 의견을 반영하며, 시청자와의 협력 시스템을 구축하는 과정, 즉 공영방송과 시청자의 소통 과정은 공영방송 운영 전반에 걸쳐 폭넓게 일어나지만, 시청자 권익을 보호·증진하기 위한 활동으로 범위를 좁히면 더 구체적이고 실천적이며 풍부한 논의가 가능하다.

공영방송과 시청자의 관계 형성, 시청자 권익의 실천에 대해 논의하기 위한 이론적 토대로서 공영방송의 설명책임과 시청자 참여 모델을 언급할 수 있다. 설명책임은 공영방송이 사회적 주체로서 공적 활동을 공개적으로 알리고 설명할 책임으로서, 공적 가치를 실현하기 위한 실천적 기준이다. 설명책임 모델은 통제 수준이 높고 의무적 성격이 강한 귀책성 모델과 자율성 수준이 높은 답책성 모델로 분류되는데, 공영방송에는 법적인 수단에 의해 강제되는 귀책성 모델보다는 자율적인 영역에서 스스로의 공적 역할을 규정하고 실천하는 답책성 모델을 적용하는 것이 더 바람직하다. 공영방송의 설명책임 실천은 공적 의무를 소극적으로 이행하는 것을 넘어서서 스스로 규범과 의무를 정의하고 실천함으로써 사회적 지지와 정당성을 획득해 가는 과정(윤석민, 2020: 468)이 되어야 하기 때문이다. 특히 공영방송은 설명책임을 설계하고 실천하는 과정에서 시청자와 소통하고 협력하는 방안을 중요하게 고려해야 한다. 공영방송과 시청자가 협력과 참여를 통해 공영방송의 설명책임 수행에 영향을 미칠 수 있는 방법은 다양한데, 기존 연구에서는 이를 시청자 참여 모델로 제안한 바 있다. 이 모델에는 시청자가 참여를 통해 공영방송에 영향을 미치는 정도에 따라 직접 통제와 위임에서부터 양방향 소통, 정보 제공에 이르는 다양한 스펙트럼의 참여 형식이 포함되어 있다.

공영방송이 설명책임을 실천하고 시청자 권익 보호를 위한 제반 활동을 펼치는 데 전제되어야 할 것은 공영방송과 시청자의 상호 이해이다. 공영방송은 시청자를 이해하기 위해 신뢰도 조사와 프로그램 품질평가, 공론 조사 등 다양한 시도를 하고 있다. 그러나 이러한 시도들은 단편적인 이해에 머물고 있으며 변화하는 환경 속에서 새롭게 등장하는 시청자의 요구를 수용하지 못하고 있다. 또한 공영방송에 대한 시청자의 이해를 높이기 위한 노력은 공영방송이 시청자를 이해하기 위한 노력에 비해 상대적으로 부족하다. 공영방송과 시청자가 상호 이해의 바탕 위에서 소통과 협력 모델을 만들어가려는 노력이 요구된다.

공영방송과 시청자의 협력 모델을 시청자의 영향이 가장 큰 형식부터 차례대로 나열하면, 위임, 파트너십, 참여, 의견 청취, 소통, 정보 제공 등이다. '위임'은 시청자가 공영방송의 경영 및 운영에 관한 책임과 권한을 부여받아 참여하는 것으로서, 예컨대 이사회 구성에 시청자 대표성을 확보함으로써 구현할 수 있다. 현재 국내의 공영방송 시스템에는 위임 유형의 협력 시스템이 마련되어 있지 않다. '파트너십'은 시청자가 공영방송과 동반자적 관계를 형성하면서 공영방송의 운영 전반에 참여하는 형식이며, 시청자위원회가 대표적인 사례이다. 시청자위원회는 시청자를 대표해서 방송에 대한 의견을 제시하고 감시하는 역할을 수행한다. 현행 제도 중 시청자의 참여를 통해 가장 큰 영향력을 발휘할 수 있는 방식이지만, 위원회 구성의 대표성과 전문성이 부족하고 형식적인 자문기구에 머무르고 있다는 비판을 받고 있다. 위원 선출제, 자문위원회 활성화, 상임 위원 제도, 사무국 운영 등 혁신을 통해 제도의 의의를 충분히 실현하기 위한 변화가 요구된다. '참여'는 시청자가 프로그램을 직접 제작하는 것으로서 시청자 참여 프로그램(KBS의 〈열린채널〉)이 여기에 해당한다. 시청자 참여 프로그램은 과거 시청자가 제작한 프로그램을 유통할 수 있는 플랫폼이 제한되어 있는 환경에서 액세스권 확보 차원에서 의미가 있었지만, 본격적인 멀티 플랫폼 시대를 맞이하여 그 의의가 퇴색되고 있다. 새로운 미디어 환경에 맞게 시청자 참여 프로그램의 취지와 목적을 다시 정립하고, KBS가 공영방송으로서 시청자의 제작 활동을 더욱 적극적으로 지원할 수 있도록 노력해야 할 것이다.

'의견 청취'는 공영방송이 시청자의 의견을 듣고 이를 편성, 제작, 운영 등 제반 활동에 반영하는 것으로서, 시청자 평가프로그램(KBS의 〈TV비평 시청자데스크))과 시청자 평가원 제도가 있다. 시청자 평가프로그램은 자사 프로그램을 소개 및 홍보하거나 시청자의 의견을 단편적으로 전달하는 데 그쳐 토론과 숙의 과정을 제공하지 못한다는 점에서 한계가 있으며, 시청자 평가원은 시청자위원회에서 추천한 전문가 개인의 지식과 역량에 의존하는 방식으로 운영되어 본래의 취지를 제대로 충족하지 못하고 있다. '양방향 소통'은 공영방송과 시청자가 정보와 의견을 주고받는 것으로서 시청자 상담실, 시청자 청원, 시청자 고충처리인 제도 등이 있다. KBS는 휴일 없이 매일 24시간 충실하게 시청자 상담실을 운영해 오고 있지만, 시청자의 의견이나 민원이 실제로 방송 제작 및 운영에 직접 반영되는 사례는 많지 않다. 시청자 청원 제도는 시청자들이 의견을 모을 수 있는 공론장을 제공하고 여기에서 다수(1000명 이상) 시청자의 동의를 받은 내용에 대해 공영방송이 답하는 입체적인 소통 방식으로서 의미가 있다. 고충처리인 제도는 언론 피해에 대한 자율적 예방과 구제를 위한 제도로서, 적극적인 양방향 소통이라기보다는 시청자들이 제기하는 고충에 응답하는 소극적인 제도이다. 마지막으로 '정보 제공'은 시청자의 영향이 가장 적은 방식이며, 정보 공개, 연차 보고서와 경영평가 보고서 공개 등이 있다. 정보 공개 제도는 공영방송이 편성과 운영 등에 대한 설명책임을 수행하도록 하는 제도로서 의미가 있다.

살펴본 바와 같이 공영방송의 운영 과정에 시청자가 참여하는 형식은 대부분 법적 책무로서 귀책성 모델에 해당한다. KBS가 2021년 도입한 '1020시청자위원회'와 2011년부터 2016년까지 방송했던 〈KBS 뉴스 옴부즈맨〉, 2018년에 도입한 '시청자 청원 제도' 정도가 법에 의해 강제되지 않았으나 자율적으로 도입하여 운영하고 있는 답책성 모델이라고 할 수 있다. 공영방송과 시청자 간의 소통과 협력을 촉진하고 시청자 권익을 보호하기 위해 법 규정을 통해 관련 제도를 어느 정도 구축하는 일은 필수적이다. 그러나 법적 책무가 지나치게 촘촘히 규정되어 있을 경우 공영방송은 이를 법적 의무로 인식하고 소극적으로 법 조항을 준수하는 데 그칠 우려가 있다. 통제적 성격의 법적 책무는 공영방송의 독립성과 자율성을 침해할 우려가 있으며, 방송사 스스로 공영방송의 역할과 위상을 정의하고 이를 실현하려는 자율적 의지를 위축시킬 수 있다(배진아, 2007; 윤석민, 2020). 또한 「방송법」이 오랫동안 개정되고 있지 못한 상황에서 시청자 참여와 관련한 법 조항들은 변화된 환경을 반영하지 못하고 과거에 머물러 있다. 예를 들어 시청자위원회, 시청자 평가원, 시청자 참여 프로그램 등은 변화된 미디어 환경에 맞게 새로운 협력 모델로 거듭날 필요가 있는 제도들이다. 공영방송은 단순히 법적 책무를 이행하는 것을 넘어서서, 일련의 제도가 갖는 취지와 의의를 올바로 이해하고 스스로 구체적인 내용을 설계하며 이를 적극적으로 실천해 나가야 할 것이다.

마지막으로 공영방송과 시청자가 상호 이해를 바탕으로 바람직한 관계를 정립해 나갈 것을 제안한다. 공영방송은 그동안 시청자를 이해하기 위한 노력을 꾸준히 전개해 왔지만, 공영방송에 대한 시청자의 이해를 도모하기 위한 노력은 상대적으로 소홀했다. 상호 이해를 전제로 하지 않는다면 진정한 의미의 소통과 협력은 불가능하다. 공영방송과 시청자의 상호 이해는 기존의 시청자 참여 제도를 활성화하는 것만으로도 어느 정도 달성할 수 있다. 공영방송과 시청자가 진정한 의미의 동반자적 관계를 형성하는 것, 단순한 참여가 아닌 소통적 참여를 이끌어내는 것, 단편적인 의견 청취가 아닌 숙의적 의견 청취 시스템을 구축하는 것, 공영방송과 시청자 간의 입체적인 양방향 소통을 도모하는 것 등이 그것이다. 이 장에서 여러 번 강조한 것처럼, 공영방송이 시청자와의 관계를 올바로 정립하는 일은 경쟁이 심화된 미디어 환경에서 살아남기 위한 최선의 전략인 동시에 공영방송의 존재 이유를 확인하고 정체성을 확립하기 위한 유일한 방법이다.

김재철. 2007. 「공영방송의 공적 가치 인식과 수신료 부담의지의 관계에 관한 연구」. 《한국방송학보》, 21(2).

김찬석·이완수·최명일. 2014. 「공영방송 수신료에 대한 시청자와 KBS 직원의 상호 이해와 곡해: 상호지향성 모델을 중심으로」. 《방송통신연구》, 85.

박기완·우형진. 2020. 「KBS의 공익 실현에 대한 시청자 평가가 수신료 정책 및 공영방송 제도 필요성 인식에 미치는 영향에 관한 연구」. 《방송통신연구》, 110.

박은희. 2006. 「융합 환경에서의 수용자 복지정책 유형과 추진과제」. 《방송통신연구》, 63.

방송통신위원회. 2008. 「해외 시청자권익보호제도와 국내제도 비교 연구」. 방송통신위원회 지정 2008-22.

배진아. 2007. 「공영방송의 공적 책무성」. 《방송연구》, 64.

_____. 2017. 「인터넷 포털의 공적 책무성과 자율 규제」. 《언론정보연구》, 54(4).

송진·유수정·김균수. 2012. 「공영방송 수신료 지불 의사: 방송 수용자 복지에 대한 인식을 중심으로」. 《한국방송학보》, 26(6).

오하영·강형철. 2015. 「공적 가치 인식에 따른 시청자 유형과 공영방송 제도 및 수신료에 대한 태도」. 《한국언론정보학보》, 69.

윤석민. 2020. 「미디어 거버넌스: 미디어 규범성의 정립과 실천」. 나남.

이준웅. 2021. 「변화하는 시대의 매체 공공성 규제체제」. 한국방송학회 세미나 자료집 (2021.3).

이창근. 2009. 「주권재민 원칙을 구현하는 공영방송사의 민주적 거버넌스 구축을 위한 탐색」. 《미디어 경제와 문화》, 7(1).

정명규. 2000. 「교양프로그램의 시청자 액세스(Access) 프로그램 제작현황과 특성변화에 관한 고찰: 시청자 주권론을 중심으로」. 한국방송학회 학술대회 논문집 (2000.11).

정수영·황하성. 2010. 「어카운터빌리티(accountability) 관점에서 본 TV 옴부즈맨 프로그램 내용분석: 지상파TV 3사를 중심으로」. 《언론과학연구》, 10(1).

조연하·이영주·배진아. 2007. 「시청자단체활동 지원사업의 시청자 권익 보호정책으로서의 타당성」. 《한국방송학보》, 21(5).

정영주. 2010. 「융합시대 수용자 복지 구성 가치와 정책 참여자의 상대적 중요도 인식 연구」. 《한국언론학보》, 54(5).

조항제·백미숙·이상길. 2010. 「공영방송과 시청자 권익」(한국방송학회 세미나 및 보고서).

조현호. 2012.5.21. "공정성 개선 여지 없어: KBS 뉴스옴부즈맨 전원 총사퇴". 《미디어

오늘≫.

최민음. 2019. 「시청자의 방송 참여 제도 현황과 개선 방안」. KBS 공영미디어연구소.

KBS. 2020. 「2020 KBS 시청자 상담 백서」.

_____. 2021. 「공적 책무 확대 비전 및 정책의지」. KBS 내부자료.

KBS 홈페이지. www.kbs.co.kr

KBS 시청자권익센터 홈페이지. https://petitions.kbs.co.kr

KBS 시청자위원회 홈페이지. https://office.kbs.co.kr/audience

KBS 고충 처리 홈페이지. https://office.kbs.co.kr/gochung

Arnstein, S. R. 1969, "A ladder of citizen participation." *Journal of the American Institute of Planners*, 35(4).

Anttiroiko, A. V. 2004. "Introduction to democratic e-governance." in Matti Malkia, Ari-Veikko Anttiroiko and Reijo Savolainen(eds.). *eTransformation in Governance: New Directions in Government and Politics*. Igi Global.

McQuail, D. 2003. *Media Accountability and Freedom of Publication*. Oxford University Press, USA.

Newman, N., R. Fletcher, A. Schulz, S. Andi, C. T. Robertson and R. K. Nielsen. 2021. *Reuters Institute Digital News Report 2020*. Reuters Institute for Study of Journalism.

| 제3부 |

공영방송의 제도와 거버넌스

06 공영방송과 국제 규범

| 최선욱

1. 머리말

공영방송은 사회적으로 어떤 역할을 해야 하는가? 이에 대해 일반 국민, 국회, 정부, 학계, 시민단체뿐만 아니라 공영방송사 내에서도 다양한 견해가 있고 그 기준도 모호하다. 이 모호함은 공영방송이 사회적 역할을 수행하는 데 필요한 공적 재원의 적정 규모를 비롯해 어떤 역할을 수행하는 데까지 수신료가 쓰일 수 있는지를 둘러싼 용처의 적절성 논란으로 이어지고 있다. 이러한 논란은 공영방송의 임무가 무엇이고 공공서비스의 범위가 어디까지이며, 그 성과를 어떻게 측정할 수 있는지 등을 누가 어떻게 정해야 하는지에 대한 책임과 권한의 문제, 즉 체계system 문제와 맞닿아 있다.

한국의 공영방송 체계는 지상파 방송 중심의 1980년대 수준에서 벗어나지 못하고 있다. 현재 KBS를 규율하는 제도적 틀은 1987년 「한국방송공사법」 체계에서 크게 바뀌지 않았다. 2000년 「통합방송법」으로 전환될 당시 「방송법」 44조(공적 책임)를 신설한 것은 주목할 만하지만, 이 또한 선언적인 수준에 그쳐 동법 54조에 규정된 업무나 재원과의 관계를 구체화하는 제도적 틀은 지금까지도 마련되지 않고 있다. 미디어 환경 변화에 따라 대부분의 해외 공영방송들이 법률적인 업무로 수용한 온라인 서비스조차 우리나라에서는 업무의 범주에서 벗어나 있다. 공영방송의 체계 변화가 시급한 이유이다.

한국 공영방송 체계의 재구조화를 위해서는 여러 접근 방식이 있을 수 있지만, 이 글에서는 국제 기준이나 원칙들에서 그 실마리를 찾고자 한다. 이를 위해 국제연합 산하 기구 유네스코UNESCO, 공영방송의 전통이 강한 유럽 내 국제기구 유럽평의회CoE: Council of Europe와 유럽연합EU: European Union이 제시한 공영방송 정책의 원칙과 표준에 주목했다. 유럽의 국제기구가 결의하고 제시한 권고 사항들은 공영방송이 수행해야 할 추상적인 원칙들을 의미 있고 효과적인 작동 원리로 전환하기 위한 규범이다. 이는 갑자기 입안되어 제시된 것이 아니라 오랜 학술적 논의를 토대로 회원국의 특수성을 대변하는 국가별 정부 대표자들이 협의 과정을 거쳐 도출한 것이다. 이 두 유럽 국제기구는 공영방송의 전형인 BBC의 문화적 모델을 넘어 초국가적 관점에서 개별 국가에 허용된 사항과 유럽 대륙 내 국가들이 준수해야 할 공영방송 규범을 체계화함으로써 개별 국가의 입법자들에 의해 수용되는 일련의 범유럽 표준의 기초를 만들었다(Pavani, 2018).

이러한 접근이 유용하다고 판단한 데는 다음 세 가지 이유가 있다. 첫째, 47개 유럽평의회 회원국과 27개 유럽연합 회원국은 각기 다른 정치적·경제적·사회문화적 배경과 미디어 환경 속에 있지만, 두 국제기구가 제시한 공영방송 표준이나 원칙들을 회원국들이 자국에 적용하기로 합의했다는 것이다. 유럽 내에는 오랫동안 민주적 사회체계를 정립한 국가가 있는 반면, 동유럽이나 발트 3국과 같이 민주화를 이행하는 과정에 있으면서도 시장 친화적인 국가도 있다. 따라서 국제기구의 규범이 기존 영국, 독일, 프랑스 등 특정 국가의 사례와 비교하는 것에 비해 국내 공영방송의 모호한 제도나 규범을 재정립하는 데 수용가능성이 높을 것으로 보았다. 둘째, OTT 등의 확산으로 국경이 빠르게 사라지고 있는 미디어 환경에서 공영방송의 새로운 역할에 대한 논의가 상대적으로 활발하고, 그 내용이 공개되어 있어 국내 공영방송의 규범 재정립에 도움이 될 수 있는 사례가 풍부하다는 점이다. 셋째, 공영방송에 관한 규범이 국제법으로 정립되어 있고, 국제기구 재판소에서 결정된 판례와 유권 해석의 함의를 통해 정책 원리를 얻을 수 있다는 점 때문이다.

이 글에서는 미디어 환경이 나날이 변화하고 있는데도 낡은 제도에 머물러 있는 한국 공영방송 체계의 재구조화가 필요하다는 인식하에 여러 국가가 공영방송의 공통 원칙으로 삼고 있는 국제기구의 규범들을 살펴보고자 한다. 먼저 글로벌 층위의 규범을 살펴보기 위해 한국이 회원국으로 가입되어 있는 유네스코가 정한 '표현의 자유'와 '문화적 다양성'을 중심으로, 공영방송의 역할에 관한 국제협약의 근거를 알아본다. 다음으로 대륙 층위의 규범으로 유럽의 두 국제기구인 유럽평의회와 유럽연합이 공영방송에 대해 어떠한 규범과 원칙을 정립했으며, 이 과정에서 수행한 역할이 어떻게 다른지 살펴볼 것이다. 이어 공영방송의 사회적 역할을 법률화하는 데 기준이 되는 '공공서비스 소관 책임'에 대한 유럽평의회의 권고를 알아볼 것이다. 마지막으로 유럽 단일시장을 지향하는 유럽연합이 어떻게 경쟁 시장을 왜곡하지 않으면서 공영방송에 재정을 지원하는지 보여주는 규제 체계와 유럽집행위원회 및 유럽사법재판소의 주요 결정들에 관해 알아보고자 한다.

2. 공영방송과 국제기구

1) 유네스코와 공영방송

유네스코(국제연합교육과학문화기구United Nations Educational, Scientific and Cultural Organization)는 1945년 UN 헌장에서 선언한 세계 국민들에 대한 기본적 자유, 인권, 법의 지배와 보편적 정의 구현을 위해 국가 간의 교육·과학·문화 교류를 통해 국제사회의 협력을 촉진하여 평화와 안전에 기여하고자 설립되었다. 유네스코는 공영방송이 각국의 다양한 정치적·기술적·경제적 환경에 따라 다양한 형태나 모델로 나타나기 때문에 모두가 동의할 수 있는 기준gold standard은 없지만, 폭넓은 타당성을 가진 어떤 특성과 작동 원리가 있다고 보았다(Banerjee and Seneviratne, 2005: 13). 이를 토대로 공영방송은 "국민1을 위해 국민이 만들고, 재정을 지원하며, 통제하는 방송Public Service Broadcasting is broadcasting made, financed and controlled by the public, for the public"이라고 정의하고, "공영방송은 상업적이거나 국가의 소유가 아니며, 정치적 간섭이나 상업적 압력에서 자유로워야 한다"라고 밝힌 바 있다(UNESCO, 2008).

유네스코가 공영방송의 중요성을 강조하는 것은 문화 다양성cultural diversity과 밀접한 관련이 있다. 문화 다양성은 표현, 정보, 커뮤니케이션의 자유와 같은 인권과 근본적인 자유fundamental freedoms가 보장될 때에만 보호받을 수 있고 촉진될 수 있다(UNESCO, 2005: Art. 2, 1). 국제사회에서 방송과 시청각 부문 audiovisual sector에는 국가주권의 원칙이 우선 적용된다. 하지만 표현의 자유와 관련된 국제 규범은 공통 원칙으로, 개별 국가의 법률에 적잖은 영향을 미친다. 대표적인 것이 1945년 결의된 「유네스코 헌장UNESCO Constitution」 제1조 제2항과 1948년 「세계인권선언Universal declaration of human rights」 제19조이다(UNESCO, 1945, 1948). 이 조항들은 표현의 자유와 미디어 간의 관계를 다음과 같이 규정하고 있다.

유네스코의 목적을 실현하기 위해 모든 형태의 매스커뮤니케이션 수단을 통해 (세계의) 국민들 사이의 인식과 이해를 향상하는 일에 협력하고, 말과 영상에 의한 생각의 자유로운 흐름을 촉진하는 데 필요한 국제협약을 권고한다(유네스

---

1   영어의 public이라는 용어는 '공공'으로 번역되나, '특정 그룹에 속하지 않는 일반인'을 의미하므로 여기서는 '국민'으로 기술했다.

코헌장, 제1조 2항 a호).

모든 사람은 의견과 표현의 자유에 대한 권리를 가진다. 이 권리에는 간섭 없이 자기 의견을 지닐 수 있는 자유와, 모든 매체를 통해 국경에 관계없이 정보와 생각을 찾고, 받아들이고 전달할 수 있는 자유가 포함된다(세계인권선언, 19조).

2005년 유네스코는 개별 국가 수준에서 취할 수 있는 권리로, 자국 영토 내에서 문화적 표현의 다양성을 보호하고 증진하기 위한 여덟 가지 조치를 「문화적 표현의 다양성 보호와 증진에 관한 협약Convention on the Protection and the Promotion of the Diversity of Cultural Expressions」을 통해 제시했다. 그중 하나로 공영방송을 포함한 미디어의 다양성을 향상시키기 위한 방안을 채택할 수 있도록 규정하고 있다(UNESCO, 2005: Art. 6, 2, h). 여기서 말하는 문화적 표현의 다양성이란 집단과 사회의 문화가 표현되는 방식을 말하며, 집단과 사회 안에서 뿐만 아니라 집단이나 사회 사이에서 전달되는 표현을 포함한다. 특히 문화유산은 표현, 재구성 및 전달되는 다양한 방식뿐만 아니라 사용되는 수단이나 기술이 무엇이건 간에 예술적인 창작, 생산, 보급, 배급, 향유의 다양한 방식을 통해 나타나는 것을 포함한다(UNESCO, 2005: Art. 4, 1).

한국은 1950년 2월 UN 특사 장면張勉이 유네스코 가입을 신청하여 같은 해 5월 이탈리아 피렌체에서 개최된 유네스코 제5차 총회에서 회원국이 되었으며, 1952년 열린 제2대 대한민국 국회 제17차 본회의에서 '유네스코 헌장 준수 서약 동의안'이 만장일치로 가결되었다(대한민국 국회, 1952.11.10). 이후 1953년 7월 6일 대통령령으로 한국유네스코위원회가 설치되었다. 따라서 한국은 유네스코 협약 가입국으로서 준수해야 할 표현의 자유, 문화기관으로서 공영방송의 역할 등에 대한 근거를 관련 법률 등을 통해 제도적으로 확충할 필요가 있다.

2) 유럽평의회, 유럽연합과 공영방송

공영방송 전통이 강한 유럽의 공영방송사들은 유럽평의회와 유럽연합의 영향을 받는다(Pavani, 2018). 유럽평의회[2]와 유럽연합[3]은 서로 다른 독립적인 기구다. 두 국제기구는 '인권, 민주주의, 법치'라는 동일한 기본 가치를 공유하면서 유럽 통합을 지향한다는 점에서 공통점이 있지만, 유럽 통합을 실현하는 역할과 접근 방식에서 큰 차이가 있다. 유럽평의회는 회원국들의 주권은 유지하면서 인권과 민주주의 등 회원국들의 주된 관심사에 협조하거나 합의함으로써 유럽의 통합을 지향하는 반면, 유럽연합은 회원국들을 하나의 공동체로 묶

---

2   유럽평의회는 제2차 세계대전 이후인 1949년 유럽의 안정과 화해를 위해 민주주의, 인권, 법치라는 세 가지 기본 가치를 중심으로 경제적·사회적 발전을 촉진할 목적으로 창설되었다. 현재 유럽 전역의 47개 회원국과 유럽 외 미국, 캐나다, 일본 등 6개국이 참관국(observer) 지위로 참여하고 있다. 유럽평의회의 목표는 각료위원회(CM: Committee of Ministers)와 의회총회(PACE: Parliamentary Assembly)를 통해 조율되고 구체화된다(CoE, 1949). 각료위원회는 유럽평의회를 대표하는 기관으로 회원국 외무부 장관으로 구성되며, 회원국들의 공통 관심사에 대해 의회의 권고나 자체 발의한 의제를 협약(또는 합의)으로 체결하는 주체가 된다. 의회는 유럽평의회의 심의기관으로 각 회원국 의회의 대표단으로 구성된다. 일반적으로 주요 의제에 대해 논의한 후 권고 형태로 각료위원회에 결론을 제시하는 역할을 수행한다.

3   유럽연합은 1952년 이후 국가 간 조약을 통해 정치·경제 공동체로 발전해 왔다. 유럽연합은 크게 볼 때 회원국 국가원수 등으로 구성되어 기본 지침을 결정하는 유럽이사회(European Council, EU 정상회의), 유럽연합의 입법 및 정책 결정기구로 회원국별 1명의 장관들로 구성되는 유럽연합이사회(Council of the European Union), 유럽집행위원회(EC: European Commission), 유럽의회(European Parliament), 유럽사법재판소(CJEU: Court of Justice of the European Union) 등의 기구로 구성되어 있다. 유럽집행위원회는 회원국 정부의 동의하에 5년 임기로 위원들이 임명되는 독립 기구이자 집행기관으로서 법령을 발의하며, 공동체 조약의 수호자 역할을 하면서 회원국들의 조약 이행 여부를 감시한다. 유럽의회는 회원국 시민들의 직접 선거로 5년마다 약 750명의 의원을 선출한다. 입법을 할 수는 없지만 정책의 수정을 요구하거나 거부권을 행사하며, 유럽연합의 예산감독권을 갖는다.

어내기 위해 개별 국가의 주권 일부를 양수하여 회원국 전체에 적용되는 법률을 제정·적용함으로써 유럽의 정치적·경제적 통합을 추진하고 있다. 두 국제기구는 공통된 것을 지향하지만, 실현 과정에서 나타나는 이견을 조율하기 위해 2007년 5월 유럽평의회와 유럽연합이 양해각서memorandum of understanding를 체결했다(CoE CM, 2007.5.10). 이 양해각서에 따라 유럽연합은 자체적인 인권 보호 기준을 마련할 때 유럽평의회의 규범과 기준, 유럽평의회에서 내린 결정, 의견, 결론 등을 고려해야 한다(박정원, 2010).

두 국제기구는 공영방송에 대한 규범 정립 과정에서도 서로 다른 역할을 하고 있다. 유럽평의회는 표현과 정보의 자유에 기초한 민주주의 구현을 위해 공영방송의 역할이 보장되어야 한다는 입장을 견지한다. 이를 위해 공영방송을 구성하는 다양한 층위에서 다원성이나 독립성을 보장하기 위한 규범들을 회원국들 간 합의를 통해 공영방송의 표준과 원칙으로 정립해 왔다. 이에 반해 유럽연합은 유럽 내 사람, 상품, 자본, 서비스가 자유롭게 이동하는 것을 목표로 정치·경제 통합체를 지향하며, 회원국 전체에 적용되는 표준화된 법을 통해 유럽 단일시장으로 발전하고 있다. 유럽연합의 규제나 지침은 유럽평의회의 규범과 달리 개별 국가의 법률에 직접적으로 영향을 미친다. 유럽연합은 설립 이후 방송에 대해서는 개별 국가의 주권을 우선시하여 유럽 단일시장 내 서비스 규제 대상으로 삼지 않았다. 1986년 유럽공동체 조약Treaties establishing the European Communities(이하 EC 조약)4이 체결된 후 이 조약의 보조 법률「국경

---

4   국제기구가 제정한 국제법은 크게 경성법(hard law)과 연성법(soft law)으로 구분할 수 있다. 경성법은 법적구속력(legal binding)이 있어 국제법 소송의 대상이 된다. 반면에 연성법은 법적 구속력은 약하지만 회원국 당사자가 자발적으로 받아들임으로써 적용되는 법 규범이다. 공영방송과 관련된 유럽평의회의 규범은 대개 법적 구속력이 없거나 다소 약한 준법률문서(quasi-legal documents)인 연성법률의 형태인 결의(resolutions), 선언(declarations), 권고(recommendation), 행동강령(codes of conduct), 가이드라인(guidelines), 통지(communications) 등으로 구성된다(Druzin, 2017). 이와 달리 유럽연합의 조약(treaty), 협약(convention), 규제(regulation)나 지침(directives)은 법적 구속력

없는 텔레비전에 대한 지침TWFD: Television Without Frontiers Directives」(이하 「텔레비전 지침」)이 1989년 제정된 것을 계기로 텔레비전 방송을 서비스로 분류하기 시작했다. 「텔레비전 지침」은 2007년 디지털 시대의 미디어를 규율하기 위해 「시청각미디어 지침AVMS: Audiovisual Media Services Directive」으로 전환되어 미디어의 변화를 꾸준히 반영해 오다가 2018년에 개정되었다(European Parliament, 2018). 공영방송에 대한 유럽연합의 판단은 그 중요성을 인정하면서도, 단일시장을 지향하는 EC 조약의 틀 내에서 국가별 공공서비스의 범위와 국가 보조state aids에 대한 정당성의 준거 틀에 초점을 맞추고 있다. 즉, 공영방송이 수행해야 할 업무 범위와 그에 소요되는 수신료 등 공적 재원이 경쟁 시장에 미치는 영향을 구분하기 위한 규범과 일정한 판단 절차들에 대한 기준을 제시하고 있다.

3) 유럽평의회의 공영방송 관련 결정

유럽평의회가 제시한 공영방송 관련 규범은 공영방송의 사회적 역할과 이를 위한 전제조건 이해에 필요한 여러 함의를 제공한다. 공영방송에 관한 유럽평의회 정책의 특징은 「유럽인권협약」의 '표현의 자유' 보장 조항을 공영방송 관련 정책 원리의 핵심으로 삼는다는 점이다. 특히 공영방송이 정부의 통제 대상이 되지 않도록 하는 근거로 「유럽인권협약」 제10조[5]를 적용하고 있다.

이 있는 경성법의 성격을 갖는다.

5   「유럽인권협약」 제10조.

1. 모든 사람은 표현의 자유에 대한 권리가 있다. 이 권리는 국경과 무관하고 공권력의 간섭 없이 의견을 보유하고 정보와 아이디어를 수신하고 전달할 수 있는 자유가 포함된다. 이 조항은 국가가 방송, 텔레비전 또는 영화 기업의 허가를 요구하는 것을 방해하지는 않는다.

2. 이러한 자유의 행사는 의무와 책임을 수반하므로 다음 사항에 대해 법의 규정 여부에 따라 표현의 자유의 형식 및 조건이 제한되거나 경우에 따라 처벌받을 수 있다. 민주 사회에 필요한 경

「유럽인권협약」제10조에 해당하는 권리 피해자는 이 협약 제34조에 근거하여 유럽인권재판소ECtHR: European Court of Human Rights에 소송을 제기할 수 있는데 개인, 비정부조직, 개인 집단만 소송의 주체가 될 수 있다. 유럽인권재판소는 라디오프랑스 대 프랑스, 오스트리아 공영방송 ORF 대 오스트리아, 덴마크 언론인 옌스 올라프 에르실트Jens Olaf Jersild 대 덴마크 등 공영방송사와 국가 간에 있었던 여러 판결을 통해 공영방송사가 「유럽인권협약」제10조에 따라 항소할 수 있는 '비정부 기관'임을 인정했다(ECtHR, 1994; ECtHR, 2004.3.3; EctHR, 2004.5.25). 따라서 유럽의 공영방송사는 비록 정부에 의해 소유되거나 재정적 지원을 받는다 하더라도 「유럽인권협약」제10조에 따라 편집의 독립성과 기관의 자율성을 보장받는다. 특히 마놀레 대 몰도바(Manole v Moldova) 판례에 따르면, 국가는 공영방송이 정치권력으로부터 독립적이고 자유로워지도록 보장하고 포괄적인 정부의 통제 대상이 되지 않도록 할 책임이 있다 (ECtHR, 2009). 국가는 국가를 구성하는 의회의 입법, 정부 및 규제기관 등의 정책 결정을 통해 해당 국가의 미디어 체계를 형성하게 된다. 따라서 어떤 미디어 체계를 구축하는가는 국가의 재량에 속하는 문제지만, 국가가 공영방송 체계를 만들기로 결정했다면 해당 국가는 「유럽인권협약」제10조에 따라 공권력이 공영방송의 표현의 자유에 개입할 수 없도록 해야 한다(Berka and Tretter, 2013: 23).

유럽평의회는 1986년 12월 빈에서 열린 제1회 대중매체 정책에 관한 유럽위원회 내 유럽각료회의에서 공영방송에 대한 구체적 정책을 마련한다(CoE, 2016: 5~9). 이 회의는 '유럽 내 공영방송 및 민영방송에 관한 결의'(no. 2)에서 "의견의 자유로운 형성과 문화의 발전에 공헌하는 폭넓고 질 높은 텔레비전

우, 국가 안보, 영토 보존 또는 공공 안전을 위한 경우, 무질서나 범죄 예방을 위한 경우, 건강이나 도덕을 보호하기 위한 경우, 타인의 평판이나 권리를 보호해야 하는 경우, 기밀로 받은 정보의 공개를 방지하기 위한 경우, 사법부의 권위와 공정성을 유지하기 위한 경우.

서비스를 수신하는 것은 공공의 이익이므로, 이를 옹호한다"라는 의견을 제시함으로써 방송이 개인의 표현의 자유에 봉사하는 제도라는 사실을 명확히 했다. 또한 공영방송의 원칙과 목적에 대한 인식, 공영방송의 독립성과 재원 보장을 위한 조치의 착수, 공영방송과 새로운 텔레비전 서비스 간의 조화를 위한 긍정적인 조치를 취할 것 등의 일반 원칙을 결의했다.

　이 결정은 1994년 '제4회 대중매체 정책에 관한 유럽각료회의'가 채택한 '공영방송의 미래'에 관한 결의로 이어져 "공영방송은 민주주의 사회의 정치적·법적 및 사회적 구조의 바탕에 존재하는 가치관을 지지하는 것으로, 특히 인권, 문화, 정치적 복잡성을 존중하는 존재다"라는 역할 모델로 발전하게 된다 (CoE, 2016: 23~25). 이 시기 각국의 방송 환경은 많은 상업방송사의 등장으로 경쟁이 심화되면서 프로그램의 공공 가치 유지가 어려워지고, 개별 국가 내에서뿐만 아니라 국제적 수준에서 민영 미디어들의 수평 및 수직적 계열화를 통한 미디어 집중이 증가함에 따라 공영방송의 중요성이 더욱 강조되었다. 제4회 유럽각료회의는 경쟁적인 미디어 환경에서 더 강력한 공영방송을 유지하고 발전시키겠다는 회원국 간 약속을 확인하면서 공영방송사가 임무를 수행하는 데 필요한 적절한 수단을 보장하기로 결의했다. 각료회의는 구체적인 공영방송의 정책 프레임워크로 공영방송이 수행해야 하는 공공서비스의 요건, 공영방송의 임무 수행에 필요한 재원 조달의 틀, 미디어 소유권 집중, 독점 및 조건부 접근conditional access 기술 등의 경제적 관행이 공영방송사들의 다원주의에 대한 기여를 침해하지 않도록 하는 원칙, 공영방송사의 독립성 보장과 설명책임 구체화, 공영방송 채널의 재전송 보장, 새로운 커뮤니케이션 기술의 활용, 유럽 내 다자간 공영방송 채널 개발 등을 기본 원칙으로 제시했다. 이 결의는 표 6-1에서 볼 수 있듯이 1996년 이후 공영방송의 독립성, 다원주의 촉진, 거버넌스 등에 대한 다양한 표준과 원칙들을 구체화하는 계기가 되었으며, 47개 회원국의 외무부 장관이 참여하는 각료위원회와 의원총회에서 의결되어 각국 국영방송에 대한 규범으로 적용되었다.

표 6-1 공영방송에 대한 유럽평의회의 주요 규범

구분	법률 문서	문서명
각료위원회 (Committee of Ministers)	Declaration(1982)	표현과 정보의 자유 (Freedom of Expression and Information)
	Rec. No. R (96)10	공영방송의 독립성 보장 (Guarantee of Independence of Public Service Broadcasting)
	Rec. No. R (99)1	미디어 다원주의 촉진의 측정 (Measure to Promote Media Pluralism)
	Declaration(2006)	회원국 공영방송의 독립성 보장 (Guarantee of the Independence of Public Service Broadcasting in the Member States)
	Rec (2007) 3	정보 사회에서 공공서비스 미디어의 소관 책임 (Remit of Public Service Media in the information society)
	Declaration(2012)	공공서비스 미디어 거버넌스 (Public Service Media Governance)
의회총회 (Parliamentary Assembly)	Recommendation 1641(2004)	공영방송 (Public Service Broadcasting)
	Recommendation 1855(2009)	시청각 미디어 서비스의 규제 (The Regulation of Audio-visual Media Services)
	Recommendation 1878(2009)	공영방송의 재원조달 (Funding of Public Service Broadcasting)

공영방송에 대한 유럽평의회의 주요 규범은 각료위원회나 의회총회의 선언 또는 권고를 통해 이루어지는데, 주요 권고 등의 핵심 내용은 다음과 같다. 유럽각료위원회는 「1982년 선언」을 통해 진정한 민주주의, 법치, 인권 존중의 원칙이 회원국들 간 협력의 기반이며, 표현과 정보의 자유가 이러한 원칙의 기본 요소라는 점을 분명히 했다(CoE CM, 1982). 각료위원회는 표현과 정보의 자유의 집행을 위한 조치가 「세계인권선언」과 「유럽인권협약」을 통해 회원국에 위임되었다고 규정하고, 정보 및 대중매체 분야에서 추구해야 할 여섯 가지 목표를 발표했다.

1996년 「공영방송의 독립성 보장에 대한 권고」는 미디어 독립성이 민주 사회의 기능에서 본질적이며, 독립성은 공영방송 기능의 다양한 층위에서 자국의 법률과 규칙을 통해 명시적으로 보장되어야 한다는 점을 강조했다(CoE, 1996). 특히 공영방송의 독립성 보장을 위한 가이드라인을 제시한 뒤, 회원국 정부에 이 가이드라인을 자국 법률에 반영하고, 공영방송의 감독기관, 경영진 및 직원들에게 알리도록 권고했다.

1999년 「미디어 다원주의 촉진을 위한 권고」에서는 개인들이 정보와 관련하여 다원적인 미디어 콘텐츠에 접근할 수 있도록 하는 것이 중요하다는 점과 더불어 공영방송이 언어, 사회, 경제, 문화 및 정치적 소수자를 포함해 사회의 다양한 집단과 그들의 관심사를 표현할 수 있도록 해야 한다고 강조했다(CoE CM, 1999).

2006년 「회원국 공영방송의 독립성 보장에 대한 선언」은 1996년 권고한 공영방송의 독립성 보장을 위한 가이드라인이 확립되지 않은 회원국에 대해 권고 사항의 이행과 공영방송 조직 내 편집의 독립성과 제도적 자율성을 보장하기 위한 법적·정치적·재정적·기술적 수단 등을 제공하도록 촉구했다.

2007년 「정보 사회에서 공공서비스 미디어의 소관 책임」 권고는 정보 사회에서 다양해진 플랫폼과 서비스가 공영방송사에 의해서도 제공될 수 있도록 하고, 공영방송의 역할을 공공서비스 미디어로 전환하도록 권고했다(CoE CM, 2007.1.31). 또한 회원국의 상황에 맞춰 공공서비스 미디어의 역할과 명확한 책임을 설정하도록 권고하고, 그에 따른 가이드라인을 제시했다.

2012년 「공공서비스 미디어 거버넌스」 선언은 공영방송에서 공공서비스 미디어로 전환하지 못한 회원국들의 당면과제 중 하나인 거버넌스의 효과적인 재구성을 위해 필요한 자원과 도구를 제공하기 위해, 새로운 거버넌스 프레임워크를 가이드라인으로 제공했다(CoE CM, 2012).

의회총회는 2004년 권고를 통해 1994년 개최된 '제4차 대중매체 정책에 대한 각료회의'와 1996년 각료위원회의 공영방송의 독립성 보장에 관한 권고에도 불구하고 중부 유럽과 동유럽, 구러시아 연방 산하 국가들을 비롯해 몰도바 등 여러 국가에서 공영방송에 관한 법률의 특정 조항이나 관행들이 유럽 표준에 위배된다는 점을 우려해 이를 개선하기 위한 여러 사안을 권고했다(CoE PA, 2004). 여기에는 적절하고 투명한 모니터링, 필요한 경우 압력을 행사하여 공영방송을 지원하는 적절한 입법과 실질적 조치를 회원국이 취하게 하는 것이 포함된다. 의회총회는 아제르바이잔, 조지아, 러시아, 우크라이나에 가능한 한 빨리 유럽 표준에 따른 법률을 제정하라고 주문했다.

2009년 「시청각 미디어 서비스 규제에 대한 권고」는 미디어 기술의 진보에 따라 확대되고 있는 인터넷 기반 서비스로 인해 채널, 프로그램, 서비스의 수가 증가하고 있지만, 많아진 시청각 콘텐츠가 다양성과 품질을 보장하기 어렵다는 판단하에 회원국 입법자들이 기존 규정을 검토하여 새로운 시청각 미디어 정책을 세울 수단을 마련하도록 촉구했다(CoE PA, 2009.1.27). 특히 방송을 넘어선 시청각 미디어 서비스에서 공공서비스의 임무가 정의되고 설명되도록 권고했다.

2009년 「공영방송의 재원 조달 권고」는 공영방송이 축소되거나 버려서는 안 되는 중요한 공공자산으로 회원국의 필수 요소라는 점을 재확인했다(CoE PA, 2009.6.25). 또한 미디어 시장이 융합되고 사용자의 요구가 변화함에 따라 공영방송사는 종합적이고 경쟁력 있는 미디어 서비스를 제공하기 위해 전문 채널, VOD, 인터넷 기반 미디어 서비스 등 서비스를 다양화해야 하며, 이를 위해 필요한 명확한 임무 부여와 적절한 수준의 장기적인 자금 지원 등이 이뤄지도록 회원국의 의회, 각료위원회에 권고했다.

4) 유럽연합의 공영방송 관련 결정

유럽연합은 유럽 석탄 및 철강 공동체를 설립하게 된 1952년 「파리 조약」 이후 지속적인 국가 간 조약을 통해 법적 구속력이 있는 정치·경제 공동체를 형성해 나가고 있다. 유럽연합은 회원국 주권의 일부를 단일 공동체에 이양하기 때문에 유럽연합 법률의 구속력은 매우 높다고 볼 수 있다. 유럽연합은 모든 유럽연합 행동의 기본 규칙이 되는 기본 법률로서 여덟 개의 조약treaties이 있고,6 조약에 명시된 원칙과 목표에서 파생된 보조 법률인 규정regulations, 지침directives 및 결정decisions들을 통해 법체계를 구성한다.7

1989년 「EC 조약」의 보조 법률로 체결된 「텔레비전 지침」은 텔레비전 방송이 유럽연합 내 국경을 넘어 자유롭게 송·수신될 수 있도록 회원국들이 국내법을 의무적으로 정비하는 계기가 되었다. 당시 유럽집행위원회는 텔레비전 방송의 공공적 기능이나 공공서비스 관점이 아닌 단일 공동체 내에서 국경을 넘는 방송서비스 제공의 자유에 정책적인 초점을 맞췄다. 1999년 이전까지 「EC 조약」 내에 공공서비스는 명시되어 있었지만, 공영방송에 대해서는 명확하지는 않았다. 기본적으로 공영방송사에 대한 유럽연합의 입장은 공영방송사 재원의 확보와 사용이 「EC 조약」에 비추어 가능한 것인지를 사례별로 판단하는 것이었다. 즉, 유럽연합의 관심사는 공영방송 재원 조달이 유럽공동체 시장에 영향을 주는지, 정부에 의한 경제적 우대 조치가 「EC 조약」이 규정하고 있는 경쟁 법규 준수 여부였다. 공영방송과 공영방송사의 존재 이유와 활동 목적 그 자체를 「EC 조약」의 관점에서 검토하는 것은 아니었다. 하지만 유럽연합은 공영방송사의 경제적 측면이 공영방송의 존재 의미와 표리 관계에 있기 때문에 그 양자의 균형을 취하기 위한 원칙이 필요했다. 또한 유럽연합의 조약 내에 공영방송의 존재 이유와 활동 목적을 일반적인 형태로 기술할 필요가 제기되면서 1999년 발효된 「암스테르담 조약」에 「공영방송 체계에 관

---

6   유럽연합의 주요 조약은 1952년 발효된 「파리 조약」, 유럽경제공동체의 초석이 되는 「로마 조약」
     (1958, 이후 발효년도 기준), 세 개로 나뉜 유럽 내 공동체를 하나로 통합하는 「브뤼셀 조약」
     (1967), 유럽 단일시장에 대비하는 「유럽공동체조약」(「EC 조약」, 1987), 「마스트리흐트 조약」
     (1993), 「암스테르담 조약」(1999), 「니스 조약」(2003), 「리스본 조약」(2009)으로 구분된다.
7   유럽연합의 규정, 지침, 결정에 대한 법체계는 다음 유럽연합의 홈페이지에서 확인할 수 있다.
     https://europa.eu/european-union/law/legal-acts_en

한 의정서Protocol on the system of public broadcasting(이하 공영방송 의정서)」를 포함시켰다(EU, 1999).[8] 그 주요 내용은 다음과 같다.

회원국의 공영방송 체계는 각 사회의 민주적, 사회적, 문화적 요구 및 미디어 다원주의 보존의 필요성과 직접적으로 관련되어 있으며 …… 「EC 조약」의 조항들은 각 회원국들이 부여하고, 정의하고, 조직한 공공서비스 소관 책임public service remit의 이행을 위해 공영방송에 제공하는 재원에 대해서는 회원국의 권한을 침해하지 않는다. 단, 이 재원은 공공서비스 소관 책임의 실현을 고려하되, 공익public interest에 반해 유럽공동체의 통상 조건과 경쟁에 영향을 미쳐서는 안 된다(「공영방송 의정서」).

「공영방송 의정서」는 유럽연합 회원국 내 각국의 정치, 경제, 사회, 문화 및 역사에 따라 다양한 형태를 보이는 공영방송들의 존재와 역할을 법률적으로 승인했다는 점과 동시에 회원국이 설정한 '공공서비스 소관 책임'의 이행을 위해 제공되는 국가의 재원 지원만이 회원국의 권한이고 경쟁 시장의 범위에서 예외라는 점을 명확히 했다. '소관 책임remit'이란 개인이나 조직에게 공식적으로 지정된 책임 활동의 영역이나 과업을 말한다. 따라서 '공공서비스 소관 책임'은 공영방송이 어떤 역할을 해야 하고, 경쟁 시장에서 어디까지 서비스를 할 수 있으며, 공적 재원을 사용할 수 있는 범위가 어디까지인지를 결정하는 기준이라 할 수 있다.

「EC 조약」의 이행과 준수 여부의 감시 책임을 맡고 있는 유럽집행위원회는 유럽연합 회원국 내 공영방송사의 역할, 재원의 확보 및 용도에 관해 「EC 조약」의 경쟁법 관점에서 심사한다. 즉, 공영방송사가 수신료나 정부 보조금 등

---

8   국제조약에서 의정서는 조약과 동일한 법적 특성을 갖지만 형식이 완화될 필요가 있거나 상위 합의인 조약이나 협약에 연계한 부속사항 등 특정 측면에 대한 합의를 체결할 때 이용된다.

공적 재원의 수입을 사용하여 새로운 서비스를 개시하거나 정부로부터 직접적인 자금 제공을 받는 것과 관련해 상업방송 사업자와의 적정한 경쟁 관계에 손상을 줄 가능성이 있는지와 「EC 조약」에 위반되는지를 판단하는 것이다. 「공영방송 의정서」가 규정하고 있는 '공공서비스 소관 책임'의 정의는 수신료의 규모를 정하는 것뿐만 아니라 경쟁법의 적용 측면에서도 매우 중요한 역할을 하게 된다.

3. 공공서비스 소관 책임

공영방송은 유럽평의회나 유럽연합이 현재의 규범을 형성하기 이전부터 각국에 존재했었기 때문에 국가별 특수성이 반영된 매우 다양한 제도, 공공서비스 유형과 조직 형태, 재원 조달 방식을 취하고 있다. 하지만 두 유럽 국제기구는 국가별 공영방송사들의 여러 차이에도 불구하고 공영방송이 인권, 문화 및 정치적 다원주의 존중과 같은 민주적 사회 가치의 증진을 위해 필수불가결하다고 보고, 공영방송 임무 수행의 전제 조건인 독립성 유지, 소관 책임을 수행하는 데 소요되는 재원의 제공, 새로운 커뮤니케이션 기술의 적극적인 수용 보장, 국가에서 지원되는 재원의 경쟁 시장 침해 금지 등에 대한 원칙과 기준 등을 제시했다. 즉, 유럽 내 공영방송이 지향하는 목표와 운영 체계에 대한 틀은 제시된 원칙을 따르게 하되, 자국 상황에 맞춰 그것을 준수하도록 한 것이다. 이때 중요한 기준이 되는 것이 '공공서비스 소관 책임'이다.

유럽평의회 회원국들은 자국만의 법률 체계나 특수성을 반영하여 '공공서비스 소관 책임'을 정립했지만 공식화 유형은 국가별로 상당한 차이가 있다. (최선욱, 2020). '소관 책임'의 일반적인 정의는 모든 유럽연합 회원국들이 법률로 정립했으나, '소관 책임'의 세분화된 운영 정의는 법률, 시행령, 계약 등 국가별로 다른 법률 도구를 통해 구성하고 있다. 또한 '소관 책임'이 어떻게 수행되어야 하는지에 대한 구체적인 내용인 방송프로그램의 가이드라인, 윤리, 공영방송의 선언이나 전략 등에 대해서는 정책 문서나 보고서의 형식으로 공식화하고 있다. 하지만 공통된 기준이 되는 것은 유럽평의회의 2007년 「정보사회 내 공공서비스 미디어의 소관 책임 권고」(이하 2007년 권고)이다.

「2007년 권고」는 정보 사회로의 변화로 인해 세계화가 확대되고 이것이 국가 또는 국제 수준의 개인 미디어의 확산으로 이어져 국가별 미디어 시스템에 광범위한 영향을 미치고 있다고 분석했다. 특히 젊은 세대가 새로운 커뮤니케이션 서비스에 더 많이 의존하고 있으므로 공영방송의 '공공서비스 소관 책임'이 더 다양한 플랫폼과 서비스를 제공할 수 있도록 정의되어야 하며 이를 위한 적절한 재원을 제공해야 한다는 점을 지적했다. 유럽평의회는 이러한 변화에 대응하기 위해 회원국 정부에 다음 여섯 가지를 권고했다.

1. 회원국 정부는 새로운 디지털 환경에서 공영미디어[9]의 근본적인 역할을 보장한다. 이때 공영미디어에 대한 명확한 소관 책임을 설정하고, 공영미디어가 이러한 소관 책임을 잘 이행하게 하기 위해 새로운 기술 수단을 사용할 수 있도록 해야 한다. 현재 미디어 및 기술 환경의 급격한 변화와 시청자들의 시·청취 패턴 및 기대의 변화에 공영미디어가 적응할 수 있도록 한다.

2. 회원국 정부가 아직 그렇게 하지 않았다면 새로운 커뮤니케이션 서비스를 제공하는 공영미디어의 소관 책임에 관한 법률/규제의 조항을 포함시켜야 한다. 이를 통해 공영미디어가 잠재력을 최대한 활용하고 새로운 양방향 기술의 도움으로 더 광범위하게 민주적·사회적·문화적 참여를 촉진할 수 있

---

[9]   유럽평의회 각료위원회는 2007년 「정보 사회에서 공공서비스 미디어의 소관 책임에 대한 권고」에서 공영방송이 정보 사회에 더 적절한 소관 책임을 수행하기 위해 폭넓은 플랫폼과 다양한 서비스를 제공하는 공공서비스 미디어public service media로의 역할 전환을 권고했다. 공공서비스 미디어는 공영방송과 연계되어 공영미디어로 번역되기도 한다.

도록 해야 한다.

3. 회원국 정부는 공영미디어가 새로운 디지털 환경에서 투명하고 설명책임이 수행되는 방식으로 회원국에 의해 위임된 기능을 수행하는 데 필요한 조건인 안전하고 적절한 재정 조달과 조직 틀을 보장한다.

4. 회원국 정부는 유럽 전자미디어 환경의 공·민영 이중 구조를 존중하고 시장 및 경쟁 문제에 주의를 기울여 공영미디어가 정보 사회의 도전에 완전하고 효과적으로 대응할 수 있도록 한다.

5. 회원국 정부는 공영미디어가 다양한 기술적 수단을 통해 소수자 및 소외 계층을 포함한 모든 개인과 사회집단에게 제공될 수 있는 보편적 접근universal access을 보장한다.

6. 회원국 정부는 이 권고를 널리 보급하고, 특히 정부 기관, 공영미디어, 전문가 그룹 및 일반 대중에게 부속된 원칙을 알려야 하며, 이러한 원칙이 실행되는 데 필요한 조건을 마련해야 한다(유럽평의회「2007년 권고」).

「2007년 권고」는 또한 '공공서비스 소관 책임'의 원칙을 제시했다. 우선 회원국이 하나 이상의 특정 미디어 조직에 '공공서비스 소관 책임'을 정의하고 할당할 권한이 있으며, 기존 공영방송의 임무에 해당하는 '소관 책임'의 핵심 요소를 유지하면서 새로운 상황에 맞게 조정할 수 있도록 권고했다. 이 권고에서는 디지털 기술에 크게 의존하는 정보 사회에서 콘텐츠의 전송 수단이 다각화됨에 따라 회원국은 새로운 플랫폼을 통해 공영미디어의 콘텐츠가 제공될 수 있도록 '소관 책임'이 확장되어야 한다는 원칙을 밝혔다. 또한 1994년 제4차 유럽 각료회의 결의 이후 유럽평의회가 지속적으로 언급했던 다음과 같은 다섯 가지 공영방송의 임무를 '공공서비스 소관 책임'의 핵심 요소로 규정했다.

1. 보편적 접근의 제공을 통해 모든 국민의 기준점reference point이 되어야 한다.
2. 모든 개인, 집단 및 공동체의 사회적 결속과 통합을 위한 요소가 되어야 한다.

3. 공정하고 독립적인 정보 및 의견의 출처이자 높은 윤리 및 품질 기준을 준수하는 혁신적이고 다양한 콘텐츠의 제공자가 되어야 한다.

4. 다원적 공개 토론의 장이자 개인들의 폭넓은 민주적 참여를 촉진하는 수단이 되어야 한다.

5. 시청각 콘텐츠의 창작 및 제작과 자국 및 유럽 문화유산의 다양성에 대한 이해와 확산에 적극적인 기여자가 되어야 한다.

이 다섯 가지 공영방송의 임무는 하위에 총 21개의 세부적인 '공공서비스 소관 책임'으로 구체화하여 제시되었다. 「2007년 권고」는 각 나라가 위에서 기술한 공공서비스 미디어의 기본 원칙에 충실하면서도 빠르게 변화하는 미디어 기술 및 사회적 현실에 적응하기 위해 국가별로 '공공서비스 소관 책임'을 이행하는 데 필요한 법률적·기술적·재정적·조직적 조건들이 적용되어야 한다고 강조했다.[10]

4. 공영방송 재정 지원의 정당성

1) 공공서비스에 대한 재정 지원과 경쟁법의 예외 결정

자국 중심으로 운영되었던 공영방송은 1980년대 말 이후 상업방송사들의 등장으로 인한 경쟁 체제로의 재편과 방송서비스의 국가 간 경계가 사라지는 유럽공동체 통합으로 인해 유럽연합의 「EC 조약」 적용 대상이 되었다. 상업방송사들은 공영방송사가 그간 보장받았던 공적 재원을 이용하여 상업방송

---

10   21개의 구체적인 '공공서비스 소관 책임'들과 소관 책임의 이행에 필요한 법률, 기술, 재정 및 기술적인 조건들의 세부 내용은 권고문을 참고하기 바란다.

사업자와 경쟁하는 것에 대해 자유롭고 대등한 경쟁 관계의 실현을 목표로 하는 「EC 조약」의 경쟁법 관점과 배치된다는 주장을 지속해 왔다. 특히 「텔레비전 지침」이 발효된 이후인 1991년부터 유럽연합 회원국인 스페인, 프랑스, 이탈리아, 포르투갈 내 상업방송사들은 「EC 조약」 내 경쟁 관련 조항을 근거로 공영방송의 활동 범위, 재원의 확보와 사용 방법에 불만을 표시하며 경쟁 법규의 적용을 책임지는 유럽집행위원회의 법적 판단을 요구했다.11 여기서 「EC 조약」 내 경쟁 관련 주요 조항은 ① 가격 협정을 통해 경쟁을 방해하는 행위의 금지(경쟁 저해 행위의 금지, 제81조), ② 기업 간 거래에서 부정한 조건을 제시하는 행위의 금지(지배적 지위의 남용 금지, 제82조), ③ 국가보조에 관한 조항(제87~89조)이다.

공영방송사가 '공공서비스 소관 책임' 이행을 위해 국가로부터 제공받는 공적 재원은 '국가 보조state aid'에 해당한다. '국가 보조'란 시장 경쟁에 참가하고 있는 특정 기업에 대해 금전적인 지원이나 경제적 우대를 공적으로 행하는 것이다. '국가 보조'와 같이 특정 기업을 공적으로 우대·지원하는 정책은 이를 받는 기업과 받지 않는 기업의 차이를 낳고, 그 결과 EC 시장 내에서 기업 간 자유로운 상호 경쟁이라는 유럽연합의 목표 실현을 방해할 가능성이 있기 때문에 유럽연합 차원의 관리 대상이다. 「EC 조약」은 이런 종류의 행위를 유럽집행위원회의 관리하에 두도록 하고 있다. 「EC 조약」은 '국가 보조' 개념의 정의 및 '국가 보조'에 포함된 구체적인 정책을 규정하고 있지 않기 때문에 유럽집행위원회나 유럽사법재판소가 사안별로 국가 보조 조항의 적용에 대한 판단을 내리게 된다. 유럽집행위원회는 유럽연합 회원국에 존재하는 국가 보조

---

11 주요 사례로는 스페인 상업방송 사업자인 텔레싱코(Telecinco)와 안테나(Antena) 2가 공영방송인 RTVE를 상대로 심사를 청구한 사례(1992), 프랑스의 TF1과 F2·F3(1993), 이탈리아의 메디아셋(Mediaset)과 RAI(1996), 포르투갈의 SIC와 RTP(1993, 1997), 독일의 VPRT와 ARD·ZDF 공동 채널(1997), 영국의 BSkyB와 BBC(1997) 등이 있다.

시책의 전부를 항시 심사할 권한을 가지고 있으며(「EC 조약」 제88조), 위원회의 판단에 불복하는 경우에는 유럽사법재판소의 최종적인 판단을 요구할 수 있다(「EC 조약」 제230조).

「EC 조약」이 경쟁을 보장하기 위해 국가 보조를 전면적으로 금지하고 있는 것은 아니다. 국가 보조는 「EC 조약」 제87조에 따르면 세 가지 판단 기준이 있다. 첫째, 「EC 조약」의 해석에서 '허락되지 않는다(공동시장12과 양립성이 없다)'고 판단된 경우, 금지 대상이 된다. 둘째, '허락되지 않으면 안 된다(공동시장과 양립성이 있다)'고 판단하도록 「EC 조약」이 요구하고 있는 경우(예를 들면, 자연재해로 인한 손해의 구제나 구동독 경제의 구제의 경우 등)로 금지 대상에서 예외가 된다. 셋째, 국가 보조 항목의 적용이 책임을 갖는 유럽집행위원회의 판단에 따라, '허락할 수 있다(양립성이 있다고 간주할 수 있다)'는 경우―예를 들면, 경제적으로 불리한 상태에 있는 지역의 발전 장려, 특정 경제 활동이나 경제 분야의 발전 촉진, 문화나 유산의 보호를 목적으로 하는 것―로 금지 대상에서 예외가 된다. 여기서, 세 번째 판단인 국가 보조가 허락되는 대표적인 경우가 일반 경제적 이익 서비스SGEI: Service of General Economic Interest, 즉 공공서비스이다.

일반 경제적 이익 서비스는 시민들에게 특히 중요하면서도 공공의 개입이 없으면 공급되지 않을(또는 시장이 아닌 다른 조건에서 공급되어야 하는) 경제 활동으로 교통, 우편, 에너지, 의료, 방송 등과 같은 공공서비스를 말하며, 「EC 조약」 제86조에서 규정하고 있다.13 공공서비스에 대해 보상 형태의 국가 지원이 허용되기 위해서는 일정한 조건을 규정한 SGEI 프레임워크14를 충족해

---

12   공동시장(common market)은 다수의 국가 간 협약으로 관세를 부과하지 않고 자유무역과 노동, 자본의 자유로운 이동을 허용하는 합의를 의미하며, 여기서는 유럽연합 회원국 간에 형성한 유럽 공동시장을 의미한다.

13   「EC 조약」 86조, https://ec.europa.eu/competition/legislation/treaties/ec/art86_en.html

14   SGEI 프레임워크에서는 허용되는 지원 금액을 계산하기 위한 방법론, 준수해야 하는 규칙, SGEI

야 하며, SGEI의 결정을 받는 경우 10년을 초과하지 않는 기간 동안 유럽집행위원회에 통지 의무를 면제받게 된다. 이때 각국의 공공서비스에 대한 재정 지원은 우선 해당 공공서비스를 명확히 법률로 규정하고, 공공서비스를 수행하는 기관을 명시적으로 지정하여 위임해야 하며, 경쟁 시장만으로는 해당 공공서비스를 제공하기 어려울 때 전체적인 경쟁 질서를 훼손하지 않는 범위에서 정당하다고 본다.

유럽집행위원회는 공영방송사에 대한 국가 보조가 일반 시장과 양립할 수 있는지를 결정하기 위한 조사를 함에 있어 「EC 조약」 제151조 4항[15]에 따라 문화의 다양성을 존중하고 증진하기 위한 문화적 측면을 고려하게 된다. 유럽집행위원회는 「EC 조약」 제87조 3항 d에 따라 공영방송에 대한 재정 지원을 공동체의 거래 조건과 경쟁에 영향을 미치지 않는 공동시장과 양립할 수 있는 문화 증진을 위한 보조로 간주해 왔다. 유럽집행위원회는 회원국들에게 공영방송에 대해 국가가 자금을 지원할 때 「EC 조약」 제87조 및 제86조 2항을 적용하면서 따라야 할 원칙들을 2001년과 2009년에 자세하게 통지했다 (European Committee, 2001.11.15; 2009.10.27).

2) 유럽집행위원회의 주요 결정

유럽집행위원회가 공영방송의 국가 보조에 대한 판단을 내린 최초의 사례는 1996년 11월 7일 포르투갈 공영 텔레비전 RTP Rádio e Televisão de Portugal의

를 통해 국가 보조를 받는 여러 기관이 있는 경우에 차별을 피하기 위한 계산 방식 등을 제공한다. https://ec.europa.eu/competition/state_aid/legislation/sgei.html

15 「EC 조약」 제151조, https://eur-lex.europa.eu/legal-content/EN/TXT/?uri=CELEX%3A11997E151
제151조 4항 "유럽공동체는 특히 문화의 다양성을 존중하고 증진하기 위해 이 조약의 다른 조항에 근거한 행동에서 문화적 측면을 고려한다".

활동과 재원에 대한 것이다. 포르투갈 상업방송사인 SIC Sociedade Independente de Communicação SA는 1993년 7월 30일 유럽위원회에 RTP에 대한 보조금이 「EC 조약」 제87조의 공동시장과 양립할 수 없는 것이라며 불만을 제기했다. 이에 대해 유럽집행위원회는 포르투갈 정부가 RTP에 자금을 제공한 것은 경쟁을 왜곡하는 국가 보조에 해당되지 않는다는 판단을 내렸다. 그 이유로는 RTP에 대한 정부의 자금 제공은 상업 채널에게는 요구되지 않는(경쟁 상태가 아닌) 활동에 대한 것이며, 또 정부 자금이 그러한 RTP의 활동에 필요한 비용을 넘지 않았다(이익을 올리지 않았다)는 점을 제시했다.

이후 유럽집행위원회는 디지털 텔레비전으로의 전환 과정에서 독일과 영국 상업방송사들이 제기한 공영방송사의 새로운 전문 채널 신설에 대한 이의 제기에 대해 양국의 전문 채널이 「EC 조약」의 관점에서 문제될 것이 없다는 결론을 도출했다. 구체적으로 독일의 공영방송사인 ARD와 ZDF가 공동으로 신설한 어린이 대상의 킨더카날Kinderkanal과 의회 채널인 푀닉스Phoenix, 영국 BBC의 24시간 뉴스 채널인 BBC News 24는 모두가 수신료를 재원으로 운영되고 있다. 유럽위원회는 이들 전문 채널들을 「EC 조약」에서 허용된 활동으로 판단했다(European Commission, 1999.2.24, 1999.9.29). 유럽위원회는 그 이유로 수신료 수입이 「EC 조약」에 규정된 국가 보조에 해당하지만, 전문 채널은 각국의 권한으로 정해진 공영방송의 사명을 달성하기 위한 수단의 하나로 공공의 이익을 위해 제공되고 있다는 점과 전문 채널의 재원이 실제로 발생한 비용을 상회하지 않았다고 판단한 점을 들었다.

비교적 최근인 2021년 6월 10일 유럽집행위원회는 2005년부터 2008년 사이 스페인의 지상파 텔레비전의 디지털 전환 과정에서 외곽 지역인 갈리시아 Galicia의 통신회사이자 지상파 플랫폼 운영자인 레테갈Retegal이 받은 2억 6000만 유로의 디지털 전환 보조금에 대해 국가 보조가 양립할 수 없는 지원으로 판단했다(European Commission, 2021.6.10). 2010년 위성방송 운영자인 아스트라SES Astra의 불만 제기로 조사를 착수한 유럽집행위원회는 2013년 지상파 플

랫폼에게만 주어진 디지털 전환 지원은 기술 중립성이 부족하고 디지털 지상
파 플랫폼 운영자에게만 이익이 되는 선택적 지원으로, 유럽연합의 국가 보조
규칙이 적용되지 않는다는 결정을 내린 바 있다. 하지만 갈리시아주와 레테갈
이 유럽사법재판소에 항소했고, 2017년 12월 유럽사법재판소는 유럽집행위원
회가 법안의 선택에 대한 부적절한 추론을 했다는 이유로 2013년 결정을 무효
로 판결했지만, 유럽집행위원회는 추가 조사를 통해 다시 동일한 결론을 도출
했다. 스페인 정부는 유럽집행위원회가 명시한 방법에 따라 레테갈에 지원한
보조금을 회수해야 한다.

유럽집행위원회가 그간 공영방송에 대한 수신료 등 국가 보조에 대해 양립
성을 판단한 주요 근거는 첫째, 「암스테르담 조약에 부속된 공영방송 체계에
대한 의정서」였고, 둘째, 「EC 조약」에 의해 국가 보조가 허락될 수 있다는 「EC
조약」 제87조의 3항이었으며, 셋째, 공공의 이익을 목적으로 하는 사업(일반적
경제 이익 서비스)에 적용되어 온 조항(제86조)이었다(Council of the European
Union, 1998). 결론적으로 '공공서비스 소관 책임'을 어떻게 구성하는가는 공영
방송사 공적 재원 보조의 매우 중요한 근거가 된다.

3) 알트마르크 판결

공영방송에 대한 국가 보조의 통제는 '일반 경제적 이익 서비스'가 제공되고
공적 재원을 통해 자금을 조달할 때 작동하게 된다. 공적 재원이 과다 보조되
는 경우 일반 경제적 이익 서비스를 제공하는 기관의 다른 상업 활동에 대해
교차 보조하게 되어 경쟁을 왜곡할 수 있다는 우려 때문이다.

유럽연합이 국가 보조를 통해 공공의 이익을 유지하고 경쟁 왜곡을 발생시
키지 않는다는 원칙을 확정하게 된 계기가 된 것은 2003년 유럽사법재판소의
알트마르크Altmark 판결이다(계인국 외, 2016; CJEU, 2003).[16] 1990년 말 유럽연합
내 교통 분야의 민영화가 시작되면서 독일 작센안할트Sachen-Anhalt주의 '알트

마르크 트란스 회사Altmark Trans GmbH'는 해당 지방자치단체로부터 노선 사업에 대한 공적 보조금을 지원받고 있었다. 같은 지역 근거리 운송업자 알트마르크 회사Altmark GmbH는 동일 노선의 운행 허가를 신청했으나 거절당했는데, 그 이유가 공적 보조금 없이는 알트마르크 트란스 게엠베하가 시장에서 생존하기 어렵다는 것 때문이었다. 독일 연방행정법원은 해당 사안에 대해 「EC 조약」 제92조, 제77조, 제234조 등에 따라 유럽사법재판소에 사전 결정을 신청했다. 이에 대해 유럽사법재판소는 2003년 알트마르크 판결에서 다음의 네 가지 누적 조건이 충족될 때 공공서비스에 대한 보상은 경쟁을 왜곡하는 국가 보조에 해당하지 않는다고 판결했다.

1. 국가 보조를 받는 기업이나 기관은 공공서비스 의무를 위임받아야 하고, 그 의무들은 명확히 정의되어야 한다.
2. 보상 산정을 위한 매개변수는 객관적이고 투명해야 하며 사전에 정해져야만 한다.
3. 보상은 공공서비스 의무를 이행하는 데 발생하는 적정한 수령액과 합리적인 이익을 고려하여 비용의 전부 또는 일부를 충당하는 데 필요한 금액을 초과할 수 없다.
4. 지역 사회에 최소한의 비용으로 서비스를 제공할 수 있는 입찰자를 선택하는 공공 조달 절차에 따라 공공서비스 의무를 이행하는 사업이 선택되지 않

---

16 유럽사법재판소는 유럽연합의 사법부로서 유럽연합의 법률이나 정책이 분쟁 대상이 될 때 독점적 판결을 하는 역할을 수행한다. 유럽사법재판소는 「EC 조약」에 따라 ① 회원국, 기관, 자연인 또는 법인이 제기한 소에 대해 판결하고, ② 회원국의 법원이나 재판소의 요청에 따라 기관이 채택한 행위의 유효성이나 유럽연합 법률의 해석에 관한 선결적 판결preliminary rulings을 내릴 수 있으며, ③ 그 외 조약에 규정된 사건들에 대해 판결함으로써 유럽연합 전체에 영향력과 구속력을 가지고 있다(변지영, 2016).

은 경우, 필요한 보상의 수준은 '평균적으로 잘 운영된 기업(또는 기관)'이
해당 의무를 이행했을 경우의 비용 분석을 토대로 정해져야 한다(2003년
알트마르크 판결).

이 알트마르크 판결의 네 가지 조건 중 하나 이상이 충족되지 않는 경우, 공
공서비스에 대한 재정 지원은 국가 보조 규칙에 따라 검토하게 된다. 알트마
르크 판결은 공공서비스에 대한 국가 보조에 있어 가장 중요한 유럽사법재판
소의 선례로 평가되며 공영방송이나 기타 사회적 서비스의 재원 확보에서도
중요한 의미를 갖는다.

5. 맺음말

한국의 공영방송에 대한 사회적 논의는 오랜 기간 정치적 독립성과 수신료
에만 집중됨으로써 빠르게 변화하는 미디어 환경과 이에 부응하기 위한 공영
방송 시스템에 대한 의제는 뒷전으로 밀렸다. 이 글에서는 디지털 기술로 인
해 빠르게 국제화되고 인터넷 기반으로 변화하는 미디어 환경 속에서 한국의
공영방송이 재정립해야 할 규범과 제도적 방향을 모색하기 위해 유네스코와
유럽의 국제기구들이 쌓아온 공영방송에 대한 원칙과 표준들을 간략하게 살
펴보았다.

특히 유럽평의회는 민주주의 사회에서 공영방송이 인권·문화·여론을 존중
하는 존재로서 중요하다고 보고, 경쟁적인 미디어 환경에서 보다 강력한 공영
방송을 유지하고 개발하겠다는 회원국들 간의 약속을 통해 공영방송이 수행
해야 하는 공공서비스의 요건, 정치적 독립성, 공공서비스 임무 수행에 필요한
재원 조달의 틀, 새로운 커뮤니케이션 기술의 도입 등에 대한 기본적인 원칙들
을 지속적으로 권고하고 회원국들이 준수하도록 촉구하고 있다. 유럽연합은

하나의 공동체를 지향하는 유럽 회원국들 간에 국경 없는 미디어 서비스 이용의 자유를 보장하고 공영방송에 대한 재정 지원이 경쟁 시장의 왜곡으로 이어지지 않도록 하는 규범을 법률화했다. 유럽연합이라는 하나의 정치·경제공동체가 생기기 이전부터 존재했던 공영방송이 왜 필요하고, 공영방송의 주요 재원인 수신료, 정부 보조금 등의 국가 보조가 어떤 조건하에서 유럽공동체의 기본 법률인「EC 조약」내 경쟁 조항의 예외가 될 수 있는지를 체계화한 것이다.

국제기구들의 공영방송 규범 정립 과정은 우리에게 여러 가지 시사점을 준다. 첫째, 공영방송의 사회적 역할에 대해서는 국가별로 다양한 이해가 있고, 운영 체계가 변화하는 맥락은 공영방송 조직의 국가별 형태, 성격, 목표에 영향을 미치게 되어 다양한 방식으로 나타나게 된다. 따라서 공영방송의 제도적 구조와 운영 과정은 국가별로 다르기 때문에 공영방송은 어떠해야 한다는 일률적인 모델one size fits all model이 없다는 점이다. 둘째, 유럽 국제기구들은 이러한 회원국별 공영방송 시스템의 고유한 차이에 대한 인식 위에서 수십 개 회원국에 걸쳐 광범위하게 적용할 수 있는 공식화된 표준을 개발해 왔다는 점이다. 규범 정립 과정에서 회원국들에 대해 전체적으로 적용할 수 있는 일관된 원칙이나 표준을 세우면서, 다른 한편으로는 일정한 차이를 수용하여 필요한 균형을 유지하려 했다. 이 균형이 적절하게 이뤄지지 않으면, 공영방송에 대한 표준이나 규범이 국가 수준에서 동의되기 어렵고 수용 수준이 낮아지기 때문이다. 셋째, 공영방송에 대한 국제기구의 규범은 회원국의 의지에 영향을 받는다는 점이다. 유럽연합의 조약·규제·지침과 같이 법적 구속력이 있는 경우와는 달리 유럽평의회의 여러 권고나 선언들은 47개국의 합의로 도출된 원칙과 표준임에도 연성법적인 특징으로 인해 강제성을 갖지는 못한다. 결국 공영방송 체계의 성과는 국제기구가 제시한 원칙과 표준 그 자체가 아니라 해당 규범들을 자국의 제도로 수용하는 회원국의 정치적 우선순위, 사회문화적 상황과 공영방송과 관련된 의회, 정부, 공영방송 조직, 관련 전문가나 학계 등의 역동적인 상호작용을 통해 결정될 수밖에 없다. 넷째, 유럽 국제기구는 제시한 규범들을 토대로 전체적으로 '목적과 운영의 통합'의 관점에서 체계를 유지함으로써 유럽공동체 내 공영방송의 사회적 역할에 대한 목표를 달성하고자 한다는 점이다. 특히 이 체계는 ① 규범과 표준의 확립, ② 회원국의 규범 이행에 대한 모니터링, ③ 공영방송 조직의 규범과 표준이 법률과 관행이 되도록 지원하기 위한 회원국과의 협력이라는 일련의 세 가지 활동virtuous trilogy을 통해 이뤄지고 있다(McGonagle, 2015: 8). 다섯째, 공영방송 체계는 포괄적인 원칙을 공식화하거나 단순히 법률화하는 것만으로는 충분하지 않으며 현실적인 행정 구조를 필요로 한다는 점이다. 실제 공영방송이 사회적 역할을 수행하는 과정에서 작용할 수 있는 사회적 힘들을 고려하여 도달하고자 하는 목표와 현실적인 성과를 얻을 수 있는 보다 세부적인 원칙, 제도 및 실행 틀을 개발하는 것이 필요하다.

한국의 공영방송과 관련된 논의는 공영방송을 구성하는 제도를 하나의 체계적 관점보다는 개별 연구자나 정부, 국회 등이 특정 시기에 주목하는 공영방송제도의 일부분에 대해 개별 국가 사례를 중심으로 진행되어 왔다. 학술적 논의는 오래된 원론 수준에서 머물러 있거나 실체적 규범으로 이어지지 못하는 한계를 보였다는 점 역시 부인하기 어렵다. 공영방송 종사자들 역시 기존의 관성에 머물러 있거나 변화하는 미디어 환경에서 공영방송이 우리 사회에 보다 기여하기 위해 어떤 기준하에 그 역할을 수행하고 성과는 어떻게 입증할 것인지에 대해 매우 수동적인 모습이다. 공영방송이 변화하는 미디어 환경에서 어떤 역할을 해야 하는지는 유럽연합의 「암스테르담 조약에 부속된 공영방송 의정서」나 유럽 공영방송을 둘러싼 규범 혹은 운영 원리에서 보듯이 공영방송 조직이 결정하는 것이 아니다. 의회, 정부, 공영방송 조직이 각각 어떠한 권한과 책임을 가져야 되는지를 분명히 할 필요가 있다. 이제 공영방송의 전면적인 제도 변화를 고려해야 할 시점이 되었다.

한국은 아시아에서 가장 민주적인 국가 중 하나이고, 민주주의 실현의 중요한 기반 중 하나인 공영방송이 여전히 사회적 영향을 미치는 국가이다. 국제화가 가속화되고 국경의 장벽이 점점 더 낮아지고 있는 미디어 서비스 환경에서 한국 공영방송의 새로운 체계의 정립은 우리나라 민주주의의 진전뿐만 아니라 민주주의 이행이 더디고 공영방송 모델이 부재한 아시아 공영방송사들에게 아시아를 대표할 만한 공영방송의 전형을 제시할 수 있는 기회가 될 수도 있을 것이다.

계인국·안문희·오세용·이혜영·최유나·하민경. 2016. 『규제개혁과 사법심사에 관한 연구』(사법정책연구원 연구총서).

대한민국 국회. 1952.11.10. 대한민국의 유네스코헌장 준수서약에 관한 동의안. 국회임 시회의속기록 제14회 제17호.

박정원. 2010. 「유럽연합과 유럽평의회의 관계」. ≪한양법학≫, 31.

변지영. 2016. 「EU사법재판소(CJEU)와 유럽인권재판소(ECtHR)에 관한 연구」. 대법원 사법정책연구원.

최선욱. 2020. 「유럽연합 기본법 내 공영방송의 역할과 공공서비스 소관 책임영역에 관 한 국제비교 연구」. KBS 내부보고서.

Banerjee, I., and K. Seneviratne. 2005. *Public Service Broadcasting: A Best Practice Sourcebook*. UNESCO.

Berka, W., and H. Tretter. 2013. *Public Service Media under Article 10 of the European Convention on Human Rights*, EBU.

CoE. 1949.5.5. *Statute of the Council of Europe*. Strasbourg.

_____. 2016. *European Ministerial Conference on Mass Media Policy and Council of Europe Conferences of Ministers Responsible for Media and New Communication Services*. Strasbourg.

CoE Committee of Ministers(CM). 1982.4.29. *Declaration of the Committee of Ministers on the Freedom of Expression and Information*.

_____. 1996.9.11. *Recommendation No. R (96) of the Committee of Ministers to Member States on the Guarantee of the Independence of Public Service Broadcasting*.

_____. 1999.1.19. *Recommendation No. R (99) 1 of the Committee of Ministers to Member States on Measure to Promote Media Pluralism*.

_____. 2006.9.27. *Declaration of the Committee of Ministers on the Guarantee of the Independence of Public Service Broadcasting in the Member States*.

_____. 2007.1.31. *Recommendation Rec(2007)3 of the Committee of Ministers to Member States on the Remit of Public Service Media in the Information Society*.

_____. 2007.5.10. *Memorandum of Understanding between the Council of Europe and the European Union*.

_____. 2012.2.15. *Recommendation Rec(2012)1 of the Committee of Ministers to member States on Public Service Media Governance.*

CoE Parliamentary Assembly(PA). 2004.1.27. *Recommendation 1641, Public Service Broadcasting.*

_____. 2009.1.27. *Recommendation 1855, The Regulation of Audio-visual Media Service.*

_____. 2009.6.25. *Recommendation 1878, Funding of Public Service Broadcasting.*

Council of the European Union. 1998.12.14. "Council Decision of Adopting a Multiannual Programme to Promote International Cooperation in the Energy Sector." *Official Journal of the European Communities.*

Court of Justice of the European Union(CJEU). 2003.7.24. *Case C-280, Altmark Trans GmbH and Regierungspräsidium Magdeburg v Nahverkehrsgesellschaft Altmark GmbH.*

Druzin, B. H. 2017. "Why Does Soft Law Have Any Power Anyway?" *Asian Journal of International Law,* 7.

ECtHR. 1994.9.23. *Case of Jersild v. Denmark.* Strasbourg.

_____. 2004.3.30. *Case of Radio France and Others v. France.* Strasbourg.

_____. 2004.5.25. *Case of Österreichischer Rundfunk v Austrias.* Strasbourg.

_____. 2009.9.17. *Case of Manole and Others v Moldova.* Strasbourg.

EU. 1987. *Treaties Establishing the European Communities: Treaties Amending These Treaties, Single European Act.*

_____. 1999. *Treaty of Amsterdam Amending the Treaty on European Union, the Treaties Establishing the European Communities and Certain Related Acts － Protocol Annexed to the Treaty of the European Community － Protocol on the System of Public Broadcasting.*

European Commission. 1999.2.24. "Commission Approves Public Funding of Two Public Special Interest Channels in Germany." Press Release. Brussels.

_____. 1999.9.29. "Commission Approves Public Funding of a 24-hour News Channel in the United Kingdom." Press Release. Brussels.

_____. 2001.11.15. "Communication from the Commission on the Application of State Aid Rules to Public Service Broadcasting." Brussels.

_____. 2009.10.27. "Communication from the Commission on the Application of State Aid Rules to Public Service Broadcasting." Brussels.

_____. 2021.6.10. "State Aid: Commission Confirms that Spain Needs to Recover

Incompatible Aid from Certain Digital Terrestrial Operators." Press Release. Brussels.

European Parliament. 2018.10.2. *Provision of Audiovisual Media Service.* Strasbourg.

McGonagle, T. 2015. *Freedom of Expression: Still a Precondition for Democracy?* Conference Report. Council of Europe, Strasbourg.

Pavani, G. 2018. *The Structure and Governance of Public Service Broadcasting.* Switzerland: Palgrave Macmillan.

UNESCO. 1945.11.16. *UNESCO Constitution.* Paris.

_____. 1948.12.10. *Universal Declaration of Human Rights.* Paris.

_____. 2005. *The 2005 Convention on the Protection and Promotion of the Diversity of Cultural Expressions.* Paris.

_____. 2008. *Media Development Indicators: A Framework for Assessing Media Development.* Paris.

공영방송 거버넌스와 책무

| 정영주 · 홍종윤

1. 문제 제기

공영방송은 하나의 사회제도다. 여기서 사회제도라는 말은 한 사회가 특정한 기능이나 목표를 달성하고자 만들어낸 구조화된 체계를 의미한다. 공영방송의 특별한 기능과 목표에는 '공적 소유와 운영, 정치권력과 자본권력으로부터의 독립, 수신료 기반의 공적 재원 구조, 공익 책임 구현, 공정성 및 공익 가치 추구' 등이 해당한다. 이처럼 사회제도로서 공영방송은 한 사회가 방송을 특정한 방식과 조직 체계로 구성하는 방법 중 하나이다. 공영방송 외에도 정부가 운영하는 국영방송, 민간이 운영하는 상업방송 등 다양한 방송 체계가 존재한다. 이 방송 체계들은 서로 다른 사회적 기능과 목표를 구현하는 제도로 볼 수 있다.

공영방송, 국영방송, 상업방송이 각기 다른 목표와 기능을 추구하기 때문에 당연히 방송사를 구성 및 운영하는 방식이 다를 수밖에 없다. 시청자 입장에서는 이 셋 모두 유사한 방송 프로그램을 제공하는 방송사로 보일 수 있지만, 실제적인 작동 방식에서 세부적인 차이점이 있다. 이와 같은 구체적인 작동 방식을 일컬어 거버넌스라고 한다. 따라서 공영방송 거버넌스란 특수한 사회 제도로서 공영방송이 구체적으로 작동하는 방식을 말한다.

공영방송의 작동 방식으로서 거버넌스 구축은 설계도를 작성하거나 청사진을 마련하는 작업과 유사하다. 공영방송이 어떤 방식으로 작동할 것인지 사전에 계획하고 구상하는 총체적인 작업이기 때문이다. 설계도와 청사진이 잘 마련되고 기대했던 방식으로 운영된다면, 공영방송에 원했던 사회적 기능과 목표가 원활하게 달성될 것이다. 그러나 기대와 다르게 운영된다면 제도 개선을 위해, 먼저 그 원인을 파악해야 한다. 설계도상에 어떤 문제점이 있는지 찾아내고, 어떻게 변경하면 좋을지 검토할 필요가 있다.

그러면 우리나라의 공영방송 거버넌스는 제대로 작동하고 있는가. 불행히도 그렇지 않은 듯하다. 공영방송의 독립성과 공정성 문제가 지속적으로 논쟁거리가 되는 것만 봐도 알 수 있다. 군사정권 시기인 1980년에 강제적인 언론 통폐합을 통해 확립된 현행 공영방송 제도는 1987년 6월 항쟁 이후에도 끊임없이 정치적 독립성과 공정성 논란에 휩싸였다. 집권 정부에 따라 논란의 폭과 수위의 차이는 있었지만, 공영방송에 대한 정권의 직간접적인 간섭, 보도 프로그램의 친정부적 성향에 대한 문제 제기는 항상 있어왔다.

공영방송의 독립성과 공정성 논란이 끊이지 않는 원인은 무엇일까. 어떤 이는 집권 정당이 친정권적인 인물을 공영방송 사장으로 임명할 수 있는 구조에서 그 원인을 찾는다. 다른 이는 공영방송 보도국 내의 정치적 분열을 원인으로 꼽기도 하고, 집권 세력과 공영방송사의 후견주의적 관계가 고착화된 정치문화에서 찾기도 한다(조항제, 2014; 최영재, 2014). 원인을 어떻게 인식하느냐에 따라 다양한 처방전이 제시되어 왔다. 공영방송 감독기구인 이사회 및 사장 선임 방식에 변화를 꾀하기도 하고, 시민사회의 참여를 강화하는 방안이 강구되기도 했다. 공영방송의 책무와 평가 방식을 바꾸는 논의도 등장하고 있다. 이 모든 논란과 논의들은 결국 현행 공영방송 거버넌스에 결함이 있으며, 새로운 설계와 청사진을 구상하는 작업이 필요하다는 점을 방증한다. 이 글은 이와 같은 문제의식을 가지고 우리나라 공영방송 거버넌스의 문제점을 정리하고, 향후 개선 과제를 논의하고자 한다.

2. 공영방송 거버넌스

1) 거버넌스란 무엇인가

거버넌스governance 개념은 정치학, 경제학, 경영학, 행정학 등 다양한 분야에서 조금씩 다른 의미로 사용되고 있다. 흔히 '지배구조'로 번역되는 거버넌스 개념은 경영학 측면의 기업 거버넌스corporate governance에서 유래한 것이다. 공영방송 제도를 논의할 때도 "공영방송 지배구조 개선"과 같은 표현으로 자주 활용된다. 그러나 기업 지배구조 관점에서만 공영방송 거버넌스를 바라보는 것은 논의의 지형을 협소하게 만들 우려가 있다. 예를 들어 공영방송 이사회 구성이나 사장 선임 문제에 중점을 두는 것이 대표적이다.

반면 행정학이나 정책학 관점에서 다루는 거버넌스 개념은 기업 지배구조와 같은 좁은 의미를 넘어 현대 사회에서 정부의 통치 행위나 방식이 좀 더 광범위한 이해관계자를 포괄하는 형태로 변화하는 현상을 지칭하기 위해 사용된다. 즉, 거버넌스는 정부와 사회 조직 간의 새로운 상호작용 형태이며, 정부(중앙정부, 지방정부), 정치사회단체, NGO, 민간기업 등으로 이루어진 네트워크를 통한 업무 처리 방식을 강조하는 개념이다(남궁근, 2021). UN 역시 이와 유사하게 거버넌스를 정의한다. "거버넌스는 한 국가의 여러 수준의 업무를 관리하기 위해 경제적·정치적·행정적 권한을 행사하는 것이다. 거버넌스는 시민과 사회집단들이 자신의 이해관계를 밝히고, 그들의 법적 권리를 행사하고, 의무를 이행하고, 견해 차이를 조정하는 기제mechanisms·과정processes·제도institutions로 구성된다"(UNDESA, UNDP, 2012).

이런 점에서 공영방송 거버넌스란 '정부, 시장, 시민사회 내 다양한 이해관계자들의 상호작용을 통해 사회적 제도로서의 공영방송을 운영하는 총체적인 방식'으로 이해해야 한다. 이는 공영방송 거버넌스를 논의하기 위해서는 행위자(어떠한 이해관계자들이 참여하는가, 각 참여자의 역할은 무엇인가), 네트워크(행위자들 간에 어떠한 공식적·비공식적 상호작용이 이뤄지는가), 제도화(어떤 제도적 장치들을 마련하는가) 등 다양한 측면을 포괄해야 한다는 것을 의미한다.

이제까지 한국 사회의 공영방송 거버넌스 논의는 흔히 '공영방송 지배구조' 문제에 천착해 공영방송의 감독·집행 기구 구성과 운영에만 집중하는 경향이 두드러졌다. 공영방송 감독·집행 기구 관련 사항이 공영방송 거버넌스 기구의 중요한 요소임은 분명하지만, 거버넌스의 본질적 정의에 입각해 보다 포괄적으로 시민사회를 비롯해 다양한 이해관계자들이 특정 목표를 공유하고 의무와 권한을 행사한다는, 더 폭넓은 맥락에서 사고해야 한다. 즉, 공영방송 거버넌스 개념을 "공영방송에 대한 광범위한 사회 연계성과 그에 따른 의사결정 및 설명책임 구조를 포괄하는 형식과 운영 메커니즘"(정준희, 2018)으로 이해해야 한다.

2) 공영방송 거버넌스 분석 틀

공영방송 거버넌스를 포괄적인 의미로 이해하기 위한 하나의 방편으로 유럽평의회Council of Europe의 공영방송 거버넌스 구성원칙framework을 검토하고자 한다.[1] 유럽평의회는 전통적 거버넌스 개념이 복잡한 미디어 환경의 변화를

---

[1]   공영방송 거버넌스 구성원칙과 관련한 논의들은 유럽평의회 외에도 유럽방송연맹(European Broadcasting Union)의 거버넌스 지침(EBU, 2015)이나 BBC와 같은 특정 방송국 차원의 거버넌스 사례들도 존재한다. 이 글에서는 개별 국가(Ofcom), 개별 방송국(BBC), 방송사 연합(EBU) 차원보다는 좀 더 포괄적인 관점에서 유럽평의회의 공영방송 거버넌스 구성원칙을 살펴본다.

표 7-1 공영방송 거버넌스 원칙

구분	원칙	내용
구조	독립성	- 법적/규제적 토대 - 재원 조성 - 선임 절차
	설명책임	- 책임의 대상 - 책임의 내용 - 책임의 방법 - 책임의 시기
경영	효율적 경영	- 새로운 시청자 요구를 반영하기 위한 자원 할당 - 종사 인력에서 새로운 기술의 모색과 육성 - 능력 있는 고위 경영진 보유(다양성 및 성별 대표성)
문화	투명성/개방성	- 경영 정보의 폭넓은 공개 - 회의 안건 및 회의록 공개 - 파트너십 개발 - 시청자와의 새로운 접촉 창구 마련
	대응성/책임성	- 즉각적/직접적/일관적 시청자 소통 채널 - 시청자와의 활발한 토론 - 시청자 피드백 수집 및 반영 - 보도/제작 편성 규약

자료: Council of Europe(2012: 14~15)에서 수정하여 재인용.

고려하기에는 충분하지 못하다고 지적하고, 일반적으로 감독기관(위원회)의 적절한 구성과 구조 관리를 위한 법적·행정적 조치를 넘어서는 폭넓은 맥락에서 거버넌스 문제를 사고해야 한다고 주장한다. 구체적으로 유럽평의회는 공공서비스 미디어의 지속가능한 거버넌스 구성원칙을 구조·경영·문화 세 가지 층위의 다섯 가지 원칙을 제시한다(Council of Europe, 2012).

(1) 공영방송의 구조

공영방송 거버넌스를 구성하는 첫 번째 층위는 공식적 구조에 관한 것이다. 이는 독립성independence과 설명책임accountability 원칙에 따라 구축된다. 이 두 가지 원칙은 상호보완적인 성격을 띤다. 독립성을 추구한다는 것이 전적으로 마음대로 운영해도 된다는 의미는 아니다. 특정한 책임을 철저히 수행할 의무를 동반한다. 즉, 국가와 다른 이해관계자들의 부당한 영향력으로부터 공영방송을 보호하기 위해 구조적 차원에서 부여한 독립성은 앞서 말한 공영방송의 의무와 균형을 이룬다.

독립성 원칙에 따라 제일 먼저 요구되는 것은 법규제regulatory and policy 차원에서 독립성을 확보할 장치들을 마련하는 것이다. 여기에는 「공영방송법」이나 규제에서 ① 공영방송의 책무가 무엇인지, 그것을 누가 설정하고, 누가 점검하는지 법적으로 명확히 규정하는 것, ② 평상시 공영방송에 대한 정치적 간섭을 배제하고, 명확한 정책 목표와 관련해서만 공적인 개입이 이뤄지도록 하는 것, ③ 공영방송 규제 기관의 책임과 권한을 명백하게 하는 것, ④ 공영방송 규제기관의 독립성을 보장하고, 공개적이고 투명하게 운영하는 것이 포함된다.

다음으로 재원 조성funding 과정에서 독립성이 확보되어야 한다. 이는 공영방송의 재원 규모나 조성 방식에서 정치적 간섭을 배제하기 위한 것이다. 재원의 수준과 조성 방식에 국가의 관여가 어느 정도 불가피하더라도 ① 재원 문제를 빌미로 공영방송에 영향력을 행사할 수 없도록 하고, ② 공영방송이 임무를 달성하는 데 필요한 재원 수준에 대해 의견을 제시할 수 있고, 재원 편성 시 그 의견을 고려해야 한다는 것, ③ 공영방송의 역할과 책무 수행에 적절한 재원 규모를 확보해 주어야 한다는 것, ④ 재원 수준 결정 과정이 공영방송의 자율성을 침해하지 말 것 등이 포함된다.

공영방송 감독기구나 사장 선임appointments 과정에서의 독립성 확보 장치도 마련되어야 한다. 이를 위해 ① 명백한 선임 기준이 존재해야 하고, ② 정치적 영향력을 배제할 수 있어야 하며, ③ 특정한 사유가 없을 경우 법적 임기를 보장해야 한다.

공영방송 구조 차원의 두 번째 구성원칙은 설명책임이다. 이는 공영방송이 다양한 이해관계자들의 요구를 충족시키는 방식과 관련된다. 기본적으로 공영방송은 공중에게 책임을 진다. 공중에는 '국가(정부, 의회)로 대표되는 공중과 기타 독립 규제 및 감독기관을 통해 대표되는 공중', '수용자, 시민, 참여자로 대변되는 공중', '시민사회단체 및 더 큰 이해관계 집단으로 대변되는 공중' 이 포함된다.

설명책임 원칙을 적용하기 위해서는 ① 설명책임 대상을 명확히 하는 것(청년, 여성, 소수, 민족 집단, 노동조합 및 기타 특정 이해관계 단체 등), ② 공영방송이 책임져야 할 목표들을 명확히 하는 것, ③ 공영방송이 이해당사자들에게 제공해야 하는 정보 및 제공 방식을 명확히 규정하는 것, ④ 연차 보고서와 기타 감사 절차에 대한 일정을 명확히 수립하는 것, ⑤ 의사결정 시 이해관계자들에게 자문하는 과정을 거칠 것이 포함되어야 한다.

(2) 공영방송의 경영

공영방송의 거버넌스를 구성하는 두 번째 층위는 경영에 관한 것이다. 공영방송의 경영에 적용되는 원칙은 효율적인 경영관리effective management이다. 이 원칙은 공영방송의 자원과 역량을 효율적으로 활용하여, 변화하는 시청자들의 요구를 수용하고, 서비스 제공의 혁신에 효과적으로 대응할 수 있도록 하는 것이다. 여기에는 ① 자원 배분 방식의 혁신(뉴미디어 또는 기타 서비스 제공 방식에 필요한 수준의 재원/관리 시간/관심의 할당), ② 시청자 수요 변화에 대한 대응과 직원들의 훈련 기회 제공, 투명한 채용 정책 수립, ③ 고위 경영직의 재훈련과 전문 경영진 공개 채용, ④ 차별과 괴롭힘 없는 작업 관행과 정책 마련 등이 포함된다.

(3) 공영방송의 문화

공영방송 거버넌스 구성의 세 번째 층위는 공영방송 조직의 운영 문화이다. 여기에는 투명성(시청자 및 이해당사자에 대한 접근성 제고), 개방성(시청자 및 이해관계자와의 교류), 대응성(시청자 및 이해관계자의 피드백 반영), 책임성(고품질 프로그램 제공과 성과 측정)이 포함된다.

투명성transparency은 ① 재무 및 시청 성과를 정기적으로 공개하는 것, ② 이

사회와 주요 의사결정기구의 회의 및 회의록을 개방하는 것, ③ 콘텐츠(뉴스, 교육, 오락 및 해당되는 경우 광고 포함)의 다양성 목표를 어느 정도 달성했는지에 대한 공개 등을 포함한다.

개방성openness은 ① 광범위한 시청자 참여 방법 개발, ② 타 방송사업자와의 협력 관계 추구, ③ 콘텐츠 아카이빙 및 시청자 활용 제고, ④ 청소년 및 노년 층 시청자 확보 수단 마련 등을 포함한다.

대응성responsiveness은 ① 시청자와의 소통 창구 개발, ② 편성 및 보도 관련한 공식적·비공식적인 시청자 토론 절차 마련, ③ 시청자 피드백 반영 시스템 개발 등을 포함한다.

책임성responsibility은 ① 진실을 추구하는 책임감 있고 건실한 저널리즘의 문화 증진, 갈등 사안에 대한 공평한 취급과 엄격한 취재 및 토론 문화 형성, ② 공개적인 보도·제작 강령의 마련, ③ 다양성과 평등 기준을 포함하는 행동 강령 마련, ④ 편성 책임자의 의무와 책임 명확화 및 내부 편집 통제와 불만 처리 과정의 공개, ⑤ 편성 기준과 윤리적 행동 강령의 적용 등을 포함한다.

3. 국내 공영방송 거버넌스 평가[2]

1) 공영방송 거버넌스 법제

우리나라의 공영방송 거버넌스를 규율하는 법은 「방송법」이다. 현행 「방송법」은 2000년에 기존 「방송법」, 「종합유선방송법」, 「유선방송관리법」, 「한국방송공사법」을 통합하여 제정한 법을 모태로 한다.

---

2   국내 공영방송은 KBS, MBC, EBS 등이 있지만, 이 글에서는 KBS에 초점을 맞춰 논의를 진행하고자 한다.

「방송법」상 KBS는 국가 기간방송의 지위를 가지며(제43조), 방송의 목적과 방송의 공정성·공익성을 실현하고 난시청 해소와 시청자의 공익에 기여할 수 있는 새로운 방송프로그램, 방송서비스 및 방송 기술을 연구·개발해야 하는 공적 책임이 있다. 또한 국내외를 대상으로 민족문화를 창달하고, 민족의 동질성을 확보할 수 있는 방송프로그램을 개발하여 방송해야 한다(제44조).

공영방송 거버넌스 구조 차원에서 KBS는 독립성과 공공성을 보장하기 위해 최고의결기관으로 이사회를 두고, 이사회는 이사장을 포함한 이사 11인으로 구성한다. 이사는 각 분야의 대표성을 고려하여 방송통신위원회에서 추천하고 대통령이 임명하며, 재적 이사 과반수의 찬성으로 의결한다. 이사회 회의는 공개해야 하며, 법령에 명시된 경우에 한해[3] 이사회 의결을 거쳐 공개하지 않을 수 있다. 이사의 임기는 3년이며, 법에서 결격 사유를 규정하고 있다.[4] 이사회는 방송의 공적 책임에 관한 사항, 방송의 기본 운영 계획, 예산·자금 계획, 예비비 사용과 예산의 이월·결산, 공사의 경영평가 및 공표, 사장·감사의 임명 제청 및 부사장 임명 동의, 지역방송국의 설치 및 폐지, 기본 재산의 취득 및 처분, 장기 차입금의 차입 및 사채 발행과 그 상환 계획, 손익금 처리, 출자, 정관의 변경, 정관으로 정하는 규정의 제정·개정 및 폐지 등의 사항을

---

3   「방송법」제46조 제9항 1. 다른 법령에 따라 비밀로 분류되거나 공개가 제한된 내용이 포함되어 있는 경우, 2. 공개하면 개인·법인 및 단체의 명예를 훼손하거나 정당한 이익을 해칠 우려가 있다고 인정되는 경우, 3. 감사·인사관리 등에 관한 사항으로 공개하면 공정한 업무수행에 현저한 지장을 초래할 우려가 있는 경우.

4   「방송법」제48조 제1항 1. 대한민국 국적을 가지지 아니한 사람, 2. 「정당법」제22조에 따른 당원 또는 당원의 신분을 상실한 날부터 3년이 지나지 아니한 사람, 3. 「국가공무원법」제33조 각 호의 어느 하나에 해당하는 사람, 4. 「공직선거법」제2조에 따른 선거에 의하여 취임하는 공직에서 퇴직한 날부터 3년이 지나지 아니한 사람, 5. 「공직선거법」제2조에 따른 대통령 선거에서 후보자의 당선을 위하여 방송, 통신, 법률, 경영 등에 대하여 자문이나 고문의 역할을 한 날부터 3년이 지나지 아니한 사람, 6. 「대통령직 인수에 관한 법률」제6조에 따른 대통령직인수위원회 위원의 신분을 상실한 날부터 3년이 지나지 아니한 사람.

심의·의결한다.

KBS의 집행기관은 사장 1인, 2인 이내의 부사장, 8인 이내의 본부장 및 감사 1인으로 구성된다. 사장은 이사회의 제청으로 대통령이 임명하며, 국회의 인사 청문을 거쳐야 한다. 사장은 공사를 대표하고, 공사 업무를 총괄하며, 경영 성과에 대해 책임을 진다(「방송법」제51조). 「방송법」에 명시된 KBS의 업무 (제54조)는 라디오 방송의 실시, 텔레비전 방송의 실시, 위성방송 등 새로운 방송매체를 통한 방송의 실시, 방송 시설의 설치·운영 및 관리, 국가에 필요한 대외 방송(국제 친선 및 이해 증진과 문화·경제 교류 등을 목적으로 하는 방송)과 사회교육방송(외국에 거주하는 한민족을 대상으로 민족의 동질성을 증진할 목적으로 하는 방송)의 실시, EBS 송신 지원, 시청자 불만 처리와 시청자 보호를 위한 기구의 설치 및 운영, 전속 단체의 운영·관리, 방송문화행사의 수행 및 방송문화의 국제 교류, 방송에 관한 조사·연구 및 발전과 이 업무들에 부대되는 수익 사업이다.

KBS의 재원은 수신료로 충당하되 필요한 경우에는 방송광고 수입 등으로 충당할 수 있다(「방송법」제56조). 예산은 사장이 편성하고 이사회 의결로 확정되며, 예산이 확정되면 이사회 의결을 거쳐 예산에 따른 운영 계획을 수립하여 방송통신위원회에 제출해야 한다. 결산은 회계연도 종료 후 2개월 이내에 KBS가 방송통신위원회에 결산서를 제출하고, 방송통신위원회는 매년 3월 31일까지 결산서 등을 감사원에 제출해야 하며, 감사원은 결산서 등을 검사하여 그 결과를 5월 20일까지 방송통신위원회에 송부하는 절차로 이루어진다. 방송통신위원회는 결산서에 감사원의 검사 결과를 첨부하여 5월 31일까지 국회에 제출해야 하며, 공사의 결산은 국회의 승인을 받아 확정되고, 사장은 이를 공표해야 한다.

공영방송의 재원인 수신료 금액은 이사회가 심의·의결한 후 방송통신위원회를 거쳐 국회의 승인을 얻어 확정된다. 수신료 징수 업무는 위탁할 수 있으며, 현재 한국전력이 전기료와 합산 징수하고 있다. 수신료의 일부는 EBS의

표 7-2 KBS 관련 「방송법」 조항 현황

책무성의 유형	책무성의 구체적 내용	법 조항
소유 조직적 책무성	소유 및 조직구조와 관련된 책무성	제43조(설치 등) 제45조(정관의 기재사항) 제46조(이사회의 설치 및 운영 등) 제47조(이사의 임기) 제48조(이사의 결격 사유) 제49조(이사회의 기능) 제50조(집행기관) 제51조(집행기관의 직무 등) 제52조(직원의 임면) 제53조(이사, 집행기관과 직원의 직무상 의무)
경영적 책무성	방송, 기술, 경영, 재무·회계 부문에 대한 경영평가를 실시하고 내용을 공시하도록 하는 것	제54조(업무) 제55조(회계 처리) 제56조(재원) 제57조(예산의 편성) 제58조(운영 계획의 수립) 제59조(결산서의 제출) 제60조(부동산의 취득 등의 보고) 제61조(보조금 등) 제62조(물품 구매 및 공사 계약의 위탁) 제63조(감사) 제64조(텔레비전 수상기의 등록과 수신료 납부) 제65조(수신료의 결정) 제66조(수신료 등의 징수) 제67조(수상기 등록 및 징수의 위탁) 제68조(수신료의 사용)
편성서비스적 책무성	방송프로그램의 제작 및 편성에 대한 책무를 제시한 것	제44조(공사의 공적 책임)

자료: 정인숙(2008: 10)에서 재인용.

재원으로 지원할 수 있으며, 「방송법 시행령」 제49조에 의거하여 매년 수신료 금액의 3%를 지원하고 있다.

2) 현행 법제의 문제점

공영방송 거버넌스와 관련하여 현행 법제의 문제점은 현행 방송법이 공영방송의 조직 구조와 경영, 방송 편성을 비롯한 공적 책임의 책무성을 담보할 수 있는 법제도적 토대로서 매우 불완전하다는 점이다. 이는 크게 5가지로 요약된다.

(1) 공영방송의 정의와 차별적 책무 부재

현행 공영방송 거버넌스 법제의 가장 큰 문제점은 공영방송에 대한 명확한 개념 정의와 차별적 책무가 부재하다는 것이다. 「방송법」 규정이 외부적이고 공식적인 거버넌스 형식으로서 '규제된 자기 규제'의 기반이 된다는 점에서 보면 이는 토대 자체가 튼튼하지 못하다는 의미다.

현행 방송 관련 법 어디에도 '공영방송'이라는 용어와 법적 정의는 찾아볼 수 없다. '공영방송'의 정의가 없다 보니 '공영방송 사업자'도 존재하지 않는다.[5] 공영방송 정의의 부재는 자연스럽게 공영방송이 수행해야 하는 차별적 책무 규정의 부재로 이어진다. 국가 기간방송으로서(제43조 제1항) KBS에 부여된 공적 책임(동법 제44조)은 「방송법」상 모든 방송사업자가 준수해야 하는 방송의 공적 책임, 방송의 공정성과 공익성 조항의 동어 반복에 가깝다. 한편, 매우 추상적인 공사의 공적 책임 내용은 KBS에 차별적인 공영방송으로서 구체적인 공적 서비스 의무를 전혀 제시해 주지 못한다. 차별적 책무 규정의 부재는 공영방송의 구체적인 업무 내용과 업무 수행 결과에 대한 평가, 업무 수행에 요구되는 필요 재원의 규모 등을 공영방송 운영의 다양한 주체인 정부, 국회, 시민사회, 내부 구성원과 공유하고 이들에 대한 설명책임을 수행해야 하

---

5   국내 법규에서 '공영방송'이란 용어가 나오는 유일한 법령은 「방송법」이 아닌 「공직선거법」뿐이다. 「공직선거법」은 KBS, MBC를 공영방송사로 명시하고 있다. 강상현(2013)은 「공직선거법」에서 '공영방송사'를 명시한 입법 취지가 '공영방송'이란 개념을 엄밀히 법적으로 규정하겠다는 의도에서라기보다는 선거방송토론위원회 구성과 운영에 있어 이 두 방송사에 관련 권한과 의무를 더 강하게 부여하려는 의도가 작용했기 때문으로 해석하고 있다.

는 총체적 구조로서 공영방송 거버넌스에 심각한 결함을 가져온다.

(2) 공영방송 이사회와 집행기관의 독립성 미흡

공영방송 개념의 법적인 모호성은 두 번째 문제점인 공영방송 감독기구 (KBS 이사회)와 집행기관(사장)의 독립성 보장 미흡으로 연결된다. 형식적으로 국민 대표성을 띠는 KBS 이사회가 실질적으로는 여권 추천 7인과 야권 추천 4인의 이사로 구성되는 비공식 관행이 계속되고 있다. 이 같은 구성방식에 대한 법적 근거는 어디에도 존재하지 않는다. 이사회의 제청으로 대통령이 사장을 임명하는 구조에서 여야 7 : 4 구도의 이사회는 집권 정당의 의지만 있으면 친정부 인사가 사장으로 선임될 수 있는 배경으로 작동한다. 이사회는 공사의 '독립성과 공공성을 보장'하기 위한 최고의결기관(「방송법」제46조)이지만, 자신을 추천한 여야의 입장을 대변하고 정치적 영향력을 미치는 통로가 될 수 있다. 이사회와 집행기관의 책임 관계도 매우 모호하다. "사장과 감사는 이사회에 출석하여 의견을 진술할 수 있다"라고 명시되어 있을 뿐이다(방정배 외, 2008). 공영방송의 외부 규제기관에 해당하는 방송통신위원회와 국회 역시 정파성을 띠는 것은 마찬가지다. 여야 3 : 2의 비율로 구성되는 방송통신위원회, 대통령과 여야의 정파적 대립 구도를 반영하는 국회, 이들로부터 자유롭지 못한 공영방송 이사진과 사장 임명 과정은 오랫동안 논란과 비판의 대상이 되어 왔다.

(3) 공영방송의 차별적 평가 방식 부재

세 번째 문제점은 공영방송의 공적 책무 이행 여부에 대한 차별적 평가 방식의 부재다. 현행 「방송법」에 명시된 평가 방식 중 공영방송 KBS에만 요구되는 것은 경영평가와 시청자불만처리위원회 설치뿐이다(표 7-3 참조). KBS 경영평가와 공표는 「방송법」제49조에 열거된 이사회의 기능 중 하나로, 시청자불만처리위원회는 「방송법」제54조 KBS의 업무 중 하나로 명시되어 있다.

표 7-3 현행 「방송법」상 방송사업자 책무 평가 방식

구분	명칭	내용	근거
규제기관 평가/심사	재허가 심사	5년마다 방송통신위원회로부터 방송 면허를 재허가받는 과정상의 평가	「방송법」 제17조 「방송법」 제10조
	방송평가제도	방송통신위원회의 방송프로그램 내용 및 편성과 운영 등에 관한 종합적인 평가	「방송법」 제31조 「방송법」 제17조 3항 1호
	방송 심의	방송통신심의위원회가 수행하는 방송의 공정성 및 공공성 유지 여부, 공적 책임 준수 여부에 대한 사후심의	「방송법」 제32조
	금지사항 준수	일반 국민의 보편적 시청권을 보장하기 위해 대통령령에서 정하는 금지행위 등 준수 사항을 이행	「방송법」 제76조의3
내부기구 운영/윤리 규정	자율 심의기구	자체적으로 방송프로그램을 심의할 수 있는 기구를 설치	「방송법」 제86조
	방송편성규약	제작의 자율성을 보장하기 위해 취재 및 제작 종사자의 의견을 들어 방송편성규약을 제정·공표	「방송법」 제4조
시청자 참여	시청자위원회	시청자의 권익을 보호하기 위해 시청자위원회 설치	「방송법」 제87조
	시청자 평가프로그램	시청자 의견을 수렴하여 시청자 평가프로그램을 편성	「방송법」 제89조
	시청자불만 처리위원회	시청자 의견의 수렴, 불만 처리 및 청원 사항을 효율적으로 수행	「방송법」 제54조
자기평가/ 정보 공표	경영평가/ 경영평가의 공표	당해 연도 경영 실적 및 성과에 대한 평가 경영평가 결과의 공표	「방송법」 제49조 「시행령」 제33조
	연차 보고서	매년 공영방송의 경영과 콘텐츠, 기술 등 전반적인 영역별 현황을 공표	강제 사항 아님

자료: 방송통신위원회(2020: 49).

KBS가 차별화된 자기평가 제도로서 자체 수행하고 있는 경영평가는 공영 방송의 책무 수행 결과를 구체적으로 점검하기에는 부족한 점이 많다. 우선 이사회가 경영평가단을 구성함으로써 객관적 평가를 하기 어렵다. 매년 경영 평가단이 새로 구성되기 때문에 법정 경영평가 항목에 대한 세부 평가 항목 등도 자주 변동된다. 추상적 원리와 규범에 따라 평가지표를 수립하면서 결과 보다는 과정을 중심으로 평가가 이루어지고, 계량화된 지수보다는 정성적인

서술 형태로 제시되어 경영의 성패를 분명하게 보여주지도 못한다(김용호, 2010; 방정배·최세경, 2003; 이민웅 외, 2009). 또한 경영평가의 결과에 대한 책임이나 성과급 또는 인사 고과에 반영하는 환류 체계가 마련되어 있지 않아 경영평가의 실효성을 기대할 수도 없다(방정배·최세경, 2003; 이민웅 외, 2009). 현행 법령상에도 경영평가 시행과 공표에 대한 규정만 있을 뿐 경영평가의 성과를 반영할 수 있는 내용은 명시되어 있지 않다. 공영방송 사장이 경영 성과에 대해 책임을 진다고 법에 명시되어 있지만(「방송법」제51조), 어떻게 책임을 질 것인지에 대한 방법은 언급되어 있지 않다. 이러한 문제들은 공영방송의 경영평가가 형식적으로 진행되고 있을 가능성을 보여준다(오형일·홍종윤·정영주, 2021).

(4) 공영방송 설명책임 제도의 부재

네 번째 문제점은 공영방송 설명책임 제도의 부재이다. 설명책임 제도가 공영방송이 시청자 공중에 책임을 지는 장치라는 측면에서 보면, 현행 「방송법」에도 이와 유사한 제도가 존재한다. 시청자위원회, 시청자 평가프로그램, 시청자불만처리위원회와 같은 조항들이 그것이다(표 7-3 참조). 그러나 이 같은 제도들은 실질적인 운영 면에서 좋은 평가를 받지 못하고 있는 것이 현실이다. 시청자위원회는 각계의 시청자를 대표할 수 있는 자 중에서 각급 사회단체의 추천을 받아 구성하도록 되어 있으나 대표성과 전문성 문제, 시청자위원회의 자의적 구성과 시민단체의 정치적 편향성(권력과의 결탁 가능성) 등에 대한 불신이 지속적으로 제기되어 왔다(조항제, 2010). 시청자 평가프로그램의 경우 시청의 사각지대 편성, 자사 홍보, 예능·오락 편중, 불만이나 제언보다 칭찬 중심의 내용 구성, 피드백이나 후속 조치 부족, 방송사 내 관심 부족 등이 지적되어 왔다(양승찬·이미나·서희정, 2014; 조항제, 2010).

(5) 공영방송 평가의 투명성 부재

다섯 번째 문제점은 공영방송 평가의 투명성 부재이다. 현재 수신료로 운영되는 공영방송의 특성상 주된 평가는 예결산 관련 사항에서 이뤄지고 있다. 그러나 예산의 경우 방통위에 제출해야 하는 의무만 있을 뿐 국회나 시민사회에 공개가 의무화되어 있지 않고, 방통위가 외부 규제기구로서 예산에 대한 관리·감독 역할을 할 수 있는 근거도 마련되어 있지 않다. 한편, 감사원 검사와 국회 승인을 받아야 하는 KBS 결산 심사는 공적 책무에 부합하는 업무를 수행하는 데 적절한 비용을 집행했는가에 대한 평가보다는 여야 간 정치적 공방에 그치고 있어서, 본래 목적인 재정의 건전한 집행 여부 검증에 부합하지 못하고 있다(오형일·홍종윤·정영주, 2021).

요약하면 현행 「방송법」은 공영방송의 정의 부재부터 공영방송의 이사회·집행기관, 공적 책무의 이행과 평가, 시청자와의 관계 설정에 이르기까지 공영방송 거버넌스 구축 측면에서 많은 문제점을 노정하고 있다. 무엇보다 가장 근원적인 문제는 공영방송이 수행해야 할 공적 책무가 명확하지 않고, 이와 같은 공적 책무의 내용에 대해 누구를 대상으로, 어떤 방식으로 설명책임을 수행해야 하는지 제시되어 있지 않다는 것이다. 우리 사회가 필요로 하는 공영성과 그에 부합하는 공적 책무를 구체적으로 설정하고, 직무 이행에 적절한 재원 규모 및 조달 방식을 결정하며, 성과 평가와 환류에 이르는 과정을 총괄하는 거버넌스와 법제 개편이 필요한 상황이다(오형일·홍종윤·정영주, 2021).

3) 공영방송 거버넌스 개편 논의의 한계

현행 공영방송 관련 법제도의 불비不備 사항과 기능 장애에 대한 문제 제기는 지속적으로 있었다. 그러나 2000년 「통합방송법」 제정 이후 KBS 관련 법 개정이 이뤄진 것은 네 번에 불과할 정도로 사실상 개선 작업이 이뤄지지 못했다. 네 번의 법 개정 역시 두 번은 회계 결산 절차를 변경하는 실무적인 작업

표 7-4 2000년 이후 KBS 관련 「방송법」 개정 현황

구분	일자	주요 내용
17대	2007.1.26	KBS 이사 제척사유 근거 신설
19대	2013.8.13	KBS 회계 결산 절차 개선
	2014.5.28	KBS 이사 결격 사유 강화 KBS 사장 국회 인사 청문 실시
20대	2018.3.13	KBS 회계 결산 절차 개선

이었다. 나머지 두 번은 이사 제척 사유 신설과 이사 결격 사유 강화, KBS 사장 국회 인사 청문 도입에 대한 것으로 공영방송의 위상과 재원, 공적 책무 등을 아우르는 근원적인 거버넌스 개편과는 다소 동떨어진 것들이었다.

KBS 관련 법 개정 사례는 네 번뿐이었지만 법률 발의안 자체가 없었던 것은 아니다. 2000년 「통합방송법」 제정 이후 KBS 관련 법률 발의안은 제16대 3건, 제17대 8건, 제18대 13건, 제19대 15건, 제20대 30건, 제21대 23건(2021년 4월 30일 기준) 등 총 92건에 이른다. 발의안은 많았지만 실제 개정은 되지 않는 입법 병목 현상이 지속된 것이다.

(1) 이사회와 사장 선임을 둘러싼 정치적 공방의 반복

KBS 관련 발의안 중 가장 많은 비중을 차지하는 것은 이사회와 집행기관(사장 선임)에 대한 것이었다. 제19대 국회에서는 박근혜 정부의 「정부조직법」 처리 과정에서 여야 합의로 방송 독립성 보장, 해직 언론인 복직, 공영방송 지배구조 개선 문제를 다루는 '방송공정성 특별위원회'를 구성하고 공영방송 전반의 제도 변화를 시도했다. 핵심 의제였던 공영방송 사장 선임 특별다수제(이사회 3분의 2의 동의로 선임), 공영방송 이사 증원 및 여야 추천 수 조정 등은 당시 여당인 새누리당의 반대로 추진되지 못했다. 다만 '방통위, 공영방송 사장 및 이사진의 자격 기준과 결격 사유 강화, 인사 청문 제도 도입', '방통위, 방문진, 공영방송 이사회의 회의 공개 원칙', '방송의 보도·제작·편성 자율성 확보를

표 7-5 21대 국회 공영방송 이사회 구성 및 사장 임면 관련 주요 발의안 현황

발의 의원 (여/야)	발의일	주요 내용
정청래 (여)	2020.6.11	- 이사회 정원 13명으로 증원 - 방통위 추천, 대통령 임명 - 공사와 공사 소속 구성원들, 방송 관련 학계 및 시민단체 등 추천 1/2 이상 - 사장추천위원회 구성: 국민의 대표성을 고려하여 100명 이내 홀수 위원 　(국민 50%, 공사와 공사 소속 구성원 50%) - 사장 선임: 공모 → 사장추천위원회 후보 추천(3배수) → 이사회 제청 　(2/3 찬성) → 인사 청문 → 대통령 임명
박성중 (야)	2020.8.31	- 이사회 정원 13명으로 증원(여야 7:6) - 국회 추천, 대통령 임명 - 사장추천위원회 구성: 15명 - 사장 선임: 공모 → 사장추천위원회 추천 → 이사회 제청(2/3 찬성) → 　인사 청문 → 이사장 임명
정필모 (여)	2020.11.12	- 이사회 정원 13명으로 증원 - 이사후보추천국민위원회 추천, 방통위 임명 제청, 대통령 임명 - 이사후보추천국민위원회의 후보자 추천: 방송통신위원회가 공모한 사 　람과 방송 관련 직능단체의 추천을 받은 사람 중에서 투표를 통하여 다 　득표 순으로 이사후보 13명을 추천[특정 성(性) 10분의 7 초과 금지]. 　여성, 청년, 방송·기술·경영 분야 각 1명, 지역방송 분야 2명 반드시 포함 - 사장후보추천국민위원회 구성: 성별, 연령, 지역 등을 고려한 100명으로 구성 - 사장 선임: 사장후보추천국민위원회 추천(복수) → 이사회 제청(2/3 찬 　성) → 인사 청문 → 대통령 임명 - 다만 '사장후보추천국민위원회'가 사장 후보자를 추천한 때부터 3개월 　이 경과하면 재적 이사 과반수의 찬성으로 의결할 수 있도록 함
허은아 (야)	2021.1.27	- 이사회 정원 15명으로 증원 - 국회 및 방통위 추천, 대통령 임명(여야 6:6, 방통위 3) - 사장후보추천국민위원회: 성별, 연령, 지역 등을 고려하여 100명의 위 　원으로 구성
전혜숙 (여)	2021.3.2	- 이사회 정원 13명으로 증원 - 여야, 방송통신위원회, 방송미디어 관련 비영리 민간단체, 공사 및 공사 　의 교섭대표노동조합 등이 추천 - 이사회 회의 속기록, 녹음기록 또는 영상녹화기록이 첨부된 회의록을 　작성·보존하도록 하고 홈페이지 등을 통해 회의록을 공개하되, 이사회 　가 비공개로 의결한 회의록은 공개하지 않음 - 사장후보시청자평가위원회 구성: 성별, 연령, 지역 등을 반영하여 150 　명 이상 200명 이내의 홀수로 공개 모집 - 이사 또는 집행기관이 정치활동을 하거나 사업자가 편성위원회의 제청 　없이 방송편성책임자를 선임하는 자, 방송편성규약을 준수하지 않는 　자, 편성위원회 구성을 하지 않거나 방해하는 자, 회의 공개 또는 회의 　록 공개 규정을 위반한 자 등에 대해 처벌 규정

위한 노사 동수의 편성위원회 운영', '해직 언론인 문제 해결을 촉구하는 결의문 채택' 등의 내용이 최종 활동보고서에 담겼다(국회 방송공정성특별위원회, 2013). 최종 보고서에 담긴 여야 합의 사항 중 KBS 사장 인사청문회와 KBS 이사의 자격 요건 규정 조항은 2014년 5월 「방송법」 개정을 통해 현실화되었다. 그러나 나머지 사항들은 여야 대립으로 법 개정에 이르지 못했고, 방송공정성특별위원회는 여야 합의 사항조차도 법제화하지 못한 채 종료되었다.

20대 국회에서는 2016년 7월 야 3당 162명의 의원들이 공동으로 「방송법」과 「방문진법」 일부 개정안을 발의했다(박홍근 의원 안). 해당 법안에서는 KBS 이사회의 정원을 13명으로 증원하고, 이사 선임 방식을 현재의 '방통위 추천 또는 임명'에서 '국회 추천'으로 변경하면서 여야의 이사 추천 비율을 7 : 6으로 명시했다. 이사회는 사장추천위원회를 구성하고, 특별다수제를 적용하여 사장추천위원회는 재적 위원 2/3 찬성으로 사장을 추천하고 이사회는 재적 이사 2/3 찬성으로 사장 임면을 제청하도록 했다. 이와 함께 공영방송 이사·사장의 직무상 독립과 신분 보장 및 정치활동 관여 금지, 이사의 연임 제한(1회), 이사회의 회의록 작성·보존·공개 의무 신설 등을 규정했다. 박홍근 의원 안은 임기 도중 여야가 바뀌면서 공영방송에 대한 국회의 정파적 대응을 적나라하게 드러낸 계기가 됐다. 2016년 7월 법안 발의 당시 야당이던 박홍근 의원 안은 여당 측의 반대로 전체 회의에 계류된 채 법안심사소위에 회부되지 못하다가 2017년 대통령 선거로 여야가 바뀌고 나서 법안심사소위에 회부됐지만 여야 간 입장이 바뀌면서 공전하다가 임기 만료로 폐기되었다.

21대 국회에서도 여야 모두는 공영방송 이사회 구성과 사장 선임에 대한 다수의 법 개정안을 발의했다(표 7-5 참조).

이사회 관련 발의안 대부분은 이사회의 정원을 현행 11명에서 13명 혹은 15명까지 증원하는 것으로 제안하고 있다. 이사회 구성 방식은 대부분 여야 간 배분이라는 현재의 방식을 유지하되, 여야 7 : 4의 비율로 여당에 편중된 이사 선임을 개선하는 데 초점을 맞추고 있다.[6] 20대 국회 이후 주목할 만한 변화는

이사 추천을 정당 이외의 단체로 확장하는 방안이 제시되고 있다는 것이다.[7]

사장 선임과 관련한 대부분의 발의안들은 '사장추천위원회' 구성을 제안하고 있다. 특이한 점은 20대 국회까지 15~20명으로 구성된 사장추천위원회가 제안되다가[8] 21대 국회 들어서는 100명 이상의 인원으로 확대된 사장추천위원회를 구성하는 안들이 제안되고 있다는 것이다. 이와 함께 공통적으로 제시되고 있는 사장 선임 방식은 이사회 혹은 사장추천위원회 재적 위원 2/3 이상의 찬성으로 의결하는 '특별다수제의 도입'이다.

KBS 이사회 구성과 사장 선임 관련 발의안들은 공영방송 거버넌스 구성원

---

6   KBS 이사회와 관련한 제16대 국회 이후 법률 발의안들은 이사회의 정원을 증원하고, 이사회의 구성에서 여야 간 비율을 가능한 한 대등하게 하며, 이사의 결격 사유 강화와 이사회 회의 공개라는 방향성에서 여야 간 거의 차이가 없다. 이러한 사실은 여야를 막론하고 현재의 KBS 이사회 구성과 운영 방식에 문제가 있음을 인정하는 것이라 할 수 있다. 그러나 이사회 구성 방식에 대해서는 모두 여야 추천을 전제한다는 점에서 이사회에 대한 정치적 영향력을 지속하려는 국회 공동의 이해관계 역시 공유하고 있음을 보여준다(정영주·홍종윤, 2019).

7   예를 들어 20대 국회에서 발의된 강효상 의원 안은 시도지사 협의회, 변호사 협회, 신문협회, 기자협회, 신문방송편집인협회, 언론학회, 방송학회, 국공립대학총장협의회, 사립대학총장협의회, 교원단체 총연합회 등이 이사를 추천하도록 했고, 추혜선 의원 안은 이사추천국민위원회를 구성하여 이사를 추천하도록 했다. 21대 국회에서는 공사와 공사 소속 구성원들, 방송 관련 학계 및 시민단체 등의 추천을 받은 자를 1/2 이상으로 하는 안(정청래 의원 안), 여야, 방송통신위원회, 방송미디어 관련 비영리 민간단체, 공사 및 공사의 교섭대표노동조합 등이 추천하는 안(전혜숙 의원 안) 등이 발의되었다.

8   국회 상임위원회, 방송통신위원회, 공사 노동조합, 여당·야당이 추천하는 자와 방송·언론, 교육, 문화, 시청자 단체 등 각 분야를 대표하는 전국 규모의 단체에서 15명 이상 20명 이하로 구성하는 안(이계진 의원 안), 여당과 야당, 방송 분야 3개 학회, 전국언론노동조합, 방송협회, 공사의 노동조합과 시청자위원회, 방송 관련 시청자 단체가 추천하는 15명으로 구성하는 안(배재정 의원 안), 광역자치단체의 장을 비롯한 언론계, 학계, 법조계, 종교계 등 각 분야의 공신력 있는 단체에서 추천받은 자 및 전임 한국방송공사 사장을 역임한 자로 20명의 사장추천위원회를 구성하는 안(강효상 의원 안) 등이 이에 해당한다.

칙 중 독립성을 보장하기 위한 선임 절차에 해당하는 논의들이다. 즉, 감독기구 및 집행기구의 명백한 선임 기준을 마련하고 정치적 영향력을 배제하며 임기를 보장하기 위한 내용 등을 담고 있다. 그러나 실제 논의 과정을 살펴보면, 여야가 유사한 내용의 법률안들을 반복적으로 발의해 놓고도 매번 집권 정당의 영향력 행사를 막으려는 야당과 영향력을 유지하려는 여당 간의 힘겨루기 양상으로 흘러갔다. 여야가 바뀌면 공수가 전환되는 등 각 정당이 '영향력 행사를 위해 선임이 활용되어서는 안 된다'는 원칙을 전혀 고려하지 않는 행태를 보였다. 공영방송의 정치적 독립 보장 장치 논의에 오히려 과도한 정파성이 개입되면서, 국회 스스로가 정파 지향적 탈정치성의 구현이라는 모순적 상황에 빠졌던 것이다(정영주·홍종윤, 2019).

(2) 공영방송 수신료 논의의 정쟁화

이사회와 사장 선임 다음으로 많이 발의된 것은 공영방송 수신료 관련 법안들이다. 대표적인 것이 공영방송 수신료 산정 및 징수를 담당하는 수신료산정위원회 신설 법안들이다.[9] 수신료산정위원회는 KBS 이사회가 심의·의결한 후 방송통신위원회를 거쳐 국회의 승인을 얻어 확정되는 현재의 수신료 산정 방식의 대안으로 제안된 것이다. KBS는 이에 대해 이사회의 고유 권한을 침해할 우려가 있으며, 동일 내용에 대해서 두 기관의 의견이 다를 경우 공영방송 정책에 혼란이 불가피하다는 점을 들어 반대 의견을 밝힌 바 있다(이인용, 2014). 한편, 전기 요금과 합산 부과되는 수신료의 분리 징수에 대한 법안도 다수 발의되었다. 수신료 분리 징수 법안은 16대 국회부터 등장하여 20대 국회에서

---

9   17대 국회 천영세 의원 안(2004.10.22)의 수신료위원회, 18대 국회 이병석 의원 안(2012.3.5)과 허원제 의원 안(2012.4.19)에서 제안된 수신료산정위원회, 19대 국회 노웅래 의원 안(2014.12)의 공영방송 수신료위원회 등이 대표적이다. 여야를 막론하고 발의된 바 있는 수신료산정위원회 설립안은 20대 국회 이후에는 전혀 등장하지 않고 있다.

가장 많이 발의되었고, 모두 야당 의원에 의해 발의되었다는 특징을 보인다. 20대 국회에서는 처음으로 수신료 제도를 폐지하는 법안도 발의되었다. 이 외에도 21대 국회에서는 수신료 재원에 대한 회계 분리와 이사 및 집행기관의 보수, 각종 수당의 수령 내역 및 업무 추진비 등의 집행 내역을 분기별로 홈페이지 등을 통해 공개하도록 하는 안 등이 발의되었다.

수신료 인상 승인안은 국회 논의 과정에서 법안 그 자체보다는 다른 법률안과의 연계 속에서 자주 정쟁의 대상이 되어왔다. 예를 들어 2014년 5월 방송통신위원회가 제안한 수신료 인상 승인안은 안건 상정의 전제 조건으로 방송의 공정성 보장을 위한 제도 개선 논의와 연계되었다. 야당 측에서 수신료 인상에 반대하지 않는다고 하면서 대신 전제 조건으로 KBS 지배구조 개선을 다룬 「방송법」 개정안들을 처리해야 한다고 주장한 것이다(국회사무처, 2014.5.8). 제19대 국회 말기였던 2015년 11월에도 수신료 인상안이 다시 한번 상정되었지만 지배구조 개선법에 동의해 주면 수신료 인상에 동의하겠다는 야당의 입장과 방송의 공정성 논란을 수신료 현실화의 선행 조건으로 받아들일 수 없다는 여당의 입장이 반복되면서 후속 논의가 이뤄지지 못했다(국회사무처, 2015.12.1).

수신료 관련 발의안들은 공영방송 거버넌스 구성원칙의 '재원 조성 과정의 독립성' 구현을 위한 논의들이다. 앞서 살펴본 것처럼 재원 독립성과 관련하여 중요한 사항 중 하나인 '재원 문제를 빌미로 공영방송에 영향력을 행사할 수 없도록 해야 한다'는 것이다. 그러나 수신료 관련 법안 논의 과정들을 보면, 오히려 수신료 분리 징수나 폐지와 같이 재원 문제를 정부 여당과 KBS를 압박하기 위한 수단으로 활용하면서 공영방송의 자율성을 위협하는 도구로 인식하고 있음을 알 수 있다. 국회에서의 수신료 관련 논의들이 공영방송의 독립성 구현을 위한 구조 차원의 문제로 고려되는 것이 아니라 지배구조와 관련된 정쟁의 도구가 되고 국회의 영향력을 확인하는 기제가 되고 있는 것이다.

(3) 공영방송 공적 책무에 대한 상대적 무관심

그동안 공영방송의 공적 책무와 관련한 발의안들은 그 수가 매우 적을뿐더러 통일 관련 프로그램 개발이나 지역 균형 발전에 대한 내용을 추가하는 것 등 그나마도 추상적이고 선언적인 내용이 대부분이었다(표 7-6 참조).

유일한 예외가 20대 국회의 김성수 법안(2019.1.11)이었는데, 공영방송의 설명책임 조항을 구체적으로 명시했다. 법안에 따르면 방송통신위원회가 공영방송사들의 공적 책무를 대통령령에 따라 정하도록 하고 있으며, 공영방송사는 정해진 공적 책무를 수행하기 위한 구체적인 '공적 가치 이행계획'을 연도별로 국회에 제출하고, 시청자에게 공표하도록 되어 있다. 공영방송사는 공적 가치 이행 실적 및 성과를 매년 공표하고, 방송통신위원회가 3년을 주기로 성과 평가를 실시하여 결과를 공표하며, 그 결과를 재허가 시 반영하는 구도이다. 이와 함께 별도 입법안으로 제출한 '한국방송공사법안'에서는 KBS의 공적 책임을 좀 더 구체적인 항목으로 제시하고 있다(표 7-7 참조).

지금까지 살펴본 바와 같이 KBS 관련 국회 발의안들은 이사회 증원과 여야 간 추천 비율 조정 및 사장 선임을 위한 특별다수제 도입 등을 여야가 반복적으로 입법 시도를 해왔으며, 수신료 문제에 대해서는 수신료 분리 징수안처럼 정쟁 성격의 입법 발의가 다수를 차지하고 있음을 보여준다. 또한 KBS의 공적

표 7-6 공적 책무와 관련된 발의안 주요 내용

구분	발의 의원	소속	주요 내용
16대	윤철상	여당	- 평화적 통일과 민족의 화해·협력 지향 방송프로그램 개발, 방송
17대	김재홍	여당	- 민족의 동질성 확보와 남북의 화해·협력 및 평화적 통일 지향 방송프로그램 개발, 방송
	강혜숙	여당	- 민족의 화해·협력과 평화적 통일 지향 방송프로그램 개발, 방송
19대	최재천	야당	- 난시청 지역 해소에 대한 국가 지원 의무 명시
	신경민	야당	- 지역사회 균형발전 추가
20대	김성수	여당	- 공영방송의 공적 책임 명시 - KBS의 공적 책임 명시

표 7-7 김성수 의원 대표 발의 법안 중 공영방송 공적 책임 관련 조항

구분	내용
「방송법」 전부개정법률안	공영방송 공적 책임 - 방송의 공적 책임 실현, 국민 문화의 향상, 공동체의 발전에 기여 - 방송통신위원회의 공영방송사 공적 책임 설정(단, 경영 자율성 저해, 방송 편성의 자유와 독립 침해 금지) - 공영방송사의 공적 책임 이행계획(공적가치 이행계획) 국회 보고, 시청자 공표 - 공영방송사의 공적 가치 이행계획 추진 실적 및 성과 공표(매년) - 국가의 공영방송사 공적 가치 이행계획에 필요한 재정적 지원 - 방송통신위원회의 공영방송사 공적 가치 이행계획 성과 평가 및 공표(매 3년) - 성과 평가 결과의 공영방송사 재허가 시 반영
한국방송공사법안	KBS 공적 책임 - 공정한 뉴스와 정보 제공 - 창의적 고품질 프로그램 및 서비스 제공 - 신기술 서비스 제공 노력 - 시청자 권익 증진을 위한 신규 프로그램/서비스/기술 개발 - 민족문화 발전, 민족 동질성 확보, 통일 준비 방송/서비스 제공 - 수신료의 투명한 운영/사용 ※ 구체적인 공적 책임 이행과제 규정(대통령령)

책무에 대해서는 여야 모두 무관심한 수준이라고 해도 과언이 아니다. 이는 KBS에 대한 국회의 논의가 정치적 영향력을 온존하려는 정당의 이해관계를 중심으로 이루어지고 있을 뿐, 공영방송으로서 공적 책무를 이행하는 데 요구되는 재원 문제나 차별화된 공적 서비스에 대해서는 주요한 사안으로 고려되지 않고 있음을 의미하는 것으로, KBS에 대한 국회의 정치적·정파적 접근과 그 한계를 드러낸다.

KBS의 거버넌스 개선은 구체적인 개선 방안이 없어서가 아니라 합의할 수 있는 개선 방안을 두고도 현실의 집권 세력과 미래의 집권 희망 세력 간에 정치적 득실 계산이 반복되면서 법 개정이라는 실천 행위를 지연하는 결과로 이어져 왔다. 또한 공영방송 거버넌스 구성원칙의 또 다른 요소들인 설명책임, 효율적인 경영 관리, 운영의 투명성·개방성·대응성·책임성 구현과 관련한 입법 논의들은 거의 이루어지지 않았다. 향후 공영방송 법제 개선은 반복적 입

법 공방의 패턴을 벗어나, 공영방송 거버넌스를 구성하는 각각의 원칙을 총체적으로 고려하면서, 우리 현실에 걸맞은 거버넌스 제도를 고민하는 데서 출발해야 할 것이다(정영주·홍종윤, 2019).

4. 맺음말: 공영방송 거버넌스 개선 과제와 전망

현행 공영방송 거버넌스는 공영방송의 위상과 공적 역할을 정립하는 데 한계가 있을 뿐 아니라 차별화된 공적 책무가 부재하고, 공적 책무의 이행 여부에 대해 국회·시민사회 등 다양한 협치의 주체들이 관리·감독하고 평가할 수 있는 시스템이 갖춰져 있지 않으며, 공적 재원의 담지자인 시민에 대한 설명책임 제도가 마련되어 있지 않다는 점 등의 문제점들을 내포하고 있다. 법적 한계를 개선해야 하는 국회는 이사회 구성과 사장 선임 방식을 중심으로 협소한 거버넌스 개념에 매몰되면서 여야 간 유사한 법 개정안을 반복적으로 발의해 왔고, 여야의 위치에 따라 입장이 바뀌는 정파적인 모습을 보이며 입법자로서의 역할을 방기한 셈이 됐다. 기존 공영방송 거버넌스 논의의 한계를 극복하기 위해서는 협소한 지배구조 논의를 넘어 공영방송 제도의 전반적인 재구조화 측면에서 공영방송 거버넌스 논의를 재정립할 필요성이 있다. 거버넌스 주체로서 시민 참여의 강화, 거버넌스 체계와 연관된 차별화된 공적 책무 부여 및 평가제도 구축, 그리고 이러한 거버넌스 전반을 관통하는 투명하고 개방적인 제도 운영이 최우선적인 과제로 떠오른다.

1) 공영방송 거버넌스 개념의 확장

우리 사회는 공영방송 거버넌스와 관련하여 주로 공영방송 이사회와 집행기구의 구성 및 운영을 둘러싼 정치적 공방에 매몰되어 왔다. 이는 공영방송 거버넌스 개념을 매우 협소하게 해석하고 적용해 왔던 것에서 비롯된 것이다. 이로 인해 또 다른 공영방송 거버넌스의 구성원칙인 '조직의 효율적인 경영 관리'나 '투명성, 개방성, 대응성, 책임성 같은 조직 운영 문화' 정립에 대해서는 상대적인 무관심과 고민 부재를 초래했다.

예를 들어 공영방송의 경영 효율성 측면에서, 책무 수행을 위해 어떠한 자원 배분이 이뤄지고 있는지, 시청자 수요 변화에 대응하여 어떠한 인력 채용 정책 및 교육 훈련이 이뤄지고 있는지, 차별 없는 제작 관행과 정책이 수립되고 실현되고 있는지 등에 대한 논의는 배제되어 왔던 것이다. 마찬가지로, 공영방송이 재원 부담의 주체인 시청자들에게 자신의 성과를 측정하고 설명하는 방식, 시청자들의 의견을 청취하고 요구사항을 반영하는 방식에 대한 논의도 제대로 이뤄지지 못했다. 공영방송의 공공서비스 책무 관련 논의의 부재는 공영방송 거버넌스 문제를 이사회나 사장 임명 같은 협소한 지배구조 논의의 틀에 가두는 결과를 낳았고, 결국 반복되는 정치 공방에 매몰될 수밖에 없었다.

따라서 공영방송 지배구조라는 좁은 의미의 거버넌스 개념을 벗어나서 거버넌스 본연의 의미로 개념을 확장할 필요가 있다. 즉, 공영방송의 구조적 독립성 못지않게 중요한 거버넌스의 구성 요소들인 설명책임, 효율적인 경영 관리, 운영의 투명성·개방성·대응성·책임성 구현 측면의 논의를 강화해야 한다. 이러한 논의를 강화하는 것은 공영방송 제도를 둘러싼 정치권의 공방에서 벗어나는 계기가 될 수 있다. 설명책임 측면의 거버넌스 논의는 누구를 대상으로, 어떤 내용에 대해(경영, 조직, 서비스), 어떤 방식으로 설명책임을 다할 것인가의 문제와 관련되는 것으로서 국회 및 규제기관뿐만 아니라 궁극적으로 시민사회 영역에 대한 설명책임을 포괄하고 있기 때문이다.

그동안 시민사회는 주로 직접적 참여 방식이 아닌 정당이나 정치세력의 대리 방식을 통해 공영방송 제도에 관여해 왔다. 그러나 정치적 공방 속에 국회의 입법 역할 수행이 장기간 기능 부전 상태에 빠졌던 것에서 알 수 있듯이 시민사회의 간접적 참여 방식은 제대로 된 효능감을 주지 못해왔다. 향후에는 공영방송 거버넌스의 핵심 이해당사자인 시민사회 영역의 실질적인 참여를 강화할 필요성이 있다.

다행스러운 것은 21대 국회나 최근 방통위에서 제안되고 있는 공영방송 거버넌스 관련 논의들에서 시민의 참여가 강조되고 확대되는 경향이 발견된다는 것이다. 21대 국회에서 발의된 법안들은 모두 이사회에 기존의 여야 정당 외에 시민단체나 이사후보추천국민위원회 등 이사회 추천 단체를 확장하는 방식을 제안하고 있고, 사장 선임 관련 100명 이상의 인원으로 사장추천위원회를 구성하는 안도 포함되고 있다. 방통위가 발표한 정책 방안에서도 국민추천이사제도를 통한 시민 중립 이사안을 명시하고 있다. 한편, 2018년 사장 선출 과정에서 KBS가 도입한 시민자문단 참여[10]나 2021년 수신료 공론화위원회의 국민참여단 공론조사 등은 시민과의 직접 소통 및 참여 측면에서 매우 의미 있는 시도들이다. 이러한 시민 참여 기획들이 일회성에 그치지 않도록 제도적 정례화를 통해 본원적인 시민 참여 방식으로 안착시킬 필요가 있다.

2) KBS의 공적 책무 구체화

공영방송 거버넌스 재구조화를 위해서는 선행적으로 공영방송의 범주를 설정하는 작업이 필요하다. 이 작업은 방송의 공적 영역과 시장 영역 구분을 어떻게 할 것인가, 공적 영역의 차별화된 책무와 규제 내용을 어떻게 설정할 것인가 등 세부 이슈에 대한 판단과 사회적 합의를 필요로 한다.

공영방송 KBS의 공적 책무를 구체화하는 것이 그 출발점이 될 수 있다. 법적 측면에서 최우선으로 필요한 사항은 핵심 기간 공영방송 개념을 정의하고, 임무 수행 주체로서 KBS를 법에 명시하는 것이다. 법제 형식 차원에서는 KBS

---

10 2018년 KBS는 150명의 시민자문단을 모집해 KBS 사장 후보자를 평가하고 선출하는 정책발표회를 열고 시민자문단의 평가 결과를 사장 선출에 40% 반영했다.

의 별도 위상을 정립하는 것이 요구된다. 즉, 현행 「방송법」 체계 내에서 KBS 관련 법을 별도 분리함으로써 타 방송사업자와의 차별적 지위를 명확히 하는 것이다. KBS를 별도 법체계로 정립하는 것은 상징 차원의 의미뿐만 아니라, 실제 운영 차원에서도 타 방송사업자와 차별성을 확보하는 작업을 포함한다. 즉, KBS가 비수신료 기반 공영방송인 MBC, 상업방송인 SBS와는 다른 특수 목표를 지향하고 그에 따른 차별적 실천을 수행하도록 유도하는 것이다.[11]

KBS를 별도 법체계로 분리하는 것과 함께, 현행 방송사업자 재허가/평가 제도와 분리하여 별도 허가 체계를 마련하는 것도 고려해야 한다. KBS에 별도의 책무를 부여하고 이행 여부에 관한 더 엄격한 검증 시스템을 도입함으로써 기존 방송사업자들의 방송 평가나 재허가 제도와 차별화하는 것이다. 이를 위해 KBS가 중장기 경영 계획을 수립하고, 해외 공영방송 사례와 같이 정부 부처와의 별도 경영 계약이나 협약 형태의 계약 갱신 제도로 전환하는 것을 검토할 필요성이 있다.

이와 관련하여 방송통신위원회는 2020년 발표한 「중장기 방송제도 개선을 위한 정책 제안서」에서 공영방송 협약 제도 도입을 발표한 바 있다. 공영방송의 공적 책무를 협약 형태로 구체화하여, 현행 재허가 제도를 '공적 책무 협약'으로 대체 운영하고, 민영방송보다 긴 3~5년 주기로 방통위와 공영방송 이사

---

11   관련하여, 2021년 6월, KBS 이사회는 수신료 조정안을 제시하면서 8개 과제 37개 사업으로 조정된 '공적책무 확대계획'을 밝힌 바 있다. 8대 과제는 △ 시청자 주권과 설명책임 강화 △ 공정·신뢰의 저널리즘 구현 △ 국가 재난방송 거점 역할 확립 △ 고품격 공영 콘텐츠 제작 확대 △ 디지털 서비스 확대 및 개방 △ 차세대 방송서비스 역량 확대 △ 지역방송·서비스 강화 △ 소수자 포용과 다양성 확대 등이다. 시청자 주권과 관련해 KBS는 콘텐츠별 제작 내역을 공개하고, 사업이행 평가 및 콘텐츠 평가 시스템 등에 있어 숙의 토론 방식으로 시청자가 관여할 수 있도록 하겠다고 밝혔으며, 저널리즘 강화 방안으로는 KBS 전 직원에 대한 공정성과 윤리 교육 의무화, 'KBS 저널리즘 컬리지' 운영, 전문가 그룹과의 협업 취재 확대, 여론조사와 공론조사를 기반으로 하는 콘텐츠 제작 방침 등이 제시되었다(≪미디어오늘≫, 2021.6.29).

회가 협약을 맺는 방식으로 변경한다는 것이다. 공적 책무는 기본 책무와 해당 시기의 특별 책무로 구성하고, 공영방송사가 '공적 책무 이행 실적 및 사업계획서'를 정부에 보고하면, 방송·법률·경영·기술 분야 전문가와 시민단체 등으로 구성한 '공영방송평가위원회'에서 평가한다. 이와 함께 공영방송의 공적 책무를 재원 대책과 결합하여 공적 재원은 공영방송과 공공서비스 방송의 공적 책무 수행을 위한 비용으로 제한하고, 공영방송의 수신료와 비수신료는 회계 분리 등을 통해 구분해서 관리하도록 한다는 방침이다.[12]

3) KBS 설명책임 제도 도입

향후 공영방송 거버넌스 재구축 과정에서 또 하나의 중요한 사항은 설명책임 제도를 도입하는 것이다. 설명책임은 공영방송 거버넌스의 본질적이고 핵

---

[12] 방통위는 2021년 제5기 비전 및 정책과제 발표를 통해 이와 같은 제도 개선 방향을 다시 한번 확인하고 구체적인 실행 시기를 밝혔다. 공영방송의 역할과 책무 강화를 위해 공영방송의 기본 책임과 특별 책무를 2021년도에 규정하고, 공영방송 재허가 제도를 '공적 책무 협약제도'로 대체하여 이행 여부를 점검하는 「방송법」 개정안을 22년까지 발의하겠다는 계획이다. 또한 KBS·EBS 등 공영방송 사장과 이사 선임 절차를 개선하기 위한 '공영방송사 임원 임명에 관한 기본 계획'을 2021년 6월까지 수립하고, 수신료 산정과 사용 내역의 합리성·투명성 제고와 공영방송 역할을 강화할 수 있도록 수신료 제도 개선을 추진하며(수신료 회계 분리, 수신료 사용 내역의 공개 의무화 「방송법」 개정안 2020년 9월 발의), 공정하고 투명한 수신료 산정을 위해 방송, 경영, 회계 등 전문가 중심의 수신료위원회 설치 근거 마련을 위한 「방송법」 개정안을 2021년 6월에 발의한다는 일정이었다(방송통신위원회, 2021.1.6). 제도 개선이 지연되면서 현행 법에 근거하여 방통위는 2021년 8월로 임기가 만료되는 KBS 이사회 구성과 관련하여, 7월에 이사 후보자 공모를 진행하고 이사 후보 지원자들의 지원서를 방통위 홈페이지에 공개했다(방송통신위원회, 2021. 7.20). 방통위는 국민들로부터 지원자들에 대한 의견 및 질의를 접수하여 방통위 상임위원들이 대신 질의하는 면접 심사를 처음으로 도입하고 그 주요 질의응답 내용을 공개하는 등 국민 검증과 참여의 폭을 넓히겠다는 방침을 밝혔다(방송통신위원회, 2021.7.7).

심적인 측면이다. 즉, 공영방송에 대한 특권과 사회적 책임 부여에 연계하여, 공영방송이 자신의 책무를 명확히 공표하고, 그 책무 달성의 정도를 평가하여, 평가의 결과를 다양한 이해당사자들에게 보고하는 공영방송 거버넌스의 핵심 통제 메커니즘인 것이다. 현행 「방송법」상에서는 공영방송의 공적 책무가 불분명하고, 지상파 사업자 간의 차별적 책무도 불분명한 상황이다. 규제기관과 감독기구인 이사회가 존재하지만, 이들 활동에서 공영방송 특수 임무의 달성을 위한 계획과 자기 활동에 대한 공중과의 약속 등이 고려되지 않고, 이행 결과에 대한 평가 및 결과 공개 역시 이루어지지 않고 있다.

따라서 공영방송 설명책임 조항을 명확히 법제화할 필요성이 있다. 이를 통해 책임의 대상, 내용, 방법, 시기와 관련해 명시적인 제도적 기반을 만들어야 한다. 공영방송 거버넌스가 정부와 규제기구, 국회와 시민사회 등 다양한 이해세력 간의 협치라는 점에서 설명책임의 대상은 법제적 규제자인 국회와 규제기구(political accountability), 시민사회(public accountability) 등을 광범위하게 포괄하는 형태가 되어야 할 것이다.

최근 들어 공영방송 설명책임 제도의 법제화 방안 역시 검토되어 왔다. 최초의 시도는 20대 국회의 김성수 의원 안이었다. 해당 법률안은 방송통신위원회가 책무 부여와 평가의 핵심 주체라는 점에 대해 우려의 목소리가 나오기는 했지만 공영방송사의 설명책임에 대한 구체적인 절차와 과정을 최초로 입법하려는 시도였다는 점에서 의미를 지닌다. 한편 방통위 역시 앞서 살펴본 「중장기 방송제도 개선을 위한 정책 제안서」에서 설명책임 도입의 필요성을 적시했다. 공영방송에 부여하는 공적 책무가 구체적이지 않고, 구체적 설명의 대상과 주체가 분명하지 않으며, 누가 누구에게 어떤 방식으로 응답/설명하고 그 결과에 대해 책임을 질 것인가에 대해 명확하지 않은 공영방송 책무 설정과 평가 시스템의 불명확성을 개선해야 할 사항으로 파악한 것이다.

이러한 설명책임 법제화 논의와는 별개로 KBS 자체의 설명책임 강화 움직임도 등장하고 있다. KBS는 2020년 '공영미디어미래특별위원회(이하 미래특

표 7-8 KBS의 공적 책무와 핵심 과제

I. 가치	신뢰	품질	혁신	다양성	개방과 협력
II. 목표책무	• 민주주의 실현을 위한 공정성 실현 - 정확한 사실, 진실 추구, 해법 추구 - 공정한 뉴스 정보를 통한 고품질의 저널리즘 구현 • 시의적절한 정보를 제공하여 공론장 형성에 기여 • 시민의 삶에 기여하는 정보 제공 • 국가기간방송으로서 재난·위험 예방과 시민의 평화와 안전에 기여	• 탁월한 수준의 프로그램 지향 • 창의적인 프로그램 • 공영미디어만의 차별적 프로그램 • 완성도 높은 프로그램	• 서비스 측면의 혁신 - 기술 혁신을 통한 도달률 확대 • 콘텐츠 혁신 - 세대 맞춤형 콘텐츠 강화 • 접근성의 혁신 • 조직 혁신 - 조직의 효율화 및 가볍고 유연한 조직 혁신	• 다양한 집단의 공존 의식 강화에 기여 - 지역, 세대, 성, 이념 등 다양한 목소리의 표출과 상호 이해 도모 • 약자 보호와 소수자 포용 - 소수자의 표현/참여 권리 증진 - 소수·약자의 소통 플랫폼 역할 수행 • 평화공존과 통일 지향성 강화	• 시민의 정책결정 과정의 참여 확대(시민의 책무 책임) - 제작편성에서 시민 의견 적극 수렴 - 평가의 시민 참여와 공유 • 시민, 공공기관, 창의 산업 전반의 협력(파트너십) 확대 • KBS 전반의 높은 수준의 투명성과 개방성, 책임성 유지 - 신뢰할 수 있는 내부통제 시스템 형성(내적 거버넌스)
III. 핵심과제	1. 민주적 공론장과 저널리즘 신뢰성 회복 - 보도/시사 프로그램의 강화를 통한 민주적 공론장 제공 - 저널리즘 신뢰성 복원 - 재난방송 주관 플랫폼의 책무 강화 - 디지털 뉴스 경쟁력 강화	2. 콘텐츠 품격과 경쟁력 제고 - 독창성과 완성도 높은 콘텐츠의 발굴과 제작 - 방송 한류의 글로벌 확산에 기여	3. 공공서비스 플랫폼의 확장 - 새롭고 다양한 방식을 통해 공공서비스 접근 향상 - 차세대 미디어/콘텐츠 기술의 개발과 상용화 4. 미래 세대를 위한 서비스 확대 - 아동, 청소년 전문 플랫폼 - 미래 세대에 소구하는 콘텐트 강화 - 미래 세대의 사회화 제도 역할 구현 5. 미래지향적 공영미디어 생태계 구축 - 개방과 공유 플랫폼으로서 기능 강화 - 빅데이터 기반 방송시스템 운영 - 공공지식 라이브러리 구축	6. 문화정체성 확립과 다양성 확대 - 지역 공동체를 위한 공공서비스의 강화 - 한반도 평화를 준비하는 방송 - 한민족 문화정체성과 평화 지향 방송 강화 - 사회적 약자 보호와 소수자 포용	7. 거버넌스 혁신 8. 시청자 관여 확대 9. 운영체계 개선
IV. 설명책임	10. 설명책임 체계의 강화 • 투명성 및 운영체계의 신뢰도 향상: 활동 전반의 투명성 확대, 투명성 보고서 채택, 수신료 사용의 투명성 확보, 회사 관련 자료의 공개, 주요(이사회) 회의의 공개범위 확대 연간 실행계획, 성과측정, 연차보고				

자료: 공영미디어 미래특별위원회(2020.2).

위)'를 운영하고, 공영방송으로서 공적 책무와 혁신 과제를 검토한 바 있다. 미래특위는 KBS에 요구되는 다섯 가지의 가치로 '신뢰', '품질', '혁신', '다양성', '개방과 협력' 등을 도출하고, 10대 과제 중 하나로 설명책임 체계의 강화를 제시했다(표 7-8 참조).[13]

4) 시민사회 참여를 위한 제도적 장치 확대

공영방송 거버넌스 개념을 확장하여 설명책임, 투명성/개방성, 대응성/책임성 차원의 거버넌스 재구조화를 도모해야 한다고 해서 전통적인 공영방송 이사회나 집행기구 작동 문제가 저절로 해소되지는 않는다. 공영방송 이사회나 집행기구들의 기능 부전 현상과 관련한 법제 개선 역시 중요한 과제 중 하나이다. 앞서 살펴봤듯이 이미 이사회 구성 방식과 사장 선임에 대한 다양한 개선 방안들이 제시되었다. 이사회 구성의 여야 추천 비율을 조정하고, 특별다수제 같은 보완 장치를 마련하는 것 등이 대표적이다. 그러나 이러한 보완 장치들의 경우에도 여야 간 후견주의 대립 구도 및 정치 문화가 지속될 경우에는 유효한 해결책이 될 수 없을 것이라는 우려가 팽배하다. 여야 추천 비율을 조정해도 궁극적으로 승자 독식을 추구하는 다수파의 전횡에 대한 유효한 제어가 이뤄질 수 없기 때문이다. 정당 간 합의에 의한 해결을 지향하는 특별다수제의 경우에도 소수파의 합의 거부로 인한 의사결정 지연을 막을 수 없는 한계를 지닌다.

이에 대한 대안으로 등장한 것이 공영방송 이사회 구성에서 시민의 참여를

---

13   10대 과제는 민주적 공론장과 저널리즘 신뢰성 회복, 콘텐츠 품격과 경쟁력 제고, 공공서비스 플랫폼의 확장, 미래 세대를 위한 서비스 확대, 미래지향적 공영미디어 생태계 구축, 문화정체성 확립과 다양성 확대, 거버넌스 혁신, KBS의 시청자 관여 확대, 운영체계 개선, 설명책임 체계의 강화 등이다.

확대하는 이른바 시민이사 제도이다.[14] 시민이사제는 수신료 납부 주체이자 대표적 이해관계자인 국민들의 직접 참여 방식이라는 점에서 공영방송 거버넌스 원칙에 충실한 제도로 볼 수 있다. 다른 한편으로는 그동안 문제점으로 제기된 이사회의 정치편향성을 제어하는 실효적인 수단으로 활용될 가능성도 존재한다. 공영방송 법제 개선 작업에서 보다 많은 시민사회 차원의 감독 및 통제 시스템을 고려하는 전략 수립 측면에서도 시민이사제는 의미를 지닐 수 있다.[15] 단기적으로는 주요 시민단체들로부터 이사 추천을 받아 이사를 선정하는 방식을 고려하고, 장기적으로는 시민평의회 같은 지역 조직을 구성하여[16] 이들 대표들이 이사회나 기타 제도들을 통해 공영방송 책무 설정과 이행평가 과정에 참여하는 방식으로 확대할 수 있을 것이다.

한편, 공영방송 사장 선임 과정에 시민참여단이나 수신료공론화위원회의 국민참여단 사례와 같이 보다 직접적인 시민 참여 방식의 제도화 역시 강구될 필요성이 있다. 수신료 납부 주체인 시민들이 일종의 국민주주제와 같은 형태로 공영방송의 핵심적인 정책 결정이나 사장 선임과 같은 주요 사안에 의사를 표현할 수 있는 제도의 상설화를 검토하는 것이다. 더 나아가 시민 참여 강화 방안의 하나로, 특정 정파에 의한 독립성이나 공정성 훼손과 같은 공영방송의

---

14   시민이사제도와 관련하여 이를 중립이사로 표현하는 방식은 지양해야 할 것이다. 이는 여야 추천 이사의 비중립성을 전제로 한 개념으로 이를 당연시하는 효과를 낳는다. 또한 독립성과 전문성에 기반한 이사회 본연의 역할 수행 원칙과도 배치된다.

15   이에 대한 대표적인 사례로, 정준희(2018)는 공영방송 거버넌스의 정치적 후견주의를 제어하기 위해서는 시민사회로의 확장이 필요함을 강조하고, '시민적 관여와 합의제의 실효성을 제고하는 차원에서 이사회에 대한 직접적 시민 참여의 폭과 범위를 확대'하는 한편, '시청자위원회라는 유명무실화된 장치에 더 많은 대의적·참여적 기능을 부여하는 방식'을 제안한다.

16   독일의 경우, 공영방송사별로 방송평의회를 구성하여 경영상의 주요 의사결정 과정에 참여하는 제도를 운영하고 있다. 방송평의원은 정당뿐만 아니라 사회단체, 직능단체, 종교단체 등의 추천을 통해 구성된다.

본질적 가치 침해 사례가 발생할 경우 이사회 소집 및 문제 해결을 요구할 수 있는 제도 역시 고민해 볼 필요가 있다.

물론 이러한 시민 직접 참여 방식의 공영방송 거버넌스 제도 도입이 비현실적이고 비효율적인 방식이라는 반론이 제기될 수 있다. 예를 들어, 시민단체 추천 이사들이 정치적 공방에 종속되지 않으리라는 보장이 없으며, 특정한 정치적 목적을 지닌 시민단체의 범람 문제 역시 불거질 수 있다는 것이다. 그러나 정당 추천 방식의 현행 이사회 제도가 그러하듯이, 처음부터 모든 제도가 완벽하게 운영될 수는 없는 것이다. 초기 도입 후 시행착오 과정을 거치는 것은 자연스러운 현상이며, 이러한 시행착오의 수정 및 보완 자체가 숙의의 과정이자 시민사회 성숙의 과정으로 볼 수 있다. 좀 더 장기적인 관점에서, 공영방송 이사회의 시민참여성 강화가 이사회의 정파적 속성을 탈각시키고 이사회 본연의 역할 수행에 집중할 수 있도록 하면서 이사회를 실질적인 시민/수신료 납부자들의 감독기관으로 변모시킬 수 있도록 한 걸음씩 전진해 나가야 할 것이다.

그동안 한국의 공영방송 거버넌스 관련 논의는 정치적 후견주의를 배태한 지배구조 속에 본래의 개념들보다 축소된 형태로 진행되어 왔다. 향후 공영방송 거버넌스에 관한 논의는 공영방송 책무 설정, 설명책임 제도의 도입, 시민참여 확대와 같은 본원적 요소들을 포괄하는 형태로 확장되어야 한다. 공영방송 제도의 본질적 차원은 단순한 법제적 규제 제도를 넘어서 공식적·비공식적 규범과 문화 차원들이 상호작용하는 총체다. 공영방송의 독립성과 설명책임 원칙이 실질적으로 구현되는 공영방송 제도를 구축하기 위해서는, 공식적인 법체계뿐만 아니라 비공식적인 규범과 관행, 인식 등의 변화를 포괄하는 사회 전반적인 대전환이 필요하다.

강상현. 2013. 「공·민영 체계 개편 및 공영방송 지배구조 개선 방안」. ≪방송문화연구≫, 25(1).

공영미디어 미래특별위원회. 2020.2. "공영미디어 KBS의 미래를 위한 혁신".

국회사무처. 2014.5.8. 제324회 국회(임시회) 미래창조과학방송통신위원회 회의록 제2호.

_____. 2015.12.1. 제337회 국회(정기회) 미래창조과학방송통신위원회 회의록 제9호.

김용호. 2010.8.26. "글로벌 경쟁력 강화를 위한 방송의 체질 개선". 미디어 3대학회-KBS 공동 세미나 '미디어 빅뱅 시대, 한국방송을 말한다' 자료집. 한국언론진흥재단.

남궁근. 2021. 『정책학』. 법문사.

≪미디어오늘≫, 2021.6.29. "물가연동제 적용 없이 자구책 강화한 KBS수신료". https://www.mediatoday.co.kr/news/articleView.html?idxno=214116&fbclid=IwAR1KNdZRPTX5vrWMwJvSwxHwtjg2gz9zkUtiTnI7EKOT6O_ZoZyCovVUozk.

방송공정성 특별위원회. 2013. 「방송공정성 특별위원회 활동보고서」.

방송통신위원회. 2020. 「중장기 방송제도 개선반 보고서」.

_____. 2021.1.6. 보도자료. "제5기 방통위, '국민과 함께하는 행복한 미디어 세상' 비전 제시".

_____. 2021.7.7. 보도자료. "방통위, KBS·방송문화진흥회 이사 후보자 공모절차 개시".

_____. 2021.7.20. 보도자료. "방통위, KBS·방송문화진흥회 이사 후보자 지원접수 마감".

방정배·최세경. 2003. 「한국 공영방송 경영평가제도에 관한 연구」. ≪방송문화연구≫ 15(2).

방정배·김경환·이영주·최세경. 2008. 「방송통신 융합시대 공영방송 규제 제도화 방안: 거버넌스 및 책무성 시스템 논의를 중심으로」. 방송통신위원회 자유 2008-02. 방송통신위원회·한국전파진흥원.

양승찬·이미나·서희정. 2014. 「지상파방송과 종합편성방송의 시청자 평가프로그램 분석: 시청자의견 코너를 중심으로」. ≪방송과 커뮤니케이션≫, 15(4).

오형일·홍종윤·정영주. 2021. 「공영방송 KBS의 경영 현황과 책무 재설정: 수신료 정상화 담론과 방만 경영 담론을 넘어」. ≪방송통신연구≫, 113.

이민웅·최선규·김원식·이상우. 2009. 「방송사업자의 경영효율성 제고를 위한 제도적 방안에 관한 연구」. 방송통신위원회 정책 2009-01. 방송통신위원회.

이인용. 2014.5. "방송법 일부개정법률안 검토보고서". 노웅래 의원 대표발의(2014.1.2).

정영주·홍종윤. 2019. 「한국 공영방송 관련 법 개정 논의 과정의 특성과 정책적 함의:
  KBS 관련 개정법률안을 중심으로」. ≪방송문화연구≫, 31(2).

정인숙. 2008.12.9. "공영방송의 공익성 구현과 공적 책무". 정보통신정책연구원 세
  미나.

정준희. 2013.2.27. "지상파 방송, 미래 10년의 위상과 정체성에 관한 법/제도적 개선의
  모색". 방송학회 세미나 '지상파 방송, 미래 10년의 비전과 전략: MBC 사례를
  중심으로' 자료집.

_____. 2018. 「시민사회의 확장을 통한 정치적 후견주의의 제어: 민주적 공고화 맥락에
  서의 한국 공영방송 거버넌스 개혁」. ≪언론정보연구≫, 55(1).

조항제. 2010.8.26. "공영방송과 시청자 권익". 미디어 3대 학회-KBS 공동세미나 '미디
  어 빅뱅 시대, 한국방송을 말한다' 자료집. 프레스센터.

_____. 2014. 『한국 공영방송의 정체성』. 컬처룩.

최영재. 2014. 「공영방송 보도국의 정파적 분열」. ≪커뮤니케이션 이론≫, 10(4).

Council of Europe. 2012. Recommendation CM/Rec(2012)1 of the Committee of
  Ministers to Member States on Public Service Media Governance. Retrieved
  from https://go.coe.int/YbhIi.

EBU. 2015. "Legal Focus: Governance Principles for Public Service Media." Retrieved
  from https://www.ebu.ch/publications/governance-principles-for-psm.

UNDESA, UNDP. 2012. Governance and Development.

제4부

공영방송의 재원과 미래

08 공영방송의 재원

| 김성철

1. 머리말

공영방송이 맡은 바 사명을 다하고 공적 가치를 구현하기 위해서는 제대로
된 경영 활동이 수반되어야 하며, 이를 위해서는 여러 자원이 필요하다. 공영
방송은 노동시장으로부터 노동력을, 다양한 재원으로부터는 자본을, 제작·설
비 시장으로부터는 제작 설비를, 프로그램 생산요소 시장에서는 생산요소를
조달하여 이를 내부의 제작 활동에 투입하며, 그 결과로 산출된 방송 프로그램
을 소비자인 시청자에게 공급한다.

통상 기업이 생존하고 성장하기 위해서는 인력, 기술, 자금 등 다양한 경영
자원이 필요하다. 미디어 기업도 예외는 아닌데 어찌 보면 경영자원 중에서도
자금이 제일 중요하다고 볼 수 있다. 자금이 없으면 다른 자원을 획득할 수 없
을 뿐만 아니라 사업을 제대로 영위할 수 없기 때문이다(김성철 외, 2015). 따라
서 공영방송이 정상적으로 운영되고 발전하기 위해서는 필요한 자금을 제대
로 관리하는 것이 매우 중요하다.

기업이 자금을 관리하는 활동을 재무관리라고 하며, 자금을 어떻게 조달할

것인가, 조달한 자금을 어디에 투자할 것인가, 운영 자금을 어떻게 관리할 것인가, 이익을 어떻게 분배할 것인가 등에 대해 의사결정을 한다. 미디어 기업의 재무관리도 다르지 않다. 그런데 공영방송은 일반적인 미디어 기업이 수행하는 재무관리 활동과는 구별되는 자금관리 활동을 수행할 수밖에 없다. 공영방송의 재무관리를 차별화해야 하는 이유는 다음과 같다.

첫째, 일반 기업이나 미디어 기업이 경영 활동의 결과로 이익을 창출하여 자본을 제공한 투자자나 채권자에게 배당이나 이자 형태로 배분하거나 기업의 자금으로 유보하는 것을 목표로 하는 데 반해, 공영방송은 이익을 추구하기보다는 재원 범위 내에서 공적 가치를 최대한 실현하고자 한다. 미디어 기업의 재무관리 목표는 적정한 이익을 내기 위해 투자 위험을 감수하며, 지속적인 현금흐름을 창출해 기업 가치, 즉 주주의 부를 극대화하는 것이다. 그러나 공영방송은 주주의 부가 아니라 국민의 복지를 극대화하기 위해 재무관리를 한다.

둘째, 공영방송은 재원관리 목표뿐만 아니라 경영 활동에 필요한 자금을 조달하는 방식에서도 일반적인 미디어 기업과는 상당히 다르다. 기본적으로 매출에서 발생한 이익을 유보하거나 고정자산에 대한 감가상각충당금 등을 쌓아 조직 내부에서 자금을 조달하는 과정은 대동소이하다. 그러나 일반 기업이 금융 기관으로부터 자금을 빌리거나 금융 시장에서 직접 증권을 발행하여 자금을 조달하는 반면, 공영방송은 이런 금융을 거의 이용하지 않는다. 그 대신에 공영방송은 필요한 자금 대부분을 공적 재원에서 조달한다.

셋째, 공영방송은 확보한 자금을 투자하는 목적과 대상, 방식에서도 뚜렷하게 차별화된다. 일반 기업은 조달한 자금을 활용한 투자를 통해 수익성과 기업의 가치를 높이려고 한다. 이때 통상적으로 최적의 투자안을 선정하기 위해 다양한 경제성 분석을 시행한다. 다만 미디어 산업에서 경제성을 위주로 투자안을 평가하는 것은 뚜렷한 한계가 있으므로, 콘텐츠의 특성과 장르별 속성을 고려해서 종합적으로 콘텐츠의 가치를 평가하는 모형을 개발하여 활용하기도 한다. 이에 반해 공영방송은 경제성이나 콘텐츠의 상업적인 가치보다는 국가 재난방송의 필요성이나 지역성 등 공적 가치가 투자 의사결정의 주요 기준으로 작동하게 된다. 즉, 공영방송은 조달한 자금을 투자해 공적 가치의 최대화를 추구한다.

넷째, 공영방송은 자금의 상당 부분을 세금이나 수신료 등 공적 재원에 의존하기 때문에 확보한 자금을 단기적인 운영 자금 즉 비용으로 사용하는 경우, 최대한 비용을 절감하기 위해 노력해야 한다. 공적 성격을 띠는 자금을 징수하여 방만하게 비용을 집행하는 것은 기본적으로 공익에 반하는 것이기 때문이다. 그런데 일반 기업은 비용과 수익 간에 일종의 인과관계가 존재한다. 일반적으로 기업에서는 더 많은 수익을 기대할수록 그에 상응하는 일정한 비용의 집행을 추가로 요구하게 된다. 따라서 수익을 올리기 위한 비용은 큰 문제가 되지 않는다. 이와 달리 공영방송은 수익이 아닌 공적 가치를 추구하는 조직이므로 비용의 증가는 공적 가치에 부합되지 않는 한 정당화되기 어렵다.

자금의 조달과 투자, 절감으로 이어지는 공영방송의 재무관리 활동은 공적 가치에 초점을 맞추고 있으므로 일반적인 기업의 재무관리와는 확연히 다르다. 이에 따라 기존 연구에서는 공영방송의 재무관리를 통상적으로 재원관리로 표현해 왔다. 그렇다면 국내 공영방송은 과연 공영방송답게 재원관리 활동을 수행하고 있는 것일까? 공영방송의 재원관리는 크게 보면 공영방송이 필요로 하는 자금을 어떻게 조달하며, 조달한 자금을 어떻게 공적으로 가치 있게 투자하고, 운영 자금(비용)을 어떻게 절감할 것인가에 관한 것이다. 이 장에서는 공영방송의 재원관리를 자금의 조달과 투자, 절감 세 요소의 합으로 보고, 그중에서도 자금의 조달, 즉 수신료를 통한 재원 확보에 초점을 맞춰 주요 해외 공영방송의 재원관리 동향, 국내 공영방송 KBS의 재원관리 상황, 수신료 인상의 역사와 관련 쟁점 그리고 결론을 제시한다.

2. 해외 공영방송의 재원관리 동향

공영방송은 공적인 재원을 활용하여 공익을 위해 운영하는 독립적인 법적 기구로, 세계 50여 개 국가에서 그 사례를 찾아볼 수 있다. 영국의 BBC, 일본의 NHK가 대표적인 공영방송이라고 할 수 있는데, 우리나라의 KBS는 1948년부터 국영방송으로 운영되다가 1973년에 「한국방송공사법」이 제정되면서 공영방송으로 운영되고 있다.

앞서 언급했듯이 공영방송이 공적 재원으로부터 필요한 자금을 조달하는 것은 상업방송과 차별화된 공익적 프로그램을 제공하도록 하고, 공영방송의 보편적인 접근과 다양성을 보장함으로써 공공의 이익을 우선하기 위함이다. 만약 공영방송이 상업적 수입에 의존한다면 시청률과 광고주의 영향에서 벗어나기 어렵고, 국가 예산의 지원을 받는다면 정부나 권력으로부터의 독립성과 중립성을 지키기 어려워진다. 따라서 공영방송이 공적 책무를 제대로 수행하려면 이를 제대로 지원할 공적 재원의 관리가 반드시 수반되어야 한다.

1) 해외 공영방송 재원의 변화 동향

(1) 전통적인 수신료 모델의 변화

미국의 공영방송은 주로 개인의 기부와 기업의 후원을 통해 자금을 조달하기에 안정적으로 재원을 확보하지 못한다. 이에 비해 유럽의 공영방송들은 재원을 대부분 공적 재원에 의존하되 광고와 기타 수익을 포함한 상업적 수익을 일부 더하고 있다. 유럽의 경우 공영방송에 지원되는 공적 재원에서 수신료가 차지하는 비중은 약 60% 정도로 우리나라보다 수신료의 수준이나 비중이 높은 편이지만, 최근에는 다음과 같은 이유로 전통적인 수신료 모델에서 벗어나려는 시도가 계속되고 있다. 첫째, 컴퓨터, 스마트폰, 태블릿 PC 등 다양한 개인 단말기를 통해 라디오와 TV에 접속하는 사람들이 증가하는 미디어 환경에서 TV와 라디오의 소유 여부에 따라 수신료를 부과하는 것은 낡은 방식이다. 둘째, 수신료를 미납하며 마치 무임승차하듯이 공영방송을 이용하는 사람들이 여전히 많다. 셋째, 수신료 부과와 징수에도 현실적인 어려움이 존재한다. 넷째, 사람들의 지불 능력과 상관없이 누구에게나 동등하게 부과되는 수신료가 불공평하다고 보는 시각도 있다. 다섯째, 덴마크 등 일부 국가에서는 공영방송의 독립성을 축소하려는 정부의 의도도 보인다(House of Commons, 2021).

수신료 모델의 변화 중 첫 번째 동향은 수신료 성격의 변화이다. 수신료는 독일, 일본처럼 공공 부담금인 경우가 많은데 우리나라도 헌법재판소에서 수신료를 공영방송 운영을 위한 특별부담금으로 규정했다. 한편 영국은 방송을 수신할 수 있는 면허료 모델로, 프랑스는 과세 모델로 운영된다. 네덜란드, 아이슬란드, 스웨덴, 노르웨이 등이 과세 (국가 예산) 모델로 전환했고, 덴마크도 수신료를 2022년부터 직접 과세로 전환하기로 했다. 덴마크의 경우는 공영방송 DR(Danmarks Radio: 덴마크 방송공사)의 독립성을 축소하려는 정부의 의도로 해석되고 있다.

수신료 부과 대상 역시 변화하고 있다. 우리나라는 수신료의 부과 대상이 TV 수상기로 한정되어 있으나 영국, 프랑스, 일본 등에서는 수신료 부과 대상을 수신 장치, 수신 기기, 수신 설비 등으로 규정해 시청 수단이 다양화된 현실을 반영하고 있다(KBS 이사회 외, 2021). 또한 수신료를 부과하는 유럽의 국가 중 68%에 해당하는 17개 나라가 수신료 대상을 TV 수상기에 한정하지 않고 있다(김국진, 2021). 더 나아가 수신기 이용에 따른 전통적인 수신료 모델을 벗어나 모든 개인이나 세대에 부과하는 새로운 흐름이 나타났는데, 핀란드, 독일, 스웨덴이 이 모델로 전환했다.

전통적인 수신료 모델에서 벗어나 과세 방식으로 수신료의 성격을 바꾸거나, 수신료 부과 대상을 개인이나 세대로 바꿀 경우의 장점은 특정 기기나 미디어 형태에 얽매이지 않고 모든 국민이 수신료를 부담하기에 미납이나 납부 회피가 줄어들 뿐만 아니라 징수 비용을 최소화할 수 있다는 것이다. 게다가 일률적인 수신료보다 더 공정하고 진보적인 제도일 수도 있다. 그러나 수신료가 국가 재정의 틀에 들어가게 되면서 정치적 간섭이나 압력에 더 쉽게 노출될 우려가 있고, 공영방송을 자주 시청하지 않는 사람들을 포함하기 때문에 그들이 저항할 가능성이 있다는 단점도 존재한다.

영국도 TV 수신료 미납금의 지속적인 증가라는 문제에 봉착하여 전통적인 수신료 모델의 대안을 모색하고 있다. 그러나 현재로서는 어느 대안도 수신료 모델을 대체할 만큼 충분히 매력적이지 않고, 수신료 징수 중단에 따른 혼란과 비용도 고려해야 하므로 적어도 다음 칙허장 기간(2028~2038)까지는 수신료 모델이 영국에서 가장 선호되는 방식일 것으로 보인다(House of Commons, 2021).

(2) 공적 재원 의존도를 낮추기 위한 새로운 수익 모델 검토

해외의 공영방송들은 아직까지는 수신료 위주의 공적 재원에 의존하며 수신료 모델의 변화를 모색하고 있지만, 공적 재원만으로는 공영방송 운영에 필요한 자금을 모두 충당하기 어렵다. 더군다나 OTT 등 뉴미디어의 성장에 따라 공영방송 시청률이 감소하고 코로나19 팬데믹 상황이 닥치면서 수신료 인상도 쉽지 않은 상황이다. 예를 들면 일본 NHK는 코로나19 상황에 따른 가계 부담을 덜기 위해 수신료를 인하했는데 2012년, 2019년에 이어 세 번째 인하 조치를 한 것이다. 일본의 수신료는 1981년 월 880엔에서 2014년 월 1310엔까지 네 차례 인상됐으나 최근의 인하 조치로 월 1225엔으로 감소했다(KBS, 2021.4).

최근 유럽의 공영방송들은 수신료를 근간으로 하되 광고와 기타 수익 등을 통해 부분적으로 상업성을 추구하던 기존의 방식을 넘어 공영방송의 수신료 모델을 상당 부분 대체할 수 있는 미래의 수익 모델을 찾기 위해 다양한 모델을 검토·분석하고 있다.

첫째, 광고 수입을 지금보다 늘리는 방안이다. 예를 들면 현재 공영방송의 경우 광고 수입이 줄어들고 있는데, 오히려 적극적으로 광고 수입을 창출하는 전략을 구사하는 것이다. 영국 BBC의 경우 시장 점유율이 TV 32%, 라디오 49%인데, 온라인 서비스에서까지 광고 수익을 창출한다면 최고 27억 파운드 (2021년 11월 기준 약 4조 300억 원) 수준의 연 수입을 기록하여 BBC 수신료 연 37억 파운드(약 5조 8800억 원)에 상응하는 수입을 올릴 수 있을 것으로 기대한다. 그러나 이렇게 공영방송이 광고 위주로 수입 구조를 바꾼다면 결국 민영방송사들과 광고 수입을 놓고 경쟁할 수밖에 없어 경쟁력이 상대적으로 약한 중소 규모 민영방송사의 광고 수입이 감소할 수 있고 공영방송의 공익성도 감소하기 때문에 방송시장 전반에 매우 부정적인 영향을 미칠 것으로 판단된다 (Mediatique, 2020).

둘째, 공영방송이 가입형 구독 모델을 채택하는 것이다. 그러나 공영방송이 구독 모델을 채택하면 시청하지도 않는 공영방송에 수신료를 지불하고 싶지 않다는 젊은 시청자들의 불만은 얼마간 해소할 수 있겠으나 공영방송의 기본 전제인 재난방송이나 보편적 서비스를 포기해야 한다는 근본적인 문제가 따른다. 빈곤 계층이나 사회적 취약 계층이 접근하기 어려운 공영방송이라면 당연히 공적 가치를 잃을 것이고, 가입자만을 위한 방송은 상업화의 위험을 상당히 안고 있기에 구독 모델은 공영방송으로서는 적절한 대안이 아닐 수 있다. BBC는 수신료를 기반으로 지상파 방송 이외에도 인터넷 기반 실시간 온에어 서비스, 아이플레이어iPlayer 서비스, 브릿박스BritBox 서비스를 운영한다. 일주일 이내의 방송 콘텐츠는 아이플레이어의 스트리밍 또는 VOD 서비스에서 무료로 시청할 수 있다. 브릿박스는 유료 구독 서비스이지만 월 6.99달러(약 8330원)의 낮은 이용료를 부과하며, BBC의 실시간 채널과 VOD뿐만 아니라 오리지널 콘텐츠까지 제공한다. 인터넷을 통해 자사의 방송 콘텐츠를 무료로 제공하는 데 적극적임에도 불구하고 BBC는 인터넷 접속이 어려운 국민들이 여전히 존재하기 때문에 인터넷 기반 서비스의 보편성에 대해 고민하고 있다. 따라서 공영방송의 전형인 BBC가 브릿박스와 같은 유료 가입형 구독 모델을 주요 수익 모델로 채택하는 것은 현실적으로 어려울 것으로 예상된다.

셋째, 유튜브와 비슷하게 프리미엄freemium 모델을 시도할 수 있다. 이 경우 기본적인 채널들은 저렴한 수신료나 광고 수입으로 운영하고, 추가적인 온라인 서비스나 채널은 유료 가입을 유도하는 하이브리드 모델을 지향한다. 어찌 보면 이 모델은 공영방송의 보편성과 수익성을 동시에 추구할 수 있을 것 같지만, 수익 창출을 위해 플래그십 채널 또는 콘텐츠들을 가입형 서비스에서 제공한다면 국민들의 외면을 받을 가능성이 농후하다.

요약하면, 해외에서는 공영방송이 공적 재원 부족 문제를 해결하기 위해 전통적인 수신료를 폐지 또는 축소하고 광고나 구독 수익 모델로 전향하기 위해 다양한 모델을 고려하는 데 대해 찬반이 엇갈리고 있다(Edwards, 2020). 그러나 광고는 공중이나 시민보다 시장이나 소비자를 지향하기 때문에, 그리고 구독 모델은 보편적이지도 않고 공영방송의 핵심적 가치와 거리가 있으므로 공영방송의 주요 재원 모델로 선호되기 어렵다(House of Commons, 2021). 결국 상업적 수익 모델이 공적 재원의 조달을 목적으로 한다고 해도, 만약 공영방송의 공적 가치를 훼손한다면 쉽게 수용되지 못할 것으로 보인다.

2) 해외 공영방송의 공적 자금 투자와 비용 집행 동향

적절한 재원을 확보한 공영방송들은 콘텐츠를 제작하고 인재를 유지하며 시청자들을 끌어올 수 있는 서비스에 투자함으로써 제 역할을 한다. 그런데 유럽의 공영방송은 시청자의 이탈과 수신료 감소, TV 광고 수입의 감소 등으로 예산 압박을 받아왔고, 최근에는 이 현상이 코로나19 상황으로 더욱 심해졌다.

해외의 공영방송들은 예산 축소 상황에도 젊은 시청자들에게 다가가고 그들과의 관계를 구축하기 위해 온라인 서비스 제공을 늘리는 데 투자해 왔다. 예를 들면 BBC 이사회는 2019년에 PIT(Public interest test)(공익 테스트)를 실시하면서까지 아이플레이어 서비스를 젊은 감각으로 변경하는 데 투자했다. PIT는

표 8-1 BBC의 재원 투자 및 비용 집행 전략

스마트한 절약자	스마트한 판매자	스마트한 지출자
• '품질 우선'(2010) 수신료가 동결되면서 생산성 향상을 통해 예산 절감과 동시에 더 좋은 서비스를 제공하겠다는 방향성 제시	• 공영방송의 가치를 훼손하지 않는 범위에서 상업적 수익 창출을 위해 노력	• 투자의 전략적 우선순위를 설정하고 업무 및 목표를 빠른 시일 내에 효율적으로 달성
• '경쟁 또는 비교 체계'(2014) 비용 절감의 기준은 작년의 자사가 아닌 현재의 경쟁사와 비교해야 한다는 이념. 시장의 추세를 반영	• 수신료 의존율을 낮추면서 국민들에게 더 나은 공영방송 서비스를 제공하는 추가 재원 제공	• 업무의 우선순위 재조정 • 시청자 니즈를 파악해 시청자 중심의 프로그램 제작 → 수신료 가치 극대화
• '단순화'(2015) 업무 단순화를 통한 예산 절감. 본부 축소, 조직 내 관리 계층 축소, 프로세스 단순화 등	• BBC 스튜디오: 14/15년 대비 매출 63% 증가(16억 파운드, 약 2조 5300억 원)	• 온라인 콘텐츠 소비 경향에 맞춘 아이플레이어 콘텐츠 대거 강화
• '살펴봄'(2017~) 기존의 방식으로는 더 이상의 비용 절감의 여지가 없다고 판단. 서비스 범위 조정을 통한 예산 절감 실행	• 그러나 수익은 1.59억 파운드 (약 2500억 원) 수준으로 BBC 수신료 대비 10% 미만	• 과거 대비 더 저렴한 수신료로 더 많은 서비스를 제공하고 있음 • 2010년 수신료는 현재 물가 기준으로는 178파운드이나 현재 수신료는 157.5파운드
• 그 외 예산 절감 간접비, 부동산 비용, 인력 구조 조정 등		• 경쟁사들에 비해 비용 효율적인 서비스임 - BBC TV: 시간당 9페니(약 142원) - SVoD 서비스(평균): 시간당 50페니(약 792원)

자료: BBC(2021).

BBC의 변화에 따른 가치가 BBC 경쟁자들에게 미칠 수 있는 부작용보다 크다는 것을 입증하기 위한 것이다. 또한 BBC는 2010년부터 2016년까지 수신료를 145.5유로로 동결해 오다가, 2017년부터 매년 수신료를 인상하면서 이에 대한 국민의 반발에 대응하기 위해, BBC가 그동안 지속적인 수익 감소에 대처해 얼마나 스마트한 투자와 비용 집행으로 수신료의 가치를 높였는지를 표 8-1과 같이 체계적으로 설명했다(BBC, 2021).

첫째, BBC는 스마트한 지출자smart spender로서 투자의 전략적 우선순위를 명확히 함으로써 수신료의 가치를 높이고 있다. BBC는 시청자가 원하는 것이 무엇인지, 시청자에게 어떻게 콘텐츠를 제공해야 수신료의 가치를 극대화할 수 있는지 파악하기 위해 소비 행태를 분석했다. 그 결과 온라인에 더 집중해야 한다는 결론을 내리고 아이플레이어 콘텐츠를 강화했다. 또한 브이로그, 팟캐스트 등 온라인 매체들을 더욱 적극적으로 활용하고 있다.

둘째, BBC는 공영방송으로서 스마트한 절약자smarter saver가 되기 위해 노력하고 있다. 스마트한 절약자란 시청자들이 지불한 수신료를 헛되이 쓰지 않고 효율적으로 관리하여 시청자들에게 돌아갈 수 있게끔 노력한다는 뜻이다. BBC는 비용 절감을 적극적으로 추진해 왔다. 이를 대표하는 사례로는 2010년 '품질 우선', 2014년 '경쟁 또는 비교 체계', 2015년 '단순화' 프로그램 등이 있다. '품질 우선' 프로그램은 2010년부터 2017년까지 연간 7억 파운드(약 1조 1072억 원)의 비용을 절감하는 것이 목표였는데 성공적으로 달성됐다. 2014년 부터 실행한 '경쟁 또는 비교 체계' 프로그램의 핵심은 BBC의 비용 절감의 비교 대상이 과거의 BBC가 아닌 현재 경쟁사가 되어야 한다는 것이다. BBC는 2017년, 전체 원가의 94%에 대해 경쟁사들과 비교 평가를 시행했다. 2015년에 시행된 '단순화' 프로그램은 TV 수신료를 납부하는 가구 수의 증가 속도가 둔화되면서 추가적으로 예산을 절감하기 위해 도입되었고, 본부 수 축소, 조직 내 관리 계층 축소, 업무 프로세스 단순화 등 업무 단순화를 통해 예산을 절감했다. BBC는 기존 방식으로는 더 이상 비용을 절감할 여지가 없다고 판단하고 BBC 간판 프로그램인 〈베이크 오프The Great British Bake Off〉의 방영권을 채널 4에 넘겨주고, BBC3 채널을 온라인 전용으로 전환하는 결정을 내렸다. BBC는 이 외에도 다양한 측면에서 예산 절감을 추진하고 있다. 전기세, 보험료, 복리 비용 등 프로그램 제작 및 편성에 무관한 간접비가 전체 지출의 4.8%로, 업계 평균에 비해 매우 낮은 수준으로 유지되고 있다. 이를 위해 사무 공간의 면적을 줄이거나 사무실을 대여하는 등 지출 금액을 최소화하고 있다. 2010년

대비 현재 간부 직원의 수는 절반 이하로 감소했고, 2021년 3월까지 800명을 감축하겠다는 목표도 달성했다.

마지막으로 BBC는 공영방송의 가치를 훼손하지 않는 범위에서 스마트한 판매자smarter seller로서 상업적 수익 창출을 위해 노력하고 있다. 비록 BBC의 상업적인 수익은 수신료의 10% 미만에 불과하지만, 재원의 수신료 의존율을 낮추면서 국민들에게 더 나은 공영방송 서비스를 제공하기 위한 추가 재원이 되고 있다.

3. 우리나라 공영방송 재원관리의 적정성

1) 우리나라 공영방송 재원의 적정성

우리나라의 공영방송 KBS의 경우, 외부에서 재원을 조달하는 방식은 크게 수신료 수입, 광고 수입, 기타 수입으로 나뉜다. 특별부담금으로 규정된 우리나라의 수신료는 1963년부터 TV 수상기를 대상으로 월 100원씩 징수하기 시작해 이후 1980년까지 여섯 차례에 걸쳐 800원으로 인상했고, 1980년 컬러TV 방송이 시작되면서 이듬해인 1981년에 컬러TV 수신료로 월 2500원이 따로 책정되어 현재까지 40여 년째 유지되고 있다. 수신료 수입은 전반적으로 조금씩 증가하는 추세를 보여왔다. 2020년에는 징수 대수가 32만 대로 증가해 전년 대비 85억 원이 늘어난 6790억 원이 됐다. 이 금액 중 2.79%인 190억 원이 EBS에 지원되었고(수신료 2500원 중 70원), 9.75%인 662억 원이 수신료 위탁 징수기관인 한전에 징수 비용으로 지급됐다. 2020년 KBS에 지원된 수신료는 수신료 수입의 87.45%인 5938억 원이다(KBS 이사회 / 공적 책무와 수신료 공론화위원회, 2021.5).

수신료가 KBS 전체 수입에서 차지하는 비중은 47%로, 유럽 공영방송들에

표 8-2 2018~2020년 KBS의 수입 구조

(단위: 억 원)

구분	2018			2019			2020		
	예산	실적	집행률	예산	실적	집행률	예산	실적	집행률
수입	15,714	14,758	93.9%	15,600	14,566	93.4%	15,558	14,342	92.2%
수신료 수입 (비중)	6,542 (42%)	6,595 (45%)	100.8%	6,656 (43%)	6,705 (46%)	100.7%	6,803 (44%)	6,790 (47%)	99.8%
광고 수입 (비중)	4,060 (26%)	3,328 (23%)	82.0%	3,750 (24%)	2,548 (17%)	67.9%	2,854 (18%)	2,319 (16%)	81.3%
기타 수입 (비중)	5,112 (33%)	4,835 (33%)	94.6%	5,194 (33%)	5,313 (36%)	102.3%	5,901 (38%)	5,233 (37%)	88.7%

자료: KBS(2021.6).

비하면 낮은 편이다. 이보다 더 큰 문제점은 유럽의 공영방송들이 수신료의 성격을 바꾸거나, 수신료의 부과 대상을 개인이나 세대로 바꿔 전통적인 수신료 모델에 변화를 꾀하는 것과 달리 KBS는 여전히 과거의 수신료 모델에 머물러 있다는 것이다. KBS가 수신료의 성격, 수신료 부과 대상, 수신료 징수 방법 등에서 혁신을 전혀 시도하지 못하고 그저 수신료를 인상하려는 시도만 해온 점이 상당히 아쉬울 수밖에 없다.

표 8-2에서 볼 수 있듯이 KBS의 광고 수입은 미디어 환경의 변화에 따라 인터넷, 모바일 미디어, 1인 미디어가 성장하고 지상파 시청률이 감소하면서 급격히 감소하고 있다. 2018년 KBS의 광고 수입은 3328억 원으로 전체 수입의 23%를 차지했으나 2019년에는 2548억 원으로 감소했고 2020년에는 2319억 원으로 감소하여 전체 수입에서 차지하는 비중이 16%로 축소됐다. 어찌 보면 KBS 광고 수입의 급격한 하락은 KBS의 상업적 정체성 증가 문제를 불식할 기회가 될 수도 있다. 그러나 현실은 그렇지 않다.

KBS의 기타 수입은 전파료, 국고금, 콘텐츠 판매, 협찬금, 캠페인 등 기타 방송 사업 수입, 시청자 사업 수입 등으로 구성되는데, 유료방송 플랫폼에 대한 콘텐츠 판매 수입이 증가하면서 매년 조금씩 늘고 있으며, 그 비중 또한 증가하고 있다. 2018년에 KBS의 기타 수입은 4836억 원으로 전체 수입의 33%를 차지했으나 2019년에는 5313억 원으로 증가했고, 2020년에는 5233억 원으로 증가해 수입에서 차지하는 비중이 37%로 확대됐다.

KBS의 기타 수입 중 콘텐츠 판매가 증가하고 있다. 실제 KBS가 유료방송 플랫폼 사업자들에게 재송신 대가로 받는 재송신 매출액이 2018년을 기점으로 1000억 원을 넘어섰다. 현재 KBS의 직접수신율은 2020년 기준으로 전체 가구의 2.6%에 불과하다(뉴스1, 2021). 즉, 시청자가 무료 지상파로 KBS 채널을 직접 수신하는 경우는 거의 없고 대부분 유료방송을 통해 시청한다는 것이다. 따라서 무료의 보편적 서비스를 지향해야 하는 수신료 기반의 KBS가 콘텐츠 재송신 대가 수입을 빠르게 늘려가는 것은, 수신료 인상이 막혀 있고 광고 수입이 감소하는 KBS의 현실을 감안하더라도 보편적 서비스 등 공영방송의 정체성에 반하는 것이고, 유럽의 공영방송들이 우려하는 것처럼 공영방송의 공영성을 상당히 훼손하는 일이다. 또한 공영방송이 수신료 혜택을 받으면서 콘텐츠 재송신을 통해 상업적 이윤을 창출하는 것을 민영방송 사업자 입장에서는 불공정 특혜로 볼 수도 있다(최영묵 외, 2012).

결국 우리나라의 공영방송, 구체적으로는 KBS는 재원 조달 측면에서 구조적으로 심각한 문제점이 있는 것으로 분석된다. 앞서 언급했듯이 KBS는 해외 공영방송에 비해 다소 과도한 비수신료 수익 모델, 특히 콘텐츠 판매 수입에 의존하고 있다. 수신료 인상이 어려운 상태에서 공적 재원의 부족을 메우기 위한 목적이라고 해도 콘텐츠 판매 수입의 증가는 기본적으로 보편성 등의 공적 가치를 훼손할 수밖에 없다. 공영방송은 조달한 재원을 투자해 이익이 아닌 공적 가치를 최대화하는 것이 소명이기 때문에 재원의 상당 부분을 국민이 부담하는 공적 재원에 의존하는 체제로 가는 것이 공영방송의 발전과 시청자 복지를 위해 바람직할 것으로 보인다. 단, 공적 재원의 비중을 늘리기 전에 공적 재원의 성격에 대해, 특히 수신료의 성격에 대해서는 해외의 동향을 고려하여 개혁적인 변화를 모색해야 할 것으로 판단된다.

2) 우리나라 공영방송의 공적 자금 투자와 비용 집행의 적정성

공영방송 KBS가 보편적 서비스를 실현하려면 시청자가 무료로 KBS의 콘텐츠를 시청할 수 있어야 한다. 전체 가구의 2.6%만이 지상파로 KBS1과 KBS2를 시청하는 상황이므로 KBS는 무료 OTT 서비스에 대한 투자를 우선해야 하지만, 현실적으로는 유료 OTT 서비스인 웨이브Wavve에 투자하고 콘텐츠 판매 사업에 역점을 두면서 역주행하는 모습을 보이고 있다.

KBS는 무료 OTT 서비스로 'KBS my K'를 운영하고 있다. 그러나 실시간 채널은 제공하는 반면, 무료 다시 보기는 전편이 아닌 3~5분 분량의 영상 클립만 허용한다. 그 이유는 KBS가 주주로 참여하는 유료 OTT 서비스인 웨이브를 배려했기 때문이다. 유럽의 공영방송들이 TV 방송뿐만 아니라 OTT 서비스를 통해 시청자들에게 무료로 콘텐츠를 제공하는 것과는 달리 KBS는 수신료를 징수하고 있음에도 온라인에서 보편적인 무료 서비스를 제공하지 않는다. 표 8-3에 따르면 공영방송인 KBS의 콘텐츠는 시청자가 접근할 수 있는 거의 모든 플랫폼에서 무료가 아닌 유료로 제공되고 있다. 즉, 우리나라 시청자들은 수신료를 부담하면서도 KBS의 콘텐츠를 시청하기 위해 유료방송이나 OTT 서비스에 가입하거나 유료방송 플랫폼에서 VOD 콘텐츠를 단편 또는 정액제로 구매해야 한다.

표 8-4를 보면 시청자가 IPTV를 통해 KBS 콘텐츠를 시청할 경우에 부담해야 하는 월평균 비용을 파악할 수 있다. 지상파 방송 직접 수신은 사실상 일반 시청자에게 현실적인 대안이 아니므로 IPTV 서비스에 가입하면 월평균 2만 5264원을 지불해야 한다. 이 경우 IPTV를 통해 KBS 채널을 시청할 수 있다. 그런데 방송 시간을 놓쳐서 다시 보기를 원하면 VOD 프로그램을 단편으로 구매하거나 KBS 월정액 서비스에 가입해야 한다. 한 달에 한 편만 다시 보기를 한다면 시청자가 부담하는 이 월평균 비용은 2만 7464원, KBS 월정액을 선택한다면 월평균 비용은 3만 4064원에 이른다. 물론 IPTV 서비스에 가입해서

표 8-3 플랫폼별 KBS 콘텐츠 이용 조건

콘텐츠성	구분	서비스명	제공 방식	서비스(회원) 가입 의무 여부	비용	주요 내용
상	웹/앱	KBS 공식 홈페이지(My K)	AVOD	×	일부만 무료	• KBS 라이브 온에어는 KBS 공식 홈페이지(My K)에서 무료로 제공 • VOD 다시 보기 서비스: 공식 홈페이지(My K)의 다시 보기는 일부 시/교양에 한해 즉시 무료 제공, 대다수 예능/드라마는 3분 미리 보기만 제공하고 후 3주 이후 무료 제공
	웹/앱	KBS News	VOD	×	무료	• KBS 콘텐츠를 공식 홈페이지(My K)에서 3주 이내에 시청하기 위해서는 3분 미리 보기 종료 후 나오는 안내 페이지를 통해 페이지를 통해 유료 가입해야 이용 가능
	OTT(웹/앱)	웨이브(Wavve)	SVOD	○	유료	• 베이식 7,900원/스탠다드 10,900원/프리미엄 13,900원 요금제 가입 후 (KBS) 콘텐츠를 무제한 시청 • 라이브 콘텐츠의 경우 회원 가입만 하면 무료로 시청 가능
	IPTV(TV/앱)	KT(올레TV)	TVOD/SVOD	○	유료	• KBS 콘텐츠 구매 및 서비스 가입을 통해 콘텐츠 시청 가능 콘텐츠 단건 구매: 2,200원 지상파(KBS, MBC, SBS) 월정액: 14,300원
	IPTV(TV/앱)	SKT(BTV)	TVOD/SVOD	○	유료	
	IPTV(TV/앱)	LG U+	TVOD/SVOD	○	유료	
	OTT(웹/앱)	네이버TV	AVOD	×	클립 영상만 무료	• (연결된) 클립 영상만 무료로 제공 그 외 드라마, 예능 등의 풀 콘텐트는 제공하지 않고 있음
중	OTT(앱)	올레TV 플레이	TVOD/SVOD	올레TV 연결 필요	유료	
	OTT(앱)	SKT BTV 모바일	TVOD/SVOD	BTV 연결 필요	유료	
	OTT(앱)	U+ 모바일 TV	TVOD/SVOD	○	유료	• 각 OTT 서비스 특징에 따라 TVOD 혹은 SVOD 방식으로 콘텐츠 제공 (모두 유료 콘텐츠) • 유튜브에서도 KBS가 직접 운영하는 채널에서 유료로 풀 콘텐트 시청 가능 예) KBS 드라마 클립하우드 - 1단계(시즌): (월)1,990원 / 2단계(KBS 명작): (월)2,990원
	OTT(앱)	시즌(Seezn)	TVOD/SVOD	○	유료	
	OTT(웹/앱)	왓챠(Watcha)	SVOD	○	유료	
	OTT(웹/앱)	티빙(Tving)	SVOD	○	유료	
	OTT(웹/앱)	구글플레이		○	유료	
하	OTT(웹/앱)	넷플릭스	SVOD	○	유료	
	OTT(웹/앱)	유튜브	AVOD/SVOD	×	유료	
	OTT(웹/앱)	네이버 시리즈온	TVOD	○	유료	
	OTT(웹/앱)	카카오페이지	TVOD	○	유료	

표 8-4 IPTV를 통한 KBS 콘텐츠 시청에 드는 월평균 비용

절차	구분	올레TV	BTV	U+ TV	평균 비용
1. IPTV 가입 및 설치	기본 요금제(월)	11,000원	6,600원	10,890원	9,497원
	셋톱박스 임대료	2,200원	2,200원	3,300원	2,200원
	IPTV 설치비 (출동비)	27,500원	6,600원	6,600원	13,567원
2. 콘텐츠 구매 및 서비스 가입	단편 구매	2,200원	2,200원	2,200원	2,200원
	KBS 월정액	8,800원	8,800원	8,800원	8,800원
	지상파 월정액	-	14,300원	14,300원	14,300원
합계		단편 구매: 42,900원 KBS 월정액: 49,500원	단편 구매: 17,600원 KBS 월정액: 24,200원	단편 구매: 22,990원 KBS 월정액: 29,590원	단편 구매: 27,464원 KBS 월정액: 34,064원

KBS의 콘텐츠만 시청하는 것은 아니지만, 어쨌든 특별부담금인 수신료를 강제로 내는 국민들이 공영방송의 콘텐츠를 시청하기 위해 추가로 여러 단계를 거쳐 비용을 부담하는 것은 KBS의 수입 증대에는 도움이 되겠지만, 공영성이나 시청자의 복지에 역행하는 것으로 판단된다.

또한 공영방송 KBS는 재난방송 주관사로서 재난 상황에 대한 정보를 정확하고 신속하게 제공할 의무가 있다. KBS는 보도본부 내에 재난방송센터를 신설하고 코로나19 통합 뉴스룸을 가동하는 등 재난방송 주관사로서의 책무를 감당하고 있으나, 재난 상황이 발생할 때마다 제대로 대처하지 못한 적이 많다. 이는 결국 공영방송인 KBS가 재난방송 인프라나 시스템에 제대로 투자하지 않고 있다는 것을 나타낸다.

KBS는 장애인 등 사회적 약자, 북한 및 북한 동포, 해외 동포 및 한국 문화의 세계화를 위한 방송을 운영하는 등 공영방송으로서 사회 통합과 민족 동질성 확보를 위해 노력해 왔다. 그러나 이와 달리 공영방송의 정체성을 훼손하는 상업적인 의사결정으로 시청자의 복지를 감소시킨 경우도 많다. 예를 들

면, 코로나19 사태로 인해 1년 연기되어 열린 2020년 도쿄 올림픽 경기를 중계한 국내 지상파 방송사 3사는 고질적인 중복 중계의 폐단을 재차 답습했다. 여러 종목의 경기가 동시다발로 열리고 있는 상황에서 세 개의 채널이 같은 종목의 경기를 중복하여 편성해서 방송한 것은 시청자의 선택권을 박탈하고 전파를 낭비한 것으로 평가할 수 있다. 특히 공영방송인 KBS가 광고 수입을 고려해서 인기 종목 경기를 중복해서 방송한 것은 다양한 콘텐츠를 배려해야 하는 공영방송의 정체성에서 벗어난 행위이며 올림픽 정신에도 반하는 것이다.

상기한 몇 가지 사례를 근거로 요약하면 KBS는 확보한 공적인 재원, 특히 수신료를 투자하는 목적과 대상에서 공영방송다운 모습을 보여주지 못하고 있는 것으로 판단된다. 그런데 만약 공영방송이 재원의 투자 측면에서 공영방송답지 못하다면 민영방송이나 미디어 기업들과 차별화될 수 없고 따라서 수신료를 징수할 근거도 명분도 사라질 수밖에 없다.

한편, KBS는 수입 감소에 대응하기 위해 비용을 줄이려는 노력을 기울여 2020년에는 총비용이 1조 4015억 원으로서 전년 대비 535억 원 감소했다. 사실 2018년부터 2020년 사이에 KBS의 비용은 조금씩 감소하는 추세를 보였다 (표 8-5 참조). 문제는 KBS 비용의 가장 큰 비중을 방송 제작비가 차지하고 있다는 점이다. 방송 제작비는 KBS 전체 비용의 50% 이상을 차지하고 있는데 방송 제작 원가가 상승하고 최저임금이 인상되는 등 경직성 경비가 증가하면서 비용 절감이 쉽지 않은 형편이다.

그렇다면 KBS는 과연 공영방송답게 수신료 등으로 조달한 자금을 비용으로 집행할 때 효율적으로 절감하고 있을까? 2018년부터 2020년 사이에 KBS는 감가상각 대상 자산을 감소시켜 감가상각비를 다소 줄였고, 코로나19 사태로 각종 행사가 취소되면서 사업 경비도 감소했다. 그러나 비상경영계획 등 KBS의 자구 노력 선언에도 불구하고 실제적인 비용 절감 효과는 크지 않았다. 예를 들면, KBS의 인건비는 2018년에 5235억 원으로 전체 비용의 35%를 차지했다. 2019년에는 인건비가 5286억 원으로 다소 증가했다가 2020년에 5157억

표 8-5 2018~2020년 KBS의 비용 구조

(단위: 억 원)

구분	2018			2019			2020		
	예산	실적	집행률	예산	실적	집행률	예산	실적	집행률
비용	15,680	15,079	96.2%	15,597	14,541	93.2%	15,555	14,015	90.1%
1. 사업경비	8,459	7,973	94.3%	8,313	7,506	90.3%	8,394	7,021	83.6%
(비중)	(54%)	(53%)		(53%)	(52%)		(54%)	(50%)	
2. 판매수수료 및 법정지원금	1,312	1,193	90.9%	1,272	1,056	83.0%	1,180	1,073	90.9%
(비중)	(8%)	(8%)		(8%)	(7%)		(8%)	(8%)	
3. 인건비	5,258	5,235	99.6%	5,354	5,286	98.7%	5,354	5,157	96.3%
(비중)	(34%)	(35%)		(34%)	(36%)		(34%)	(37%)	
4. 감가상각비	503	536	106.6%	517	532	102.9%	500	511	102.2
(비중)	(3%)	(4%)		(3%)	(4%)		(3%)	(3%)	
5. 사업 외 비용	148	142	95.9%	136	161	118.4%	127	172	135.4%
(비중)	(1%)	(1%)		(1%)	(1%)		(1%)	(1%)	
6. 예비비	5	0	0.0%	5	0	0.0%	0	0	0
(비중)	(-%)	(-%)		(-%)	(-%)		(-%)	(-%)	(-%)
7. 법인세 비용	13				9			81	
(비중)	(-%)				(-%)				(1%)

자료: KBS(2021.6).

원으로 약간 감소했으나 오히려 전체 비용에서 인건비가 차지하는 비중은 37%로 상승했다. 영국 BBC의 인건비가 전체 영업 비용의 21%에 불과하다. 단순 비교는 어렵지만 국내 타 지상파 방송사인 MBC와 SBS의 인건비 비중이 각각 22%, 15% 수준인 점을 고려하면 KBS의 인건비 비중은 여전히 과다한 것으로 판단된다(오형일 외, 2020).

이와 같은 KBS의 모습을 BBC와 비교하면 KBS는 확보한 수신료 재원을 스마트하게 절약한다는 측면에서 상당히 미흡한 것으로 보인다. 물론 BBC가 전세계 공영방송의 대표도 아니고 모든 공영방송이 BBC와 같을 수도 없다. 그러나 BBC가 공영방송의 모범 사례인 것만은 사실이다. BBC는 지난 10년 이상 수신료의 가치를 국민에게 입증하기 위해 스마트한 투자자, 절약자, 판매자가 되려고 노력했다. 반면에 KBS는 이러한 노력과 성과가 부족했고 KBS 경영진과 노조, 지배구조를 책임지는 이사회 구성원들 그 누구도 이러한 과정을 국민에게 알리고 설득하는 체계적인 활동을 거의 보여주지 못했다. 따라서 KBS의 재원 문제는 재원의 조달뿐만 아니라 재원관리의 다른 두 요소인 적정한 투자와 비용 절감 측면에서도 근본적인 고민이 필요할 것으로 보인다.

4. 공영방송 재원관리와 수신료 인상

지금까지 우리나라 공영방송의 재원관리 문제는 주로 재원의 조달 그것도 수신료 인상 문제에만 초점이 맞춰져 있었다. 우리나라 수신료 인상의 역사와 최근의 수신료 인상 움직임을 둘러싼 쟁점을 정리하면 다음과 같다.

1) 우리나라 수신료 인상의 역사

"수신료의 가치, 감동으로 전합니다."

2010년대부터 뉴스, 예능 등 프로그램의 장르를 가리지 않고 KBS 프로그램에서 쉽게 찾아볼 수 있는 홍보용 문구이다. 일부 인터넷 커뮤니티에서는 KBS가 국민의 눈높이에 맞지 않는 낮은 질의 프로그램들을 송출했을 때 "이게 너희들이 말하던 수신료의 가치"냐며, 이 문구 자체가 인터넷상의 새로운 밈 meme으로 활용되기도 했다. 이처럼 일부 국민이 공영방송, 특히 수신료를 징수하는 KBS에 대해 느끼는 감정은 단순한 비호감을 넘어선다. TV 수상기가 없는 가구가 늘어난 탓도 있겠지만, 2020년에 KBS 수신료를 환불받은 가구 수는 역대 최다인 3만 6273가구로 집계됐다.

이미 1980년대부터 수신료 인상 거부운동은 있었다. 당시에는 정부에 의한 언론 통제가 자행되고, 자체 생산 콘텐츠가 아닌 외국 콘텐츠들로 거의 모든 방영 시간을 채웠으며 거기에 상업광고까지 난무했다. 당시로서는 거금인

2500원을 수신료로 징수한다는 것에 국민의 불만이 커지면서 1986년에 'KBS TV 시청료 거부 국민운동본부'가 발족했고 제1야당 신한민주당이 이에 동참해 'KBS 뉴스 안 보기 운동'을 전개했다. 그러나 이러한 목소리에 크게 힘이 실리지는 않았다. 그 이유는 공영방송이 일종의 필수재였기 때문이다.

2000년대 초반까지 공영방송은 지상파 방송이라는 독점적 지위로 얻는 막대한 광고 수입으로 인해 수신료를 인상할 필요성을 크게 느끼지 않았다. 그러나 케이블TV가 성장하면서 지상파 방송사들의 광고 매출이 감소하고, KBS의 방만 경영이 지속되면서 KBS는 2004년에 최초로 608억 원의 적자를 기록했다. 발등에 불이 떨어진 KBS는 광고 매출로만 재원을 확대할 수 없음을 인식하고, 처음으로 수신료 인상을 시도하게 된다. 2004년에 정연주 KBS 사장이 수신료 인상 필요성을 제기했으나 반대 여론 등으로 중단되었다. 3년 후인 2007년에서야 월 4000원, 광고 재원 33% 이내 '축소'를 골자로 하는 수신료 인상안이 방송위원회를 통과해 국회에 상정되지만 의결되지 못하고 계류하다가 2008년 5월 30일 제17대 국회의 임기가 만료되면서 자동으로 폐기됐다.

이 과정에서 2004년에 감사원이 "KBS가 공영방송으로서 독립성과 자율성을 확보하고 방송의 공정성과 공익성을 구현하는 등 그 공적 책임을 충실히 이행하기 위해서는 「방송법」 제56조에서 규정하고 있는 바와 같이 KBS의 경비는 수신료로 충당하되 부족액이 발생하면 공영성을 침해하지 않는 범위에서 광고 수입으로 충당하는 것이 바람직하다"라는 내용의 KBS 감사 결과를 발표했다. 이 감사 보고서에서 감사원은 "수신료가 30년간 동결되어 KBS 운영 재원 해결에 한계가 있으므로 불필요한 조직과 인력을 줄이는 등 적극적인 구조조정과 경영 합리화를 선행한 뒤 부족한 재원은 수신료를 인상하거나 제한적인 광고 수입으로 충당하는 것이 합리적"이라고 명시했다. 또한 "KBS 2TV 광고방송을 축소하고 과다한 상위직 축소, 전문직의 정원 내 운영, 지역 방송국의 과감한 통폐합 등 실효성 있는 구조조정을 추진한 후, 재원 부족 시 수신료를 적정 수준으로 인상하는 방안을 검토"할 것을 구체적인 개선 방안으로 권고했다. 이때부터 관념적 논의에만 머물렀던 KBS 경영 합리화와 구조 개혁 문제가 수신료 인상 문제와 맞물려 수면 위로 부상하게 됐다.

　이명박 정부가 출범한 이후 KBS는 2009년 11월에 '신KBS 블루프린트'라는 컨설팅 결과를 토대로 다시 한번 수신료 인상을 추진했다. 광고를 전면 폐지하고 월 6500원으로 수신료를 인상하는 방안과 19.7% 이내의 상업광고 수입을 유지하고 월 4600원으로 인상하는 두 방안이 이사회에 상정되었다. 그 인상 이유로 디지털 전환 대비, 공적 책무 강화를 통한 공영방송 위상 회복 등이 제시됐다. 이 인상안은 2010년 6월에 방송통신위원회에 상정되고 2012년 2월에 3500원으로 인상하는 안이 의결되어 국회에 제출됐으나 이 이슈가 정치적으로 쟁점화되면서 본회의에 상정되지 못했고 제18대 국회가 종료되면서 2010년 수신료 인상안은 자연스럽게 폐기되고 만다.

　2013년에 다시 한번 새 정부가 들어서며 또 한 번의 수신료 인상이 추진됐다. 광고 매출은 감소했고 디지털 전환 비용으로 지출은 계속해서 증가했으나 방만 경영은 개선되지 않아 결국 2013년 상반기까지 누적 차입금이 3042억 원에 달했다. 부족한 재원을 콘텐츠 판매, 경영 효율화 등으로는 해결하기 어렵다고 결론을 내린 KBS는 2013년에 '수신료현실화추진위원회'를 구성하고, 7월 3일 KBS 이사회에 '수신료 인상안'을 상정했다. KBS 이사회는 12월 10일에 1500원이 인상된 월 4000원 수신료 조정안을 의결했다. 그런데 국회에 제출된 KBS 수신료 인상안은 2014년 3월 28일에 발표된 감사원의 KBS 감사 결과와 4월 16일에 발생한 세월호 참사로 다시 국회에서 좌초됐다. 감사원 보고서에서는 KBS 재정 압박의 원인이 방만한 경영이라는 내부적 요인에 있다는 점을 지적하면서 2004년 감사에서 지적되었던 문제들, 즉 자의적 성과급 지급, 고위직 인력 과다, 편법에 의한 임금 인상 등이 여전히 개선되지 않고 도리어 심화된 것을 경고했다.

　KBS는 2021년에 다시 수신료 인상을 추진하고 있다. 6월 30일 KBS 이사회에서 수신료를 2500원에서 3800원으로 인상하는 안이 의결됐다. KBS는 이 인상안이 사회적인 논의와 정책적·법률적인 검토를 거쳤다고 설명하면서, 인력을 감축하는 등의 조치를 통해 비용을 절감하고 콘텐츠 판매 등을 통해 부가수입을 확대하겠다는 계획도 발표했다.

2) 수신료 인상 관련 쟁점

KBS 이사회를 통과한 수신료 인상안은 방송통신위원회에 제출됐는데, 방송통신위원회가 의견서를 첨부해 국회로 보내고 이후 국회 본회의 의결을 거쳐야 최종 확정된다. 그런데 KBS의 바람과는 달리 수신료 인상에 대한 여러 이해관계자의 반응은 호의적이지 않다. 그 이유는 무엇일까?

첫째, KBS가 상업적 정체성을 향해 역주행하면서 공영방송 KBS의 가치가 상당히 훼손됐다. 즉, 보편적 서비스, 재난방송 대응, 콘텐츠 다양성 등 KBS의 공영성이 약화된 상태에서 KBS가 수신료 인상을 통해 공적 재원의 증대를 추구하는 것은 이율배반적이다. KBS는 "새로운 방송서비스에 대한 기대와 재난방송 등의 공적 책무 확대를 위한 재정 수요는 갈수록 증가하나 광고 수입이 급락하는 상황에서도 수신료 재원의 정체 속에 상업적 수입에 대한 의존도는 오히려 심화되는 상황"이라고 수신료 인상의 필요성을 설명하고 있으나, 이 설명은 그동안 KBS가 어려운 상황에도 공적 서비스에 충실하기보다는 상업적 경쟁에 매몰됐음을 오히려 강조하고 있다. 따라서 공영방송 KBS는 '선先공적 재원 확충, 후後공영성 추구'가 아닌 '선先공영성 회복, 후後공적 재원 확충'의 자세로 수신료 인상에 임해 수신료 인상의 정당성을 확보해야 한다.

둘째, KBS는 인상된 수신료 공적 재원을 어디에 투자할 것인지 제대로 제시하지 못했다. 앞서 분석했듯이 현재 KBS는 확보한 재원의 투자 목적과 대상 설정에서 공영방송다운 모습을 보여주지 못하고 있다. 예를 들면 KBS가 보편적인 공영방송이라면 우리나라 시청자들이 수신료를 부담하면서도 KBS의 콘텐츠를 시청하기 위해 유료방송이나 OTT 서비스에 가입하거나 유료방송 플랫폼에서 VOD 콘텐츠를 구매해야 하는 문제를 먼저 해결해야 한다. 그러나 KBS는 수신료 인상안에서도 무료 OTT 서비스 계획은 제시하지 않았다. 이와 같이 수신료로 조달되는 재원이 공적 가치의 대상에게 제대로 투자된다는 전제가 없다면 KBS 수신료 인상에 동의하기 어렵다.

셋째, KBS는 재원관리의 세 가지 요소 중 비용 절감에도 실패하고 있으면서 이를 공적 재원 조달로, 즉 수신료 인상이라는 국민에게 부담을 안기는 방식으로 해결하려고 한다. 이는 공적 가치를 최대화한다는 공영방송의 존재 이유에 부합하지 않는 것이며, BBC 등 해외의 공영방송의 스마트한 절약자라는 흐름에 반하는 것이기도 하다. 앞서 언급한 대로 KBS의 구조 개혁과 경영 합리화 문제는 수신료 인상이 처음으로 시도된 2004년으로 거슬러 올라간다. 그러나 그때부터 지적된 지나친 고임금 구조, 예산의 합리성과 투명한 재정 운용 미비 등의 문제는 여전히 시정되지 않고 있다. 2004년 감사원의 지적 사항이 2013년 감사 결과에서도 반복됐다. 2021년 현재도 해외 공영방송이나 국내 지상파 방송사에 비해 인건비 비중이 높은 문제는 해결되지 않고 있다.

넷째, 국민에게 징수하는 특별부담금을 인상하는 수신료 인상안인데도 국민을 이해시키고, 국민적 동의를 제대로 받으려는 노력을 보이지 않았다. BBC처럼 수신료의 가치를 제고하려는 노력을 하지 않았고 수신료의 가치를 정당화하는 자료와 보고서를 제시하지도 못했다. 이렇다 보니 KBS가 제시한 수신료 인상 근거나 금액에 대한 국민의 불신도 적지 않다. 수신료 인상액은 합리적인 근거가 없으므로, 국민의 준조세 저항과 정치적 계산을 고려해 산출된 것으로 볼 수밖에 없다. 실제로 지금까지 KBS 이사회에서 의결했던 수신료 인상 액수는 합리적으로 계산된 것이 아니라 정치적인 타협이 가능한 범위에서 합의된 것으로 보아야 한다.

다섯째, KBS의 수신료 인상 문제가 정치적으로 쟁점화가 되고 있다는 사실이다. 지금까지 있었던 수신료 인상 시도는 대부분 정권이 바뀌고 나서 이뤄졌다. 국민이 피로감을 느끼는 부분은 이 사안의 관련자들이 정파적 입장에 따라 계속해서 찬반 의견을 바꾸고 있다는 점이다. 공영방송 문제가 여야 간 정파적 다툼의 대상에 머무르는 한 수신료 인상을 포함한 문제의 해결은 요원할 것으로 보인다.

여섯째, 수신료 인상 문제는 단순히 KBS만의 문제가 아니라 또 다른 공영방송인 EBS를 배려하는 관점에서 균형 있게 접근해야 한다. EBS는 KBS 수신료 인상안이 통과돼도 수신료 3800원 중 190원만 EBS 몫이 된다면서 EBS에 배분되는 수신료를 현재 70원에서 700원으로 확대할 것을 요구하고 있다. 사실 현재 EBS는 한국전력공사가 받는 위탁수수료 168원보다 훨씬 적은 금액을 수신료에서 지원받고 있다. 코로나19 사태 이후 비대면 교육시스템 보완 등 교육공영방송의 기능을 강화하기 위해서는 EBS의 재원 확충도 필요한 것으로 보이므로 수신료 인상 문제는 단순히 KBS만의 문제가 아닌 전체 공영방송의 문제로 보아야 한다.

5. 맺음말

공영방송의 재원관리는 크게 보면 공영방송이 필요로 하는 자금을 어떻게 조달하며, 조달한 자금을 어떻게 공적으로 가치 있게 투자할 것인가. 그리고 운영 자금(비용)을 어떻게 절감할 것인가에 관한 것이다.

해외의 공영방송들은 공적 재원에서 필요한 자금을 조달하기 위해 수신료 제도를 주로 이용하면서도, 수신료의 성격을 바꾸거나 아니면 개인이나 세대로 수신료의 부과 대상을 바꿔 전통적인 수신료 모델을 변화시키고 있다. 반면에 KBS는 여전히 과거의 수신료 모델에 머물러 있으면서 수신료의 성격, 수신료 부과 대상, 수신료 징수 방법 등에서 전혀 혁신을 시도하지 못하고, 그저 수신료를 인상하려는 시도만 해왔다. 또한 해외의 공영방송들은 수신료 이외의 새로운 수익 모델을 조심스럽게 검토하면서도 공영성 훼손에 대한 우려 때문에 사실상 보류하고 있다. 그러나 KBS는 수신료 인상이 어려운 탓이기는 해도 콘텐츠 판매 수입을 늘려 보편성 등의 공적 가치를 훼손해 왔다.

해외의 공영방송들은 수입이 축소되는 상황에 대응해 비용 절감에 힘쓰면서도 보편성과 콘텐츠의 다양성을 증가시키고 젊은 시청자들과의 관계를 구축하기 위해 온라인 서비스 제공을 늘리는 데 투자를 해왔다. 그러나 KBS는 확보한 공적인 재원, 특히 수신료를 투자해야 할 목적과 대상을 정하는 데서 공영방송다운 모습을 보여주지 못하고 있다. 또한 재원 절감 측면에서도 미흡하다.

이와 같은 상황에 KBS 이사회에서 제출한 수신료 인상안에 대해 KBS 내부 구성원이 아닌 일반 국민이 쉽게 동의하기는 어려울 것이다. 공영방송 KBS가 재원관리의 모든 측면에서 문제점을 노출하고 있는 형국에 수신료를 인상하는 것만으로는 공영방송의 재원 문제를 결코 해결할 수 없기 때문이다.

먼저 KBS는 공공의 이익을 우선하고 보편적인 접근과 다양성을 보장하며 상업적인 방송과 차별화된 공익 프로그램을 제공하는 공영방송의 정체성을 다시 확립할 필요가 있다. KBS는 상업적인 가입자나 광고주, 정부나 권력으로부터 독립적이고 중립적인 존재로서 방송을 통해 공적인 책무를 수행하는 존재가 되어야 한다. 그래야지만 국민이 공적 재원을 공영방송에 필요한 자금으로 지원할 명분이 생기는 것이다. 결국 KBS가 공영방송으로서의 정체성을 회복하는 것이 공영방송 재원 문제를 해결하는 출발점이라고 할 수 있다.

둘째, 비수신료 수익 모델에 과도하게 의존하는 KBS의 재원 조달 구조를 변화시켜야 한다. 광고 수입이 점차 감소하고 있으므로 KBS의 콘텐츠 판매 모델을 전면 수정할 필요가 있다. 즉, KBS의 콘텐츠는 이익이 아닌 공적 가치를 최대화하는 것이 그 목적이어야 하므로 국민에게 콘텐츠를 무료로 제공하여 보편적인 접근과 다양성을 보장하는 것이 바람직할 것이다. 콘텐츠 판매는 공익을 훼손하지 않는 범위에서 허용되어야 한다. 예를 들면 신규 수익 프로젝트를 PIT를 거쳐 시행하거나 콘텐츠 판매를 해외에만 허용하는 방안을 적용할 수 있다. KBS가 지금의 상업적인 정체성을 과감히 포기할 때 공영방송 재원의 상당 부분을 국민이 부담하는 체제로 전환하는 것이 가능해질 것이다.

셋째, KBS가 공영성을 회복하는 것을 전제로 공적 재원의 비중을 늘려야 한다. 그러나 단순히 재원의 규모만 키우는 것이 아니라 공적 재원의 성격에 대해, 특히 수신료의 성격에 대해서는 해외의 동향을 고려하여 개혁적인 변화를 모색해야 한다. 특히 수신료 부과 대상을 미디어 환경 변화에 발맞춰 TV 수상기가 아닌 세대나 개인으로 변경하는 방안을 고려해야 한다. 수신료 징수 방법에서도 디지털 지급수단을 활용해 국민의 편의를 증진하고 미납을 줄이며 과도한 위탁수수료를 절약하는 등 혁신을 시도해야 한다.

넷째, KBS는 확보한 공적 재원을 투자하는 목적과 대상을 정하는 데 우선순위를 명확하게 정해서 공영방송다운 모습을 보여주어야 한다. 다시 한번 강조하자면, 공영방송 KBS는 시청자의 권익을 위해 인터넷을 통해 무료로 KBS의 콘텐츠를 시청할 수 있는 서비스에 적극 투자해야 한다. 또한 KBS만 공영방송이 아니므로 EBS에 대한 합리적인 수신료 배부 기준을 마련하여 집행할 필요가 있다. 이를 위해 독일의 수신료위원회KEF: Kommission zur Ermittlung des Finanzbedarfs der Rundfunkanstalten처럼 수신료를 책정하는 독립적이고 합리적인 기구를 신설할 수도 있으나 옥상옥이 될 우려도 있으므로 수신료 책정안을 KBS와 EBS 이사회의 공동결의 사항으로 하여 방송통신위원회에 제출하는 것도 고려해 볼 필요가 있다.

마지막으로 공영방송의 재원이 확충되면 비용 절감 노력도 더 스마트해져야 한다. 상업성을 축소하고 공적인 재원을 늘려 공적 투자를 확대하는 것이 공익에 부합하는 길이기는 하나, 자칫하면 다시 공기업이 범하기 쉬운 방만 경영의 함정에 빠질 위험이 있다. 따라서 BBC처럼 구체적인 비용 절감 전략을 종합적으로 수립해 적용하면서 상시 점검해야 한다.

공영방송 KBS는 수신료를 통해 자금을 조달하고 적소에 투자하며 관련 비용을 절감하는 재원관리를 해왔지만, 수신료를 부담하는 국민 개인이 직접 누리는 편익은 크지 않았다. 수신료의 체감 가치가 수신료보다 크지 않다면, 그리고 수신료 수입보다 KBS의 비용이 더 크다면 공영방송으로서 KBS가 설 자리는 없다. 지금까지 KBS는 공영방송의 사회적 편익을 강조하면서도 국민에게 실질적으로 제공하는 공적인 가치는 외면해 왔다. 공영방송의 재원을 정상화하는 열쇠는 공영방송이 그 가치를 국민에게 제대로 전달하는 것이다. 국민이 공영방송의 가치를 체감하면 기꺼이 재원을 부담할 것이고, 그렇게 해서 충분한 재원이 공적으로 조달되면 그 재원은 공공의 이익을 위해 투자되고 슬기롭게 집행될 수가 있을 것이다.

김국진. 2021. 「TV수신료에 대한 연구: 유럽의 TV수신료 현황」. 미디어미래연구소 M-REPORT, Vol. 2021-6.

김성철 외. 2015. 『미디어경영론』. 한울엠플러스.

뉴스1. 2021.2.14. "KBS '직수신' 고작 2%인데 ⋯ KBS 2TV 수신료, 사실상 '이중납부'?" https://www.donga.com/news/article/all/20210214/105403994/1.

오형일·홍종윤·정영주. 2020. 「공영방송 KBS의 경영 현황과 책무 재설정: 수신료 정상화 담론과 방만 경영 담론을 넘어」. ≪방송통신연구≫, 113, 53~92쪽.

최영묵 외. 2012. 『공영방송의 이해』. 한울엠플러스.

KBS. 2021.4. 수신료현실화 설명 문답.

KBS. 2021.6. 사업년도 경영평가보고서.

KBS 이사회/ 공적 책무와 수신료 공론화위원회. 2021.5. 2021 KBS 공론조사 '국민께 듣는 공적 책임과 의무' 숙의 자료집.

BBC. 2021. BBC Value for Audiences. http://downloads.bbc.co.uk/aboutthebbc/reports/reports/value-for-audiences-2021.pdf.

Edwards, Lee. 2020. Debating the Future of Public Service Broadcasting: Recommendations of an Online Citizens' Assembly. https://www.smallscreenbigdebate.co.uk/__data/assets/pdf_file/0025/208762/psb-lse-citizens-assembly-report.pdf.

House of Commons Digital, Culture, Media and Sport Committee. 2021. Sixth Report of Session 2019-21, The Future of Public Service Broadcasting, HC156. https://committees.parliament.uk/publications/5243/documents/52552/default/.

Mediatique. 2020. Future Models for the Delivery of Public Service Broadcasting. https://www.smallscreenbigdebate.co.uk/__data/assets/pdf_file/0025/208771/future-models-delivery-of-psb-mediatique.pdf.

09 공영방송의 진화
OTT 시대 공영미디어의 비전과 혁신 방향

| 정준희

1. 공영방송의 진화

세상 모든 살아 있는 것들은 진화한다. 아니, 좀 더 정확히 말하자면 생명체를 포함한 모든 체계systems는 진화한다. 공영방송을 생물학적 존재로 간주하지는 않는다고 하더라도, 그것이 사회체계social systems의 한 종류라는 점, 그 가운데에서도 특히 대중매체the mass media 혹은 언론 '기관'이라 통칭되어 왔던 사회 제도의 매우 중요한 일부라는 사실에 관련된 이론적 논의는 생략하도록 하자. 공영방송은 고도로 조직화된 사회 제도의 일종이다. 모든 생명체와, 체계와, 사회 제도가 그러하듯 공영방송은 진화한다. 달리 말하자면 공영방송 역시 변화의 압력으로부터 자유롭지 않다.

공영방송의 진화는 공영방송을 둘러싼 환경의 변화로부터 필연적으로 발생할 수밖에 없는 무언가이다. 여기서 진화evolution는 진보progression와 동의어가 아니라는 점에 대해 일단 언급해 둘 필요가 있다. 주지하듯 진화에는 (그 자체로는 되돌림이 불가능한 시간적 방향성 외에) 특정한 방향성이 없다. 시간적 방향성만을 지닌 진화 개념에 구조적/형태적 방향성을 부가한 것이 진보와 퇴보

(regression 혹은 retrogression)이다. 통상적으로 진보는 구조상 좀 더 복잡하고 정교해진 형태로 나아가는 것을 가리킨다. 퇴보는 이러한 진보의 역방향으로 서, 기존의 형태와 기능이 축소되거나 사라지는 것, 그럼으로써 구조상으로 단순해지는 현상을 의미한다. 우리는 보통 시간적 방향성에 구조적 방향성을 더한 개념인 진보를 진화와 동일시하지만, 진화는 진보와 퇴보 어느 쪽으로든 발생한다. 결국 진화는 변화의 일종으로서 군이 말하자면 '위상적 변화topological change'에 가깝다. 무한정 자유로운 변화가 아니라 일정한 한계 안에서 나타나는 변화이기 때문이다.[1]

생존의 관점에서 보면 대개의 진화는 성공적 변화다. 형태와 기능이 더해지고 구조적으로 복잡해지는 진보적 변화뿐 아니라 그 반대의 퇴보 역시 어떤의미에서는 성공적인 변화일 수 있다. 어느 방향으로의 변화이든 그것은 그체계가 환경의 변화에 성공적으로 적응함으로써adaptation 생존을 성취했음을말해주는 것이다. 심지어는 소멸extinction하는 것도 그런 진화의 일부분이다. 적응을 통한 개별 체계의 지속이라는 측면에서는 실패이고 불행한 일이지만, 그걸 포함하고 있는 (사회라는) 더 큰 체계나 생태계의 입장에서는 불가피한 재편이고 성공적인 변화일 수 있다. 결국 공영방송이 진화한다는 것은 지금보다더 복잡해질 수도 있고, 더 단순해질 수도 있고, 소멸할 수도 있다는 말과 다르지 않다. 그러나 공영방송의 관점에서 보면 소멸은 곧 적응의 실패를 의미하는 것이기 때문에 (만약 선택할 힘이 공영방송에 주어진다면) 이 선택지는 일단 접

---

1 이와 유사한 맥락에서 제도 연구자들은 경로의존성(path dependency)이란 개념을 즐겨 사용한다. 사회 제도라는 것이 인간의 자유의지, 특히 이념적이거나 정치적인 목적에 따라 인위적으로설계될 수 있는 것 같지만 실상은 기존 제약을 벗어나기 어렵기 때문이다. 극단적으로 비유하자면 제도는 창공을 나는 비행기이기보다는 궤도 위를 달리는 기관차로서의 속성에 가깝다. 물론현실에 있어서는 일반 도로와 오프로드를 어느 정도 오갈 수 있는 SUV 수준의 자유도를 전제로제도 설계를 하는 것이 바람직하다.

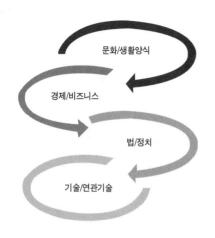

문화/생활양식

경제/비즈니스

법/정치

기술/연관기술

그림 9-1 미디어의 진화 사이클
자료: Stöber(2004)에서 변형.

어두도록 하자. 중요한 것은 적응이고, 적응의 형태이다. 적응 자체는 불가피하다고 해도 적응의 형태는 여러 가지일 수 있다. 퇴보적 적응보다는 진보적 적응을 도모하는 것이 바람직하고, 만약 그것이 어렵다면 일종의 '횡보橫步'적 적응을 시도하는 것 역시 충분히 고려할 만하다.

체계의 진화는 자신을 둘러싼 환경의 압력에 적응하는 과정에서 체계 안에 누적된 크고 작은 변이 variation의 결과물이다. 이는 체계의 진화를 야기하는 것이 결국 환경, 특히 그 환경의 변화로부터 오는 압력이라는 의미를 함축한다. 체계의 환경 속에는 그 또한 각자의 환경에 대응하여 진화하는 다른 체계들이 있다. 모든 사회적 기능 체계가 그러하지만, 대중매체 그리고 그것의 대표적 구성 요소인 공영방송은 자신을 둘러싼 환경 속에 있는 다른 사회적 기능 체계, 즉 경제, 법, 정치의 진화에 의해, 그리고 무엇보다 (그 자체로는 엄밀한 의미에서 사회적 기능 체계가 아니기는 하지만, 역사적으로 중요한 변화의 모티브였던) 기술의 진화에 의해 대단히 큰 영향을 받을 수밖에 없다.

한국 공영방송을 둘러싼 외부 환경의 압력은 무엇보다 '정치적'인 것에 의해 생성됐다. 물론 국내외를 막론하고 공영방송이 지배구조와 보도 내용에 직결된 정치적 시비에 시달리는 것은 꽤 오래된 일이고 세계 각국에서 나타나는 일반적인 현상에 해당한다. 하지만 한국의 공영방송은 하필 그것이 여타의 변동, 즉 기술, 경제, 문화의 변동이 한꺼번에 맞물려 급격한 소용돌이를 이룰 때 그런 고질적인 문제에 더 집중적으로 노출되었다는 것이 불행이었다. 요컨대 다른 외적 개입이나 훼방이 없어도 적응이 쉽지 않았을 시기에 더 집중적으로

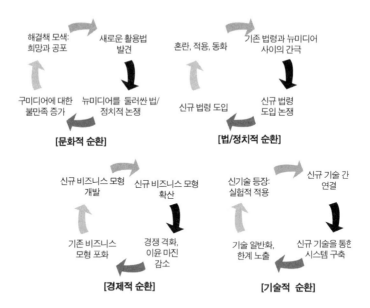

해결책 모색: 희망과 공포 → 새로운 활용법 발견

혼란, 적용, 동화 → 기존 법령과 뉴미디어 사이의 간극

구미디어에 대한 불만족 증가 → 뉴미디어를 둘러싼 법/정치적 논쟁

신규 법령 도입 → 신규 법령 도입 논쟁

[문화적 순환]　　　　　**[법/정치적 순환]**

신규 비즈니스 모형 개발 → 신규 비즈니스 모형 확산

신기술 등장: 실험적 적용 → 신규 기술 간 연결

기존 비즈니스 모형 포화 → 경쟁 격화, 이윤 마진 감소

기술 일반화, 한계 노출 → 신규 기술을 통한 시스템 구축

[경제적 순환]　　　　　**[기술적 순환]**

그림 9-2 미디어 진화에 영향을 미치는 환경의 변화 사이클
자료: Stöber(2004)에서 재구성.

정치적 순치 혹은 갈등의 대상이 되었고, 그로 인해 공공정책 측면에서는 사실상 방기 상태에 놓였던 셈이다. 결국 여타의 환경 변화에 상응하는 법제도적인 정비의 적기를 놓침으로써, 이를테면 바위 언덕을 만나 휘돌아가는 식의 자연스러운 진화의 굴곡을 그리기보단 인위적 퇴화의 좁은 계곡 속으로 휩쓸려 들어갔다.

구체적으로 말하자면, 2010년 이후 본격화된 두 차례의 외적 충격에 직면하여 공영방송 체계의 내적·외적 대응에 실패함으로써 진보보다는 퇴보 혹은 소멸에 인접할 것으로 추정되는 진화의 궤도 위에 올라섰다고 말할 수 있다.

첫 번째 가시적인 충격은 2010년을 전후로 찾아왔다. 물론 그전에도 이미 다채널 방송과 인터넷이라는 기술적·경제적 진화가 진행되고 있었다. 하지만 한국인들은 여전히 공영방송이 강력한 콘텐츠 공급 역량과 채널 지배력을 지니는 지상파 방송 중심의 정보 환경과 대중(매체)문화 관습을 상당 부분 유지하고 있었다. 그런데 2010년을 전후로, 「IPTV법」 제정과 함께 통신사가 주도하는 IPTV 플랫폼이 부상했고, 「방송법」 개정을 통해 거대 신문기업과 결합된 종편 채널이 다수 등장했으며, 스마트폰이라는 모바일 컨버전스 기기가 급속히 일반화되었다. 요컨대 공영방송에 대한 진화 압력을 발생시키는 충격적 변화가 동시다발적으로 발생한 것이다. 한편으로는 콘텐츠 제작과 채널이 수직결합된 전통적 지배구조가 무너지기 시작했고, 다른 한편으로는 IP망으로 미디어 콘텐츠의 전달이 통합되면서 개인 모바일 기기를 중심으로 미디어 소비가 촉진되는 전혀 새로운 환경이 강력히 부상하게 되었다.

두 번째 충격은 2015년을 전후로 발생했다. 이른바 'OTT 시대'의 총아 넷플릭스가 2007년에 미국에서 첫 서비스를 실시한 후 2012년에 북미 바깥의 해외 진출 거점인 영국과 아일랜드에 진출했고, 2016년에 이르러 한국을 포함한 전 세계로 활동 범위를 넓혔다. 다른 한편 넷플릭스와는 꽤 다른 방향인 '동영상 공유 플랫폼'으로 먼저 시작한 유튜브는 2010년부터 흑자를 기록했고, 2016년에 유료 서비스인 '유튜브 레드'로 확장했다. 넷플릭스와 유튜브의 충격은 국내 공영방송으로 하여금 도무지 넘기 어려운 깊이의 골짜기를 만들어냈다. IP망을 이용한 '스트리밍streaming'이 미디어 전달 양식의 지배적 형태로서 자리 잡게 한 점, 알고리즘에 의거한 콘텐츠 추천과 개인 취향에 따른 선택을 결합시켜 이른바 '푸시push 미디어'와 '풀pull 미디어'를 비선형적 형태로 안착시킨 점, 광고 기반의 저가형 무료 콘텐츠와 가입자 기반의 유료 콘텐츠로 양극화시켜 (기존 공영방송이나 지상파 방송이 의존하고 있던) 적정 품질의 (유)무료 콘텐츠라는 중간 지대의 입지를 좁힌 점, 영화를 제외하고는 대체로 같은 언어와 생활습관을 공유하는 국민국가 단위로 획정되어 있던 미디어 시장을 급속히 글로벌 시장으로 재편한 점, 그럼으로써 제작·구매·편성·송출을 미국계 거대 글로벌 플랫폼이 장악하는, 요컨대 '극소수에 의한 규모의 경제'를 만들었다는 점 등이 그것이다.

이와 같은 환경에서 세계 공영방송이 선택했거나 제도적으로 권고받은 길은 다음의 세 가지 모형으로 대별된다.[2]

① 축소: 순수 PSB 모형의 지속 혹은 귀환

흔히 공영방송은, 시장행위자와의 관계 측면에서 나누어볼 때, 미국식 '수도원monastery 모형', 즉 시장 실패 보완에 치중하는 소극적 모형, 영국과 북유럽식 '전방위full portfolio 모형', 즉 적극적 시장 선도 모형, 그리고 독일이나 일본식 '역할 분담horses for courses 모형', 즉 시장행위자와 공공행위자의 영역 구별 모형 등으로 대별된다. OTT 충격에 대한 대응으로서 이야기되는 순수 공영방송pure PSB 모형은 미국식 수도원 모형의 디지털 변형이라고 할 수 있는데, 시장이 서비스해 주지 않는 계층과 집단을 대상으로 비상업적인 장르의 콘텐츠를 가능하다면 디지털 방식으로 제작·개발·공급하는 영역에 한정된다. 공영방송이 사회적으로 유력한 중심 제도로서의 위치를 차지해 온 유럽권 국가들이나, 비록 그에 비견될 만큼의 중요도는 아니었다고 해도 적어도 '게토화된ghettoized' 공영방송 수준은 훨씬 뛰어넘는 의미를 가지고 있던 한국의 역사적 경험에서 보면 일종의 '퇴보적 진화'에 해당한다. 하지만 상대적으로 정치적 시비로부터 자유로우며, 사회적 지지도 높고 시장으로부터의 저항도 적은 까닭에 현행 수신료 제도를 유지하거나 보완하는 방향에서 중장기적으로 '질서정연한 퇴각' 명령을 내리기 쉬운 장점이 있다. 다만 다공영 체제로 운영되어 오던 한국 방송 환경에서 사회적으로 상존하는 '공적 기대'가 있고, 상당한 규모를 갖고 있는 기존 공영방송을 단순·무력화하는 측면이 없지 않아서 그로 인한 사회적 비용도 적지 않다는 단점에도 유의해야 한다.

---

2   관련된 내용 및 이를 둘러싼 서구의 논의 지형은 Jakubowicz(2010)와 Iosifidis(2010) 참조.

② 재정의: 이동 배치된 경량화 공공서비스 미디어 모형

이와 같은 경로는 앞에서 언급한 '역할 분담' 모형의 디지털 변형이라고 할 만하다. 과거에는 광고의 유무, 방송 콘텐츠 장르의 구별, 정치적 중립성 의무, 사회적 대변 의무 등을 중심으로 시장으로부터 구별된 공공서비스 방송을 구축했다고 한다면, 디지털 시대에는 이런 과거의 기준 가운데 상당 부분(무료보편적 접근, 정치적 중립성, 사회적 대변 등)은 유지한 채 새롭게 정의된 기준(디지털 특화 장르의 개발, 디지털 격차의 해소 등)을 활성화하기 위한 중심이동을 통해 공공서비스 '미디어' 영역을 제도적으로 새로 정의하는 것이 필요할 수 있다. 한국 공영방송의 관점에서는 일종의 '횡보적 진화'에 해당한다. 이것을 경량화 light PSB 모형이라고 부르는 이유는 기성 공영방송 체제에 상당한 구조조정이 필요하기 때문이다. 중심이동이 가능하기 위해서는 제도적으로 정의된 공적 서비스 영역에서 기존의 공적 의무를 많이 떨어내고 새로운 의무를 설계해야 하며, 이것을 가능하게 하기 위한 '공공 영조물營造物'의 조직 구조 재편이 필수적이다. 무엇보다 지상파 전송망의 유지·보수에 투입되는 인력과 자원 등 아날로그 시대의 유산legacy을 덜어내기 위한 출혈적 조정을 하지 않고서는 디지털 시대에 부응하는 가볍고 유연한 조직을 만들어내는 것이 불가능할 것이다. 아날로그 시대의 공영방송 체제가 비교적 군건했던 유럽 주요국의 공영방송이 2000년 무렵의 디지털 방송 전환기를 기점으로 공공서비스 미디어로의 탈바꿈을 통해 기존 유산을 보존하고 혁신하고자 선택한 경로가 대체로 이에 상응한다.[3]

---

3   이들 공영방송이 경량화를 위해 선택한 것은 다음과 같다. 첫째, 지상파 방송 송출 네트워크 인프라의 소유와 운영은 포기하고 방송 주파수에 대한 운영권을 보유한 방송 기업, 즉 지상파 방송 네트워크 기업에서 지상파 방송 플랫폼 기업으로 변신한 것. 둘째, 네트워크 운용 인력과 행정 인력을 대폭 줄이거나 없애고, 제작과 편성 기획 및 디지털 기술 중심의 조직으로 탈바꿈한 것. 셋째, 경우에 따라서는 아예 자체 제작 단위를 갖지 않고 내부의 편성 기획과 외부의 제작을 연결시키

③ 재발명: 디지털 전방위 공공서비스 미디어 모형

앞의 경로에 비해 가장 적극적인 형태라고 할 수 있는 이 궤적은 기존 '전방위 모형'의 디지털 변형인 셈인데, 이를 재발명 모형reinvented PSB이라고 지칭하는 이유는, 위에서 언급한 '재정의' 경로보다도 더 전면적이고 창의적인 아이디어와 상당한 사회적 투자를 필요로 하기 때문이다. 예컨대 지상파 전송망을 전면적으로 업그레이드함으로써 네트워크 차원에서도 독자적 지분을 유지한다든가, 공공서비스 포털이나 OTT 서비스를 만들어서 상업적 포털이나 글로벌 OTT 플랫폼과 경쟁할 수 있는 플랫폼으로서의 지위를 창출하는 등 네트워크-플랫폼-콘텐츠의 거의 모든 미디어 계층과 다양한 콘텐츠 장르 전반에 걸친 '전방위 모형'의 디지털 대응 형태를 구축하는 방식이다. 한국 공영방송의 입장에서 이는 명확히 '진보적 진화'에 해당한다. 대표적으로 영국 BBC의 정보 포털, 독자적 OTT 서비스인 BBC 아이플레이어iPlayer와 함께, 영국 공공서비스 방송군이 협력하여 구축했던 무료 다채널 지상파 플랫폼 프리뷰Freeview, 지상파 공공서비스 방송군과 통신사의 합작을 통해 탄생한 유무료 혼합형 방송-OTT 플랫폼 유뷰YouView, 그리고 공공서비스 방송군이 통신사와의 연합을 벗어나 독자 OTT 사업과 글로벌 진출까지 염두에 두고 발족시킨 구독형 OTT 브릿박스BritBox 등이 이에 상응하는 사례라 할 수 있다. 이와 같은 경로는 공공서비스의 적극적 형태를 지속적으로 재창조함으로써 시장에 대응하는 공적 대안을 효과적으로 제시하고, 시장을 견제 및 견인하는 효과, 나아가 국민국가 단위의 독자성을 방어하고 이를 가능케 하는 시장 선순환을 구축하는 등의 명확한 장점을 가지고 있다. 그러나 수신료 등 공적 재원 투입 규모의 지속적인 확대가 필요하고 자체 혁신을 이루기 위해 엄청난 스트레스를 감당하지 않으

는 더 경량화된 조직 구조를 지향한 것. 특히 이 세 번째 사례를 더 밀어붙여 방송 '프로그램'의 기획-제작이 아니라 (게임 등의 각종 디지털 콘텐츠를 포괄하는) 미디어 '콘텐츠'의 기획-발주-제작 체계로 이동시키자는 제안도 상당한 반향을 일으킨 바 있었다.

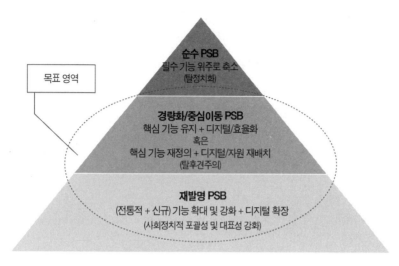

목표 영역

순수 PSB
필수 기능 위주로 축소
(탈정치화)

경량화/중심이동 PSB
핵심 기능 유지 + 디지털/효율화
혹은
핵심 기능 재정의 + 디지털/자원 재배치
(탈후견주의)

재발명 PSB
(전통적 + 신규) 기능 확대 및 강화 + 디지털 확장
(사회정치적 포괄성 및 대표성 강화)

그림 9-3 공영방송의 미래 시나리오: 진보적·퇴보적·횡보적 진화

주: 피라미드의 각 부분은 아래에서부터 위로 각각 진보적·횡보적·퇴보적 진화 시나리오를 가리킨
다. 각 층위의 넓이는 변화된 공영방송의 규모 및 활용 가능한 자원, 사회적 기능 범위 등을 반
영한다. 점선으로 표시된 부분은 한국 공영방송 제도의 경로의존성을 고려하여 향후 가능한 변
화의 폭을 나타내는데, 우리 공영방송 및 제도 설계자가 지향할 필요가 있는 변화 목표의 최소
치에서 최대치를 의미하기도 한다. 각 층위 하단의 괄호 속에는 각 시나리오가 현실화되기 위한
전제 조건인 동시에 결과물로서의 정치 환경에 관한 기술이 담겨 있다.

면 안 된다. 당연하게도 정치와 법제도의 적극적 뒷받침이 없다면 불가능한
경로라서, 공공서비스 미디어로의 성공적 전환을 달성했다고 평가받는 영국
역시 이와 같은 진보적 진화를 지속할 수 있을지 미지수인 상태에 있다.

현재 조건에서 만약 다른 조치가 취해지지 않는다면 한국 공영방송은 냉정
히 말해 '강요된 퇴보(혹은 위축)'와 '자연스러운(?) 소멸' 사이에 놓인 좁은 길을
따라 걷지 않을 수 없을 것으로 보인다. 물론 한국방송공사 KBS 및 한국교육
방송공사 EBS와 같은 영조물을 폐지하거나, 사실상 공공기관인 방송문화진흥
회가 지분 70%를 소유한 문화방송 MBC 등을 민영화하는 조치를 취함으로써
결국 한국 공영방송의 주축이 사라지는 '인위적인 소멸' 경로 역시 정치권의

결단에 따라서는 완전히 불가능한 것은 아니다. 하지만 이는 제도 설계를 근본적으로 바꾸는 부담이 만만치 않을뿐더러, 무엇보다 한국의 미디어 시장이 이들을 수용할 수 있는 자본 여력이나 투자 동기를 갖고 있다고 보기는 어렵고, 그렇다고 해서 한국 미디어 시장을 전면적으로 해외 자본에 개방하는 등의 극단적 변화가 시도될 가능성도 거의 없다. 그렇다면, 다른 조건이 바뀌지 않을 경우, 현재로선 가장 개연성이 높은 궤적은 '퇴화' 혹은 '흔적기관vestigial organ화', 다시 말해 순수 PSB로 축소되거나 오히려 반대로 사실상 상업방송과 크게 다르지 않은 '그저 그런' 방송 기업으로 남는 경로이다. 이것을 '강요된' 진화 궤적이라고 부르는 이유는 정치가 이런 퇴화를 사실상 방관함으로써 제반 공영방송이 현행 법제도의 틀 안에서 서서히 또는 급속히 고사되는 경로 이외의 선택지를 갖기 어렵기 때문이다. 즉, 광고 수익을 공공서비스로 돌리는 기존의 교차보조cross-subsidy적 제도 설계의 시효가 다한 상태에서, 낮은 수준의 수신료 및 기타 공적 재원에 상응하는 공공서비스만을 제공하거나, 아예 공공서비스 필수 기능 용도를 제외한 대부분의 자원을 상업적 생존을 도모하는 데 투여하도록 반강제적으로 조장하는 방식인 셈인데, 불행히도 현재로서는 가장 가능성이 높은 경로이다.

다른 한편, 정치가 현재 상황을 수수방관하지 않고 공영방송 주체가 나름의 적극적 대응을 조직화한다면, 사회적으로도 바람직하고 현실적으로도 가능성이 있는 경로는 대략 ②번과 ③번 사이의 길, 즉 기존의 고전적인 공영방송 모형을 상당히 벗어난 곳에서 현재보다 대폭 경량화된 공공서비스 미디어로서 적응력을 갖추는 적응 방향이 열릴 수 있다. 이를 위해서는, 시장이 공급하지 않는 상대적으로 고품질의 '방송 콘텐츠'를 제작하여, '시장에 의해 소외된 시청자'를 적극적으로 포괄하면서, 자신이 보유한 '방송 채널'을 중심으로 하되 기타의 방송 플랫폼과 유튜브 등의 제3자 미디어 창구를 통해 도달하는 기본적 방향성을 토대로, 가능한 한 기존 서비스 개념 자체를 전면적으로 재검토해야만 한다. 공공서비스로서의 원칙을 지킨다는 명분 혹은 오해에 바탕을 두어, 상당 부분 기존의 서비스 관습을 고수하면서, 실질적으로는 상층 정치 협상을 통한 '수신료 인상' 등의 정무적 해결에 치중함으로써 사실상 기존 조직을 지속가능하게 할 수 있는 재원 확보만을 목표로 움직여서는 (혹은 적어도 그렇게 비쳐서는) 안 된다는 말이다. 설혹 수신료 인상이나 기타의 공공재원을 확보하는 데 성공한다고 한들, 그런 방식으로는 표면적으로 내건 대의명분인 '보편적 공공서비스'를 제공하기 어려운 환경이 되었을 뿐 아니라, 전통적 공영방송이 일종의 고정 기반으로 간주하는 '우호적 여론'과 소외 계층마저 서비스를 외면하는 결과로 이어질 수 있다.[4] 이럴 경우 가장 용이한 경로라고 할 수 있을 ①번의 순수 디지털 공영방송 모형조차도 불가능한 상황으로 급격히 악화

---

4   공영방송의 전통적 기반으로 간주되는 아동과 노년층, 저소득층 등 기타의 사회경제적 소외 계층은 여전히 시장이 선호하는 소비자가 아님은 분명하다. 따라서 전통적 의미에서의 시장 실패가 발생할 수 있고, 이를 보완하기 위해 공영방송이 필요할 수 있다. 하지만 폭발적 다채널화 그리고 스마트폰과 유튜브로 대표되는, 진입 장벽이 대단히 낮고 적은 비용을 투자해도 적정 수준의 이익을 얻을 수 있는 매체 창구가 등장함으로써, 과거와 같은 의미에서의 시장 실패가, 적어도 양적 측면에서는, 발생하지 않게 되었다. 이들에 대한 서비스가 여전히 질적으로는 부실하다고 말한다 한들, 딱히 공영방송의 서비스가 더 질적으로 우수하거나 매력적인 것도 아니다. 만약 공영방송이 여전히 이들에 대한 서비스를 자신의 존재 이유로 삼고자 한다면, 이들로부터 선택받을 수 있는 대안을 제시하지 않으면 안 되는 상황에 이미 처해 있다. 그런데 여기서 더 중요한 논점은 공영방송이 '실제로' 소외 계층을 위한 서비스를 자신의 정당화 근거로 삼을 수 있는가에 있다. 항간의 오해나 당위론적인 주장과는 달리, 공영방송의 실질적 기반은 비주류보다는 주류 집단에 의해 형성되는 경우가 더 많다. 즉, 저소득층보다는 중산층, 아동과 노년보다는 중장년의 인텔리 계층, 그리고 (서구의 경우) 비백인 소수인종보다는 백인 주류 인종이 공영방송을 더 선호해 왔다. 고도의 사회적 투자를 기반으로 공영방송의 품격과 탁월성을 강조하는 북·서유럽은 당연하고, 심지어 주류 상업매체와는 다른 길을 선택한 미국의 경우 역시 그렇다. 비주류 계층이 공영방송을 적극적으로 이용하는 경우는, 미디어 환경이 성숙하지 못한 관계로 선택지가 그것밖에 없거나 여타의 매체 소비를 감당할 수 없을 만큼 가처분소득이 높지 못한 (남부 유럽, 남미, 아시아권) 국가에서 흔하게 나타난다. 그리고 이들 국가의 공영방송은 상업적이고 대중적인 기타의 방송과 크게 차별화되지 않는다.

되면서, 진보도, 횡보도, 퇴보도 아닌 멸종으로 나아갈 공산이 크다.

2. 공영방송의 유산 재구성

공영방송은 이른바 '국민국가nation-state'의 작동을 실질적으로 가능하게 해준 사회적 기능체계인 '대중매체의 주축'이다. 베네딕트 앤더슨Benedict Anderson이 근대와 함께 등장한 민족nation이 '상상된 공동체imagined community'로서의 특성을 지닌다고 주장한 바 있는데, 여기서 근대 국가의 주권이 미치는 범역으로서의 '전국'을 하나의 생활단위로 하는 공동체의 구축, 그리고 그것의 주요한 매개체인 공통의 언어와 문화의 형성이 대중매체의 등장 이후로 가속화되었다. 이 과정에서 새로 발굴된 국가적 자원으로서의 전파airwave는 주권 행사의 주요 대상이 되었고, 자신의 국경 안에서 주파수 자원을 효율적으로 관리하는 한편 국경 바깥으로부터의 침투와 훼방을 방어하는 것이 국가의 중요한 책무로서 부상했다. 세계 대부분의 국가들은, 이런 소중하고도 위험한 자산인 방송 주파수의 활용을 국·공영방송에 전담시켰다. 방송 주파수 수신 면허에 대한 반대급부로서 부과된 수신료가 전국 방송 네트워크 설비를 운용하고 그 네트워크에 콘텐츠를 실어 보낼 수 있도록 해주는 재원으로서 정당화되었다. 즉, 공영방송이 공적 소유 구조와 공적 재원에 근거하고 있었기 때문에 공공재가 된 것이 아니라, 이 시기의 방송이라는 것이 전형적으로 공공재의 성격을 띨 수밖에 없었기 때문에 그 공공재의 운영 주체로서 공영방송이 선택된 것이라 이해하는 것이 옳다.[5]

---

5   당시에는 (방송 수신 장비에 대한 접근 제한 외에는) 방송 주파수 수신을 제한할 방법이 없었던 까닭에, 모든 지상파 방송은 비배제적(non-excludable, 특정인의 사용을 막을 수 없음)이고 비경합적(non-rivalrous, 특정인의 사용으로 그 재화나 서비스가 소멸되어 타인이 사용할 수 없게 되지

따라서 공영방송이 직면한 최근의 환경 변화는 공영방송에게 부여됐던 기존의 사회적 기능이 현격히 약화되었거나 적어도 상당 부분 재정립되지 않을 수 없는 상태에 놓여 있음을 의미한다. 이렇게 기존 역할의 축소 혹은 소멸이 불가피한 조건에서도 적절한 역할 변화 혹은 재정의를 도모하지 않은 채, 기존의 공공재원 조달 방식을 포함한 제반의 공영방송 운영 형식을 지속한다면, 그 결과는 단순히 공영방송을 과거보다 덜 이용하는 것에 그치지 않고, 개별 공영방송사나 공영방송 제도 전반에 대한 저항과 부정으로 이어지게 될 것이다. 그렇다면 공영방송의 기존 사회적 기능은 구체적으로 어떤 측면에서 역사적 도전에 직면하게 된 것일까?

　첫째, 공영방송의 유산은 상당 부분 대중매체 시대의 유산이다. 그런데 '국민'이라는 이름으로 통칭됐던 대량의 수용자에게 적정 수준의 음성영상 또는 문자 콘텐츠를 동시에 '널리 뿌리기(放送, broadcast)'만 하면 막대한 영향력과 지속가능한 재원이 확보될 수 있던 대중매체 중심의 시대는 이제 쇠락하고 있다. 무엇보다 사회적 기능체계로서의 대중매체 자체가 이제 혼성화hybridization 되었기 때문이다. 공통의 화제를 중심으로 사회 전반을 가로지르는 공적公的 커뮤니케이션과 이를 뒷받침하는 대중적 매개mass mediation 메커니즘 자체가 사라진 것은 아니지만, 그것을 구성하는 요소들은 대폭 다양해졌다. 수많은 거품bubbles으로서의 사회적 단위들이 소셜미디어를 매개로 형성과 소멸을 부단히 반복하고 있으며, 여기서 만들어진 '국부적 화제local topics'가 일단 소셜미디어를 거쳐 다시 대중매체를 통해 '공적 사안public affairs'으로 변모하거나 거꾸로 대중매체가 던진 '대중적 화제popular topics'를 소셜미디어가 선별 혹은 필터링하여 개별 거품 안으로 전달하는 방식의 고도로 복잡한 릴레이 시스템으로 변화하고 있다. 물론 아직도 공영방송이 이 구성 요소들 가운데 비교적 가장

않음)인 공공재로서의 성격을 갖고 있었다. 다만 미국은 이 공공재의 활용을 민간 사업자에게 맡겼고 유럽은 이를 위한 공공 주체를 새로 만들어냈다(營造).

도달 범위가 넓고 공적 사안의 중추적 매개 주체로서 활동하고 있기는 해도, 이 기능은 이미 상당 부분 정보 포털이나 기타 거대 플랫폼으로 이전됐다.

둘째, 따라서 공영방송은 더 이상 국민 혹은 공중公衆이라는 이름의 '수신료 납부자'를 보편적으로 포괄하지 못한다. 게다가 기존에는 대체로 국민국가 안으로 제한되었던 대중적 커뮤니케이션의 범위가 글로벌 단위로 확장되었다. 물론 국민국가 자체가 허물어진 것은 아니지만 '공적인 것'이 자동적으로 '국민국가적인 것'과 동일시되지 않는, 요컨대 공적 커뮤니케이션이 국민국가적 이슈로만 한정되지 않는 현상이 점점 더 확대되고 있는 것 또한 사실이다. 마찬가지로 사회적 기능체계로서의 대중매체가 붕괴된 것은 아니지만 그것이 행해온 공적 커뮤니케이션의 매개체와 매개범위가 (내적으로는 위에서 지적한 바처럼 대단히 혼성화되었고, 외적으로는) 종종 국민국가를 넘어 전 지구적 단위로 확장되는 추세이다. 물론 공적 커뮤니케이션의 소재가 되는 '대중적 화제'가 주로 국민국가 단위의 정치 체계로부터 생성된 '공적 사안'의 형태로 공급되는 한, 앞으로도 한동안은 공영방송이 국민국가 단위의 공적 커뮤니케이션을 매개하는 중심 주체로서 남아 있기는 할 것이다. 하지만 이런 기능 역시 글로벌 플랫폼의 로컬 버전 형태로 대체될 가능성이 그리 작지만은 않다.[6]

셋째, 미디어가, 혹은 적어도 방송은 '공공적'이어야 한다는 인식이 사라지

6　공영방송이 자신의 과거 유산의 일부를 다시 공중에게 개방하여 과거의 아름다웠던 시절을 환기시키는 최근의 작업이 갖는 의의는 크다. 하지만 그것마저도 유튜브라는 거대 글로벌 플랫폼을 채널로서 활용해야 했다는 점이 시사하고 있는 바는 더 심중하다. 반향이 가장 컸던 사례라고 할 수 있는 이른바 〈온라인 탑골공원〉은 주기적으로 등장하는 '레트로 감성' 자극형 서비스의 일종이라고 볼 수도 있으나, 목표 수용자 집단인 30~40대가 TV를 통한 대중문화의 기억을 회상하는 반면 의외로 반향이 발생했던 수용자 집단인 10~20대는 그것을 온라인 B급 문화의 일부처럼 받아들이고 있다는 점이 중요하다. 이를테면 과거 TV에서 재소환됐던 〈대한늬우스〉가 쇠락한 영화의 흔적을 'TV 속 B급 문화'로서 소비했듯이, 지금 유튜브에서 반향을 일으키는 〈온라인 탑골공원〉은 쇠락한 TV의 흔적을 '소셜미디어 속 B급 문화'로서 소비하고 있는 형태인 셈이다.

고 있다. 처음에는 방송이, 그러다가 '케이블'에 대비되는 존재로서의 '공중파'는 적어도 공공적인 것이어야 한다는 생각이 지배적이었다. 그러나 과거에 자주 쓰였던 '주파수 낭비'라는 표현은 이제 거의 사라졌다. '공중파公衆波 방송에 나와서 저런 말을 하면 되겠느냐'는 식의 불만이 대중으로부터 아직도 간간이 터져 나오는 듯도 하지만, 실로 '흔적'처럼 남아 있다. 여전히 공영방송사에 격렬히 항의 전화를 거는 사람들은 많지만 (방송의 공공성에 대한 기대를 품고 있는 세대나 개인이 여전히 있다는 점을 제외하고는) '방송은 공공적이어야 한다'는 비판의 전거는 그저 자신의 불만을 정당화하기 위한 관습적 수단이거나, 그냥 유튜브에 신랄한 비판 댓글을 다는 행위와 크게 다를 바 없다. 요컨대 상당수의 사람들은 더 이상 방송이 공공적이라고도, 공공적이어야 한다고도 생각하지 않는다. 물론 공영방송은 공공적이어야 한다고 생각한다. 그런데 그건 공영방송이 시쳇말로 '내 돈으로 먹고사는 조직'이라고 인식해서이다. 말의 순서를 뒤집어서 '공공적인 방송이 필요하기 때문에 공영방송이 있어야 하고 그 재원을 우리 호주머니에서 감당해 줘야 하느냐?'라고 묻는다면 '굳이 그럴 필요는 없을 것 같다'라고 대답하는 사람이 다수일 것이다. 모든 이들의 생각을 몇 가지로 단순화하는 것은 위험하지만, 사람들의 생각은 '공영방송은 이제 사라져야 한다'와 '지금도 반드시 공영방송이 필요하다' 사이에 있다. '이런 공영방송이라면 없는 게 낫다'와 '저런 공영방송이라면 있어도 좋다' 사이에 좀 더 많이 몰려 있을 것이라는 기대를 품을 뿐이다. 설혹 그 사이에 있다고 해도 '그것을 위해 내 호주머니를 얼마나 열어줘야 하느냐'에 대해서는 대답하기 꺼려할 테지만 말이다.

이런 공영방송을 흔히 '레거시 미디어legacy media'라고 부른다. 여기서 레거시legacy는 말 그대로 유산遺産이다. 유산에는 이중적인 의미가 있다. 과거의 지배력을 가능하게 했던 (그리고 필경 미래의 토대가 되는) 자산인 동시에 미래로의 적극적 변화를 막는 육중한 기성 구조물이기도 하다. 흔히 사용되는 레거시 미디어라는 말은 주로 후자의 부정적인 함의를 갖는다. 그와 같은 용어를 창

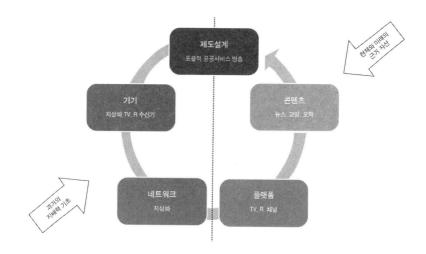

그림 9-4 공영방송의 유산(legacy)

안하고 주도해 온 소프트웨어 개발 및 IT 분야의 시각이 고스란히 들어 있다. 새로운 구조물을 만들려면 기존 구조물을 처리해야 한다. 그런데 이른바 하위 호환성backward compatibility을 염두에 두어 유연하게 구축된 구조물이 아니라면 새로운 구조물을 만드는 것을 어렵게 만들고 시간과 비용을 추가시킨다. 그럴 바에는 아예 싹 갈아엎고 새로 시작하는 편이 낫다. 하지만 기존 구조물은 쉽게 사라지려 하지 않는다. 공영방송은 새로운 미디어의 관점에서 보면 하위 호환성이 없는 레거시이다. 되도록 상호 접속을 피하는 편이 자신의 원활한 작동에 도움이 된다고 본다. 또 변화를 추구하는 공영방송 스스로의 관점에서 봐도 자신의 내부에 남아 있는, 하위 호환성을 갖추지 못한 레거시 요소는 골칫거리이다. 공영방송의 성공적 진화를 위해서는 이런 내·외부적 유산에서 부정적인 요소를 지우고 긍정적인 요소를 발판 삼아 새로운 호환성을 갖추는 것이 필요하다.

비록 IT 비즈니스 관점에서 규정된 프레임이라는 점에 유의할 필요는 있지만, 이른바 CPND(콘텐츠-플랫폼-네트워크-기기) 가치사슬의 틀을 차용하여 공영방송의 과거, 현재, 미래를 진단해 보도록 하자. 공영방송은 전국 단위의 지상파 네트워크를 기초로, 텔레비전과 라디오 채널이라는 당대의 영상 플랫폼을 통해, 정보·교양·오락 콘텐츠를 보편적으로 편성하여, 텔레비전과 라디오 수상기로 전달했던, 상당히 잘 수직결합된 매체였다. 그리고 이는 CPND를 통합한 공공서비스 지향의 방송법제에 의해 단단하게 뒷받침됐다. 다시 말해 기존의 방송법제와 공영방송 운영 관습은 다음과 같은 제도 설계에 바탕을 두어 CPND 가치사슬을 통합시켰다. ① 공영방송은 국민들에게 양질의 정보, 지식, 오락 콘텐츠를 제공하는 것을 목표로 한다. ② 이러한 목표는 텔레비전과 라디오 '채널'을 통해 다양한 콘텐츠를 종합적으로 패키징하여 전 국민을 대상으로 무료보편적 서비스를 제공함으로써 달성된다. ③ 이를 위해서는 채널 '편성'을 안정적으로 뒷받침하는 '제작'이 필요하다. ④ 채널은 국가 자원인 방송용도의 주파수를 분할해서 활용한다. 공영방송은 지상파 방송 주파수가 전국 구석구석을 포괄할 수 있도록 해줄 '기간방송망'을 구축하고 운영할 책임을 진다. ⑤ 텔레비전과 라디오 수신기를 공영방송이 직접 생산하지는 않지만, 그 수신기 단위로 수신료를 부과하여 공영방송의 네트워크 운용, 채널 운용, 콘텐츠 제작을 뒷받침할 수 있도록 한다. 부족한 재원은 광고를 통해 충당한다. 단, 제한적 자원인 지상파 주파수를 활용하여 얻는 광고 수익은 막대한 독과점적 이윤이기 때문에 공적 목적으로 분배 및 재투입되어야 한다.

여기서 중요하게 지적해야 할 점이 있다. 우리는 혹은 공영방송 종사자들은 공영방송의 '과거 지배력'이 콘텐츠로부터 나왔다고 생각하는 경향이 있다. 즉, 과거의 공영방송은 완성도 높은 고품질 콘텐츠를 제공하여 탄탄한 채널 브랜드를 구축할 수 있었기 때문에 막대한 영향력을 획득함은 물론 자신에 대한 지지를 확보할 수 있었다는 것이다. 완전히 잘못된 생각은 아니다. 하지만 실상은 이와 반대 방향에서 접근하는 것이 바람직하다. 요컨대 공영방송의 과거 지배력은 기존의 매체 소비가 (개인 중심의 고정형/이동형) 라디오와 (가족 중심의 고정형) 텔레비전 기기를 위주로 이뤄졌기 때문에 가능했다는 것이다. 그리고 결국 이것은 당대의 대중적 커뮤니케이션 인프라가 지상파 주파수 송출 네트워크였기 때문이었다. 따라서 만약 과거의 사회적 지위와 기능을 지금 시대에도 유지하려 한다면, 콘텐츠와 채널 단계 이전에, 매체 소비가 이뤄지는 기기와 네트워크 단계에서의 지배력이 확보되어야 한다. 이미 보유하고 있는 지상파 방송 네트워크의 경쟁력을 현대화하고 이와 밀접히 연결되어 작동하는 수신 기기의 보급 및 운용을 원활하게 하거나, 아예 현재의 핵심 가치사슬인 스마트 모바일 기기와 IP 유무선 통신 네트워크에 대한 지배력을 보유하지 못한다면, 과거와 같은 수준의 사회적 영향력과 기능을 수행하는 것은 불가능하다는 의미이다. 공영방송의 이러한 과거 위상位相이야말로 현재와 미래의 위상 궤도phase orbit(이동 가능한 궤적)를 상당 부분 한정하는 요소인 셈이다.

그 자체로는 과거 지배력의 본질이 아니라 필연적 결과물이었기는 했지만, 공영방송이 사회적 기능을 다하기 위한 '현재와 미래의 자산'이 콘텐츠와 채널 브랜드에 있다는 것은 맞다. 그런데 기기와 네트워크라는 과거 지배력의 유산이 콘텐츠와 채널 경쟁력이라는 미래 자산을 효과적으로 운영하는 데 도움을 주기보다 그것에 부담을 안기고 있다는 것이 바로 '레거시' 미디어로서의 공영방송의 딜레마이다. 앞서도 언급한 바처럼 기기와 네트워크 단위에서의 유산을 현재와 미래의 자산으로 진화시킬 수 있다면 이 딜레마는 해소될 수 있다. 영국과 북·서유럽의 사례처럼 적절한 시기에 디지털 다채널화라는 (지금으로 보면) 연착륙 단계가 도입되었더라면 지상파 네트워크가 공영방송의 디지털 적응을 위한 시간을 벌어주는 자산이 되었을 수도 있다. 하지만 (경쟁자의 훼방, 공공정책 입안자의 미온적 태도, 공영방송 및 지상파 주체의 추진력 미비 등으로 인해) 이는 실현되지 못했다. 지상파 네트워크와 수신기의 전면적 업그레이드를 시도하기에는 공적 투자 여력이 부족하고, 해당 가치사슬에서 이미 대안으로 성장한 경쟁자의 역량을 압도하기도 어렵고, 그렇다고 협력을 이끌어내기도 여의치 않다. 과거 지배력의 유산은 이제 아니 할 말로 '계륵'이 되었다. 이 때문에 우선순위를 새로 세우고, 실효적 자원 재배치를 통해 유산을 자

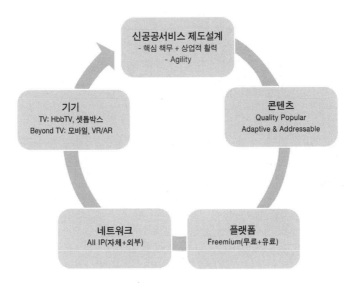

그림 9-5 호환성 확보를 위한 공영방송 유산의 재구성

산으로 변형시키는 재구성 작업이 필수적이다.

기성의 유산을 재구성하기 위해서는 우선 네트워크 요소에 대한 재검토, 요컨대 지상파 방송 네트워크로부터의 일정한 단절이 불가피하다. 이를 위해서는 대단히 답하기 어려운 한 가지 질문, 즉 "지상파 방송 네트워크는 계속되어야 하는가"에서부터 시작하지 않을 수 없다. 불행히도 그 답은 자명하지 않다. 지상파 방송이 비록 축소된 형태로나마 여전히 공공재로서 지속될 수 있다면 소외 계층에 대한 서비스 호환성 유지와 재난방송 등의 필수적 공공서비스를 제공하기 위한 기초적 네트워크로서의 의미는 사라지지 않을 것이다. 그러나 진화생물학적 관점에서 보면 일종의 흔적 기관처럼 되어버린 지상파 방송 네트워크를 (사회적 필요에 부응하기 위해) 기존 용도로 유보해 두기에는 너무나 많은 비용이 소요될뿐더러, 결정적으로 공영방송을 둔중한 '유산 매체legacy media'로서 고착시키는 문제가 있다.

공공서비스 용도의 지상파 (방송 및 통신) 네트워크는 지속될 필요가 있고 지속될 수도 있다. 단 '망 고도화'를 위한 공적 투자가 보장된다는 전제에서 그렇다. 적어도 지상파 방송 네트워크를 (공공 보조뿐 아니라 필요에 따라서는 네트워크 설비 임대 등의 수익사업을 통한) 지속가능성을 갖춘 공공재로서, 예컨대 고정형 및 이동형 양방향 통신이 가능한 IP 기반 공공 네트워크로 업그레이드하는 투자와 그에 연관된 공공서비스를 기획할 수 있다면 그렇다. 이런 방식으로 새롭게 고도화된 네트워크-기기-플랫폼-콘텐츠의 새로운 수직 결합체로서 공영방송을 '전면적으로 재발명'할 수도 있겠지만, 이는 세계 어느 곳에서도 본격적으로 시도된 바가 없는 대규모 사회경제적 프로젝트이기 때문에 현실성이 떨어진다. 다만 과거에 종종 논의되던 송출공사와 같은 형태의 '별도의 영조물'을 통해 이와 같은 망 고도화 작업과 운영을 담당하게 하면서 '중심이동된' 공공서비스 미디어와 효과적으로 협력할 수 있게 하는 방향으로 공공서비스 미디어 매트릭스를 재설계하는 것은 그나마 조금 더 현실성이 높고 바람직한 일이다.

다음으로, 이와 밀접히 연관된 '기기' 요소에 대해서도 언급할 필요가 있다. 영국 BBC의 전신이 라디오 수신기 제조업자 컨소시엄이었던 것처럼 방송 초기의 아주 짧은 시기 동안 기기 요소가 공영방송이라는 수직 결합체의 일부를 구성한 적은 있었지만, 과거에도 기기 요소는 공영방송의 핵심 가치사슬이라 보기는 어려웠다. 그럼에도 불구하고 라디오 방송에서 흑백텔레비전 방송을 거쳐 컬러텔레비전 방송으로 이동할 때까지, 그리고 일부 경우에서는 위성방송이 시작될 무렵과 지상파 다채널 방송을 디지털 전환의 주요 계기로서 채택하던 2000년대 초반까지는, 네트워크와 기기가 긴밀히 연동된 방송 기술이 공영방송에 의해 상당 부분 주도되거나 분담되었던 것도 사실이다. 그러나 이동통신을 중심으로 커뮤니케이션 환경이 재편되고 무엇보다 IP를 기반으로 하는 스마트 모바일 기기가 급격한 대세를 이루는 2010년대를 전후로 기기 요소는 소수의 거대 민간 제조업체에 의해 거의 완전히 장악되었다. 따라서, 비록 네트워크 요소만큼 공영방송의 움직임을 둔하게 만드는 것은 아니라도 하더라도, 기기 요소 역시 공영방송의 미래 기획의 주요 위치를 차지하기는 어렵다.

그럼에도 불구하고, TV 수상기와 스마트폰 같은 최종 단계의 하드웨어에 의해서만 주도되기보다는 셋톱박스와 같은 미들웨어 역시 병행하여 발전한 영국 및 유럽 사례에서 확인되듯이, 네트워크와 기기 요소를 긴밀히 연동시키는 기획이 공공서비스 주체에 의해 지속적으로 시도될 필요성은 있다. 적어도 HbbTV라든가, 다기능 셋톱박스, 스마트 폰/TV 앱 등의 미들웨어적 요소를 통해 네트워크와 기기가 잘 연동될 수 있도록 하여 이 층위에서도 적정 수준의 공공서비스 영역을 확보하기 위한 노력은 중요하다. 다만, (공공서비스 미디어 활용에 최적화된 기기와 같은) 적극적 대안으로서는, 앞서 언급한 바 있는, 지상파 방송 네트워크 고도화를 위한 공적 투자와 연계되지 않으면 안 되고, (공공서비스 콘텐츠에 대한 접근성을 제고하는) 소극적 대안으로서라도, 후반부에 좀 더 자세히 언급하게 될, 공영방송 인력과 직능 구성의 전환을 통해 IT 및 소프트웨어 대응력을 상당 수준으로 확보하지 않으면 불가능하다.

재발명을 통한 진보적 진화가 되었건, 중심이동을 통한 횡보적 진화가 되었건, 결국 공영방송의 적극적 적응 전략은 콘텐츠와 채널 단계에 아직 남아 있는 자산을 최우선순위로 두고 여타의 유산과 자원을 효율적으로 재배치하는 데에서 모색될 수밖에 없다. 그리고 그 결과물은 신공공서비스 제도 설계를 통해 재정의된 (즉, 구색 갖추기식으로 과거의 공공성 개념을 나열하는 것이 아니라 대체 불가능한 필수 공공서비스로서 사회적으로 합의된) 핵심 책무 영역과 특정 시기의 필요에 따라 창안된 혁신적 책무 영역에서 '탁월하고 유용한 미디어 공공서비스'를 제공할 수 있음을 입증해야 한다. 이를 위해서는 명확히 정의 및 정비된 공공서비스 책무 목록뿐 아니라 이를 뒷받침할 수 있을 만큼의 민첩성agility을 갖춘 조직 운영 메커니즘과 인력 구조가 필요하다. 예컨대 현재의 공영방송은 기자, 피디, 행정, 기술 등과 같이 직능과 직역에 따라 만들어진 칸막이 안에서 연공서열적 책임·보상·승진 체계를 상당 부분 유지하고 있기 때문에, 혁신적이고 창의적인 공공서비스를 구상하고 실현하기 어려울뿐더러 시장의

표 9-1 방송영상 콘텐츠 범주에 따른 투자 전망

콘텐츠 범주	저가형		기본형	고가형	초고가형
	전통방송	소셜방송			
핵심 특성	- 중품질 - 낮은 제작비 - 땜질 편성 용도	- 저/중품질 - 매우 낮은 제작비 - 주류적 콘텐츠	- 중/고품질 - 중형 제작비(상승 압력) - 주시청시간대 방송 편성 용도	- 국내용 고품질, 국제용으로는 미지수 - 대형 제작비(상승 압력)	- 글로벌 소구용 - OTT 오리지널 - 실시간/비실시간 집중시청 용도 - 초대형 제작비
핵심 장르	- 생활정보 - 아동 - 재연물	- 유아 - 동물 - how to	- 일일드라마 - 시사교양 - 게임쇼, 예능	- 미니시리즈 - 대하 사극 - 대작 다큐	- 중계방송 - 시즌제 드라마 - 초대작 다큐
예상 효과	- 느슨한 시청 - 의무 준수	- 타깃 수용자 - 롱테일	- 대중 수용자 유도 - 2차 판매 제한적	- 대중/타깃 수용자 고평가 - 2차 판매 염두	- 존재감 입증(방송) - 구독자 유인 및 유지(OTT)
투자 전망	점진 증가	증가	지속 및 부분 증가	점진 하락	방송에서는 희소, OTT에서는 상승

자료: Mediatique(2017: 20)을 참조하여 변형 및 보완.

변화에 빠르게 적응하면서 필요에 따라 상업 서비스를 적절히 혼합하는 유연하고 민첩한 조직으로 변모하기 어렵다. 무작정 공적 재원에 의존하거나 반대로 무분별하게 상업적 재원으로 손을 뻗치는 것이 아닌, 잘 조율된 혼성적 재원 구조를 확보하기 위해서도, 또 시장으로부터 가해지는 압력을 조직 내부의 긴장감과 활력으로 바꾸어내는 조직 메커니즘을 형성하기 위해서도 콘텐츠 중심의, 좀 더 정확히 말하자면 '플랫폼 연동형 콘텐츠'를 기획·개발·제작하는 일 중심의 인력 구성과 관리가 핵심 화두가 되어야 한다.[7]

---

7   나아가 막연히 '필요한 공공서비스만큼의 공적 재원을 확보한다'는 원론적 논의를 넘어서, 그리고
    실상 '수신료 올려주기 어려우니 적당히 알아서 재원을 마련하라'는 식의 무책임한 정책이 아니
    라, 공공서비스와 재원을 매칭시키는 구체적인 정책을 신공공서비스 제도 설계 속에 포함시키는
    것이 중요하다. 이를테면 (전통 뉴스 영역을 예로 들면, "가장 신뢰할 만한 국내외 시사 정보의 공
    급"과 같은) 수신료에 기반을 둔 핵심 공공서비스 책무 영역과 (새로운 뉴스 영역에 연관하여, "어

그런데, 콘텐츠를 핵심 자산으로 새로운 공공서비스를 구축하는 데에서 반드시 고려해야 할 장애가 있다. 최근의 매체 환경 변화에 따라 콘텐츠 제작을 위해 투여되어야 하는 비용이 전반적으로 크게 상승하고 있고, 그에 따라 적절한 '콘텐츠 믹스mix'를 구성하는 일이 대단히 어려워지고 있다는 점이 그것이다.

지상파 방송 중심의 국민국가적 대중매체 체계 속에서는 제작비의 규모를 고려한 프로그램 기획, 제작 편성이 어느 정도 잘 맞물려 돌아갔다. 일반 수준의 제작비로 만든 통상적 보도, 시사, 교양, 예능 프로그램을 주요 시청시간대에 고정 편성하여 공적 기능과 수익성의 토대를 확보하고, 기타 시간대에는 (주로 외주 제작사를 활용한) 낮은 제작비의 프로그램을 일종의 보충재filler로 사용하여 의무 편성 요건을 충족시키는 한편, 높은 제작비가 소요되는 미니시리즈 드라마를 황금시간대에 고정 편성하거나 대하 사극 또는 대작 다큐멘터리 등을 특집 편성하여 고수익과 고평가를 유도하는 방식이었다. 기본형 프로그램의 자체 제작과 편성으로 안정적이고 예측 가능한 현금 흐름을 확보하고, 다소간의 위험을 감수하면서 전략적으로 제작 및 편성한 고예산 프로그램에는 대체로 기대에 상응하는 수익과 평가가 회수되었다.

그러나 지금의 상황은 더 이상 이렇지 못하다. 글로벌 단위의 초고가 콘텐츠와 소셜미디어 단위의 초저가 콘텐츠로 시장이 양극화되는 조건에서, 그간의 공영방송이 주력했던 기본형 콘텐츠와 고가형 콘텐츠는 설 자리가 애매모호해졌다. 국내 상업 채널이 경쟁력 확보를 위해 제작요소 시장에 집중 투자

린이, 청소년을 대상으로 하는 세대 맞춤형 혁신 저널리즘 양식 개발" 등과 같이) 시기에 따라 필수적이라 간주되는 공공서비스 책무 영역을 뒷받침해 줄 수신료 혹은 기타 공공재원의 규모와 충당 방식을 규정해 주어야 한다는 것이다. 공영방송의 전체 재원 구성에서 해당 부분이 크건 작건, 공공서비스와 공공재원의 매칭 방식을 정의하고 난 다음 그에 상응하여 상업적 서비스를 통한 재원 규모와 용처 등을 확정하는 것이 바람직하다.

하는 한편 인접국인 중국의 거대 자본과 글로벌 OTT가 이 경쟁에 가세함으로써 기존 지상파 방송이나 공영방송이 감당하기 어려울 수준으로 제작비가 상승하고 있고 이 추세가 꺾일 가능성은 거의 없다시피 하다. 게다가 고가형 콘텐츠에 투자한다고 해도 과거만큼 수익과 평가를 환수할 확률이 떨어지며, 가끔 성공적인 콘텐츠가 나온다고 하더라도 이미 이들 콘텐츠 장르를 외주 제작에 의존하고 있는 여건상 2차 판매 등을 통한 저작권 수익을 기대하기 어렵게 됐다. 그렇기 때문에 공영방송은 위험도가 상대적으로 낮은 기본형 콘텐츠와 유료방송이 지불하는 재전송 대가에 더 많이 의존하게 되는데, 이것은 마치 아직 얼지 않은 연못에 들어가 열심히 물질을 하는 오리와 같은 형국이다. 실시간적 요소가 강력하게 내재한 올림픽, 월드컵 등 대규모 (스포츠) 이벤트가 주기적으로 공영방송의 존재감을 높이면서 수익성 회복에도 일정 부분 기여하는 면은 당분간 유지되겠지만, 이 역시도 투자 대비 성과 환수가 상당히 불투명해지고 있으며, 유료방송이나 거대 플랫폼 사업자의 전략적 침투를 기술적·제도적으로 방어하지 못할 경우 주요 거점으로서의 장점을 상실하게 될 공산이 크다.

이런 조건에서, 정책 당국이나 시청자들이 막연히 '고품질 콘텐츠'를 공영방송에게 주문하는 것이 상당 부분 비현실적인 일이 되어버렸다. 고품질성은 투자 규모와 창의성이 결합된 것으로서 혁신성을 주문하되 실제로 가능한 투자 규모를 염두에 두지 않으면 안 된다. 혁신이 가능할 만큼의 주기적이고 안정적인 투자를 보장하는 공적 재원이나 성과 환수 메커니즘에 대한 제도적 보완 없이 '공영방송이니 고품질 콘텐츠를 제공하라'는 관습적 어구를 반복하는 것은 대단히 무책임한 일이다. 반대로 공영방송 역시, 제도적 대안 요구와는 별개로, 혁신을 배양하고 자신의 독자적 콘텐츠 경쟁력을 입증할 표본showcase 제시를 위해 선제적으로 움직일 필요가 있다. 이를 위해서는 특히 전통적인 음성영상 콘텐츠를 넘어서 하이퍼텍스트, 게임형 콘텐츠, 숏클립 콘텐츠 등 가용한 콘텐츠 범위를 확대하려는 노력을 기울여야 한다. 단순히 기존의 채널

유산을 '메우기' 위한 편성 및 제작 관습, 특히나 상대적으로 유리한 '편성 위치'를 확보하기 위해 (내·외부 제작 단위 간, 보도-제작 직능 간) 경쟁을 벌이는 협소한 시야를 넘어서지 못한다면, 설혹 수신료 등의 자원을 더 확보한다고 해도 장기적 대응에 필요한 혁신성을 담보하는 것은 요원한 일이다.

3. 중심이동된 공공서비스 미디어의 새로운 좌표

기기-네트워크-플랫폼-콘텐츠의 미디어 가치사슬을 전면적으로 쇄신하여 새로운 방식으로 수직결합시킨 '전면적으로 재발명된 공영방송'을 지향하는 것은 공영방송 종사자의 관점에서 보건 사회적으로 바람직한 미디어 생태계 설계자의 입장에서건 쉽게 버릴 수 없는 꿈이다. 그러나 한국 공영방송이 그간 걸어온, 걸어야만 했던 경로는 그와 같은 꿈을 당장의 실현 가능한 기획으로 바꾸어내기에는 이미 너무 많이 틀어져 버렸다. 물론 미디어 생태계의 진화와 사회 변화는 어느 방향으로든 열려 있기 때문에 지금과는 또 다른 종류의 변곡점이 찾아올 미래의 어느 시점에선가 다시 한번 그와 같은 적극적인 변신을 시도하는 것 자체를 포기할 이유는 없다. 하지만 그런 미래를 기약하기 위해서라도 현재 가능한 최선의 진보적 진화를 모색하는 것이 급선무이다. '중심이동된 공공서비스 미디어'가 그러한 새 출발을 위한 좌푯값이다.

1) 문화적 형식으로서의 공영방송: '흐름'의 유산 재구성

영국의 저명한 문화연구자 레이먼드 윌리엄스Raymond Williams는 그의 기념비적인 저작 『텔레비전: 테크놀로지와 문화형식Television: Technology and Cultural Form』을 통해 방송의 본질을 이해하는 매우 중요한 힌트를 제공했다(Williams, 2004). 그에 따르면 텔레비전은 단순히 세상을 바꾼 기술이 아니다. 전파를 활용한 영상 전송 및 수신 기술은 당대의 자본주의 산업체제, 군사적 필요, 상업적 수요, 그리고 특히 가족 중심의 소비문화와 결합하여 텔레비전 방송이라는 독특한 형태의 문화적 형식으로서 체제화되었다. 공영방송은 이를 우연적이지만 상당히 자연스럽게 제도화한 산물이다. 과거 농경사회에서의 생활공간이 상당히 밖으로 열린 것이었다면 산업사회에서의 생활공간은 내밀한 가정을 중심으로 사사화私事化, privatisation되는데 텔레비전은 (그리고 라디오는) 거실이나 침실에서 외부와 만날 수 있는 대단히 효과적인 수단으로 안착되었다. 결국 라디오·텔레비전 방송은 가정의 거실을 주요 거점으로 작동하는 생활양식 및 소비문화와 밀접한 연계를 가지며 생성·진화해 왔다고 할 수 있다.

그렇다면 공영방송의 진화는 이러한 생활공간, 생활양식, 소비문화의 변화와 맞물려 돌아가야 한다. 가족 중심의 생활공간으로서의 거실은 폐쇄성과 개방성을 동시에 지니고 있는데, 노동과 사회생활이 이뤄지는 공적 공간으로부터 단절된 사적 공간이라는 점에서 폐쇄적이지만, 생활을 공유하는 가족에 대해서는 열려 있다는 점에서 개방적인 셈이다. 하지만 지금의 생활공간은 거실보다는 침실, 그리고 1인 가구의 거주 공간이 주축을 이루면서 더 폐쇄적이고 고립적인 성격을 띠게 된 한편, 역으로 재택근무의 확대 및 개인 모바일 기기의 보급으로 인해 공적 공간과 사적 공간의 경계가 흐릿해지고, 이른바 '소셜 시청' 양식을 통해 가상적 공유성과 개방성을 더하는 방식으로 변화했다. 여전히 가족 공동의 생활공간으로서의 거실은 남아 있다. 하지만 사람들은 좀 더 개인적으로 매체를 소비하면서, 필요할 경우 가족이 아닌 취향 집단과의 공동 향유를 선호한다. 나아가 일방적 소비자로서보다는 이른바 '생비자prosumer'로서 참여적 소비를 하거나 스스로 생산자로서의 지위를 좀 더 갖게 되기를 바란다. 더욱이 매체 소비 및 참여 시점에 대한 조금 더 많은 권한을 기대하기 때문에, 비실시간적이고 비선형적인 콘텐츠를 더 많이 기대한다.

레이먼드 윌리엄스는 텔레비전이라는 '문화적 형식'의 중요한 특징으로 '흐름flow'을 꼽은 바 있다. 흐름은 연속적이고 선형적이다. 그리고 특정 콘텐츠 흐름을 다른 콘텐츠 흐름으로 바꾸는 것은 바로 채널channel, 즉 물줄기의 변경을 통해 이뤄진다. 윌리엄스는 텔레비전을 염두에 두고 이와 같은 분석을 했지만, 이는 사실상 텔레비전을 넘어선 기존 방송의 형식적 본질로서 지금까지 이어지고 있다. 공영방송의 중심이동은 이러한 '흐름'으로서의 특성을 상당 부분 계승하면서 그로부터 일정한 단절을 꾀하는 데 있다.

여기서, 첫째, 공영방송의 중심이동은 무엇보다 '흐름'의 실시간성과 선형성 유산을 재구성하는 데에서 시작하는 것이 여러모로 현실적이다. 채널과 그 안의 콘텐츠 흐름은 국민국가 내부의 생활리듬과의 일정한 동조성synchronism을 유지하는 것이 중요하다. 물론 지금도 공영방송은 의식적·무의식적으로 이런 주기성에 입각한 편성과 제작을 지속하고 있다. 하지만 그것이 지나치게 관습적이며, 수요자보다는 공급자 중심의 사고를 벗어나지 못하고 있다. 아마도 이와 같은 문제는 비교적 균질적인 생활리듬에 의해 포괄되었던 기존 '대중 수용자'가 대단히 비균질적인 생활리듬으로 분화된 '개인 수용자'로 파편화되었기 때문일 것이다. 그럼에도 불구하고, 하루, 한 주, 한 달, 한 계절, 한 해의 가장 평균적인 생활리듬을 추출하여 그것을 대표 채널에 투영시킴으로써 최대 다수의 평균적인 수용자들이 견지하고 있는 생활양식과 동조되는 듯한 감각을 형성하는 것은 여전히 필요하고도 중요한 일이다. 이것은 글로벌 시대에도 여전히 공통 감각의 주된 지반이 될 수밖에 없는 국민국가와 그것의 중심 매개체로서 공공서비스 미디어를 재확립하는 방안이다.[8] 공영방송은 여전히 국

---

8   공공서비스 미디어의 '지역성' 역시 이런 방향에서 사고되어야 한다. 즉, 단지 '지역성을 반영하는 것이 공영방송의 바람직한 책무'라는 식의 관습적 '올바름' 때문이 아니라 실제로 공공서비스 미디어가 시민의 구체적인 생활양식과 접맥되기 위해서는 국민국가 단위의 평균적 생활리듬뿐 아니라 구체적인 생활이 이뤄지는 지역 단위의 평균적 생활리듬에 주목해야 하기 때문이다. 사실 기존에 구획되어 있는 (특히 지상파 송출 네트워크 구성의 편의를 위해 인위적으로 편재된) 지역에 끼워 맞춘 하향적 지역 서비스가 아니라, 거꾸로 그런 '생활리듬의 공통성'과 상이성을 기준으로 지역 자체가 상향적으로 재정의되는 과정이 수반될 필요가 있다.

민국가의 평균적 생활리듬에 맞춰진 동조tune-in 매체일 필요가 있다는 점에서 기존 중심(의 한 좌표)은 유지된다. 하지만 이 시대의 변화에 따라 최대 다수의 평균적 생활리듬을 새로이 추출해야 한다는 점에서, 그리고 수용자가 다이얼을 돌려 주파수를 맞추는 것이 아니라 공영방송이 그 리듬에 맞춰야 한다는 점에서 그 중심(의 다른 한 좌표)은 또한 지속적으로 이동되어야 한다.[9]

둘째, 공영방송의 중심이동은 이런 '흐름'의 유산과는 구별된 영역을 포괄하는 데에까지 나아가지 않으면 안 된다. 국민국가와 지역 내부의 가장 평균적

---

[9] 그런 시각에서 뉴스(정시 뉴스와 24시간 뉴스), 시사, 교양, 생활정보, 예능 프로그램도 재구성될 필요가 있고, 특히 일일드라마와 같은 유산을 오히려 적극적으로 사고하는 것 역시 중요하다. 전통적인 지상파 방송 채널 편성이 이미 국민들의 생활시간대를 고려한 '띠편성' 관습에 의존하고 있는 것은 사실인데, 공영방송의 진보적 진화를 위해서는 이런 관습을 부분적으로 수정하면서도 또 강화할 필요가 있다. 현재의 편성 양식은 주어진 채널에서 시청률이 높게 나올 수 있는 시간대slot에 자신의 주력 프로그램을 '꽂아 넣기' 위한 보도와 제작 양측의 눈에 보이지 않는 (공세적) 경쟁을 주축으로 하고, 나머지 시간대에는 구체적인 목적의식 없이 프로그램을 다분히 의무적으로 '채워 넣기' 위한 (수세적) 경쟁을 보조축으로 한다. 그러나 이는 다양하게 분화되어 가고 있는 국민들의 생활양식을 면밀히 고려하여 그에 가장 잘 동조될(synchronize) 만한 콘텐츠를 알맞게 연계시키는tune-in 방식에까지 이르지는 못하고 있다. 예컨대 정시 뉴스는 왜 저녁 9시(그리고 다른 몇 개의 시점)에 편성되어야 하는가? 그 생활시간대에 가장 부합하는 콘텐츠 포맷과 내용은 무엇인가? 만약 24시간 뉴스를 별도로 추진하고자 한다면, 그 뉴스 흐름은 어떤 리듬을 통해 분절 및 연결되어야 할 것인가? 등의 질문이 선행되어야 한다. 또 흔히 '막장' 드라마로 폄하되는 연속극soap opera은 미니시리즈 드라마가 방송의 중심 콘텐츠로 부상하기 이전부터 최근까지 공영방송의 주축으로서 역할을 계속해 왔다. 일일드라마의 매력이 마치 저품질의 선정적이고 자극적인 특성에 있는 것처럼 단순화됨으로써 공영방송은 일일드라마를 자신의 자랑스러운 유산으로서 권장하지 못한 채 '숨겨진 자식'처럼 취급하게 된 셈이다. 하지만 일일드라마의 장점은 '막장성'이 아니라 생활리듬과의 동조성에 있다. 막장성 또한 단순히 선정적이고 자극적이어서라기보다는 그것이 차마 대놓고 말하지 못하는 우리 생활의 어두운 본질을 반영할 때 진정한 매력이 될 수 있는 것이다. 영국 BBC의 〈이스트엔더스(EastEnders)〉와 같은 연속극이 아직도 공영방송의 주된 무기로서 장수할 수 있었던 것은, 평범한 영국인의 생활과 조응하면서 극중 캐릭터가 같이 자라고 늙어가는 모습을 반영하고 있기 때문이다.

인 생활리듬을 추출하여 그것에 동조시키는 방식으로 채널과 프로그램 흐름을 재구성한다고 했을 때 필연적으로 그와 다른 종류의 생활리듬은 배제될 수밖에 없기 때문이다. 물론 중심 채널이 아닌 다른 채널을 통해서, 그리고 다양한 플랫폼 속의 특수 채널을 활용하여 '작지만 유의미한' 생활리듬에 동조된 콘텐츠 줄기를 만드는 것 역시 고려할 수 있다. 하지만 그것은 전통적인 채널과 음성영상 콘텐츠 중심의 편성을 통해서 감당하기는 어렵다. 이를 위해서는, 중심적으로든 보완적으로든, 비선형적 요소를 반드시 강화해야 한다. 자체 플랫폼이나 유튜브나 인스타그램 등의 소셜미디어 플랫폼 안에, 상대적으로 소규모 인구 집단을 하나의 커뮤니티로 하여, 실시간성과 비실시간성을 결합시킨 서비스 줄기stream 혹은 가닥thread을 형성하는 것이 그 예가 될 수 있다. 여기에서는 필연적으로 공영방송이 제작한 음성영상 콘텐츠뿐 아니라, 하이퍼텍스트 콘텐츠, 게임형 콘텐츠가 혼성될 것이며, 구성원의 적극적인 참여 및 사용자 제작 콘텐츠까지도 어우러질 수 있도록 보장하는 서비스 설계가 필요하다. 앞에서 공영방송의 미래 자산은 결국 콘텐츠에 있다고 한 바 있지만, 정확히 말하자면 단순히 '양질의 콘텐츠'가 아니라 특정한 종류의 서비스 메커니즘과 결합된 콘텐츠여야 하는데, 그 이유가 바로 여기에 있다. 전통적 의미에서의 실시간 시청이든, 비전통적 의미에서의 비실시간 '몰아보기'binge watching'이든, 단지 잘 만들어진 콘텐츠를 어느 시점에선가 즐겁게 소비하도록 하는 것이 아니라, 그런 콘텐츠가 특정한 서비스 줄기 혹은 가닥 안의 주요 구성 요소로서 자리 잡도록 해야 한다는 의미이다.[10]

---

10 예컨대 공영방송의 중요한 공적 기능인 재난 보도의 경우 그것은 단지 재난 시기에 특별 편성된 뉴스가 아니라 상시적으로 (국민국가의 구성원 일반, 혹은 관련된 재난이 문제시되는 지역 구성원을 대상으로) 제공하는 재난 정보 '서비스'의 일부로서 배치되어야 한다. 기성의 재난 보도는 굳이 말하면 '정시 뉴스'라는 서비스 줄기를 특정 재난 시기에 잠시 연장해 놓은 콘텐츠에 불과하다. 정시 뉴스를 하되 재난 시점에 맞게 몇 개 꼭지를 재난 콘텐츠로 넣는다는 사고방식에 머물러 있는

2) 공공서비스 생태계의 미디어 큐레이터: 새로운 세계관과 서비스 창출

공영방송의 위기는 단지 기존 서비스를 좀 더 잘하는 것을 넘어 시대의 변화에 부응하는 전략적 중심이동을 통해 극복해야 하며, 좀 더 근본적으로는 아예 새로운 기능을 창출하는 방식으로 시도되는 것이 바람직하다. 그리고 어떤 면에서는 바로 그러한 방식으로의 재정향e-orientation을 준비하는 것이야말로 '재발명된 공영방송'을 위한 기초를 다지는 일이 될 것이다. 다른 미디어 서비스 사업자보다 더 양질의 콘텐츠를 만들어서 되도록 더 많은 사람들이 그것을 이용하도록 하는 일은 여전히 공영방송이 지향해야 할 목표이지만, 설혹 그것이 가능하다고 하더라도 지금 한국 공영방송이 겪고 있는 정치적 시비, 사실상 강제적으로 징수되는 수신료 체계에 대한 저항감을 근본적으로 그리고 장기적으로 불식시킬 수 있는 방안이 될 수 있으리라 기대하기는 어렵다.

이처럼 적극적인 형태의 진화 전략, 기존 관념을 뛰어넘는 공공서비스 미디어 혁신 전략을 논의하려면 일종의 사고실험이 필요하다. 예컨대 마침 유행하고 있는 메타버스metaverse 개념에 비추어 대단히 차별화된 공공서비스 구상을

셈이다. 하지만 향후의 재난 보도는 해당 목적의 서비스 줄기가 독자적으로 마련되어 있고, 가능하다면 상시적인 서비스로 제공될 필요가 있다. 말하자면 '특정 시기에만 가동되는 재난 보도'가 아니라 '상시적으로 가동되는 재난 보도'의 관점에서 접근해야 한다는 뜻이다. 대신 대형 장마, 홍수, 태풍, 산불 등 국민적 관심이 제고되는 시기에는, 공공서비스 미디어의 기본 서비스 줄기 가운데 하나인 이 재난 정보 서비스를, 일상적 생활리듬에 부응하는 서비스 줄기인 메인 채널의 정시 뉴스와 국면적으로 (즉 그 시기에만) 중첩시켜 운영하는 것이 자연스럽다. 이럴 경우 대형 재난 발생 시기에는 지금처럼 정시 뉴스팀이 재난 보도를 '부가'하는 것이 아니라, 상시 재난 보도팀이 정시 뉴스 운영의 키를 상당 부분 넘겨받는 방식으로까지 나아가야 한다. 이해를 돕기 위해 지나치게 영화적인 비유를 하자면, 외계인이 침공할 때 "지금부터 현장 지휘는 우리가 맡는다"면서 나서는 MIB 요원을 상상해 보라. 지금의 공영방송은 '재난방송 주관사'를 자처하지만 재난이 가시적이지 않은 상황에서도 재난방송을 상시적으로 감당할 특수 '요원'과 '조직'을 운영하고 있지 못하다.

시도해 보면 어떨까? 우선 새로 부상하는 기술과 서비스, 미디어 이용행태를 관찰할 때에는 옥석을 가려내는 것이 필요하다. 그렇다면 메타버스 개념에 내 재한 알맹이는 무엇이고 유행처럼 지나갈 껍데기는 또 무엇일까?

메타버스는 단지 가상공간 속에 하나의 새로운 자족적 체계를 만들어내는, 한때 주목받았던 서비스인 '세컨드 라이프Second Life' 같은 것을 구현하는 데 그 치는 개념이 아니다. 그 자체도 성공하기 쉬운 일이 아니지만, 설혹 그것이 가 능하다고 하더라도 그것은 현실 세계와 가상 세계가 다양하게 분화되는 멀티 버스multiverse적인 개념에 가까울 뿐이다. 메타버스는 가상과 현실 속에 나름의 자족적인 생태계를 구축한 다양한 미시세계microverse를 연결하여, 가상과 가상, 현실과 현실, 그리고 가상과 현실 사이를 무리 없이 연계시키는 포괄적 서비스 를 지향하는 것이다. 따라서 메타버스는 여전히 먼 미래의 현실이며 기껏해야 부분적인 현실의 일부를 가상 속에 연계시켜 어느 정도 기능성을 갖추도록 한 시범적 미시세계를 지향하는 단계에 와 있을 따름이다. 이 때문에 메타버스는 그 앞에 등장했던 많은 개념이 그러했듯 한철 동안 잠시 반짝하고 지나가고 말 유행일 공산이 크다. 그럼에도 불구하고 상당수의 개념적 유행은 시대에 따라 모습을 바꾸어 가며 재등장하게 마련이다. 또, 다시 등장할 때의 그것은, 비록 이름은 바뀌어 있더라도, 과거에 제시됐던 개념을 한층 더 진보하고 한층 더 현 실화된 형태로 구현하고는 한다. 그리고 개중 몇몇은, 마치 최근의 스마트폰이 그러했던 것처럼, 기존의 생활양식과 그에 연관된 사회적·문화적·정치적·경 제적 생태계를 바꾸는 총체적 진화의 견인자attractor가 된다. 필경 지금 메타버 스로 표현되고 있는 모종의 개념 역시 그중 하나가 될 것이다.

그렇다면 지금의 공영방송에게 과연 메타버스 개념은 어떠한 상상력과 변 화 동인을 부여하고 있는가? 그것은 아마도 공공서비스 세계관public service universe이라 이름 붙일 만한 무언가와 연결되어 있을 터이다. 현대 사회를 가만 히 관찰해 보면 앞서 '사회 제도'라고 칭했던 개별적 미시세계, 크게 보면 사적 영역과 공적 영역, 더 나누어 보면 (특히 공적 영역 가운데에서도) 정치, 경제, 종교, 교육 등의 분할된 사회적 체계가 개별적 생태계를 이루며 작동하고 있다. 그리고 이를 하나의 느슨한 '공적 영역'으로서 상호 연결하는 데 결정적인 역할을 했던 사회적 체계가 바로 대중매체이다. 하지만 기존의 대중매체는 흔히 기대하듯 적극적 '공공영역public sphere'으로서의 기능을 다하지는 못했으며, 시간이 지날수록 더 많은 사적 이해관계로부터 침식당하고 있고, 심지어 소셜미디어의 발흥과 함께 사적 영역과의 경계마저 혼란스러워지고 있는 상황이다. 이런 조건에서 만약 국가와 시민사회 그리고 자본에 온전히 종속되지 않는, 혹은 개별 사적 영역에 의해 침식되지 않으면서 그들 사이의 연결을 가능하게 해주는 '공공서비스 세계관'에 적극적인 의미를 부여할 수 있다면? 나아가 학교, 대학, 도서관, 박물관, 미술관, 공연장 등의 공공서비스 미시세계를 상호 연결하는 일종의 공공서비스 메타버스를 창출할 수 있다면? 공영방송을 단지 '공공 소유의 방송'으로 바라보던 (따라서 더 이상 공공 소유의 방송사에 의한 콘텐츠 공급이 의미 없어지는 어느 시점에선가 자연스럽게 소멸될 주체로서 은연중에 간주하던) 시각에서 벗어나, 다른 주체에 의해 담당되지 못한 새로운 사회적 기능을 발견할 수 있을 것이라 판단한다.

예컨대 코로나19는 우리가 누려온 문명이 과거와 동일한 형태로 지속될 수 없을 것이라는 자각을 가져다주었고, 글로벌 시장이 아닌 국민국가 그리고 지역 공동체의 가치, 그곳에서 필요로 하는 공공서비스의 가치에 새삼 주목하게 했다. 그러나 시장에서는 기존의 '물리적 접속에 의한 사회'를 대체하는 새로운 형식이 지속적으로 모색되고 있지만, 정작 시장이 감당할 수 없는 영역에서 필수재가 될 새로운 종류의 공공서비스는 진척이 느리다. 이런 조건에서, 변화된 시대에 오히려 더 잘 부합하는 공공서비스 세계관을 적극적으로 주창하고, 상호 분절된 현실과 가상 속의 공공서비스를 하나의 '부문적 메타버스'로서 연결시키는 주체는 누가 될 수 있을까? 이른바 '정보의 바다'를 꿈꿨던 인터넷이 거대 플랫폼에 의해 식민화되는 과정을 보았다면, 자본이 메타버스를 온전히 시장의 것으로만 잠식하기 전에, 공공서비스 세계관으로 구축된 메타버스는 어떤 것을 가능하게 할지, 어쩌면 시장보다도 먼저 도전해 볼 필요가 있지 않을까? 이를테면 세금·수신료 납부자의 아이덴티티가 공공서비스 메타버스 안에서 현실과 가상을 가로지르며 자유롭게 연결될 수 있도록 촉진하는 일, 예컨대 각급 학교와 공공 도서관에 산재되어 있는 지식과 정보, 교육 자료를 연계시킨다든가, 공공 미술관과 박물관, 공연장의 시청각 자료를 꿰어 현실과 가상을 넘나들며 개방적으로 향유할 수 있도록 해주는 일은 누가 어떤 역량을 가지고 수행할 수 있을까?

비록 시장이 지향하는 메타버스 자체도, 앞서 언급했던 바처럼, 마치 유행처럼 주기적으로 모습과 이름을 바꿔가며 당분간 부침을 반복할 터이고, 딱딱하고 관료적인 공공서비스 부문의 특성상 메타버스 개념을 원용하여 공공서비스 혁신의 적극적 버전을 현실화할 가능성은 그리 높지 않지만, 바로 그렇기 때문에라도 지금까지와는 매우 다른 사고와 실천이 필요하다. 음성영상 콘텐츠의 전문적 기획자와 제작자를 넘어, 비대면사회의 핵심 통화로서 다양한 정보, 지식, 문화, 예술 콘텐츠를 서로 연결하고 혁신적 디지털 콘텐츠로 변환하는 큐레이터로서의 역할을 미래의 공공서비스 미디어가 감당할 수 있다면, 적어도 그러한 단초를 보여줄 수 있다면, 쓸데없이 엄중하기만 한 도덕적 담론과 지나칠 정도로 냉정한 시장 및 기술 담론 사이에 애처롭게 끼어 있는 작금의 공영방송론은 지금까지와는 매우 다른 방식으로 쓰일 수 있을 것이다. 따라서 이 장의 나머지 내용은 현재의 공영방송을 중심이동시키면서 미래의 더 적극적인 진화를 준비할 공영방송의 젊은 세대와 창의적 시민사회의 몫이다.

조항제. 2014. 『한국 공영방송의 정체성』. 컬처룩.

정준희. 2018. 「시민사회의 확장을 통한 정치적 후견주의의 제어: 민주적 공고화 맥락에서의 한국 공영방송 거버넌스 개혁」. ≪언론정보연구≫, 55(1).

BBC. 2021. *The BBC across the UK: The BBC 2022-2027.*

Goodman, E. P., and A. H. Chen. 2010. "Modeling Policy for New Public Service Media Networks." *Harvard Journal of Law & Technology*, 24(1).

Iosifidis, P.(ed.) 2010. *Reinventing Public Service Communication: European Broadcasters and Beyond.* Springer.

Jakubowicz, K. 2010. "PSB 3.0: Reinventing European PSB." in P. Iosifidis(ed.) *Reinventing Public Service Communication: European Broadcasters and Beyond.* Springer.

Mediatique. 2017. *Content Market Dynamics in the UK: Outcomes and Implications.* Final Report.

Stöber, R. 2004. "What Media Evolution Is: A Theoretical Approach to the History of New Media." *European Journal of Communication*, 19(4).

Williams, R. 1975/2004. *Television: Technology and Cultural Form.* Routledge.

공영방송 논의는 계속되어야 한다

윤석민

I

최근 한국 사회에서는 공영방송에 대한 논의를 쉽게 찾아볼 수 없다. 공영방송에 대한 정치적 통제 문제가 여전히 심각하고, 영향력도 감소하고 있으며, 경영 차원에서 어려움을 겪고 있다는 것을 누구나 알고 있지만 이제는 누구도 이러한 문제에 대해 진지한 얘기를 꺼내려 하지 않는다. 미디어 상황 변화에 역행하는 구태의연한 정치적 갈등과 내분을 되풀이해 온 공영방송에 대해 더 이상의 기대나 관심마저 사라진 것 같은 상황이다. 최근 공영방송이 당면한 가장 심각한 문제는 이러한 방치 상태라고 할 것이다.

이러한 상태를 타개하는 것만으로도 이 책은 중요한 의의가 있다. 여러 연구자들이 집필한 자못 방대한 내용을 한마디로 요약하면 현시대에 공영방송을 둘러싼 환경은 어떻게 변화했고, 그 안에서 공영방송이 추구해야 하는 규범적 가치는 무엇이며, 이를 실천하기 위해 공영방송과 사회는 어떤 노력을 경주해야 하는가라고 할 수 있다. 공영방송의 과거와 현재에 대한 매서운 질책도

담겨 있다. 하지만 그 기저에는 미디어 시스템 전체가 극심한 파행을 겪고 있는 상황에서 그 중심을 지키는 공영방송 제도를 소중히 보듬고, 지켜내며, 발전시키고자 하는 애정이 깔려 있다고 믿는다.

필자가 2012년에 이 책의 편집에 참여하고, 금번에 책을 개정하는 작업에 다시 참여한 이유도 마찬가지다.

II

2012년 책을 처음 발간할 당시 필자가 쓴 에필로그의 결론은 다음과 같았다.

> 미디어 폭발시대를 맞아 공영방송의 위상은 변화할 수밖에 없다. 하지만 그
> 방향은 위기론자들의 주장과는 달리 공영방송의 위상을 한층 공고화하는 것이
> 되어야 할 것이다. 사회적 커뮤니케이션의 지배적 수단이 더 이상 방송으로 국한
> 되지 않는 상황에서 공영방송 역시 방송의 테두리 안에 갇혀 있을 수 없다. ……
> 이처럼 공영방송 제도를 통해 우리가 지키고자 하는 사회적 공동선의 실천이 더
> 욱 절실한 시점에서, 미디어 영역이 확장된 만큼 공영방송은 다양한 미디어 영역
> 을 아우르는 확장된 공공미디어 시스템public media system 개념으로 재정립되어야
> 한다. …… 이를 위해 공영방송 자체의 노력만큼이나 정치권, 여론지도층, 그리
> 고 국민의 역할이 뒷받침되어야 한다(541~542쪽).

10여 년이 흐른 2021년 현시점에서 이 글을 다시 읽으며 부지불식간에 얼마나 많은 시간이 흘렀는지, 그 기간 동안 또 얼마나 많은 일들이 있었는지 나름 상념에 젖게 된다. 그러면서 이전에 썼던 글에 대한 반성적 성찰도 하게 된다. 10년전 글에 담겼던 주장은 큰 방향에서 타당했다. 하지만 그 세부 내용은 두 가지 점에서 불명확했다. 첫째, 공영방송의 위상을 한층 공고히 한다는 것은 (특히 한국

적 현실에서) 무엇을 의미하는가. 둘째, 이를 위해 공영방송뿐 아니라 정치권, 여론 지도층, 국민의 역할이 뒷받침되어야 한다는 것은 또 무슨 얘기인가?

우선 공영방송의 위상 공고화와 관련해 2012년 책에서 필자는 공영방송의 외연을 공공미디어 시스템으로 확장하는 방향을 제시했다. 2021년 현시점에서 이는 모든 미디어가 생존을 위해 나아가야 할 방향이 되었다. 공영방송이 방송의 외연을 넘어 소셜 및 AI 미디어 영역으로 확장해 가는 것 역시 선택이 아닌 당위가 되었다고 할 것이다. 하지만 이러한 확장이 쉽지도 않거니와, 그것만으로 충분하지도 않다는 점 역시 분명하다.

'위상'이라는 말을 미디어의 (시청률로 산정되는 노출 범위 차원의) 영향력 내지 경영 성과라는 의미로 해석할 때, 공영방송의 위상은 지난 10여 년간 지속적으로 약화되어 왔다. 이러한 추세를 반전시키는 것은 더 이상 가능한 목표가 아니다. 공영방송이 지상파 방송 전송 채널을 넘어 각종 포털, 소셜미디어, 유튜브나 넷플릭스 등을 통해 수용자와의 노출면을 늘려가는 것도 당연한 일이다. 하지만 이 새로운 채널들 역시 수많은 미디어들이 수용자들의 시간과 주의를 둘러싸고 치열하게 경쟁하는 공간일 뿐이다. 그 안에서 공영방송이 노출 및 경영 차원의 획기적인 성과를 올리기란 기대하기 어렵다.

당연한 얘기이지만, 어떤 미디어도 지배적 우위를 지니기 어려운 2021년의 미디어 환경에서, 공영방송의 위상은 사업적 성과가 아닌 역할의 성과에서 찾아져야 한다. 이는 공영방송이 시장 경쟁력을 포기해야 한다는 주장이 아니다. 2012년 에필로그에서 적은 바대로 공영방송은 최선을 다해 시장경쟁력을 추구해야 한다. 이를 위해 공영방송에 요구되는 것은 도식적인 공익성의 강화가 아니라 그 타파이다. 공영방송은 뉴스, 정보, 교양, 다큐, 오락 등 다채로운 형식으로 창의적 사고, 감성, 비판의식, 다양성, 지성의 지평을 시대적 가능성의 최전선까지 밀고 가는 역할을 수행해야 한다. 하지만 필자는 여기에 현시대 한국 사회가 절실하게 요청하는 공영방송의 역할 한 가지를 추가하고자 한다. 미디어 시스템의 위기에 맞서는 선도자 역할이다.

필자는 이 글에서 다음과 같은 얘기를 하려고 한다. 우리가 지향하는 성숙한 시민민주주의는 건강한 사회적 소통, 그리고 그 토대가 되는 건강한 미디어 시스템을 요청한다. 하지만 우리 미디어의 현실은 이와 정반대다. 디지털 빅뱅을 통해 끝을 알 수 없게 팽창한 미디어 시스템은 기초와 기둥이 없어 작은 충격에도 쉽게 허물어질 수 있는 모래성과 같다. 체구만 커졌지 허약하기 짝이 없는 이 시스템이 수행하는 사회적 소통의 질은 해가 갈수록 나빠지고, 이는 미디어 시스템에 대한 불신, 가치 부정, 민주주의의 위기로 이어지고 있다. 공영방송은 이 악순환의 고리를 끊는 역할을 선도적으로 수행해야 한다. 미디어 시스템의 중심에서 건강한 사회적 소통과 여론 형성을 견인하는 역할을 수행해야 한다. 그 첫걸음은 하향식 제도 개혁이 아닌 아래로부터의 규범성 normativity 강화에서 시작되어야 한다.

III

산업화와 민주화 과정을 거쳐 세계 10위권의 민주 국가로 발전한 한국 사회는 이제 '성장'을 넘어 '성숙'으로 나아가야 하는 과제를 안고 있다. 개인성 실현이라는 자유주의의 장점을 유지하면서 다양한 소통의 장(공론장)을 활성화함으로써 개인들이 보다 적극적인 자유를 실천하는 성숙한 시민민주주의 사회, 사회철학자 하버마스Jürgen Habermas가 말한 '자유주의적 공동체주의 사회'로 나아가야 한다. 민주民主와 공화共和가 동시에 구현되는 국가, 다수의 뜻을 존중하면서 누구도 일방적으로 강제되거나 소외되지 않는 정치, 효율적이면서도 따뜻한 경제를 구현해야 한다. 그것이 우리가 꿈꾸는 역사의 궁극적 진보일 것이다.

이러한 사회로 나아가는 키워드는 소통이다. 소통은 고도화된 정신 능력과 표현 능력을 기반으로 한 토론, 설득, 공감을 통해 인간적·문화적·민주적 방식으로 인간이 또 다른 개인, 집단, 사회와 상호작용하는 과정이다. 소통을 통해 인간은 물리적 강제나 겁박을 통해서는 도달할 수 없는 고도화된 욕구를 추구할 수 있다. 이를 통해 정신 능력과 표현 능력이 지속적으로 발전하고, 사회적 상호작용은 고도화되며, 성과는 극대화된다. 이는 다시 보다 고도화된 욕구, 정신 작용, 사회적 상호작용, 성과로 이어진다. 이러한 선순환을 통해 개인, 집단, 사회의 가능성은 온전히 실현된다(윤석민, 2007, 2011).

2021년 현재 한국 사회는 그 외연에 있어서 이 같은 소통의 사회이며 한국 사회 구성원들은 누구보다 활발한 소통자다. 하지만 그 내면에 대한 평가는 부정적이다. 2012년 책의 에필로그 첫 문단을 필자는 다음과 같이 썼다.

> 2011년 현시점에 우리 사회를 특징짓는 키워드로 "커뮤니케이션" 이상 적합한 말이 또 있을까. 사람들은 그물망과도 같은 개인 미디어의 네트워크 속에서 쉴 없이 정보와 의견을 제공받고 또 제공한다. 개인의 사사로운 의견, 채 검증되지 않은 주장은 순식간에 몇 단계 연결을 거쳐 세상을 돌고 돌며 수천수만의 사람들에게 확산되어 공론이 되고 사실이 된다. 하나의 의견을 다른 의견이 덮어버리고 또 다른 의견이 순식간에 이를 올라타며 명멸하는 사이에 심사와 숙고의 과정이 들어설 자리는 없다. 생각하고 말을 고르느라 머뭇거리면 바로 뒤처진다. 머릿속에 떠오르는 대로 즉각 내뱉어야 한다.

지난 10년간 이러한 양상은 심화되었다. 이제 한국 사회에서 소통은 사회적 갈등과 문제의 해결 수단이 아니라 원인이 되고 있다. 여와 야 정치권의 평행선을 긋는 대립, 공익을 내세운 시민단체들의 충돌, 네티즌 간의 인격 파괴적 설전, 소셜미디어가 야기하는 소란과 말썽, 심지어 전문가 내지 학자들의 정치적 분열에서, 말 그대로 너와 나, 우리, 사회적 차원의 모든 소통 행위에서 병리적 양상이 나타나고 있다. 이른바 소통의 위기 현상이다.

이러한 소통의 위기 현상은 구조적이고 역사적이다. 지나친 단순화의 위험은 있지만, 이는 우리 사회가 성숙한 시민 민주주의 사회로 나아가기 위해 넘어서야 할 근대성 내지 시민성의 성숙 문제와 맞닿아 있다. 근대를 압축적으로 통과한 우리 사회 구성원들이 식견 있는 시민informed citizen으로 나아가는 과정에서 과도기적으로 겪는 진통이라고 할 것이다.

이러한 맥락에서 소통의 위기는 한국 사회 구성원들의 역사적 성숙을 통해 중장기적으로 극복해야 할 과제다. 필자는 우리가 서서히 하지만 분명하게 이 방향으로 나아가고 있다고 믿는다. 문제는 그 과도기적 단계에서, 급팽창한 미디어들이 소통의 연결성과 속도를 급신장시키며 위기를 증폭시키고 있다는 점이다. 유신, 신군부 시기, 민주화 이후의 경쟁 시기를 거쳐 정파적 진영 언론으로 변질된 신문, 국가 권력의 통제를 벗어나지 못한 채 권력의 향배에 흔들려온 방송, 걸러지지 않은 감정의 배출구로 기능하는 인터넷 등이 모두 그리히다.

한국 사회에서 미디어 시스템이 사회적 갈등과 소통 문제를 증폭시킨 사례들은 일일이 예를 들 수 없을 정도다. 기억이 생생한 지난 10여 년간의 대표 사례로 국한해도 2008년 MBC〈PD수첩〉광우병 프로그램 방송과 광우병 시위 사태, 2009년「미디어법」개정 당시 양극화된 언론과 국론 분열, 2014년 세월호 참사 당시 미디어들의 참담한 보도 행태, 2019년 가을 조국 사태 당시 양극화된 언론과 광화문·서초동으로 갈라진 여론 등, 미디어가 여론을 분열시키고 사회적 갈등을 심화시키는 문제가 이어져 왔다.

IV

이러한 한국 사회 미디어 시스템의 상황은 흔히 '총체적 위기'로 표현된다. 영국 옥스퍼드 대학교의 로이터연구소Reuters Institute가 실시한 세계 주요국 뉴스 신뢰도 조사에서 한국은 2017년부터 4년 연속 최하위를 차지했다(다행히 2021년에는 순위가 조금 회복되었다). 언론인들은 '기레기'(기자 + 쓰레기)라는 멸

칭의 대상이 되고 전문직주의의 구현은 비현실적 목표로 간주되고 있다.

이러한 미디어 위기의 뿌리에 정치가 자리 잡고 있다. 이념적 자유도가 극히 제약된 분단 및 냉전 상황에서, 한국의 정치는 이념 경쟁이 아닌 권력 장악을 두고 다투는 진영 정치, 승자가 모든 권력을 차지하는 승자 독식 정치로 귀결되었다(최장집, 2010). 민주화 이전, 특히 유신 체제 및 신군부 체제에서 이같은 승자 독식의 진영 정치는 일체의 정치적 자유를 억압하는 권위주의적 강권 통치의 양상을 보였다. 정도의 차이는 있지만 승자 독식의 진영 정치는 민주화 이후에도 한국 사회 정치 시스템의 기본 틀로 유지되었고, 그 결과 정치적 지배양식 전반에서 후견주의적 보상과 통제의 폐습이 강하게 자리 잡았다. 이는 정치권력과 미디어의 관계에도 똑같이 적용되었다.

현시대의 한국 사회에서 미디어가 특정 정치 집단과 밀착해 기관지 역할을 수행하는 직렬적 정치 병행성political parallelism이 존재한다고 말하는 것은 과도하다. 하지만 정치 병행성을 빼고 한국의 미디어를 말할 수 없다는 점도 분명하다. 현재 한국 사회에서 정치권력과 미디어의 관계는, 이른바 보수-진보로 구분되는 정치세력에 조응하는 방식으로 정파적으로 분열된 미디어가 지지하는 정치세력의 헤게모니 장악을 위해 편향된 보도를 일삼으며 미디어 상호 간에 갈등을 겪는 관계를 기본 구조로 삼는다. 미디어 수용자들 역시 정치적으로 분열되어 있고, 미디어들은 이들을 시장으로 삼아 편향적 보도를 제공하며, 이는 다시 수용자들의 분열로 이어진다. 언론의 품질, 그에 대한 수용자들의 정당한 평가, 시장의 뒷받침이라는 건강한 저널리즘의 선순환 과정이 아닌 역방향의 악순환이 심화되는 상황이다.

정치권력으로부터의 독립을 제1의 목표로 삼는 공영방송 역시 이러한 문제에서 자유롭지 못했다. 오히려 정치적 후견주의의 폐습이 가장 심각했던 미디어가 공영방송이었다고 해도 과언이 아니다. 이 같은 후견주의적 통제는 공영방송의 최상위 집행부뿐 아니라 내부 구성원들 전반에 걸쳐 분열과 갈등을 구조화했다. 정치권력에 의해 공영방송 거버넌스가 좌우되면서 공영방송 구성원들에게는 정치적 줄서기가 강요되고, 이는 구성원들 간의 극심한 분열과 갈등으로 이어졌다. 영국의 미디어학자 커런J. Curran의 말대로 공영방송이 미디어 시스템의 중핵core이라고 할 때(Curran, 1996), 우리 사회 미디어 시스템이 드러낸 정치적 파행의 중심에 공영방송이 존재했다.

방송서비스 차원에서도 우리 공영방송은 국민을 대표하는 의사결정 기구며 독립적 재원을 보장하는 수신료 등 그 제도적 설계가 지향하는 바를 제대로 구현하지 못한 채 기계적 중립, 소극적 균형에 매달렸다. 공익적 가치는 국가주의와 효용주의 수준에 머물렀고, 그 결과 공영방송이 공익을 전면에 내세울수록 서비스 내용은 시대 변화에 뒤처지는 모습을 드러냈다. 열려 있고 자유로우며 시대를 선도하는 공론장이 아니라, 닫혀 있고 경직되어 있으며 고루한 도덕적 교훈을 설파하는 훈민장訓民場에 가까웠다(강명구, 2016).

V

이러한 비판은 공영방송제도 자체의 정당성을 공격하고 심지어 그것이 무용하다는 주장을 펴고자 함이 아니다. 미디어 시장이 한 치 앞을 내다볼 수 없는 생존경쟁의 장으로 변해가고, 미디어의 사회적 책임을 지켜내는 장치들이 하루가 멀게 약화되어 가는 상황에서, 미디어 시스템의 기반이자 중심축에 해당하는 공영방송의 역할은 한층 중요해지고 있다. 총체적인 미디어 시스템이 위기에 처한 현 상황이야말로, 지금까지 우리 사회의 공영방송이 보여온 한계를 극복하고 진정한 공영방송을 정립해야 할 필요성을 강하게 요청한다.

지금까지 이러한 노력이 없었던 것은 아니다. 전문가들과 정치권을 중심으로 공영방송 제도를 개혁하기 위한 논의와 시도들이 이어져 왔다. 이를테면 해외의 공영방송 제도(예를 들어 북유럽식 조합주의)를 원용한 공영방송 이사회 구성방식, 이사회의 사장 선발 절차, 이렇게 선발된 사장의 권한 견제와 책임성 강화 등을 골자로 한 공영방송 거버넌스 개혁 방안이 그것이다. 하지만 이러한 노력들은 성과를 거두지 못했다. 두 가지 한계 때문이었다.

첫째, 이러한 제도 개혁 중심의 노력들은 한국 사회라는 변수를 충분히 고려하지 못했다. 공영방송은 지속적으로 진화·발전하는 역사적, 상황의존적 제도이다. 할린D. C. Hallin과 만치니P. Mancini의 잘 알려진 미디어 시스템 논의(Hallin and Mancini, 2004, 2012)에 따를 때, 시장 기반의 영미식 자유주의 시스템, 전문직 규범을 기반으로 한 유럽식 조합주의 시스템, 그리고 정치권력-미디어 밀착형의 남유럽식 정치 병행 시스템들은 거시적인 역사적·정치적 맥락의 산물이었다. 이런 맥락에서 해외의 제도를 이식하려는 시도들은 처음부터 한계가 자명했다.

둘째, 공영방송 제도 개혁은 공영방송 문제의 원인 제공자라 할 정치 시스템을 문제 해결의 주체로 설정하는 한계를 지닌다. 이를테면 공영방송 거버넌스 개선 방안으로 공영방송 이사회의 수를 늘리고 정치적 균형성을 개선하며 특별다수제처럼 의사결정 방식을 개선하는 방안 등이 단골 메뉴처럼 등장한다. 하지만 실질적인 공영방송 거버넌스를 좌우하는 결정적 지점에서 정치권력의 양보를 기대하기란 무망하다. 이러한 맥락에서 공영방송 거버넌스 개혁은 결국 정치권력의 후견주의적 공영방송 통제, 보다 근본적으로 승자 독식의 후견주의 정치 시스템의 개혁을 요구하게 된다.

우리의 정치 현실에서 이러한 정치개혁이 어렵다는 것은 길게 얘기할 필요가 없을 것이다. 그에 따라 떠오른 대안이 시민 주도 개혁론이다(정영주·홍종윤, 2018; 정준희, 2018). 하지만 이에 대해 제기되는 질문은 '시민'은 어떠한 집단인가이다. 자유에 방점을 찍는 보수적 시민인가, 아니면 개혁을 열망하는 진보적 시민인가? 이들은 어떻게 정치 집단을 대체하는 공영방송 개혁의 주체가 될 수 있는가? 시민 주도의 미디어 개혁을 옹호하는 주장들 속에서 이러한 질문에 대한 답은 불분명하다. 앞서 논의한 바대로 한국 사회 구성원들은 과도기적인 미성숙과 이념적 분열을 핵심 특성으로 한다. 이러한 시민사회가 공영방송을 개혁하는 주체가 될 수 있다는 가정은 비현실적이다.

정치권력과 구분되는 (행정적) 국가의 역할, 이를테면 정치권력으로부터 독립된 순수한 방송통신위원회며 방송통신심의위원회가 공영방송 문제에 대한 돌파구가 될 수 있는가? 그에 대한 대답 역시 부정적이다. 이처럼 독립적인 행정적 국가를 가정하는 것 자체가 비현실적인 데다, 설사 이를 수용해도 행정적 국가의 관료제적 경직성, 비효율성, 무책임성의 한계가 존재한다. 공영방송 개혁 차원에서 국가의 역할은 처음부터 제한적이며 그 자체가 언론의 자유를 제약하는 행정 권력으로 작용할 수 있기에 적극적 역할이 바람직하지도 않다.

VI

종합적으로 정치 시스템, 시민사회, 국가 등이 주도하는 위로부터의 외생적 공영방송 개혁은 한계가 있다. 공영방송제도를 국민 대표 기구이며 수신료 등의 제도적 형식으로 바라보는 공영방송에 대한 최소주의적 접근이자, 인위적인 거버넌스 제도 개혁을 통해 그 문제를 일거에 해결할 수 있다고 보는 순진한 제도주의적 접근 방식이었다. 정치적 이해관계를 거스르며 이 같은 제도를 바꾸기도 어렵거니와, 설사 제도적 틀이 바뀐다고 해도 이를 내면화하고 실천하는 주체들이 바뀌지 않으면 문제는 해결될 수 없다.

이러한 접근방법은 이제 달라져야 한다. 진정한 공영방송 개혁은 공영방송 내부에서, 보다 구체적으로 일선기자와 PD 등 공영방송 종사자들의 변화에서 시작되어야 한다. 이들의 소명 의식, 윤리 규범, 문화, 습성을 강화하는 아래로부터의 접근방법이 필요하다. 공영방송사의 일상적인 보도 및 프로그램 제작 과정에서 쌓이는 경험과 지혜를 기반으로 규범을 형성하고 내면화하는 과정이 작동해야 한다.

'사회 여론, 심지어 미디어들마저 극단적으로 갈라진 갈등 사안을 어떻게 취재하고 보도하는 것이 온당한가', '절체절명의 재난 상황에서 저널리즘이 담당해야 할 역할은 무엇인가', '국익, 사회적 이익, 개인의 기본권이 상충하는 상황에서 언론은 누구의 말에 귀 기울여야 하는가'. 양질의 저널리즘, 양질의 프로그램이란 일선 기자와 PD들이 현장에서 맞닥뜨리는 이 같은 질문에 대한 깊이 있고 균형 잡힌 성찰, 그리고 그 한계 속에 이루어지는 최선의 실천을 기반으로 한다. 이러한 질문들에 대한 현장의 고민, 시행착오, 경험과 지혜 등이 누적되고 정교화된 결과물이 규범이다.

　이러한 과정과 노력을 통해 형성된 공영방송 성원들의 규범이 그 어떤 외부의 개입이나 영향력 행사에도 흔들리지 않는 군건한 직업 수칙으로 작동할 때, 파업 등과 같은 물리적 저항 방식에 의존하지 않고도, 기자는 매일의 취재 보도를 통해, PD는 일상적인 프로그램 제작을 통해 공영방송 구성원 본연의 역할을 실천할 수 있다. 규범성을 직업적 습성habitus으로 내면화하고, 실천하며, 이를 동료들과 공유할 때, 이를 통해 규범성이 지배적인 조직 문화로 자리 잡을 때 공영방송 구성원들은 제도를 타고 위에서 내려오는 정치적 진영주의를 극복할 수 있다. 이때, 정치적으로 임명된 공영방송 수장과 그에 의해 임명된 보도 및 제작 책임자 역시 외부의 개입에 흔들리지 않는 독립적인 거버넌스를 실천할 수 있을 것이다. 이때 비로소 국민들은 공영방송을 신뢰하고, 가치 있는 제도를 지켜내기 위한 후원자가 되기 시작할 것이다. 공영방송 재원이 정상화되면서 공영방송 서비스는 그 제도가 지향하는 바를 보다 잘 구현하고 이는 다시금 공영방송에 대한 가치 인식 제고와 재원 확충이라는 선순환으로 이어질 것이다. 공영방송 프로그램에 대한 비평 활동 역시 이 같은 규범에 기초할 때 특정 미디어에 대한 정파적 공격을 넘어 생산적인 감시와 비평 활동으로 거듭날 것이다. 공영방송에 대한 국가적 차원의 제도화된 평가 행위들, 이를테면 방송통신위원회에 의한 다양한 방송 심사나 평가, 방송통신심의위원회가 수행하는 내용 심의, 국회에 의한 국정 감사, 방송사가 자체 수행하는 경영평가 역시 이러한 규범을 기반으로 할 때 공정성을 담보하고 공영방송의 발전에 선순환적으로 기여할 것이다. 이처럼 공영방송과 관련한 모든 거버넌스의 층위에서 규범은 서서히, 하지만 분명한 힘을 발휘할 것이다.

주의할 점은 규범성은 '이다-아니다either-or'의 문제가 아니라 정도의 문제라는 점이다. 규범 코드를 만드는 것은 그 첫걸음에 불과하다. 이러한 코드들이 구성원들에게 실질적으로 체화되는 만큼 공영방송은 진전될 것이다. 규범성이 진전되는 만큼 공영방송은 보다 진실하고, 공정하며, 산업적으로도 건강한 미디어로 나아갈 것이다. 이러한 노력을 통해 공고한 규범의 지배체제regime가 정립될 때 공영방송은 비로소 바로 설 수 있을 것이다.

VII

이제 왜 공영방송이 이처럼 힘겨운 미디어 규범성 회복을 위한 노력을 선도해야 하는가라는 질문에 답할 차례다. 규범의 복원은 공영방송만의 과제가 아니다. 저널리즘 규범 복원을 전면에 내세운 범미디어 차원의 논의의 장이 조속히 구성되어야 한다(김준일, 2021).

하지만 규범성 복원은 그 어떤 미디어보다도 공영방송에 우선적으로 요청되는 과제다. 그것이 공영방송 본연의 역할이자 존재 이유이기 때문이다. 더나아가, 현실적인 이유로, 공영방송 이외에 이러한 변화를 이끌 대안이 없기 때문이다.

시장에서 생존하는 것 이상의 여력이 없고 또 극심한 진영 갈등을 겪고 있는 현시대 한국 사회의 대다수 미디어 입장에서, 규범의 정립과 실천을 요구하는 것은 비현실적인 주문이다. 이처럼 어려움을 겪고 있는 미디어에 종사하는 기자나 PD들에게 사실성, 공정성, 다원성 등과 같은 규범적 가치들은 사치재로 인식되는 현실이다. 앞서 예시한 질문을 대하며 미디어들은 규범을 돌아보기보다는 정파적으로 갈라지기 일쑤이다. 경험을 통해 고도화된 규범을 축적하기는커녕 종래의 형식적인 규범들마저 하루하루 존재가 더욱 희미해지고 있는 상황이다. 심지어 규범이 허물어진 자리에 냉전 반공주의, 권위주의, 진영 논리, 편향성, 기만성 등과 같은 반규범적 가치들이 똬리를 틀고 적극적인 반규범성이 실천되고 있다.

심지어 공영방송 입장에서도 규범성의 정립과 실천은 어려운 과업이 아닐 수 없다. 그 핵심은 공영방송 구성원들이 내면화한 규범성을 강화하는 것이다. 하지만 이러한 아래로부터의 변화가 실천되기 어렵다는 것은 두말할 나위가 없다. 공영방송이 겪고 있는 위기는 눈앞의 현실인 반면 이와 같은 접근방법은 고통스럽게 오랜 기간이 소요되는 과정이다. 규범성을 구현한 양질의 보도와 프로그램들이 수용자들의 주목과 경제적 보상과 같은 성과로 이어지지 않는 상황에서 공영방송 종사자들의 소명의식과 노력은 지속적으로 좌절될 수밖에 없다. 오랜 후견주의적 통제의 역사 속에 내부 구성원들이 사분오열되는 현실에서 공영방송 종사자들이 자신들의 경험을 동료들과 공유하면서 범조직 차원의 문화로 확산시킬 가능성 역시 희박하다고 보아야 한다.

이러한 현실적 어려움을 도외시한 채, 고도화된 공영방송 규범을 정립하고 이를 공고화하는 노력을 공영방송 종사자들에게만 온전히 맡기는 것은 무책임한 일이다. 변화의 노력은 공영방송 내부에서 시작되어야 한다. 하지만 이를 위한 실천적 노력은 사회적으로 지원되어야 한다. 우리 사회의 정치 시스템, 시민사회, 국가 정책 시스템 그리고 필자와 같은 미디어 연구자들에 이르기까지 누구도 공영방송의 파행 책임을 피할 수 없다. 동시에 이들 모두가 바로 세워진 공영방송의 수혜자다. 그 무엇에도 비교할 수 없는 소중한 사회적 가치재인 공영방송을 바로 세우기 위해 우리 모두가 적극적으로 함께 노력해야 한다. 필자가 '실천적 규범주의practicable normativism'로 명명한 협치의 접근방법(배진아, 2021; 윤석민, 2020)이 이에 해당한다. 특히 필자는 이러한 노력의 전면에 전문성과 정치적 중립성을 지닌 필자와 같은 대학의 연구자들이 나서야 한다고 판단한다.

VIII

2012년에 이어 2021년에 다시 발간하는 이 책은 이러한 노력의 일환이다.

군더더기임을 알지만 이 책이 결국 무엇을 말하려 하는가를 다시 정리하며 이 글을 마무리하고자 한다. 건강한 사회적 소통과 이를 매개하는 건강한 미디어 시스템의 정립은 한국 사회가 성숙한 민주주의 사회로 나아가기 위한 핵심 과제이다. 이러한 변화는 공영방송에서 시작되어야 한다. 그 핵심은 고도화된 공영방송의 규범성을 정립하고 실천하는 데 있다. 이 노력에 공영방송 종사자뿐 아니라 우리 모두가 함께해야 한다.

코로나19로 온 사회가 얼어붙은 지도 어언 2년의 세월이 흘렀다. 이 힘든 시기에 공영방송이 희망이 되어야 함을 절감한다. 그 물꼬를 트는 이 저술 작업을 지원해 준 KBS 공영미디어연구소, 그리고 작업에 참여해 준 연구자들께 다시금 감사의 말씀을 전한다. 그 일선에서 공영방송을 지켜가고자 애쓰는 구성원들의 힘겨운 노력을 지지하며 이 책이 그들에 대한 작은 응원의 메시지가 될 수 있기를 바라마지 않는다.

강명구. 2016. 『훈민과 계몽』. 나남.

김준일. 2021. 「더 나은 저널리즘을 위한 미디어 대타협이 필요하다」. ≪방송기자≫ (7~8월).

배진아. 2021. 「실천적 규범주의는 미디어 위기 극복의 해법이 될 수 있는가?」. ≪사이버커뮤니케이션학보≫, 38(1).

윤석민. 2007. 『커뮤니케이션의 이해』. 커뮤니케이션북스.

_____. 2011. 『한국 사회 소통의 위기와 미디어』. 나남.

_____. 2012. "공영방송의 위기담론과 공영방송의 진로". 『공영방송의 이해』. 한울엠플러스.

_____. 2015. 『미디어 공정성 연구』. 나남

_____. 2020. 『미디어 거버넌스: 미디어 규범성의 정립과 실천』. 나남

정영주·홍종윤. 2018. 「공영방송 제도의 위기와 재정립」. ≪언론정보연구≫, 55(1).

정준희. 2018. 「시민사회의 확장을 통한 정치적 후견주의의 제어」. ≪언론정보연구≫, 55(1).

조항제. 2020. 『한국 언론의 공정성: 이론적 구성』. 컬처룩.

최장집. 2010. 『민주화 이후의 민주주의』(개정2판). 후마니타스.

Curran, J. 1996. "Mass Media and Democracy Revisited." in J. Curran and M. Gurevitch(2nd ed.). *Mass Media and Society*. London: Edward.

Habermas, J. 1962/1989. *The Structural Transformation of the Public Sphere: An Inquiry into a Category of Bourgeois Society*. Cambridge: MIT Press.

_____. 1984. *The Theory of Communicative Action*, 2. Beacon Press.

Hallin, D. C., and P. Mancini. 2004. *Comparing Media Systems: Three Models of Media and Politic*. Cambridge: Cambridge University Press.

_____. 2012. *Comparing Media Systems Beyond the Western World*. Cambridge: Cambridge University Press.

| 찾아보기 |

예르실트, 옌스 올라프(Jens Olaf Jersild)
245
장면(張勉) 241
커런, 제임스(James Curran) 52~53, 376

하버마스, 위르겐(Jürgen Habermas)
80, 372
할린, D. C.(D. C. Hallin) 377

기획

KBS 공영미디어연구소

1973년 방송연구소로 설립된 이래 방송의 공익성과 공정성, 방송정책, 프로그램, 사회조사, 해외방송정보 등 공영방송과 관련한 여러 정책연구를 통해 KBS와 방송문화의 성장에 기여해 왔다.

다양하고 심도 있는 연구와 조사를 통해 KBS의 공적 책무와 지향을 분명하게 실현하기 위한 기반을 마련하고 있으며, 방송과 통신의 융합과 같이 변화하는 미디어 산업환경에서 공영방송이 어떻게 시청자의 요구와 기대에 부합할 것인지를 제시하고, 산학 협력을 강화해 나가고 있다.

지은이(수록순)

최영묵

성공회대학교 미디어콘텐츠학부 교수이며 한국방송학회 공영미디어연구회 회장, 리영희재단 이사와 더불어숲재단 이사를 맡고 있다. 한양대학교 신문방송학과와 동 대학원에서 '방송 공익성 연구'로 박사학위를 받은 후 한국방송개발원(현 한국콘텐츠진흥원)에서 선임연구원과 기획팀장으로 일했다. 대통령직속 방송개혁위원회 전문위원, 국회미디어발전위원회 위원, 언론정보학회 총무이사, 한국방송학회 방송법제연구회장, KBS 이사, TBS정책자문위원장을 역임했다. 성공회대학교에서 미디어 공공성과 저널리즘, 지적재산권과 큐레이션 등을 강의하며, 최근에는 글로벌 미디어와 빅데이터 알고리즘이 인간에 미치는 영향에 큰 관심이 있다. 주요 저서로는 『언론과 민주주의』(공역), 『방송 공익성에 관한 연구』, 『텔레비전 화면깨기』(공저), 『시민미디어론』, 『한국방송정책론』, 『공영방송의 이해』(공저), 『비판과 정명: 리영희의 언론사상』, 『신영복평전』(공저) 등이 있다.

정용준

전북대학교 신문방송학과 교수로 한국방송학회 부회장을 맡고 있다. 서울대학교 언론정보학과를 졸업하고 동대학원에서 석·박사 학위를 받았다. 석사학위 이후 약 10년간 민주언론운동연합 등에서 시민언론운동과 연구에 매진했다. 이 기간 동안 공역서 『언론과 민주주의』를 비롯해 「민주진영의 90년대 미디어 전략연구」, 「수용자의 참여를 위한 제도적 방안」, 「민주적 방송제도의 수립을 위한 제도적 개혁방안」 등 다수의 논문을 썼다. 박사학위 이후 방송개발원(현 한국콘텐츠진흥원)에 근무하면서 약 10년간 방송산업에 관심을 두었다. 특히 위성방송 연구에 매진하여 『세계의 디지털 위성방송』, 『디지털 위성방송과 영상소프트웨어』와 『스포츠방송과 보편적 시청권』을 저술하기도 했다. 전북대학교에 근무하며 디지털 공익성과 지역주의 같은 방송의 근본 철학에 몰두하면서, 최근에는 BBC 역사에 흠뻑 빠져 있다. 그 성과물로 『시민사회와 방송개혁』, 『디지털 방송의 공익성』과 『방송 100년사의 개척자들』 등을 냈다.

조항제

부산대학교 미디어커뮤니케이션학과 교수이다. 서울대학교 언론정보학과를 졸업하고 동 대학교에서 석·박사 학위를 받았다. 공론장, 민주주의, 공정성, 제도주의 등 거시적이고 구조적인 문제에 대해 관심이 있어 그 분야를 꾸준히 연구해 왔다. 저서로『한국의 민주주의와 언론』, 『한국언론의 공정성: 이론적 접근』, 『한국 공영방송의 정체성』 등이 있으며, 역서로『공론장과 민주주의』가 있다.

심석태

세명대학교 저널리즘스쿨대학원 교수로, 언론윤리법제와 방송취재보도론 등을 강의하고 있다. 서울대학교 법과대학을 졸업하고 서강대학교 국제대학원에서 법학석사, 미국 Indiana University Maurer School of Law에서 LL.M, 서강대학교 대학원에서 법학박사 학위를 받았고, 2007년 미국 뉴욕주 변호사 시험에 합격했다. 1991년 SBS에 기자로 입사해 법조팀장·뉴미디어부장·뉴미디어국장·보도본부장 등을 지냈다. 서강대학교 법학전문대학원 겸임교수, 대법원 양형위원회 위원, 법원공직자윤리위원, 대법관후보추천위원으로 활동했고, 언론법학회 부회장을 맡고 있다. 방송기자연합회 저널리즘특별위원회 위원장을 맡아『저널리즘의 7가지 문제』, 『방송뉴스 바로하기』 등을 출간하는 작업을 진행했다. 『사례로 본 언론법의 이해』, 『새로 쓴 방송 저널리즘』(공저) 등을 썼고, 논문「한국에서 초상권은 언제 사생활권에서 분리되었나」로 철우언론법상을 받았다.

주창윤

서울여자대학교 언론영상학부 교수이다. 한양대학교 신문방송학과와 동 대학원 석사, 영국 글래스고 대학교 미디어 문화 전공으로 석·박사학위를 받았다. 한국방송영상산업진흥원(현 한국문화콘텐츠진흥원) 책임연구원, SBS 시청자위원, MBC 경영평가위원, 방송통신심의위원회 언어특별위원 등을 역임했다. 주요 저서로『한국 현대문화의 형성』, 『허기사회』, 『대한민국 컬처코드』, 『영상 이미지의 구조』, 『텔레비전 드라마: 장르·미학·해독』 등이 있다.

배진아

공주대학교 영상학과 교수이며 미디어다양성위원회 위원, 언론중재위원회 위원과 충남창조경제혁신센터 이사로 활동하고 있다. 이화여대 신문방송학에서 학사와 석사를 거쳐 언론학 박사학위를 취득했다. 방송위원회(현 방송통신위원회) 연구조사부에서 방송 정책에 관한 연구 조사 업무를 수행했으며, 문화방송 편성국에서 시청자 조사 분석 및 공영방송 정책에 관한 자문과 대외 협력 업무 등을 담당했다. 사이버커뮤니케이션학회 회장, 방송분쟁조정위원회 위원, 여론집중도조사위원회 위원, TV조선 시청자위원회 위원 등을 역임했다. 공적 책무성, 공정성, 다양성, 편향성 등 미디어의 주요 가치를 실증적으로 연구해 왔고, 급격한 미디어 환경 변화 속에서 변함없이 유지되어야 하는 미디어의 책임과 역할에 관심을 가지고 연구를 수행하고 있다.

최선욱

현재 KBS 전략기획실장이며, 중앙대학교 커뮤니케이션 대학원 겸임교수이다. 중앙대학교 대학원에서 신문방송학 박사학위를 받았고 충북대학교에서 전자공학 박사과정을 수료했다. KBS에서 방송실무와 기획 업무를 담당했으며, 미래전략기획국장, 공영미디어연구소장, 독일 라이프니츠 미디어연구소 초빙연구원을 지냈다. 한국언론학회 연구이사, 방송문화연구 편집위원, DTV코리아 전략기획실장을 역임했다.

정영주

서울대학교 언론정보연구소 선임연구원이며 한양대학교 언론정보대학원, 미디어커뮤니케이션학과 강사로 재직 중이다. 한양대학교 국어국문학과를 졸업하고, 한양대학교 대학원에서 신문방송학 전공으로 석·박사학위를 취득했다. 한국디지털위성방송(SkyLife)에서 10년간 미디어 정책 관련 업무를 담당했고, 서울대학교 ICT사회정책연구센터 선임연구원을 지냈다. 미디어 정책 및 규제 체계, 언론법제 연구를 수행하고 있다.

홍종윤

서울대학교 언론정보학과 BK21사업단 교수이며, 서울대학교 언론정보연구소 산하 SNU팩트체크센터 부센터장을 맡고 있다. 서울대학교 언론정보학과를 졸업하고 동 대학원에서 언론정보학 전공으로 석·박사학위를 취득했다. 한국디지털위성방송(SkyLife)에서 8년간 미디어 정책 업무를 담당했고, 서울대학교 언론정보연구소 선임연구원, 서울대학교 ICT사회정책연구센터 선임연구원, 방송통신위원회 방송통신규제심사위원, 과학기술정보통신부 유료방송 가입자 수 검증 전문심의위원을 역임했다. 미디어 생태계 변화에 따른 미디어 정책 및 규제 체계 연구를 수행하고 있다.

김성철

고려대학교 미디어학부 교수이며, 4단계 BK21 미디어학 교육연구단장과 연구기획위원회 사회단장을 맡고 있다. 서울대학교 경영학과를 졸업하고 서울대학교 대학원에서 경영학 석사학위를 받았고, 미국 미시간 주립대학교에서 미디어(텔레커뮤니케이션) 전공으로 석·박사학위를 취득했다. SK에서 13년간 정보통신 분야 신규사업을 담당했고, 개방형 직위인 서울특별시 정보시스템담당관(과장)을 거쳐 카이스트(구 한국정보통신대학교) IT 경영학부 부교수, 한국전자통신연구원(ETRI) 초빙연구원, 고려대학교 부설 정보문화연구소장, 한국미디어경영학회 회장, 한국정보사회학회 회장, 고려대학교 도서관장, 한국과학창의재단 이사, 국가 정보통신전략위원회 민간위원을 역임했다. 국제학술지 *Digital Business*의 공동 편집위원장이며, 미디어산업연구센터, 지능정보기술과 사회문제 연구센터(한국연구재단 SSK사업 대형센터), 스마트미디어 서비스 연구센터(과학기술정보통신부 ITRC)를 이끌면서 치열한 미디어 생태계 내의 기업과 정부가 필요로 하는 전략과 정책에 대한 초학제적인 융합연구를 선도하고 있다.

정준희

한양대학교 ERICA 언론정보대학 정보사회미디어학과 겸임교수이다. 서울대학교 언론정보학과를 졸업하고 같은 대학원에서 석사학위를 받았다. 런던대학교 골드스미스 칼리지 문화연구센터 MPhil/PhD 연구과정을 거쳐 서강대학교 신문방송학과 박사과정을 수료했다. 한국방송공사 방송문화연구소 객원연구원, 문화체육관광부 여론집중도조사위원회 전문위원을 지냈다. 한국언론학회, 한국방송학회, 한국언론정보학회에서 총무이사, 연구이사, 기획이사 등을 맡았고, 서울대학교 〈언론정보연구〉, SBS 문화재단 〈미디어 경제와 문화〉 편집위원을 담당했다. 현재 문화체육관광부 여론집중도조사위원회 위원, 방송통신위원회 공익채널평가위원이다. 미디어 기술과 제도의 변천 과정을 사회체계이론의 관점에서 연구해 왔으며, 저널리즘 행위와 공영방송 제도가 기술 조건, 시대, 사회에 따라 어떻게 달리 적용돼 왔는지를 비교연구 하는 일에 초점을 맞추고 있다. KBS 1라디오 〈열린토론〉, TBS TV 〈정준희의 해시태그〉, MBC 〈백분토론〉 진행자로서 공영방송을 통한 공적 담론의 생성과 전파 메커니즘을 직접 관찰하고 있다.

윤석민

서울대학교 언론정보학과 교수이다. 서울대학교 신문학과(현 언론정보학과)를 졸업하고 서울대학교 대학원에서 신문학 석사학위를 받았고, 미국 미시간 주립대학교에서 미디어(텔레커뮤니케이션) 전공으로 박사학위를 취득했다. 통신개발연구원(현 정보통신정책연구원) 연구원, 방송개발원(현 한국콘텐츠진흥원) 선임연구원, 경원대학교 교수를 거쳐 현재 서울대학교 언론정보학과에서 커뮤니케이션 이론과 미디어 정책을 연구하고 있다. 언론과사회연구회 회장, 사이버커뮤니케이션학회 회장, 여론집중도조사위원회 부위원장, 미디어다양성위원회 위원장, SNU 팩트체크위원회 초대 위원장 등을 역임했고, 그 외 다수의 공적인 미디어 정책연구 활동에 참여하고 신문·방송·인터넷 사업자들에게 자문을 제공해 왔다. 한국사회 미디어 시스템의 주요 현안들, 특히 미디어 다양성, 공정성, 사실성, 통일지향성 같은 규범적 가치들의 이론적 정립 및 실천 문제에 관심을 기울이고 있다.

한울아카데미 2349
(전면개정판) 공영방송의 이해

ⓒ KBS 공영미디어연구소, 2021

기 획 KBS 공영미디어연구소
편집위원 윤석민·최영묵·유건식·최선욱·최용수·이태경
지은이 최영묵·정용준·조항제·심석태·주창윤·배진아·최선욱·정영주·홍종윤·김성철·정준희·윤석민
펴낸이 김종수 ｜ 펴낸곳 한울엠플러스(주) ｜ 편집책임 정은선·최진희
초판 1쇄 발행 2012년 2월 29일 ｜ 전면개정판 1쇄 발행 2021년 12월 31일
주소 10881 경기도 파주시 광인사길 153 한울시소빌딩 3층
전화 031-955-0655 ｜ 팩스 031-955-0656 ｜ 홈페이지 www.hanulmplus.kr
등록번호 제406-2015-000143호

Printed in Korea.
ISBN 978-89-460-7349-4 93070 (양장)
       978-89-460-8151-2 93070 (무선)

* 책값은 겉표지에 표시되어 있습니다.
* 무선 제본 책을 교재로 사용하시려면 본사로 연락해 주시기 바랍니다.